儒風望岳

山东文化创意产品设计策略与案例研究

国家艺术基金 2019 年度青年艺术创作人才资助项目

张焱 著

中国轻工业出版社

图书在版编目（CIP）数据

儒风望岳：山东文化创意产品设计策略与案例研究 / 张焱著. —北京：中国轻工业出版社，2020.11
ISBN 978-7-5184-3204-2

Ⅰ. ①儒⋯ Ⅱ. ①张⋯ Ⅲ. ①文化产品—产品设计—研究—山东 Ⅳ. ① G127.52

中国版本图书馆 CIP 数据核字（2020）第 186651 号

责任编辑：毛旭林　　责任终审：劳国强　　整体设计：锋尚设计
责任校对：朱燕春　　责任监印：张　可

出版发行：中国轻工业出版社（北京东长安街6号，邮编：100740）
印　　刷：三河市万龙印装有限公司
经　　销：各地新华书店
版　　次：2020年11月第1版第1次印刷
开　　本：787×1092　1/16　印张：24.75
字　　数：350千字
书　　号：ISBN 978-7-5184-3204-2　定价：198.00元
邮购电话：010-65241695
发行电话：010-85119835　传真：85113293
网　　址：http://www.chlip.com.cn
Email：club@chlip.com.cn
如发现图书残缺请与我社邮购联系调换
201105K2X101ZBW

目 录

引言

第一章 本项目研究的范围、背景与目标 / 13

14　第一节　本项目研究的主要范围
24　第二节　本项目研究的相关背景
34　第三节　本项目研究的目标、方法与意义

第二章 山东文化创意产业发展现状 / 38

40　第一节　山东省文化旅游资源
49　第二节　山东省旅游收入与游客构成特征
55　第三节　山东省文化创意产业人才培养
64　第四节　山东省文化创意产业管理机构与重点项目

第三章 山东自然历史资源分析 / 73

74　第一节　区域自然历史文化资源研究的基本框架
79　第二节　山东的地理与自然资源概况
84　第三节　山东历史概况

第四章 山东民俗概述 / 94

96　第一节　山东生产民俗
107　第二节　山东日常生活民俗
120　第三节　山东节庆民俗
127　第四节　山东民间信俗
134　第五节　山东社交民俗

第五章 山东非物质文化资源分析 / 147

- 148 第一节 山东非物质文化遗产名录
- 156 第二节 山东非物质文化遗产的主要特点
- 170 第三节 山东各地市自然历史文化资源名录

第六章 山东文创产品设计开发路径 / 189

- 190 第一节 文学创作思维的文创转化
- 198 第二节 文创产品设计开发框架
- 204 第三节 文创产品设计项目的前期调研

第七章 山东视域下的文创产品设计主题分析 / 211

- 212 第一节 山东始祖(黄河)文化主题
- 220 第二节 以儒家(圣人)为代表的鲁文化主题
- 223 第三节 以海洋(工商)为代表的齐文化主题
- 226 第四节 山东道家(养生)文化主题
- 229 第五节 山东佛教文化主题
- 232 第六节 山东孝亲文化主题
- 234 第七节 山东运河文化主题
- 237 第八节 山东名著与民间文学主题
- 238 第九节 山东革命红色文化
- 240 第十节 山东民俗社火文化

第八章
十六地市视域下的文创产品设计主题分析
／242

244 第一节 鲁西地区文创产品设计主题分析
251 第二节 鲁南地区文创产品设计主题分析
258 第三节 鲁东地区文创产品设计主题分析
267 第四节 鲁中地区文创产品设计主题分析

第九章
山东文创产品设计案例研究
／282

283 第一节 曲阜尼山圣境文创产品设计开发
299 第二节 泰安"复圣文化"文创产品设计开发
318 第三节 济南商河文创产品设计开发
330 第四节 济南轨道交通文创产品设计开发
345 第五节 兰陵文创产品设计开发
361 第六节 "瀑拉谷"葡萄酒系列文创产品设计开发

第十章
山东文创产品设计策略推导
／371

372 第一节 省域视角下的文创产品设计策略
377 第二节 市域视角下的文创产品设计策略
383 第三节 县域视角下的文创产品设计策略
388 第四节 乡村视角下的文创产品设计策略

后记
／392

主要参考文献
／394

引 言

人的需求是多元的，至少包括生理与心理、物质与精神、技术与艺术、功能与审美等几个层次的对照关系。因而，所有的"人造物"，都是人类需求的物化投射，它是生理能力的体外放大，亦是精神意志的物化延伸。因此，我们可以将人类的造物行为概括为"以人的生理为圆心，心理为半径"的整体化创造过程。自人类造物伊始，在漫长的造物过程中，人造物中就必然蕴含着特定族群的文化基因。因此，附着有"文化信息"的人造物，古已有之。文化越昌明，人造物中所包含的文化内涵便越丰富。社会化分工不断精致，知识阶层被逐步分离出来，专门为从事祭祀、音乐、书写记录的功能物才得以出现，独立意义上的"文化物品"也就孕育生成，人造物中的文化味道越发明晰。不过，长久以来，文化艺术作为上层建筑，其生成发展机制，始终与经济基础的运行方式大相径庭。

自20世纪末，发达国家与部分后发现代化国家已进入后工业化时代，民众生活普遍进入丰裕社会。人们日常生活的诉求重点已由物质富足向精神丰裕转换，整个社会对文化艺术产品的需求持续增加。然而，传统、分散、小批量的"手工艺化"文化艺术成果产出机制，已经无法满足人们对文化产品日益增长的需求。在此背景下，"文化工业"一词被法兰克福学派首先使用。

"文化工业"一词，本质就是"以工业化的生产方式去生产文化产品"，"工业化"的典型特征主要表现为标准化、可复制，以及生产方式的批量化。今天，这些特征已向工业品产出之外的领域外溢。譬如：今天，我们正在以"工业化"的资源配置与成果产出方式，去管理餐饮业、服务业、旅游业，甚至向教育产业、医疗产业延伸。目前，我们甚至将"服务设计"也纳入工业设计的范畴。由此可见，"工业化""产业化"的资源配置管理方式，已深度介入到经济生活的方方面面，并深刻影响着今天精神文化成果的产出机制。

"工业化"的生产方式愈是向文化延伸，则文化便愈为产业化赋能。因此，"文化创意产业"也应具有产业化属性，我们可以将其理解为"以工业化的资源配置、管理及产出方式，所获得的文化成果及其附属物"。因此，我们基于对"文创产业化，产业文创化"的思考，可以将"文化"比喻为土壤，将"创意"比喻为种子，将"产业"比喻为果实；文化创意产业的基础在文化，关键在创意，发展在产业。

联合国教科文组织在蒙特利尔会议上把"文化产业"的范畴界定为：文化产业就是按照工业标准，生产、再生产、储存以及分配文化产品和服务的一系列活动。在此我们可以将"文化创意产业"框定为：其产出成果明确需要知识产权保护，以及为达成这些知识产权成果，而向工业、农业、服务业等传统产业辐射，并在其策划、设计、生产、展示、销售、使用、体验等各环节呈现的文化产出成果。

进入新千年，文化创意产业逐步成长为以欧美为代表的西方发达国家的支柱产业。文化创意产业作为丰富民众消费诉求，带动产业升级，推动经济发展的重要力量，其涟漪逐步波及其他后发现代型国家。21世纪初期，日本、韩国及中国台湾、中国香港等国家和地区，其文创产业进入快速发展期。

根据世界银行2019年发布的信息，中国大陆国民生产总值990865亿元人民币，是美国的2/3，超过日本接近三倍，人均GDP突破1万美元大关。目前，我国社会的主要矛盾已由"人民日益增长的物质文化需要同落后的社会生产之间的矛盾"转化为"人民日益增长的美好生活需要和不平衡不充分的发展之间的矛盾"，社会主要矛盾的转化，标志着科技升级、设计升级、消费升级、产业升级已经成为解决新的主要矛盾的必由之路。

另一方面，我国虽是世界制造业大国，但传统行业资源消耗大、污染严重且产能过剩，迫切需要调整结构，转型升级现有的经济发展模式。文化创意产业，因其科技含量高、资源消耗低、环境污染少等优势，具有低能耗、高附加值、绿色环保等特征。为国民经济的转型升级与提质增效提供有力支撑，在推动国民经济保持中高速增长中，发挥着越来越重要的作用。因此，大力发展文创产业，促进我国经济发展模式转型与消费升级，目前已成为我国未来发展道路的广泛共识。

2006年12月18日，《人民日报》发表题目为"呼唤中国'文化创意产业'的崛起"的时事评论员文章，这一年可以视为我国"文化创意产业"振兴元年。2009年7月22日，我国第一部文化产业专项规划《文化产业振兴规划》，由国务院常务会议审议通过。这是继钢铁、汽车、纺织等十大产业振兴规划之后，国家出台的又一个重要的产业振兴规划，它标志着"文创产业"在我国已经上升为国家战略产业。

2014年3月，国务院印发《关于推进文化创意和设计服务与相关产业融合发展的若干意见》中提出："到2020年，我国文化创意和设计服务要培养一批高素质人才，培育一批具有核心竞争力的企业，形成一批拥有自主知识产权的产品，打造一批具有国际影响力的品牌。"积极推进文化创意和设计服务发展，成为培育国民经济新的增长点、提升国家文化软实力和产业竞争力的重大举措；是发展创新型经济、促进经济结构调整和发展方式转变、加快实现由"中国制造"向"中国创造"转变的内在要求；是促进产品和服务创新、催生新兴业态、带动就业、满足多样化消费需求、提高人民生活质量的重要途径。

2018年3月，国家文化部与旅游局合并，组建文化和旅游部。文化部与国家旅游局的合并，将靠"老天吃饭"的自然旅游资源与靠"老祖宗吃饭"的文化旅游资源相互融合。将"文化部门对文物保护修缮与旅游部门对景区的开发利用"这对矛盾，统一在一个机构之中。"文化"与"旅游"本质上是一个硬币的两个方面。一方面，旅游产业精品化发展策略，必将带动客源增加与潜在购买力的提升，对文创产业产生更多消费预期；另一方面，文化创意产业的优化发展，也必将深化旅游的文化内涵，提高旅游收益，深层次地推动产业升级，促进区域经济发展。这种机构调整，体现了国家对"文化"与"旅游"有了全新的认识。

山东具有丰富的历史文化资源，是儒、墨、法、兵、医、阴阳等思想的发祥地，这些思想文化成果，极大影响着中华文化的整体样貌。截至2018年，山东共有国家级非物质文化遗产173项，占国家级物质文化遗产总数的14.5%；5A级旅游风景区12家，占全国总数的5.7%；4A级旅游风景区196家，占全国总数的12.6%；A级旅游景区1229家，占全国A级景区的9.9%，全国排名第一。全年共接待国内外游客93809.3万人次，占全国游客总接待量的15.6%，全国各省（市区）排名第二；旅游总收入11087.3亿元，占全省GDP的15.6%，占全国旅游总收入的16.7%，在全国各省（市区）排名第三。

然而，就目前而言，山东却不是"文创"强省，全省十六地市（137个县市区）丰富的历史文化资源，尚未得到适当开发，文化创意产业发展很不充分。山东文创产品呈现出重特产、轻文化；重工艺，轻设计；重文化元素复制，轻文化创新解读的特征。就2019年赴鲁游客人均旅游消费水平与旅游总收入占GDP的比重两项指标而言，山东在全国32个省（市区）中，均未排入前十位。可见，山东所拥有的丰富文化旅游资源，其利用率并不高，赴鲁游客数量虽多，但消费力不足，明显暴露出山东文创产业发展很不充分的短板。

党的十九大后，国务院批复同意山东建设新旧动能转换综合试验区，这是首个区域性国家发展战略，也是我国第一个以"新旧动能转换"为主题的区域发展战略。2018年1月《山东省新旧动能转换重大工程实施规划》正式将"文化创意产业"与"精品旅游产业"纳入山东新旧动能转换十大支柱产业。也就是在这一年，山东省人民政府已出台《山东省文化创意产业发展规划（2018—2022）》。2018年6月，山东省文化厅联合相关部门公布了《关于推动文化文物单位文化创意产品开发的实施意见》。

有命题，就需要"破题"与"承题"；有目标，就需要有路径、有办法；有规划，就需要有研究、有落实。山东整体经济格局呈"东高西低、北高南低"的特征，东部沿海地区经济相对发达，以二、三产业集约化发展为主，兼顾现代高效农业；西部内陆地区经济发展相对滞后，以农业、重工业为主。这种发展格局与我国整体经济发展格局非常相似。因此，深入描述研究山东区域经济发展中的文化创意产业现状、作用、发展路径，不仅对山东一省的文化创意产业发展具有积极意义，而且，对于我国其他地区的文创产业合理开发，也具有一定的借鉴价值。

因此，本书以笔者个人承担的"国家艺术基金2019年度青年艺术创作人才资助项目"为依托，以"儒风望岳——山东文化创意产品设计策略与案例研究"为题，就国内外文创产业发展状况、山东文创产业发展现状、山东自然历史资源、山东民俗文化、山东非物质文化遗产、山东省及其十六地市文创产品设计主题、山东文创产品设计案例、山东文创产品设计路径等八个方面展开研究。它们之间的逻辑关系为：一是明确文创产业与文创产品的基本内涵，二是描述国内外、省内外文创产业发展的基本轮廊，三是概括山东既有的自然文化历史资源，四是以山东民俗为文化土壤，阐明山东非物质文化遗产的主要特点，五是分析提炼山东省及其十六地市的文创产品设计主题，六是总结山东文创产品设计实践共性特征，七是推导山东文创产品设计的路径、策略与方法。

  本项目以山东文化创意产业为背景，重点研究文创产品的设计与开发策略。这里的文创产品主要是指："以引发特定人群情感文化认同为目标，以特定区域（对象）自然历史文化资源为基础，针对特定功能产品所进行的文化赋意与设计开发过程。此类设计开发应以知识产权保障和品牌化运作为前提，运用现代创新设计方法与生产加工手段，设计开发具有高文化附加值与议价能力的，且进入市场销售的功能产品。"

  文创产品设计与文化创意产业，本身是介于"经济基础"与"上层建筑"之间的行业，是"一半文化一半经济"的连接性行业。"文化创意"无法像工业、农业、金融业那样，进行明确的产业性划分。因此，它并不是独立的"经济产业"，用"行业""专业"称呼更为合适。它的主要作用是向各种"产业"赋能，赋予其文化的、艺术的、情感的、精神的价值，进而提高这些产业或者行业的文化内涵，使其具有更高的议价能力。因为，我们与其将"文化创意"产业化，倒不如将现有产业"文化化"，使文创产业与文创产品设计承担起"引领人民生活方式，提高民众生活品位，增加其他产业文化（情感）附加值的作用。"文创产品设计开发的工作重点，已由早先的"文化创意产业化"向"制造产业文化化"过渡，形成"文创+产业"的发展格局。

  文化创意产品设计，本质上就是将既有的自然历史文化资源，以当前政治、经济、文化、科技、艺术、伦理等视角，进行再次编码，重新转述的过程。这一过程需要根据时代精神，消费者的情感需求，为其赋予产品功能，匹配技术工艺，体现审美特征，将传统文化以全新的姿态再次融入日常生活。因而，其设计过程是以挖掘特定区域典型自然历史文化资源为基础，以分析当地经济发展路径、生产要素类型、加工特色、生产规模、旅游类型、游客及消费需求等因素为依据，以连接当地文化资源为内容，以激发当地生产加工能力，促进当地文化形象典型化传播为手段，以服务当地经济健康发展为目标的持续性系统工作。

  综上所述，山东省的文创产品设计开发，必须走以社会公众需求为导向，以文化旅游主管部门深度参与为主导，以我省典型文化资源为基础，以文创设计人才培养为依托，文化创意产品设计研发为支撑，以文创产品质量可靠为前提，以现代设计思维及加工手段为引领，以品牌化营销与知识产权环境改善为保障，以弘扬山东优秀传统文化及生活方式为目的协调发展道路。

  本书引用国内外很多研究成果与图片资料，其中能够确切指明资料或观点来源的，均尽可能在脚注中注明，以便读者扩展阅读与研究，但仍有一些信息是散见于网络报刊、辗转传抄的材料，以讹传讹之处恐怕在所难免，向读者表示歉意的同时，对本书所引用到的注明或未注的作者深表谢忱。

  恳切地期待着专家和读者指教。

张焱

2020年8月23日于泉城

第一章

本项目研究的范围、背景与目标

第一节
本项目研究的主要范围

长久以来,文化艺术作为上层建筑,其生成与发展机制始终与经济基础的运行方式大相径庭。自20世纪末,发达国家与很多后发现代化国家已进入后工业化时代,民众生活普遍进入丰裕社会。人们日常生活的诉求重点已由物质向精神转换,整个社会对文化艺术产品的需求持续增加,文化创意产业逐步成长为以欧、美、日为代表的西方发达国家的支柱产业。文化创意产业作为丰富民众消费诉求,带动产业升级,推动经济发展的重要力量,其涟漪逐步波及其他后发现代型国家。21世纪初期,日本、韩国及中国台湾、中国香港等国家和地区的文创产业进入快速发展期,2009年7月,我国第一部文化产业专项规划《文化产业振兴规划》出台,标志着"文创产业"在我国已经上升为国家战略产业。

但另一方面,我国的传统"手工艺化"的文化艺术产品的生产机制及其加工效能,已无法满足今天的现实需求。"文化艺术成果产出机制"势必面临着"工业化"范式的改造。"文化工业""文化产业""创意产业""文化创意产业""文创产品"等概念,在此背景下逐步被学界聚焦,并引发广泛的研究讨论。

一、广义的文化艺术产业

联合国教科文组织将文化创意产业概括为:(文化创意产业是指)文化创意领域专业人才,凭借自身专业素养、职业技能与创新思维,通过对特定文化资源的继承、重构与创新,所创造的具有强烈文化属性的产品与服务;以及基于知识产权开发而创造财富和就业机会的活动。联合国统计署将文化创意产业划分为三个产品:一个是文化产品;一个是文化服务;一个是智慧产权产品。

"文化创意产业"一词从字面分别由"文化""创意""产业"三个词汇构成。

"文化"是一个非常宽泛的概念,我国最早将"文""化"并用,出自《周易》"观乎天文，以察时变；观乎人文，以化成天下"。意思是通过观察天象了解时序的变化，通过观察社会的各种现象，用教育感化的手段来治理天下。现代语境下的"文化"一词，已融入西方哲科思维，其具体内涵与外延更加难以准确界定。

钱穆在《中国文化史导论》开篇直述文化与文明之差别："'文化'、'文明'两词，皆自西方翻译而来。此二语应有别，而国人每多混用。大体文明文化，皆指人类群体生活言。文明偏在外，属物质方面。文化偏在内，属精神方面。故文明可以向外传播与接收，文化则必由其群体内部精神累积而产生。即如近代一切工业机械，全由欧美人发明，此正表现了近代欧美人之文明，亦即其文化精神。但此等机械，一经发明，便到处可以使用。轮船、火车、电灯、电线、汽车、飞机之类，岂不世界各地都通行了。但此只可以说欧美近代的工业文明已经传播到各地，或说各地均已接受了欧美人近代的工业文明，却不能说近代欧美文化，已在各地传播或接受。当知产生此项机械者是文化，应用此项机械而造成人生的形形色色是文明。文化可以产出文明来，文明却不一定能产出文化来。……电影是物质的，可以很快流传，电影中的剧情之编排，演员之表出，则有关于艺术与文学之爱好，此乃一种经由文化陶冶的内心精神之流露，各地有各地的风情。从科学机械的使用方面来说，电影可以成为世界所共同，从文化艺术的趣味方面说，电影终还是各地有区别。这便是文化与文明之不同。①"一般而言，我们可以将文化理解为相对于政治、经济而言的、人类全部精神活动的总和，以及它们的物质表现形式。

"创意"一词可以大致理解为"富于创新、创造性的思维方法与观念意识的集合"，英文形容"创新、创造、创意"的词汇主要集中于Creative、Inventive。"Creative"侧重于描述"从无到有"，指创造出原来"不存在"或"与众不同"的事物，也特指艺术领域的创新行为。"Inventive"重在强调从"从有到有"，主要用于科技领域的创新，以及政治制度与管理方法的革新。换而言之，"创意"就是创造新事物，或对旧事物的新组合。

"产业"一词的汉语原意是指"私有的土地、房产等财产、家产"等，更倾向于描述"通过生产加工劳作，而获得的成果（基业）"；随着社会化分工及西方工业革命，现在语境下的"产业"主要是指：基于不同社会化分工而形

---

① 钱穆著《中国文化史导论》商务印书馆，1994年6月修订版，1996年6北京2次印刷，第三页。

成的经济组织类型。如农业、工业、商业、金融业、服务业、旅游业等。英语"Industry"一词的中文意思，目前多半译为"工业"，其实该词也具有"产业"的语义。

"文化产业"的概念最早发端于法兰克福学派所使用的"文化工业"一词。联合国教科文组织在蒙特利尔会议上把"文化产业"的范畴界定为：文化产业就是按照工业标准，生产、再生产、储存以及分配文化产品和服务的一系列活动。"那些包含创作、生产和商业内容的产业，这些产业在本质上是无形的和具有文化内容的，这些内容通过版权得到保护并可以采取商品和服务的形式。具体来讲，文化产业主要包括印刷、出版和多媒体、视听、录音制作和电影制作产品、工艺和设计，在一些国家还包括建筑、视觉和表演艺术、体育、乐器制作、广告和文化旅游[①]"。

英国是最早使用"创意产业"（Creative Industries）这一概念的国家。从英文字面含义，也可以将其翻译为"创意工业"。1997年5月，英国政府为调整产业结构和解决就业问题，时任英国首相的托尼·布莱尔（Tony Blair）提议并成立了"创意产业特别工作小组"（Creative Industry Task Force），该工作小组在分析英国创意产业发展状况后，建议将"创意产业"作为振兴英国经济发展的重要手段。1998年，英国文化媒体与体育部（DCMS）出台《创意产业纲领文件》（Creative Industries Mapping Document）。明确提出"创意产业"概念，并积极采取措施推动英国创意产业的发展，其措施主要包括：在组织管理、人才培养、资金支持等方面逐步加强机制建设；对文化产品的研发、制作、经销、出口等实施系统性的扶持；逐步建立完整的创意产业财务支持系统，包括以奖励投资、成立风险基金、提供贷款等作为对创意产业的经济支持等。"创意产业"概念在《创意产业纲领文件》主要被描述为："那些源于个体的创造力、技巧与才能，通过对知识产权的利用与生产，具有创造财富与工作机会的潜能的产业。[②]"（表1-1、表1-2、图1-1）。

[①] 参见联合国教科文组织网站：http://www.Portal URESCO。
[②] Department of Culture, Media and Sport, Creative Industries Mapping Document 2001, London: HMSO, 2001, "Executive Summary".

表1-1　　　　　　　　　　文化创意产业不同分类系统[①]

英国DCMS模型	符号文本模型	同心圆模型	WIPO版权模型	UNESCO统计研究所模型	台湾模型
1.广告 2.建筑 3.艺术品和古董市场 4.设计 5.时尚 6.影视制作 7.音乐 8.表演艺术 9.出版业 10.软件 11.广播电视 12.电子游戏	核心文化产业 1.广告 2.电影 3.互联网 4.音乐 5.出版业 6.广播电视 7.电子游戏 外围文化产业 8.创意艺术 边界文化产业 9.消费性电子 10.产品 11.时尚 12.软件 13.体育	核心创意艺术 1.文学 2.音乐 3.表演艺术 4.视觉艺术 其他核心文化产业 5.电影 6.博物馆和图书馆 更广泛的文化产业 7.遗产服务 8.出版业 9.录音 10.广播电视 11.电子游戏 相关产业 12.广告 13.建筑 14.设计 15.时尚	核心版权产业 1.广告 2.著作权中介团体 3.影视制作 4.音乐 5.表演艺术 6.出版业 7.软件 8.广播电视 9.视觉图形艺术 部分版权产业 10.建筑 11.服装业与鞋业 12.设计 13.时尚 14.家庭用品 15.玩具 交叉版权产业 16.空白记录材料 17.消费性电子 18.产品 19.乐器 20.造纸 21.影印机及摄影器材	核心文化领域内的产业 1.博物馆、美术馆及图书馆 2.表演艺术 3.节日 4.视觉艺术 5.手工艺品 6.设计 7.出版业 8.软件 9.广播电视 10.影视制作 11.摄影 12.交互性媒体 广义文化领域内的产业 13.乐器 14.音响设备 15.建筑 16.广告 17.印刷设备 18.软件 19.视听硬件	1.视觉艺术 2.音乐及表演艺术 3.文化资产应用及展演设施 4.工艺 5.电影 6.广播电视 7.出版 8.广告 9.产品设计 10.视觉传达设计 11.设计品牌时尚 12.建筑设计 13.数位内容 14.创意生活 15.流行音乐及文化内容

[①] 《2008创意经济报告》，联合国教科文组织，联合国开发计划署。

图1-1 文化创意产业模型：同心圆模型①

表1-2　　　　　　　　　联合国教科文组织文化统计框架②

文化领域						相关领域	
A. 文化和自然遗产；博物馆；考古和历史遗迹；文化景观；自然遗产	B. 表演和庆祝活动；表演艺术；音乐；节日、集市和宴会	C. 视觉艺术和手工艺；美术；摄影；手工艺品	D. 书籍和报刊；报纸和杂志；其他印刷品；图书馆；书市	E. 视听和交互媒体；电影与视频；广播电视；互联网媒体；电子游戏	F. 设计和创意服务。时尚设计；平面设计；室内设计；景观设计；建筑设计；广告服务	G. 旅游业（包租旅游和游客服务）酒店住宿	H. 体育休闲健身体育；健身和健康；游乐场和主题公园
非物质文化遗产（口头传统与表达、宗教仪式、语言、社会实践）						非物质文化遗产	
教育和培训						教育和培训	
归档与保存						归档与保存	
装备和辅助材料						装备和辅助材料	

---

① Throsby, D.（2001, 2008）.
② 资料来源：联合国教科文组织，2009年6月。

二、广义的文化创意产品

本质上,传统、分散、小批量的"手工艺化"文化艺术成果产出机制,已经无法满足今天我们对文化产品日益增长的需求,这才是文化创意产业化发展的内生动力。

人类的需求是多元的,至少包括生理与心理、物质与精神、技术与艺术、功能与审美等几个层次的对照关系。本质上,所有的"人造物",都是人类需求的物化投射,它是生理能力的体外放大,或亦是精神意志的物化体现。自造物伊始,在漫长的人类造物过程中,人造物中就必然蕴含着特定族群的文化基因。因此,附着有文化信息的人造物,古已有之。但需要特别明确的是,文化越昌明,人造物中所包含的文化内涵才会越丰富。社会化分工不断精致,知识阶层被逐步分离出来,专门为从事祭祀、音乐、书写记录的功能物才得以出现,独立意义上的"文化物品"也就孕育生成。

人类的生存需求包括生理与心理两个方面。因而,人的造物过程,也必然表现为对物质与精神两种关照。但二者的呈现次序却有所不同。生理需求是先决条件,是造物的基础内核。只有当人们的生理需求得到满足时,才可能向心理需求延展过渡。因此,我们可以将人类的造物行为概括为:以人的生理为圆心,心理为半径的整体化的创造过程(图1-2)。

人造物的物质属性,主要表现在该"物"所应达成的"功能",以及为了达成该"功能"所涉及的科学基础、技术经验、材料工艺、加工手段等因素。本质上,人造物的"功能属性"是人类生理功能的物化延伸放大。

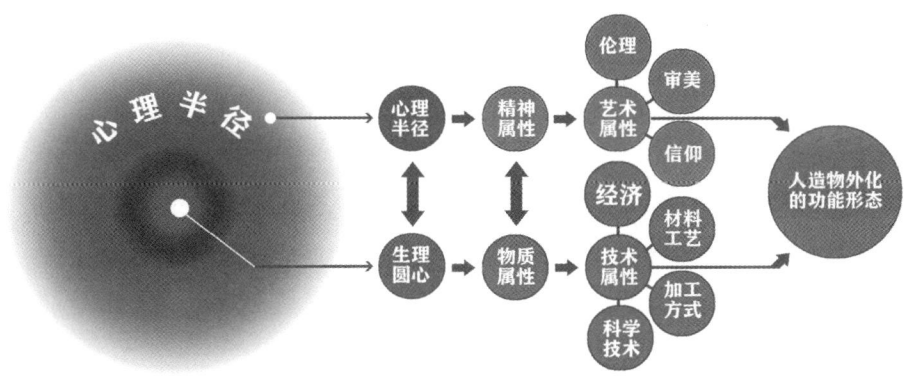

图1-2 人造物结构关系基础框架

人造物的精神属性，主要表现为该"物"所应达成的"情感认同"，以及为达成此种"情感认同"所依据的特定文化传统、伦理宗教、生活方式等背景因素。并在造物过程中充分调动该"物"的形态、色彩、质感、符号纹样等视觉语言要素，形成与情感认同相匹配的艺术呈现形式。本质上，人造物的"精神属性"是人类自我定位的物化心理投射。

因此，我们或可以将附着于器物之上的"精神因素"理解为该器物的"文化信息"。一器物中所蕴含的功能信息越少，精神关注越多，其文化价值也就越明显。在此，我们也就说清楚了所谓"功能物品"与"文化物品"之间的关系，也就界定出"文创产品"所对应的"人"的文化情感需要。

另一方面，"物品"强调的是"物"的使用功能特征；"商品"强调的是其经济交换属性；"产品"强调的是其生产方式，以工业化生产方式所生产的物品，我们也可以称之为"工业产品"。可见"产业""产出""产品"等词汇，均属于工业化的话语体系。毋庸置疑，"文化创意产业"一词，具备明显的工业化属性，其大致范围涵盖知识产权所需要保护的相关类别。

"工业化"的典型特征主要表现为标准化、可复制，以及生产方式的批量化。今天，这些特征已向工业品产出之外的领域外溢。譬如：今天，我们正在以工业化的资源配置与成果产出方式，去管理餐饮业、服务业、旅游业，甚至向教育产业、医疗产业延伸。目前，我们甚至将"服务设计"也纳入工业设计的范畴。由此可见，"工业化""产业化"的资源配置管理方式，已深度介入到经济生活的方方面面，并深刻影响着今天精神文化成果的产出方式。

但另一方面，"产业化"是"人"的产业化，"工业化"是人、物、资源的组织方式。因此，无论工业、农业、服务业、金融业，只要它是以"人"为中心的产业，便势必蕴含着"人"的文化基因。"工业化"的生产方式愈是向文化延伸，则文化便愈为产业化赋能。今天，文化创意产业已经成为向其他产业赋能增值的重要力量。如：文化产品、文化主题旅游、文化主题餐厅、农业观光、工业产品的情感化设计等，均融入了鲜明的文化因素。因此，准确界定"文化创意产业"与"文化创意产品"的外延变得越来越困难。本项目是对特定方向的研究，因此，可以大致将"文化创意产业"框定为：其产出成果明确需要知识产权保护，以及为达成这些知识产权成果，而向工业、农业、服务业等传统产业辐射，并在其策划、设计、生产、展示、销售、使用、体验等各环节呈现的文化产出成果。

"知识产权"一词为法律概念，也称其为"知识所属权"，指"权利人对其智力劳动所创作的成果和经营活动中的标记、信誉所依法享有的专有权利"，这里着重强调的是"智力劳动所创作的成果"。目前，知识产权主要分为两类：一类是著作权（也称为版权、文学产权），另一类是工业产权（也称为产业产权）。

著作权是指自然人、法人或者其他组织，对文学、艺术和科学作品依法享有的财产权利和精神权利的总称。主要包括著作权，及与著作权有关的邻接权；工业产权则是指工业、商业、农业、林业和其他产业中，具有实用经济意义的一种无形财产权。由此看来，"工业产权"的名称，更贴切与本项目研究所涉及的范围。如发明、设计、文学和艺术作品，以及在商业中使用的标志、名称、图像等；此外，文化产业还应包括为上述产业顺利实现而关联的物质生产与服务环节，如专利事务所、出版社、艺术品交易展示放映平台、文化用品生产企业等。因此，"文化创意产品"也应具有产业化属性，我们可以将其理解为"以工业化的资源配置、管理及产出方式，所获得的文化成果及其附属物"（表1-3）。

表1-3　　　　　　　　广义文化创意产品的结构分类

源发类别	支撑要素与延伸产业					
信仰宗教	宗教读本	宗教器物	神职人员	宗教活动	宗教场所	宗教遗迹
	设计、编排与印刷	设计、生产、销售	人才培养	活动的组织管理	建筑环节设计与实施	文物保护、修复与旅游服务
文学	字体书法	文学作品	版权保护	编排印刷	作品销售	衍生品开发
	字体设计与书法创作	文学创作活动	知识产权保护	书籍的设计、印刷、出版、发行	图书销售市场	关联文化创意产品设计与生产
音乐 舞蹈 戏剧	作品	乐器	表演者	演出环境	作品保护	作品发行
	艺术作品创作活动	各类乐器的设计生产	演奏、歌唱、舞蹈、演员人才的培养	舞台美术、剧院的设计与实施	知识产权保护	作品的录制（录制设备）、发行、销售

续表

源发类别	支撑要素与延伸产业					
美术	绘画		雕塑（雕刻）	工艺美术		民间（传统）美术
	绘画创作；画具、画材的设计生产销售		雕塑创作；雕塑（雕刻）材料与工具的设计生产销售	各类综合材料的设计生产销售		各类民间美术物质材料的设计生产销售
体育	运动项目	运动主体	运动器形	运动场所	运动赛事	运动传播
	运动项目的创新	运动员、教练员与裁判员	各类运动器械的设计生产销售	场馆环境的设计建设	各类赛事的组织、服务	各类赛事的录制、转播、发行
广播	播送设备		播音与录制	接收设备		作品保护与发行
	无线电播送设备的研发与生产		播音、录音人员的培养，播音录音设备的研发生产	无线电接收设备的研发、生产、销售		声音作品的知识产权保护与发行
影视	影视剧本	演员与导演	影视拍摄	特效与后期制作	作品发行	衍生品开发
	编剧创作	演员、导演的选拔与培训	影视拍摄过程中的拍摄设备、舞美道具、化妆等	拍摄后期特效制作、配音、剪辑合成等工作及其设备	影片审查、版权保护及院线公映机构	影片宣传品、衍生品设计生产机构
交互媒体	互联网设备	内容产品	电子游戏	软件		用户硬件设备
	互联网相关设备设计生产企业	线上内容产品的开发制作发行	游戏设计开发企业	各种软件、交互界面的设计开发与版权保护		微型计算机、智能手机等客户的硬件设计生产销售
服饰	服装		饰品			装扮
	面料的设计、染织，服装、鞋帽等的设计与生产		箱包、珠宝饰品的设计生产			美容、美发、整形、化妆、塑身等

续表

源发类别	支撑要素与延伸产业				
餐饮	菜品	餐具	品牌与包装	环境	服务
	各类食品、菜品的设计与生产	各类厨具、餐具、容器、陈设的设计与生产	食品、餐饮企业的品牌设计、产品包装设计等	食品、餐饮企业的店内环境设计	食品、餐饮企业的服务流程与标准设计
日用产品	居家用品	家用电器	电子产品	母婴用品	节日用品
	从事上述产品的设计开发企业与知识产权保护机构				
建筑景观	规划设计	建筑设计		景观设计	空间设计
	特定区域的建筑（文化）规划设计	各类建筑物、城市与园林景观、公共艺术、公共设施、家居环境与家具、展示空间与道具、文化空间、商业空间、主题乐园等设计工作			
文化自然遗产	考古与历史遗迹		自然景观		非物质文化遗产
	各类博物馆、历史遗迹公园的设计、保护、建设与维护运营机构		各类自然景观、地质公园的设计、保护、建设运营机构		各类非物质文化遗产的保护、传承、展示、再设计机构

三、本项目着重研究的文化创意产品

如前所述，我们通过对文化创意产业及其产品的项目细分，不难发现，今天的文化创意产业涉及多个产业，类别广泛，文创产品项目杂多，已不是一书一述所能承载。我们基于对"文创产业化，产业文创化"的思考，可以将"文化"比喻为土壤，将"创意"比喻为种子，将"产业"比喻为果实；文化创意产业的基础在文化，关键在创意，发展在产业。文创产品虽源自文化，但其重点并非对文化资源的复述，而是以创造性思维方法对既有文化资源进行重构再造，进而形成符合时代风貌与精神特征的"文化产品"。

为了便于本项目聚焦研究，本书所着重讨论的"文化创意产品"所涉及的范围主要包括：以引发特定人群情感文化认同为目标，以特定区域（对象）自然历史文化资源为基础，针对特定功能产品所进行的文化赋意与设计开发过程。此类设计开发应以知识产权保障和品牌化运作为前提，运用现代创新设计方法与生产加工手段，设计开发具有高文化附加值与议价能力的，且进入市场销售的功能产品。

此种框定主要表现为以下几个方面的研究特征：

其一，本项目所着重讨论的"文创产品"指具有明确使用功能的产品，强调其"功能"属性，而区别于诸如文学、音乐、舞蹈、戏剧、绘画、雕塑等纯文学艺术品。二是强调其"工业"属性，指以标准化、批量化加工方式所生产的产品，应符合现代产品设计、生产、销售的一般规律。

其二，本项目讨论的文创产品主要是指：设计师以现代创新设计方法展开构思与设计，强调其设计开发过程的专业性与创造性；此外，强调其主要以现代技术加工手段，所进行的批量化、标准化生产，而区别于传统的手工艺产品。

其三，本项目所讨论的文创产品符合现代产品设计开发的一般规律，但又不完全等同于一般产品设计开发，主要表现在：文创产品应具有明确的功能属性，但其关注重点是该产品所预置的文化属性与精神价值。因此，相较于普通产品，文创产品的价值诉求重点则更关注于"文化"。另一方面，文创产品的设计开发往往根植于特定区域历史资源、思想观念、文化传统、生活方式、非物质文化遗产、自然资源等条件，因而具备明确的区域文化特征。

其四，现代文创产品因其具备高文化议价能力的特征，需要对其进行有效的知识产权保护，并以品牌化的运作方式组织其消费定位、设计生产、整体包装、加工检验、产品推广、市场销售等诸环节。

第二节
本项目研究的相关背景

一、国内文化创意产业发展的基本情况

2006年，可以视为我国"文化创意产业"振兴元年，12月18日，《人民日报》发表题目为"呼唤中国'文化创意产业'的崛起"的时事评论员文章，全文如下：

12月14日，首届中国北京国际文化创意产业博览会落幕，这是中国文化创意产业在世界舞台的首次集体亮相。两天之后，全国文化产业项目服务工程在深圳启动。以推崇创新精神、文化创造力，强调文化艺术对经济的支持与推动的"文化创意产业"，无疑已成为2006年度中国颇受关注的新闻关键词。而全国文化产业项目服务工程的启动，不仅意味着政府转变职能的尝试，意味着文化创意精神将成为知识经济体系的重要环节，更意味着中国政府将文化资源优势转化为文化产业优势的努力。

仅仅是几年前，还很少有国家认识到，在信息化时代，一个国家的经济命运会与这个国家对文化资源和文化产品的创意能力紧密相联。但是在今天，文化创意产业已经不仅仅是一种能够创造巨大经济效益的直接现实，更成为各个国家的文化发展策略。

作为创意产业策源地的英国，创意产业迅猛发展。自1997年英国政府成立创意产业特别工作小组，创意产业已成为其第一大产业。创意产业的成功推动了英国文化的出口，有效地抵补了货物贸易逆差。

美国紧跟其后，迅速发出"资本的时代已经过去，创意的时代已经来临"的高调宣言，《纽约时报》曾对微软的崛起发表评论："微软的唯一工厂资产是员工创造力。"美国国际知识产权联盟在连续10年发布的报告中称："美国版权产业在对GDP的贡献和就业水平两方面，已经持续超过美国经济的其余部分，而且在美国出口增长中也扮演着日益突出的角色。"

新加坡是亚洲国家中最早采用文化创意产业思维的国家。20世纪末，新加坡将文化创意产业定为21世纪的战略产业，出台了《创意新加坡》计划，雄心勃勃地试图树立"新亚洲创意中心"。日本喊出了"独创力关系到国家兴亡"的口号；韩国政府提出"资源有限，创意文化无限"的理念，加速发展文化创意产业。澳大利亚政府将文化创意产业发展作为一项国家战略加以实施。在这些国家和地区，文化创意产业已成为经济发展的支柱产业，增加值超过GDP的1/5。

在我国，尽管起步晚，在GDP中所占比例还不高，文化创意产业正在以前所未有的速度崛起。

一份来自现代服务业科技促进中心发布的报告认为，2005年北京文化创意产业产值已超过960亿元，占全市GDP的14%以上，已成为北京发展的支柱产业。上海确定"十一五"创意产业发展重点是：研发设计创意、建筑设计创意、文化传媒创意、咨询策划创意和时尚消费创意。几乎同时,深圳、杭州、成都、青岛、南京等城市,也纷纷将目光投向这个具有巨大发展空间的新兴产业,对虚拟经济创造财富的巨大能力,人们已不再表示惊异。

经济学家约翰·霍金斯在《创意经济》一书中统计,"全世界创意经济每天创造220亿美元,并以5%的速度递增。"这个数字别有深意,在21世纪的今天,一个国家的发展,首先是一种对文化创造的全面设计。

2009年7月22日,我国第一部文化产业专项规划《文化产业振兴规划》,由国务院常务会议审议通过。这是继钢铁、汽车、纺织等十大产业振兴规划之后,国家出台的又一个重要的产业振兴规划。它的出台,标志着文化产业已经上升为国家战略性产业。国家将重点推进的文化产业包括:文化创意、影视制作、出版发行、印刷复制、广告、演艺娱乐、文化会展、数字内容和动漫等[①]。

2010年,中国经济规模首次超过日本,成为世界第二大经济体。根据世界银行2019年发布的信息,中国大陆国民生产总值990865亿元人民币,是美国的2/3,超过日本接近三倍,人均GDP突破1万美元大关。目前,我国社会的主要矛盾已由"人民日益增长的物质文化需要同落后的社会生产之间的矛盾"转化为"人民日益增长的美好生活需要和不平衡不充分的发展之间的矛盾",人民需求层次开始由物质丰裕向精神丰裕过渡。社会主要矛盾的转化,以及消费需求升级,必然要求产业升级。

另一方面,我国虽然是世界制造业大国,但传统行业资源消耗大、污染严重且产能过剩,迫切需要调整结构,转型升级现有的经济发展模式。文化创意产业,因其科技含量高、资源消耗低、环境污染少等优势,具有低能耗、高附加值、绿色环保等特征。为国民经济的转型升级与提质增效提供有力支撑,在推动国民经济保持中高速增长中,发挥着越来越重要的作用。因此,大力发展文创产业,促进我国经济发展模式转型与消费升级,目前,在中国已形成广泛的发展共识。

2013年11月,习近平总书记在视察山东曲阜时强调:"中华民族伟大复兴需要以中华文化发展繁荣为条件",并在很多场合多次强调"文化自信,是更

---

① 2009年,国家在《文化产业振兴规划》中所涉及的"文化创意"仍然是狭义的产业划分,似与2014年国务院印发《关于推进文化创意和设计服务与相关产业融合发展的若干意见》中的"文化创意"所涉及的范围有很大不同。

基础、更广泛、更深厚的自信"。

2014年3月，国务院印发《关于推进文化创意和设计服务与相关产业融合发展的若干意见》中提出：到2020年，我国文化创意和设计服务要培养一批高素质人才，培育一批具有核心竞争力的企业，形成一批拥有自主知识产权的产品，打造一批具有国际影响力的品牌。

2016年5月，国务院办公厅转发文化部等部门《关于推进文化文物单位文化创意产品开发若干意见的通知》，大力推动我国文化创意产业发展。党的十八大报告提出，到2020年，文化创意产业将成为国民经济的支柱性产业。

2016年12月，国务院印发的《"十三五"国家战略性新兴产业发展规划》，在第六部分指明确提出："以数字技术和先进理念推动文化创意与创新设计等产业加快发展，促进文化科技深度融合、相关产业相互渗透。到2020年，形成文化引领、技术先进、链条完整的数字创意产业发展格局，相关行业产值规模达到8万亿元。"

积极推进文化创意和设计服务发展，成为培育国民经济新的增长点、提升国家文化软实力和产业竞争力的重大举措；是发展创新型经济、促进经济结构调整和发展方式转变、加快实现由"中国制造"向"中国创造"转变的内在要求；是促进产品和服务创新、催生新兴业态、带动就业、满足多样化消费需求、提高人民生活质量的重要途径。

从文化创意产业对我国经济增长的贡献看，我国2012年文化创意产业增加值为18071亿元，2018年全国文化及相关产业增加值为41171亿元，文化创意产业增加值占GDP比重由3.48%提高到4.48%，增长1个百分点。按行业大类分，2018年文化制造业增加值为11999亿元，占文化及相关产业增加值的比重为29.1%；文化批发和零售业增加值为4340亿元，占比为10.6%；文化服务业增加值为24832亿元，占比为60.3%[①]。文化创意产业已经上升为国家战略，在可预见的将来，必将成为引领国民经济发展的重要推动力量（表1-4）。

---

① 国家统计局，《2018年全国文化及相关产业增加值占GDP比重为4.48%》2020-01-21。

表1-4　　　　　　　　2018年文化及相关产业增加值（亿元）

第一部分	文化核心领域	27522	66.8%
	新闻信息服务	5606	13.6%
	内容创作生产	8662	21.0%
	创意设计服务	7176	17.4%
	文化传播渠道	3371	8.2%
	文化投资运营	388	0.9%
	文化娱乐休闲服务	2318	5.6%
第二部分	文化相关领域	13649	33.2%
	文化辅助生产和中介服务	6791	16.5%
	文化装备生产	1994	4.8%
	文化消费终端生产	4864	11.8%
	项目总计	41171	100%

注：数据分项合计与总量不等，是由于数值修约误差所致

截止到2018年，以北京、上海、广州、深圳、厦门等城市为核心的文化创意产业集群正在形成。文化创意产业在GDP中的比重不断提高，初步显现其对区域经济转型升级的引领作用。

二、山东省文化创意产业发展的基本情况

山东，是我国人口第二大省，经济第三大省。2018年，山东的经济总量占我国国民生产总值的1/9。山东历史悠久，是上古时期三皇五帝、尧舜禹的主要活动区，大舜便生于"诸冯"，即今天的山东省诸城[①]。夏商两代的数位君主，曾多次迁都入今山东境内。公元前1046年，周武王更是将其弟公旦封于

---

① 《孟子·离娄篇》下"舜生于诸冯，迁于负夏，卒于鸣条；东夷之人也。"舜父瞽叟盲，母早死，后母之子象欲杀舜。在尧二女的帮助下，战胜其傲狠之弟象。舜勤劳、善良，品行端正，以孝著称，有卓越的才干和高尚的人格力量。《墨子·尚贤下》："昔者舜耕于历山，陶于河滨，渔于雷泽，灰于常阳，尧得之服泽之阳，立为天子。"有传说称舜是箫的创造者。《世本·作篇》中有经四岳推荐，尧以二女妻舜，禅帝位于舜。舜又以天下授禹。后南巡狩，崩于苍梧之野。尝被尊为春神和农业神。

鲁，元勋姜尚封于齐，文王子曹叔振铎封于曹。可见，西周时期，山东对周王朝地缘政治的重要性。

国务院先后于2006年、2008年、2011年和2014年。分四批公布了国家级非物质文化遗产名录，《中华人民共和国非物质文化遗产法》实施后，第四批名录名称改为"国家级非物质文化遗产代表性项目名录"，全国共计1372个国家级非物质文化遗产代表性项目，按照申报地区或单位进行逐一统计，共计3145个子项，涉及国家级非物质文化遗产代表性项目保护单位3154个。

在这3154项国家级非物质文化遗产中，山东共计173项。其中民间文学27项，传统音乐17项，传统舞蹈12项，传统戏剧32项，曲艺13项，传统体育、游艺与杂技14项，传统美术25项，传统技艺16项，传统医药4项，民俗13项。山东非物质文化遗产，占到了国家级物质文化遗产总数的14.5%。

2015年9月，山东省第十二届人民代表大会常务委员会通过了《山东省非物质文化遗产条例》。截止到2018年，山东省人民政府，共分四批公布了524项省级非物质文化遗产代表项目（表1-5）。

表1-5　　　　山东省省级非物质文化遗产代表性项目类别简表

非物质文化遗产项目类别	项目批次及数量					项目小计
	第一批	第二批	第三批	第四批	扩展项目	
民间文学	17	24	11	7	3	62
民间音乐	14	12	2	2	11	41
传统舞蹈	21	19	8	6	4	58
传统戏剧	23	2	0	4	12	41
曲艺	10	7	1	3	12	33
传统体育、游艺及杂技	7	19	6	9	12	53
民间美术	29	9	6	7	15	66
民间手工艺	18	41	24	16	24	123
传统医药	1	7	1	0	5	14

续表

非物质文化遗产项目类别	项目批次及数量					项目小计
	第一批	第二批	第三批	第四批	扩展项目	
文化空间	10	0	0	0	0	10
消费习俗	4	0	0	0	0	4
岁时节令	1	0	0	0	0	1
民俗	0	10	3	4	1	18

项目共计：524项

毋庸置疑，山东具有悠久的历史文化遗产与丰富的文化资源，是儒、墨、法、兵、医、阴阳等思想的发祥地，这些思想文化成果，极大影响着中华文化的整体样貌，故山东有"孔孟之乡、礼仪之邦"之称。

党的十九大后，国务院批复同意山东建设新旧动能转换综合试验区，这是首个区域性国家发展战略，也是中国第一个以"新旧动能转换"为主题的区域发展战略。2018年是山东省全面展开新旧动能转换重大工程的开局之年，新旧动能转换的关键在于培育"十强"优势产业集群，其中"文化创意"与"精品旅游"成为"十强"产业的两大产业集群。

"文化创意"与"精品旅游"两大支柱产业，本质上是一个硬币的两个方面。一方面，旅游产业精品化发展策略，必将带动客源增加与潜在购买力的提升，对文创产品销售产生更多消费预期；另一方面，文化创意产业的优化发展，也必将深化旅游内涵，提高旅游收益，深层次的推动产业升级，促进区域经济发展。

有目标，就需要有路径、有办法；有命题，就需要"破题"与"承题"。关于山东文化创意产业的发展规划，2017年9月，中共山东省委办公厅印发《山东省传承发展中华优秀传统文化工作方案》。2018年12月，山东省人民政府已出台《山东省文化创意产业发展规划（2018—2022）》。目前，针对十四五发展的新需要，山东省政府及其有关部门正在修订该规划方案。

2018年，是山东省全面展开新旧动能转换重大工程的开局之年，新旧动能转换的关键在于培育"十强"优势产业集群，其中"文化创意"与"精品旅游"成为"十强"产业中的两大产业集群。据山东省统计局数据显示：山东2018年旅游消费总额10461.2亿元，比上年增长13.7%。其中，国内游客消费增长13.8%，入境游客消费增长6.0%。山东境内国家级旅游度假区1家，省级以上旅游度假区46家，A级以上旅游景区1275家，省级旅游强乡镇527个，省级旅游特色村1180个。全域旅游集散和咨询服务中心286处，跨界融合新业态旅游项目687个。山东省文化旅游产业高歌猛进，形势看似一片大好。

但另一方面，本项目在前期调研过程中，所获得的诸多统计数据，又与上述情况并不一致。在此，仅举两组调研数据以供思考。

以曲阜为例：2018年，曲阜"三孔"景区接待中外游客人次583.2万，文创产品营业额为8000余万元；而2018年北京故宫博物院接待观众1700万人次，文创产品营业额超过16亿元。曲阜三孔景区年游客接待量超过北京故宫博物院1/4，但文创产品销售额却不及故宫博物院1/20。

再以2018年全国百强县经济指标为例：山东省2018入围全国百强县的分别为龙口、荣成、滕州、招远、莱州、广饶、新泰、肥城、青州、莱西、茌平、桓台、昌邑、齐河、禹城等15个县。但分析上述县域经济发展统计数据，不难发现，这15个县级经济和社会发展统计中，仅有4个县将旅游业收入纳入统计范围，其中招远市旅游总收入刚刚超过10%，而其他山东上榜百强县生产总值中的旅游贡献率不足十分之一（表1-6）。

表1-6　2018年全国百强县山东入选县（县级市）主要经济量化指标

县（县级市）	当年县域生产总值/亿元	比上年增长率/%	一、二、三次产业比例			旅游业相关指标		
			一产	二产	三产	总收入/亿元	占生产总值率/%	增长率/%
龙口	1260	6.8	3.1	56.2	40.7	85	6.7	6.3
荣成	1211	6.3	10.1	42.4	47.5	该项目未统计		
滕州	1196.32	4.8	6.5	50.9	42.6	该项目未统计		
招远	780.90	6.3	5.8	50.8	43.4	82	10.1	8.6
莱州	805.64	6.1	9.6	49.5	40.9	该项目未统计		

续表

县（县级市）	当年县域生产总值/亿元	比上年增长率/%	一、二、三次产业比例			旅游业相关指标		
			一产	二产	三产	总收入/亿元	占生产总值率/%	增长率/%
广饶	850	7	5.1	65.1	29.8	该项目未统计		
新泰	843.4	5.9	该项目未统计			该项目未统计		
肥城	773	6.6	该项目未统计			该项目未统计		
青州	704.1	6.7	8.4	42.8	48.8	该项目未统计		
莱西	645	8	该项目未统计			该项目未统计		
茌平	486.8	2.1	该项目未统计			该项目未统计		
桓台	619	6.5	该项目未统计			该项目未统计		
昌邑	470.37	6.3	10.2	48.4	41.4	46.03	9	10.2
齐河	435.1	8.2	9.3	48.6	42.1	26.3	8.5	
禹城	308.42	5.8	14.2	46.6	39.2	该项目未统计		

注：上述数据来源于各县《2018年国民经济和社会发展统计公报》及《2019年政府工作报告》相关数据

因此，山东是文化大省，但就目前而言，却不是"文创"强省，全省十六地市（137个县市区）丰富的历史文化资源，尚未得到适当开发，文化创意产业发展很不充分。山东的文化创意产品设计发展过程中，仍呈现出如下几个层面的问题，需要引起足够重视，主要表现在：

首先，从文旅主管部门内部组织关系分析：各级文化旅游部门的人事任免由该区域政府提名，人大通过，并报上一级领导机关备案。换而言之，文化旅游系统看似上下承接的管理系统，却呈现出条块分割的状态。各级文化旅游部门主要对与之对应的各级政府、人大负责，其上级文旅部门对下级部门仅为"指导"关系，而非"领导"关系，上级文旅部门无法参与决策下级部门的人事任免。应当承认，目前在各级政府经济发展中，凡涉及文旅产业实际项目及文创产品设计开发实际工作的，往往是由所在地人民政府集体决策，缺乏上级业务主管部门指导参与。这种情况有可能导致省市县各级文化旅游系统无法形成合力；市县乡村文旅产业规划决策水平不高，文创产品设计开发薄弱；相邻区域对重要文化旅游资源相互争夺、重复建设、过度开发；以非专业领导决策影响重大专业旅游文创项目开发等问题。

其次，从行业发展现实环境分析：山东文化资源利用率低，传统资源潜力尚待开发；缺乏完善政策体系，知识产权保护意识淡薄；法律法规不够健全，文化保障体系有待完善；地方政府及相关文化旅游主管部门，对文创旅游产品的重视程度虽不断提高，但由于受管理机制限制，政府无法搭建从产品设计开发，到生产销售等全环节的运营团队；无力承担文创产品整体开发运行成本。因此，绝大多数文创产品设计成果仅停留在方案阶段，无法实现批量化生产并产生经济效益。

再次，从行业参与主体分析，虽然政府、行业协会、科研院校、设计企业、独立设计师、加工企业等各参与方，均已意识到文创产业的巨大发展潜力，但山东尚未形成产业集群效应，各方虽均已显现出积极乐观、推动参与的姿态，但仍未形成合力。山东文创设计人才缺乏，人才培养机制严重制约发展；创意产业链不完整，产业集群效应有待提升等多方面的问题。山东目前注册的160余家文创设计企业中，绝大多数为小微企业，尚未形成具有全省影响力的头部企业，无法发挥集聚效应，形成产业优势。

最后，从市场销售的文创产品质量分析：省内主要旅游景区文创产品种类单一，同质化严重，销售对象仍以土特工艺产品为主，能够充分反映区域文化特征，代表区域文化风貌，且具有实用功能的文化创意产品种类十分有限。文创产品呈现重特产、轻文化；重工艺，轻设计；重文化元素复制，轻文化创新解读的现象。很多景区纪念品直接由浙江义乌、江西景德镇、福建德化等地批发，或是当地手工加工、农户种养的土特农副产品为主。缺乏对特定区域历史文化资源的深度挖掘、现代创新、功能对位、销售预判，普通游客无法产生必要的购买意愿。

无论从国家层面，还是从山东省层面上，振兴文化创意产业，均成为引领新时期国家与区域经济高质量发展的应有之意；更是体现"文化自信"，实现中华民族的伟大复兴重要组成部分。然而，只有宏大的目标，而没有切实可行的路径，则无异于临渊羡鱼，对具体事业的发展毫无助益。

因而，如何切实做实做细文创产发展的政策引领、人才储备、资源基础、产业支撑及实施路径，切实促进山东文创产业的发展。则成为当前，乃至今后一段时间，山东文化创意产业领域需要引起重视，且必须进行深入研究的重大命题。

有规划，就需要有落实的方法。因而，本项目，重在就山东文创产业发展与文创产品设计开发，进行方法策略研究，以及对相关的设计案例进行分析，探索适合山东文化创意产业发展的设计策略。

第三节
本项目研究的目标、方法与意义

山东整体经济格局呈"东高西低、北高南低"的特征，东部沿海地区经济相对发达，以第二、第三产业集约化发展为主，兼顾现代高效农业；西部内陆地区经济发展现对滞后，以农业、重工业为主。这种发展格局与我国整体经济发展格局非常相似。因此，深入描述研究山东区域经济发展过程中的文化创意产业现状，不仅对山东一省的文化创意产业发展具有积极意义，而且，对于我国其他地区的文创产业合理开发，也具有普遍的借鉴价值。

一、本项目主要研究内容与具体目标

（一）本项目研究的主要内容包括

（1）对山东自然历史资源、非物质文化遗产等文化资源研究；
（2）对山东省、十六地市相关文化创意产业政策研究；
（3）对山东省文化创意产业发展现状研究；
（4）对山东省文化创意产品设计现状研究；
（5）对山东省文化创意产品代表性企业与代表性案例研究；
（6）对山东省文化创意产业及文创产品设计的发展策略研究。

（二）本项目研究的具体目标

以山东文化创意产品设计开发视角，重新审视、梳理山东十六地市，137

个县市区的文化历史资源，以及国家级，省级非物质文化遗产。分门别类，摸清家底，建立符合文创产品设计开发规律，以及与文创产品设计开发的"主题转化需求"相适应的山东文化创意产品设计开发资源框架与目录。

通过对近年来山东省政府、十六地市相关文化创意产业发展政策的研究，以山东文创产品设计开发的视角，重新梳理省、市、县三级文创产品设计开发的内在诉求，分清层次、突出重点，形成既相互连接，又各有重点的山东省文创产品设计开发目录。

以山东文创产品设计开发为视角，通过对山东省重要的博物馆、美术馆、文化馆、文化院团、重要景区、主题公园等的调研，摸清游客需求，发现市场缝隙，描述山东文化创意产业发展现状，为山东文创产品设计开发，积累必要的设计依据。

通过对国内外有代表性的文化创意产业园区、设计企业、经典案例进行研究；并与山东目前代表性的文创产业园区、设计企业、经典案例进行比较，进而通过国内外、省内外、山东省十六地市的相互比照，发现适合本地文化基础、旅游资源及经济发展现状的文创产品设计开发的基本策略。

二、本项目主要研究的主要方法

（一）文献研究法

文献研究法主要指搜集、鉴别、整理文献，并通过对文献的研究，形成对事实的科学认识的方法。本项目围绕形成山东文创产品设计开发的基本策略，主要对以下几个类别的文献资料进行研究：

体现山东历史文化形成、演化的相关著作文献。如韩寓群、安作璋主编的《山东通史》、刘德增著的《山东移民史》、山东省地方史志编纂委员会编写的《山东省志·民俗志》、潘鲁生所著的《民间文化生态调查》丛书、李国琳主编的《山东省级非物质文化遗产普及读本民俗卷》等。

反映国内外文化产业及文创产业发展面貌的相关著作文献，如联合国教科文组织主编的《创意经济报告——拓展本土发展途径》、徐中孟著的《文化创意：中国文化创意产业研究》、李季主编的《中国文化创意产业年鉴》、傅才武主编《文化创新蓝皮书：中国文化创新报告》、范周著《数字经济下的文化创意革命》、百远著《中国文化创意产业发展与产品内外需求》、林明华、杨永忠著的《创意产品开发模式——以文化创意助推中国创造》等。

主要反映国内、省内对促进激励文化创意产业发展的相关政策、规划等文件，如《国务院办公厅转发文化部等部门关于推动文化文物单位文化创意产品开发若干意见的通知》《国务院关于推进文化创意和设计服务与相关产业融合发展的若干意见》《山东省传承发展中华优秀传统文化工作方案》《山东省文化创意产业发展规划》等。

主要反映近年来，国内外文创产品设计发展成果的相关资料文献，主要包括《国际设计年鉴》《红点奖国际设计年鉴》《APD亚太设计年鉴》《中国设计年鉴》、历届中国创意"产品设计大赛"大赛获奖作品、历届"泰山设计杯"文化创意设计大赛获奖作品；中国（深圳）国际文化产业博览交易会、中国（北京）国际文化创意产业博览会、中国（山东）国际文化产业博览交易会企业目录及参展作品等。

（二）调研访谈法

调研访谈，是指综合运用网络调研、实地调研、重点对象访谈、问卷调研、专题个案研究等方法，对相关资料进行分析、综合、比较、归纳。进而发现问题、形成共识、总结规律，寻找路径与方法的研究方法。本项目调研对象主要涉及区域文化资源、区域产业资源、旅游类型，设计开发参与主体，以及文创产品开发过程等；访谈主体主要集中于：政府主管部门、设计主体、投资主体、生产加工主体、销售主体、游客、消费者与受赠者等文创产品设计开发的利益攸关方。调研访谈范围如表1-7所示。

表1-7　　　　　　　　　　本项目调研访谈范围简表

区域文化资源	区域产业资源	文化产品开发过程	设计开发参与主体	旅游类型
历史名人	手工艺品	区域资源梳理	政府主管部门	风光游
民间艺术	土特产品	品牌定位	销售渠道	文化游
民间习俗	农副产品	资金支持	消费者	农家游
民间曲艺杂技	消费产品	产品设计	受赠对象	民俗游
时令节气	轻工产品	专利保护	设计主体	研学游

续表

区域文化资源	区域产业资源	文化产品开发过程	设计开发参与主体	旅游类型
民间传说	矿产资源	包装展示	投资主体	遗迹游
传统技艺		加工生产	产业农民	康乐游
文化遗迹		推广销售	加工企业	
自然景观		风险管控		
		收益分配		
		产品评价		

（三）个案研究法

个案研究法是认定研究对象中的某一特定对象，加以调查分析，弄清其特点及其形成过程的一种研究方法。本项目在使用"调研访谈法"，对山东文创产品设计开发策略进行研究的同时，结合调研访谈对象，特别对文创产品设计开发过程中的政策制定者、典型设计企业、独立设计师、非物质文化传承人、生产加工企业、销售渠道经理人与销售人员、消费者与受赠者进行个案研究，兼顾个别与一般，全面呈现文创产品设计开发主体，对山东文创产品设计开发路径、设计策略的普遍看法。

第二章

山东文化创意产业发展现状

2018年3月，文化部与国家旅游局合并，组建文化和旅游部。国务委员王勇对此表示："为增强和彰显文化自信，统筹文化事业、文化产业发展和旅游资源开发，提高国家文化软实力和中华文化影响力，推动文化事业、文化产业和旅游业融合发展，方案提出，将文化部、国家旅游局的职责整合，组建文化和旅游部，作为国务院组成部分。其主要职责是，贯彻落实党的宣传文化工作方针政策，研究拟订文化和旅游政策措施，统筹规划文化事业、文化产业、旅游业发展，深入实施文化惠民工程，组织实现文化资源普查、挖掘和保护工作，维护各类文化市场包括旅游市场秩序，加强对外文化交流，推动中华文化走出去等。"

文化部与国家旅游局的合并，将靠"老天吃饭"的自然旅游资源与靠"老祖宗吃饭"的文化旅游资源相互融合。将"文化部门对文物保护修缮与旅游部门对景区的开发利用"这对矛盾，统一在一个机构之中。这种机构调整，体现了国家对"文化"与"旅游"有了全新的认识。从过去两个部门"两张皮"的管理方式，向事权统一，相互促进的阶段发展，希望达到以文化的方式来发展旅游，产生更多富有文化内涵的旅游目的地；用旅游的方式来传播文化，有效解决文化事业内生力不足的问题。

2010年9月，第一届山东文化产业博览交易会开幕，山东文化产业开始由民间聚力向政府引导阶段发展。2013年11月26日，习近平总书记赴曲阜考察，发表重要讲话强调：一个国家、一个民族的强盛，总是以文化兴盛为支撑的，中华民族伟大复兴需要以中华文化发展繁荣为条件。对历史文化特别是先人传承下来的道德规范，要坚持古为今用、推陈出新，有鉴别地加以对待，有扬弃地予以继承。此后，坚定"文化自信"，创造中华文化新辉煌，逐步成为国家文化发展的主旋律。

2017年9月，中共山东省委办公厅印发《山东省传承发展中华优秀传统文化工作方案》。首次提出："加快构建中华优秀传统文化研究阐发体系、普及教育体系、实践养成体系、保护传承体系、传播交流体系；建设"两区三带"五大文化区域：着力建设曲阜优秀传统文化传承发展示范区、齐文化传承创新示范区"两大示范区"和大运河（山东段）文化带、齐长城文化带、山东海疆历史文化带"三个文化带"；实施"八大工程"：深入实施文化经典研究阐释和出版工程、大众化普及推广工程、历史文化展示及"乡村记忆"工程、"孝诚爱仁"四德工程、沂蒙精神研究传承工程、齐鲁文化题材文艺创作工程、齐鲁文化走出去工程、文化研究和传播人才工程。"同年12月，山东省人民政府印发《曲阜优秀传统文化传承发展示范区建设规划》，青岛海峡两岸文化创意产业园正式开园，2017年12月28日，山东省文化创意设计行业协会成立。

2018年1月《山东省新旧动能转换重大工程实施规划》正式将"文化创意产业"与"精品旅游产业"纳入山东新旧动能转换十大支柱产业，并提出力争"到2022年，山东文化创意产业增加值力争达到5600亿元，占地区生产总值的5.6%。"山东省文化创意产业的号角正式吹响。2018年1月25日，在山东省第十三届人大一次会议大会政府报告工作中指出："深入实施文物保护曲阜片区、临淄片区、省会片区、黄河三角洲片区、半岛片区、沂蒙片区、鲁西片区"七个重点片区"和大运河（山东段）文化带、齐长城文化带、山东海疆历史文化带"三大文化带"建设，全面提升我省文化遗产保护传承的能力水平，让文化遗产活起来。"2018年6月，山东省文化厅联合相关部门公布了《关于推动文化文物单位文化创意产品开发的实施意见》；山东省文化厅、山东省扶贫办共同制定《山东省"非遗助力脱贫、推动乡村振兴"工程实施方案》；青岛市印发《关于在新旧动能转换中推动青岛文化创意产业跨越式发展的若干意见》。

第一节
山东省文化旅游资源

一、山东省旅游资源整体分布情况

2018年12月，山东省人民政府制定《山东省文化创意产业发展规划（2018—2022）》（以下简称"规划"）。这是山东省政府制定的第一个"文化创意产业发展规划"。《规划》指出："全省登录不可移动文物5万余处，可移动文物286万件/套，拥有泰山（世界文化与自然遗产）、曲阜孔庙孔林孔府、齐长城、大运河（山东段）4处世界遗产和尼山、崂山等文化名山；列入联合国教科文组织认定的"人类非物质文化遗产代表作名录"项目8个，国家级非物质文化遗产名录项目173项，国家级民族民间文化生态保护区1个；国家级历史文化名城10座，中国传统村落75个；全国重点文物保护单位196处。"《规划》认为，下一步，全省将重点构筑"三核四区两带百城千点"的文化产业发展格局。《规划》提出："2018—2022年，全省文化创意产业增加值年均增长13%。到2022年，全省文化创意产业增加值达到6000亿元以上，占GDP比重达到6%左右"的发展目标。

三核：济南文化辐射核、青岛文化辐射核、烟台文化辐射核。

四区：儒家文化转化区（济宁—泰安）、红色文化旅游区（临沂—莱芜）、工艺美术聚集区（淄博—潍坊）、民俗文化产业区（菏泽—枣庄）。

两带：大运河文化创意产业带（菏泽—枣庄—济宁—聊城—德州）、海洋文化创意产业带（日照—青岛—威海—烟台—潍坊—滨州—东营），如图2-1所示。

目前，山东省世界文化遗产4处：泰山（世界文化与自然遗产）、曲阜孔庙孔府孔林、齐长城、大运河（山东段）；列入联合国教科文组织认定的"人类非物质文化遗产代表作名录"8项：烟台剪纸、滨州剪纸、高密剪纸、莒县国

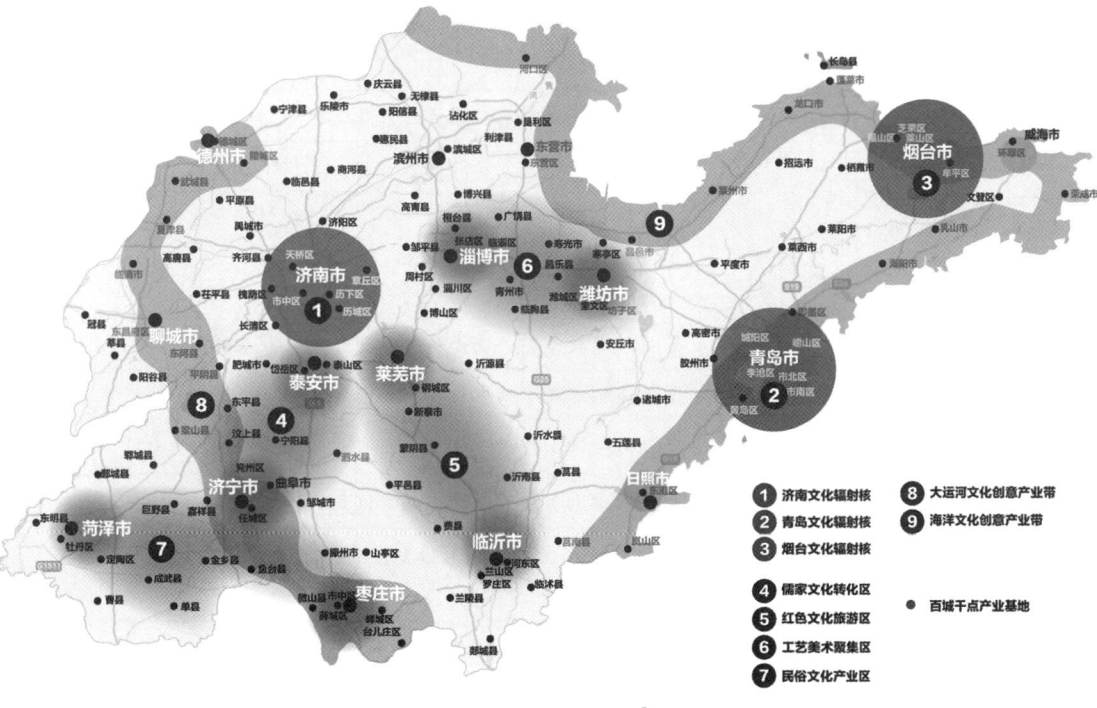

图2-1 山东文化地图①

---

① 原图出自《山东省文化创意产业发展规划（2018-2022）》。

门笺，诸城派古琴、济南皮影戏、泰安皮影戏、定陶皮影戏；国家级非物质名录项目173项（内容详见本书第五章，第二节）；国家级历史文化名城10座：曲阜、济南、青岛、聊城、邹城、临淄、泰安、蓬莱、烟台、青州；山东潍坊市"齐鲁文化生态保护实验区"被列入国家级民族民间文化生态保护区；中国传统村落（四批）共计75个；全国重点文物保护单位226个；A级旅游景区1229家（表2-1）。

表2-1　　在鲁中国传统村落及全国重点文物保护单位名录

		在鲁中国传统村落名录
济南市	平阴县	洪范池镇东峪南崖村
	长清区	归德街道双乳村、孝里镇方峪村
	章丘区	普集街道博平村、文祖街道三德范村、官庄镇朱家峪村
	莱城区	茶业口镇卧铺村
淄博市	淄川区	太河镇梦泉村、太河镇上端士村、洪山镇蒲家庄村、寨里镇南峪村、太河镇柏树村、太河镇永泉村、太河镇罗圈村、昆仑镇张李村
	博山区	域城镇黄连峪村、蝴蝶峪村、龙堂村
	周村区	王村镇李家疃村、北郊镇大七村、王村镇万家村
烟台市	招远市	辛庄镇高家庄子村、大涝洼村、孟格庄村、徐家疃村；张星镇徐家村、北栾家河村、川里林家村、丛家村、界沟姜家村、口后王家村、奶子场村、上院村、石棚村
	龙口市	徐福街道桑岛村、诸由观镇西河阳村、芦头镇庵夼村
	牟平区	姜格庄街道办事处里口山村
临沂市	沂南县	马牧池乡常山庄村、铜井镇竹泉村
	平邑县	柏林镇李家石屋村、地方镇九间棚村
	沂水县	马站镇八大庄村、夏蔚镇王庄村、泉庄镇崮崖村、马站镇关顶村
	费县	梁邱镇邵庄村、马庄镇西南峪
	临沭县	曹庄镇朱村
	蒙山旅游区柏林镇金三峪村	

续表

在鲁中国传统村落名录		
威海市	荣成市	宁津街道东楮岛村、人和镇院夼村、俚岛镇大庄许家社区、东烟墩社区、烟墩角社区、东崮村
	文登市	高村镇万家村
枣庄市	山亭区	山城街道兴隆庄村、北庄镇双山涧村、冯卯镇独古城村、冯卯村
	滕州市	羊庄镇东辛庄村、柴胡店镇胡套老村
青岛市	崂山区	王哥庄街道青山渔村
	即墨市	丰城镇雄崖所村、金口镇凤凰村
潍坊市	青州市	王府街道井塘村
	昌邑市	龙池镇齐西村
	寒亭区	寒亭街道西杨家埠村
菏泽市	巨野县	核桃园镇付庙村、前王庄村
济宁市	邹城市	城前镇越峰村、石墙镇上九山村
泰安市	东平县	接山镇朝阳庄村
	岱岳区	大汶口镇山西街村
在鲁全国重点文物保护单位名录		
旧石器时代	沂源猿人遗址	
新石器时代	章丘城子崖遗址、章丘西河遗址、章丘焦家遗址、泰安大汶口遗址、长岛北庄遗址、五莲丹土遗址、淄博桐林遗址、邹平丁公遗址、阳谷景阳冈遗址、菏泽安丘堌堆遗址、滕州北辛遗址、兖州王因遗址、汶上贾柏遗址、章丘小荆山遗址、烟台白石村遗址、日照两城镇遗址、日照尧王城遗址、日照东海峪遗址、淄博后李遗址、胶州三里河遗址、广饶傅家遗址、茌平教场铺遗址、胶州赵家庄遗址、滕州前掌大遗址、桓台史家遗址、蓬莱南王绪遗址、临朐西朱封遗址、临朐魏家庄遗址、邹城野店遗址、曲阜西夏侯遗址、梁山青堌堆遗址、兖州西吴寺遗址、莒县杭头遗址、莒县大朱家村遗址、茌平尚庄遗址、胶州西皇姑庵遗址、淄川北沈遗址、广饶五村遗址、莱芜嬴城遗址、兰山小谷城故城遗址、临沭北沟头遗址、枣庄建新遗址、烟台邱家庄遗址、莱芜汶阳遗址、滕州岗上遗址、定陶十里铺北堌堆遗址、呙宋台遗址、曹县梁堆遗址、平度东岳石遗址	

续表

在鲁全国重点文物保护单位名录	
夏商	牟平照格庄遗址、济南大辛庄遗址、广饶南河崖盐业遗址群、寿光双王城盐业遗址群
西周	临淄齐国故城、曲阜鲁国故城、滕县薛城遗址、龙口归城城址、海阳嘴子前墓群、莱芜牟国故城遗址、高青陈庄—唐口遗址、苍山鄫国故城遗址、沾化杨家盐业遗址群、潍坊丰台盐业遗址群、蓬莱村里集城址及墓群、济阳刘子台遗址、招远曲城故城遗址
东周（春秋战国）	泗水下国故城遗址、沂水纪王崮墓群、曲阜孔林、淄博田齐王陵、长城—齐长城遗址、即墨故城遗址、郯国故城、邹城邾国故城、台儿庄逼阳故城、邹城孟林、曲阜孟母林墓群、莱西西沙埠遗址、坊子杞国故城遗址、费县故城遗址、平邑南武城故城遗址、曲阜防山墓群、临淄墓群、青州程家沟古墓、大运河古建筑、高密故城遗址
秦	胶南琅琊台遗址
西汉	济南汉济北王墓群、曲阜汉鲁王墓、章丘东平陵故城、济宁萧王庄墓群、胶州祓国都城遗址、巨野昌邑故城址、定陶王墓地（王陵）古墓葬、平邑皇圣卿阙（功曹阙）、临沂石窟寺及石刻、巨野金山汉墓群
东汉	长清孝堂山郭氏墓石祠、嘉祥武氏墓群石刻、沂南北寨墓群、安丘董家庄汉画像石墓
魏晋南北朝	青州驼山石窟、掖县峰山、平度天柱山摩崖石刻、邹县铁山、岗山摩崖石刻、东阿曹植墓、泰山石刻、枣庄中陈郝窑址、博兴龙华寺遗址、淄博寨里窑址、临沂洗砚池墓群、临朐崔芬墓、淄博西天寺造像、东平洪顶山摩崖、邹城葛山和峄山摩崖、青州龙兴寺遗址、兖州金口坝、长清莲花洞石窟造像、博兴丈八佛、新泰棘梁山石刻（石窟寺及石刻）
隋	历城四门塔、白佛山石窟造像、青州云门山石窟及石刻
唐	长清灵岩寺、济南千佛崖造像、济宁崇觉寺铁塔、莘县韩氏家族墓地、泗水下桥、淄川磁村瓷窑址、成武卧化塔、历城老庄大佛寺石刻造像
五代十国	郓城观音寺塔
辽宋夏金	曲阜孔庙及孔府、泰安岱庙、广饶关帝庙大殿、聊城隆兴寺铁塔、文登圣经山摩崖、胶州板桥镇遗址、冠县萧城遗址、兖州兴隆塔、巨野永丰塔、邹城重兴塔、高唐兴国寺塔、汶上太子灵踪塔、微山伏羲庙、平度大泽山石刻及智藏寺墓塔林、青岛石窟寺及石刻、曲阜景灵宫碑、曲阜少昊宫及景灵宫遗址、邹城凫山羲皇庙遗址、临朐东镇庙大殿遗址、肥城陶山朝阳洞石刻造像

续表

	在鲁全国重点文物保护单位名录
元	曲阜颜庙、淄博颜文姜祠、京杭大运河、荣成留村石墓群、崂山道教建筑群、宁阳颜子庙和颜林
明	蓬莱水城及蓬莱阁、聊城光岳楼、邹城孟庙及孟府、潍坊十笏园、德州苏禄王墓、临清运河钞关、邹城明鲁王墓、泰山古建筑群、嘉祥曾庙、曲阜尼山孔庙和书院、济宁东大寺、聊城土桥闸遗址、长清明德王墓地、滕州龙泉塔、金乡光善寺塔、平阴永济桥、桓台四世宫保坊、蓬莱戚继光祠堂及戚继光墓、泰安大汶口古石桥、青州衡王府石坊、巨野文庙大成殿、平阴翠屏山多佛塔、曲阜周公庙、泰安萧大亨墓地石刻、临淄涌村古楼、桓台王渔洋故居
清	威海刘公岛甲午战争纪念地、聊城山陕会馆、栖霞牟氏庄园、惠民魏氏庄园、丁氏故宅、烟台福建会馆、青岛德国建筑、蒲松龄故宅、洪家楼天主教堂、青岛德国啤酒厂早期建筑、王尽美故居、烟台山近代建筑群、嘉祥青山寺、高青青城文昌阁、青州真教寺、济宁慈孝兼完坊、单县百寿坊及百狮坊、威海英式建筑群、烟台西炮台、猴矶岛灯塔、张裕公司酒窖、济南纬二路近现代建筑群、原胶济铁路济南站近现代建筑群、济南泺口黄河铁路大桥、原齐鲁大学近现代建筑群、坊子德日建筑群、蓬莱武霖基督教圣会堂、枣庄中兴煤矿公司旧址、青岛朝连岛灯塔、曲阜师范学校旧址、青岛德国海军军事俱乐部旧址
民国	泰安冯玉祥墓、莒南八路军一一五师司令部旧址、青岛八大关近代建筑、万字会旧址、台儿庄大战旧址、青岛德国建筑群、兖州天主教堂、新四军军部暨华东军区、华东野战军诞生地旧址、莱芜战役指挥所旧址、淄博矿业集团德日建筑群、徂徕山抗日武装起义旧址、潍县四方侨民集中营旧址、济南万竹园、济南五卅惨案遗址、牟平恤养院旧址、临沂大青山突围战遗址、海阳赵疃地雷战遗址、昌邑抗日殉国烈士祠、金乡羊山战斗纪念地

二、山东省 4A 级以上旅游景区分布情况

旅游景区，是指以旅游及其相关活动为主要功能的空间或地域。旅游景区包括风景区、红色旅游景区、文博院馆、寺庙观堂、旅游度假区、自然保护区、名胜古迹、主题公园、旅游度假村、森林公园、地质公园、湿地公园、游乐园、动物园、植物园及工业、农业、经贸、科教、军事、体育、文化艺术等

各类旅游景区。

目前,我国旅游景区质量等级共划分为五级,从高到低依次为AAAAA、AAAA、AAA、AA、A级旅游景区。景区等级认定的标准主要参照旅游交通、游览条件、旅游安全、卫生情况、邮电条件、旅游购物、经验管理、资源与环境保护、旅游资源吸引力、市场吸引力、年游客接待量与人员构成情况、游客抽样调查基本满意等13项进行评级。如果说4A级景区代表国家级标准风景区,那么,5A旅游景区代表中国世界级的精品旅游风景区。截至2018年,全省共有5A级旅游风景区12家,约占全国总数的5.7%;共有4A级旅游风景区196家,约占全国总数的12.6%(表2-2)。

表2-2　　　　　　　　　　山东省4A级以上旅游景区名录

等级		景区名称
5A 12处		济宁曲阜明故城(三孔)旅游区、泰安泰山景区、东营黄河口生态旅游区、济南天下第一泉、青岛崂山风景区、烟台蓬莱阁旅游区、烟台龙口南山景区、威海刘公岛景区、威海华夏城旅游景区、潍坊青州古城旅游区、沂蒙山旅游景区(临沂/潍坊)、枣庄台儿庄古城景区
4A	济南	千佛山风景名胜区、灵岩寺旅游区、方特东方神话主题乐园、国际园博园、百脉泉公园、植物园、朱家峪旅游区、房干生态景区、香山旅游区、雪野湖现代农业科技示范园、红叶谷生态文化旅游区、九如山瀑布群风景区、金象山乐园、九顶塔中华民族欢乐园、水帘峡风景区、莱芜战役纪念馆
4A	青岛	海滨风景区、海底世界、银海国际游艇俱乐部、奥帆中心、啤酒博物馆、葡萄酒博物馆、世界园艺博览园、极地海洋世界、华东葡萄酒庄园、石老人观光园、奥林匹克雕塑文化园、金沙滩景区、大珠山风景名胜区、琅琊台风景区、珠山国家森林公园、灵山湾城市休闲度假区、森林野生动物世界、青岛滨海学院世界动物自然生态博物馆、天泰温泉度假村、少海风景区、茶山风景区、方特梦幻王国、百果山森林公园、西海岸生态观光园、藏马山景区、玫瑰小镇
4A	枣庄	抱犊崮国家森林公园、冠世榴园风景区、滕州微山湖湿地红荷景区、盈泰生态温泉度假村、台儿庄大战纪念馆、台儿庄运河湿地公园、山亭汉诺庄园、鲁南水城枣庄老街、熊耳山景区、月亮湾旅游区、仙坛山旅游区、翼云石头部落旅游区

续表

等级		景区名称
4A	淄博	陶瓷琉璃博物馆、聊斋城、潭溪山旅游区、齐山风景区、原山国家森林公园、鲁山国家森林公园、开元溶洞、博山陶琉艺术中心、淄博古车馆（太公生态文化旅游区）、周村古商城、王渔洋故里景区、福王红木博物馆、国井酒文化博物馆、沂源鲁山溶洞群风景区
	东营	孙子文化旅游度假区、红色刘集旅游景区、天宁寺文化旅游区、揽翠湖旅游度假区、龙居黄河森林旅游区、黄河三角洲动物园、孤岛槐树林温泉旅游区
	烟台	金沙滩海滨公园、蓬莱海洋极地世界、牟氏庄园、养马岛旅游度假区、毓璜顶公园、烟台山旅游风景区、张裕国家葡萄酒城、张裕酒文化博物馆、艾山温泉度假村、中粮君顶酒庄、海阳省级旅游度假区、招远罗山黄金生态旅游区、昆嵛山国家森林旅游区、长岛旅游景区、招虎山风景区、大基山旅游景区、磁山温泉小镇、海昌渔人码头
	潍坊	十笏园文化街区、杨家埠民间艺术大观园、金宝乐园、金泉寺、大源生态游乐园、水上王城、欢乐海沙滩景区、青州九龙峪景区、青州仰天山国家森林公园、青州泰和山风景区、寿光三元朱村、寿光林海生态博览园、寿光蔬菜高科技示范园区、白浪绿洲湿地公园、昌乐中国宝石城、安丘青云山民俗游乐园、安丘景芝酒之城、安丘齐鲁酒地、诸城恐龙博物馆、诸城恐龙文化旅游区、诸城常山文化博物苑、临朐揽翠湖温泉度假村
	济宁	万紫千红生态养生旅游区、宝相寺、莲花湖湿地、南池景区、泗水滨景区、太白湖景区、羊山古镇军事旅游区、上九山景区、青山景区、曲阜市孔子六艺城、尼山孔庙及书院景区、曲阜市仙河花海生态乐园、曲阜石门山绿色休闲风景区、孟庙孟府景区、邹城市峄山风景区、邹城市明鲁王陵景区、梁山旅游风景区、兖州兴隆文化园、微山湖旅游区
	泰安	泰山方特欢乐世界、泰山花样年华景区、泰山森林温泉旅游区、天乐城旅游休闲区、太阳部落、泰山宝泰隆旅游区、徂徕山汶河景区、东平县白佛山景区、东平湖景区、天颐湖景区、肥城市春秋古镇景区、宁县县复圣文化旅游区、新泰莲花山风景区

续表

等级		景区名称
4A	威海	成山头景区、赤山风景名胜区、天沐温泉度假区、汤泊温泉度假村、大乳山滨海旅游度假区、乳山银滩旅游度假区、乳山福如东海文化园、仙姑顶景区、林海湾旅游区、环翠楼公园、滨海生态公园风景带（侨乡号邮轮）、荣成市那香海景区
	日照	万平口海滨风景区、刘家湾赶海园、龙门崮旅游度假区、浮来青旅游度假区、五莲山旅游风景区、大青山风景区、黑虎山狩猎旅游区、海滨国家森林公园
	临沂	临沂市动植物园、临沂市科技馆、临沂观唐温泉度假村、临沂龙园、平邑天宇自然博物馆、平邑县九间棚景区、沂水雪山彩虹谷、沂水天谷旅游区、沂水萤火虫水洞旅游区、沂水天上王城旅游区、沂水东方瑞海国际温泉度假村、沂水山东地下大峡谷、费县沂蒙云瀑洞旅游区、费县奇石城、沂南智圣汤泉旅游度假村、沂南竹泉村旅游区、沂南县红石寨旅游区、莒南天马岛旅游区、八路军115师司令部旧址、沂蒙红色影视基地、蒙阴县岱崮地貌旅游区、蒙阴孟良崮旅游区、皇山东夷文化休闲旅游区、兰陵国家农业公园、兰陵县压油沟旅游区、郯城县银杏生态旅游区、沂蒙马泉休闲园、临沭苍马山（冠山）旅游区
	德州	德州董子园、太阳谷景区、泉城极地海洋世界、泉城欧乐堡梦幻世界、庆云海岛金山寺、夏津黄河故道森林公园、夏津德百温泉度假村、乐陵千年枣林景区
	聊城	东昌湖旅游区、江北水城温泉度假村、孔繁森纪念馆、景阳冈（狮子楼）旅游区、东阿阿胶城
	滨州	邹平县鹤伴山旅游区、滨州市黄河三角洲生态文化旅游岛、沾化冬枣生态旅游区、无棣古城、杜受田故居、孙武古城旅游区、麻大湖旅游区、博兴县打渔张森林公园、魏集古镇
	菏泽	水浒好汉城、单县浮龙湖生态旅游景区、曹州牡丹园、孙斌旅游城

第二节
山东省旅游收入与游客构成特征

一、山东旅游业在全国旅游业中的位置

2019年，我国生产总值为990865亿元人民币，全年旅游总收入66300亿元，同比增长11%，旅游总收入占当年GDP总量的6.69%；旅游业对GDP的综合贡献为10.94万亿元，占GDP总量的11.05%；国内旅游人数60.06亿人次，比上年同期增长8.4%，人均旅游消费1105元；全国拥有A级景区12402家。

2019年，全国游客接待量前三甲的省（市区）分别为贵州、山东与河南，分别接待游客总量为9.69亿、9.38亿、9.2亿；旅游总收入过万亿省份（市区）分别为江苏、广东、四川、山东、云南、浙江、广西、河南；旅游人均消费排名前十位的分别为：广东（2773.2元）、内蒙古（2447.8元）、吉林（1983.8元）、北京（1932.9元）、新疆（1729.5元）、江苏（1627.3元）、上海（1592.5元）、四川（1545.8元）、福建（1540.1元）、浙江（1494.6元）；旅游收入比重占GDP总量前十位的省份分别为：贵州（56%）、广西（48.2%）、云南（47.5%）、山西（47.1%）、吉林（41.9%）、江西（38.7%）、西藏（32.9%）、甘肃（30.7%）、陕西（27.9%）、天津（27.7%）（表2-3）。

表2-3　　2019年中国大陆地区各省市（自治区）旅游数据统计分析

省市区	年接待游客量/亿人	同比增长/%	旅游总收入/亿元	同比增长/%	GDP总值/亿元	旅游收入比例/%	人均旅游消费/元	A级景区
广东	4.94	9.1	13700	8.9	107671	12	2773.2	414
江苏	8.8	7.6	14321.6	8.1	99631	14.3	1627.3	615
山东	9.38	8.6	11087.3	12.1	71067	15.6	1181.9	1229

续表

省市区	年接待游客量/亿人	同比增长/%	旅游总收入/亿元	同比增长/%	GDP总值/亿元	旅游收入比例/%	人均旅游消费/元	A级景区
浙江	7.3	5.5	10911	9.0	62352	17.4	1494.6	573
河南	9.2	18.5	10219	19.2	54259	18.8	1110.7	495
四川	7.5	7.0	11594.3	14.7	46615	24.8	1545.8	565
湖北	7.1	9.0	6200	12.4	45828	13.5	873.2	336
福建	5.26	16.7	8101.21	22.1	42395	19.1	1540.1	149
湖南	8.3	10.3	9762.3	15.6	39752	24.5	1176.1	393
上海	3.6	6.4	5733.73	7.6	38155	15	1592.5	113
安徽	8.2	13.6	8525.6	17.7	37114	22.9	1039.6	607
北京	3.22	3.6	6224.6	5.1	35371	17.5	1932.9	221
河北	7.8	15.5	9313.4	22.0	35104	26.5	1193.9	268
陕西	7.07	12.2	7211.2	20.3	25793	27.9	1019.9	460
辽宁	6.4	13.6	6222.8	15.9	24909	24.9	972.1	340
江西	7.9	15.7	9596.7	18.5	24757	38.7	1214.7	421
重庆	6.57	10	5734	32	23605	24.2	872.7	242
云南	8.0	17.4	11035.2	22.7	23223	47.5	1379.3	232
广西	8.7	28.4	10241.44	34.4	21237	48.2	1177.1	557
内蒙古	1.9	10.1	4651.5	12.0	17212	27	2447.8	337
山西	8.3	18.5	8026.9	19.3	17026	47.1	966.9	218
贵州	9.69	17.2	9400	30.1	16769	56	970	286
天津	2.95	15.15	3915	18.90	14104	27.7	1327.1	108
黑龙江	2.15	19.1	2683.8	19.6	13612	19.7	1248.2	402
新疆	2.1	42.0	3632.58	40.8	13597	26.7	1729.5	351

续表

省市区	年接待游客量/亿人	同比增长/%	旅游总收入/亿元	同比增长/%	GDP总值/亿元	旅游收入比例/%	人均旅游消费/元	A级景区
吉林	2.48	12.1	4920.38	16.9	11726	41.9	1983.8	231
甘肃	3.7	24.0	2680.46	30.0	8718	30.7	724.3	303
海南	0.83	9.0	1057.8	11.3	5308	19.9	1273.4	66
宁夏	0.4	19.92	340.03	15.00	3748	9	850	96
青海	0.508	20.8	561.33	20.4	2965	18.9	1122	110
西藏	0.4	19.1	559.28	14.1	1697	32.9	1397.5	116
全国	60.06	8.4	66300	11	990865	6.69	1105	12402

以上数据大部分来源于各省市（自治区）统计局2019年所发布的"国民经济和社会发展统计公报"，部分数据参照相关各省市（自治区）政府网站数据予以补充。广东"年接待游客量"为"过夜游客"，而非"过境游客"，其统计方式与其他省份略有区别

2019年，山东省共有A级旅游景区1229家，占全国A级景区的9.9%，全国排名第一。全年共接待国内外游客93809.3万人次，占全国游客总接待量的15.6%，仅次于贵州，全国各省市区排名第二；山东旅游总收入11087.3亿元，占全省GDP的15.6%，占全国旅游总收入的16.7%，在全国各省（市区）排名第三；游客人均旅游消费1181.9元，全国排名第18位。分析上述数据，可以得出如下信息：

其一，山东作为历史文化大省、经济大省与文化大省，拥有全国近十分之一的A级景区。旅行社2630家，星级饭店637家，国家级旅游度假区4家，省级旅游度假区42家。全国工业旅游创新单位3家，国家、省级工业旅游示范基地分别为1家和20家，国家级、省级工业旅游示范点分别为39家和337家。青岛崂山区、潍坊青州市、济宁曲阜市获评首批国家全域旅游示范区。但就赴鲁游客人均旅游消费水平与旅游总收入占GDP的比例两项指标而言，在全国32个省（市区）中，山东均未排入前十位。可见，山东虽然拥有丰富的文化旅游资源，

但利用率不高。

其二，赴鲁游客人均旅游消费水平仅略高于全国平均水平，为1181.9元。与河南、河北、湖南、安徽、江西、广西等内陆省份相当。这与山东区位优势与经济发展水平不相适应，暴露出山东旅游消费潜力有待进一步释放的现状。如果赴鲁游客人均旅游消费水平达到广东（2773.2元）水平，每年山东旅游总收入将会增加14925亿元，是目前山东旅游总收入的二倍多；旅游总收入在GDP中的比例将会从目前的15.6%上升为27.9%，提高12.3%。可见，山东文化旅游业的发展应从"铺摊子"式的外延发展，向重视旅游环节设计、提升旅游品质的内涵发展转变。

其三，赴鲁游客人均旅游消费水平偏低的现状，也暴露出山东文创产业发展（文创产品设计开发）不平衡、不充分的问题。在山东新旧动能转换重大工程所预置的"十强产业"中，"精品旅游"与"文化创意"实际是一个硬币的两个方面，"精品旅游"某种程度上解决的是游客数量的问题，而"文化创意"则是解决游客消费的问题。赴鲁游客数量虽多，但消费力不足，明显暴露出山东现有旅游资源缺乏黏性，游客对相关文创产品缺乏购买欲望的现状。山东旅游迫切需要由文化游、风光游，向旅游持续时间更长，黏性更大的研学旅、度假游转变。

二、山东各地区旅游业相关数据分析

从山东十六地市统计数据分析：游客接待量前三位的城市为青岛、济南、烟台，其次分别为泰安、济宁、临沂、潍坊、淄博、威海、日照、德州、菏泽、枣庄、聊城、东营、滨州。各市旅游总收入排序大致与年游客接待量相当。排名第一位的青岛市，年旅游总收入几乎是排名最后一位滨州市的10倍。2019年旅游人口增长最快的城市分别为潍坊、德州、菏泽和临沂；旅游总收入占当年GDP比例最高城市分别是泰安、威海、日照，泰安旅游总收入已经达到该市年度GDP的33.5%。可见，旅游产业已成为这三座城市的支柱产业。从游客人均消费水平来看：青岛、烟台、威海为前三位，分别为1794元、1345元、1321元。这组数据，从另一个侧面说明山东东部沿海地区旅游消费市场比西部地区更为成熟（表2-4）。

表2-4　　　　　　2019年山东十六地市旅游数据统计分析

城市	年接待游客量/万人	同比增长/%	旅游总收入/亿元	同比增长/%	GDP总值/亿元	旅游收入比例/%	人均旅游消费/元	博物馆	A级景区
青岛	10900	9	1955.9	13	11741.31	16.6	1794	100	110
济南	10026	8.5	1285.9	12.7	9443.4	12.6	1285	60	80
烟台	8689.45	8.6	1148.5	12.1	7653.45	15	1321	37	82
泰安	8262.7	8.9	894.4	12.5	2663.6	33.5	1082	42	74
济宁	8040.8	9.03	873.15	11.83	4370.17	19.9	1091	48	126
临沂	7506.85	10.41	825.86	14.08	4600.25	17.9	1101	49	195
潍坊	6805.5	11.3	775.9	14.6	5688.5	13.6	1141	50	102
淄博	6370.3	8.7	777.9	12.1	3642.4	21.3	1221	61	62
威海	5151.6	10	692.60	12.2	2963.73	23.3	1345	8	45
日照	5404.3	9.53	425.6	13.07	1949.38	21.8	788	16	64
德州	3396.06	10.8	226.81	13.7	3022.27	7	667	16	68
菏泽	2367.2	10.6	220.92	12.1	3409.98	6.4	932	16	29
枣庄	2712	9.3	245.39	12.3	1693.91	14.4	907	21	57
聊城	2482	9	213	14	2259.82	9.4	852	15	49
东营	2017.7	9.5	205.7	12.7	2916.19	7	1030	13	56
滨州	2003.61	8.99	196.25	12.94	2457.19	7.9	980	16	64

以上数据大部分来源于各市统计局2019年所发布的"国民经济和社会发展统计公报"，部分数据参照相关各市政府网站予以补充

从山东十大文化旅游目的游客统计数据分析，山东外省游客构成主要以江苏、河北、河南三省为主。可见山东既有的旅游资源辐射区域仍以周边省份为主，山东文化旅游目的地缺乏品牌张力与文化传播力，辐射范围小（表2-5）。

表2-5　　　　　　　　2019年山东十大文化旅游目的地数据排名

关注度排名	旅游目的地	全国游客构成分布
1	仙境海岸	江苏（18.16%）河北（8.15%）北京（7.51%）河南（7.25%）黑龙江（7.16%）广东（7.07%）辽宁（6.18%）上海（6.14%）浙江（3.73%）安徽（3.15%）
2	黄河入海	河北（18.9%）江苏（15.95%）河南（9.48%）北京（9.45%）广东（6.36%）上海（5.03%）天津（4.28%）辽宁（3.25%）安徽（3.22%）浙江（2.99%）
3	平安泰山	江苏（19.6%）河北（15.84%）北京（10.19%）广东（7.72%）上海（6.92%）河南（5.43%）浙江（3.42%）安徽（3.33%）辽宁（3.01%）山西（3%）
4	鲁风运河	江苏（20.44%）河北（19.32%）北京（9.6%）河南（8.25%）广东（6%）上海（5.17%）安徽（4.06%）天津（3.66%）浙江（3.41%）辽宁（2.35%）
5	东方圣地	江苏（29.05%）河南（8.72%）北京（8.15%）河北（7.72%）上海（6.14%）广东（6.03%）安徽（4.98%）浙江（4.23%）辽宁（2.49%）天津（2.27%）
6	泉城济南	河北（15.66%）江苏（14.87%）北京（11.35%）广东（6.66%）河南（6.57%）上海（5.29%）天津（3.76%）辽宁（3.55%）安徽（3.45%）黑龙江（3.21%）
7	亲情沂蒙	江苏（25.05%）河北（12.36%）广东（7.88%）北京（7.44%）上海（7.11%）河南（5.69%）安徽（3.74%）浙江（3.48%）辽宁（3.11%）黑龙江（2.84%）
8	鸢都龙城	江苏（17%）河北（13.66%）北京（7.86%）广东（7.07%）河南（6.88%）上海（6.82%）黑龙江（4.9%）辽宁（4.29%）吉林（3.33%）四川（3.1%）
9	齐国故里	江苏（18.55%）河北（15.99%）北京（8.45%）广东（8.39%）上海（7.3%）河南（5.92%）辽宁（3.3%）山西（3.07%）浙江（2.88%）安徽（2.82%）
10	水浒故里	江苏（17.8%）河北（15.07%）河南（14.28%）北京（9.64%）广东（6.11%）上海（4.79%）安徽（4.11%）浙江（3.44%）天津（2.83%）山西（2.49%）

数据来源：山东省文化和旅游大数据中心

第三节
山东省文化创意产业人才培养

一、教育部专业目录中文创产业相关专业分布

根据教育部新修订的《普通高等学校本科专业目录（2020年版）》专业设置，将本科专业分为：哲学、经济学、法学、教育学、文学、历史学、理学、工学、农学、医学、管理学、艺术学等12个门类。其中与文化创意产业密切相关的专业设置，如表2-6所示。

表2-6 《普通高等学校本科专业目录》文创产业相关专业设置

门类	专业类	专业名称
经济学	经济学类	经济学、经济统计学、商务经济学、投资学
教育学	教育学类	艺术教育
	体育学类	体育教育、武术与民族传统体育、休闲体育、冰雪运动、电子竞技运动与管理、智能体育工程、体育旅游、运动能力开发
文学	中国语言文学类	汉语言文学、汉语言、中国少数民族语言文学、应用语言学、中国语言与文化
	新闻传播类	新闻学、广播电视学、广告学、传播学、编辑出版学、网络与新媒体、数字出版、时尚传播、会展、国际新闻与传播
历史学	历史学类	文物与博物馆学、文物保护技术、文化遗产
理学	心理学类	心理学、应用心理学、统计学、应用统计学
工学	材料学	宝石材料与工艺
	纺织类	服装设计与工程、服装设计与工艺教育、丝绸设计与工程
	建筑类	风景园林、历史建筑保护工程
	机械类	工业设计

续表

门类	专业类	专业名称
管理学	工商管理类	文化产业管理
	旅游管理类	旅游管理、酒店管理、会展经济与管理、旅游管理与服务教育
艺术学	艺术学理论类	艺术史论、艺术管理
	音乐与舞蹈学类	音乐表演、音乐学、作曲与作曲技术理论、舞蹈表演、舞蹈学、舞蹈编导、舞蹈教育、航空服务艺术与管理、流行音乐、音乐治疗、流行舞蹈
	戏剧与影视学类	表演、戏剧学、电影学、戏剧影视文学、广播电视编导、戏剧影视导演、戏剧影视美术设计、录音艺术、播音与主持艺术、动画、影视摄影与制作、影视技术、戏剧教育
	美术学类	美术学、绘画、雕塑、摄影、书法学、中国画、实验艺术、跨媒体艺术、文物保护与修复、漫画
	设计学类	设计艺术学、视觉传达设计、环境设计、产品设计、服装与服饰设计、公共艺术、工艺美术、数字媒体艺术、艺术与科技、陶瓷艺术设计、新媒体艺术、包装设计

需要特别指出的是，文化创意产业相关人才的培养，并不等同于文化创意产业专门人才的培养，二者之间在认知层次上并非处于同一纬度。文化创意产业专门人才，至少应该具备文学、历史学、心理学、新闻传播、经济学、管理学、艺术学等，跨学科、跨专业的知识结构与专业视野，而不仅仅局限于某一门类某一专业认知学习。但就目前情况而言，国内高校还没有形成对文化创意产业专业人才培养的专业设置与课程计划。

二、驻鲁高校文创产业相关人才培养

目前，驻鲁全日制高等院校共计150所，其中普通全日制本科高校72所，专科（高职）学校78所。在72所本科高校中，下设独立二级艺术设计院系（含美术学院或音乐学院）的高校有45所；55所全日制本科院校培养音乐、美术、设计、表演、广播电视编导、旅游（酒店）管理、文化产业管理等与文化创意产业密切相关的专门人才，占本科驻鲁高校的76%；在78所专科（高职）院校中，开设与文化创意产业相关专业的高校38所，占专科（高职）院校总数的48%。两者合计，驻鲁高校中，开设文化创意产业相关专业的高校共计93所，占全省高校总数的62%。（各院校文化创意产业相关专业设置情况，如表2-7所示）

表2-7　　　驻鲁普通全日制高校文化创意相关专业设置一览表

驻鲁普通全日制本科高校文化创意相关专业设置一览表	
山东大学	艺术学院：艺术学、音乐学、舞蹈编导、美术学、书法学、视觉传达设计、环境设计；历史文化学院：文化产业管理；机械工程学院：工业设计、产品设计
中国海洋大学	文学与新闻传播学院：文化产业管理；工程学院：工业设计
中国石油大学	文法学院：工业设计、建筑学
山东财经大学	艺术学院：美术学、视觉传达设计；文学与新闻传播学院：文化产业管理
山东科技大学	艺术学院：音乐学、工业设计、产品设计、环境设计、视觉传达设计；文法学院：广告学
山东农业大学	艺术学院：环境设计、视觉传达设计、音乐学；公共管理学院：文化产业发展与管理
山东理工大学	美术学院：美术学、视觉传达设计、环境设计；音乐学院：音乐学、舞蹈表演；农业工程与食品科学学院：工业设计
齐鲁工业大学	艺术设计学院：环境设计、视觉传达设计、产品设计、服装与服饰设计、数字媒体设计、广告学
山东建筑大学	艺术学院：环境艺术设计、景观艺术设计、工业设计、广告学、美术学、风景园林、视觉传达设计
山东师范大学	美学学院：美术学、视觉传达设计、环境设计；音乐学院：音乐学、音乐表演、舞蹈学；新闻传播学院：广播电视编导、戏剧影视文学、新闻学、广播电视学、数字媒体艺术、播音主持艺术
济南大学	美术与设计学院：美术学、环境设计、视觉传达设计、产品设计、服装设计与工程、服装与服饰设计、摄影；机械工程学院：工业设计；文学院：广告学、广播电视学、编辑出版学

续表

	驻鲁普通全日制本科高校文化创意相关专业设置一览表
青岛大学	美学学院：环境设计、视觉传达设计、绘画；音乐学院：音乐学、音乐表演、舞蹈和作曲技术理论；新闻与传播学院：广告学、广播电视编导、动画；纺织服装学院：服装设计与工程、服装与服饰设计；机电工程学院：工业设计
青岛科技大学	艺术学院：视觉传达设计、环境设计、工业设计、公共艺术、美术学、服装设计、音乐学
青岛理工大学	艺术与设计学院：环境设计、视觉传达设计、产品设计、服装设计、音乐学、美术学
青岛农业大学	动漫与传媒学院：动画、广播电视编导、广告学、传播学、数字媒体艺术；艺术学院：视觉传达设计、环境设计、绘画、产品设计
曲阜师范大学	音乐学院：音乐学本科、音乐表演本科、舞蹈学本科、舞蹈表演；美术学院：美术学、绘画、视觉传达设计、环境艺术设计、动画；书法学院：书法学
聊城大学	美术与设计学院：美术学、视觉传达设计、环境设计和书法；音乐与舞蹈学院：音乐学、音乐表演、舞蹈学；传媒技术学院：广播电视编导、数字媒体艺术和动画
鲁东大学	艺术学院：美术学、视觉传达设计、音乐学；文学院：广播电视编导、传播学、广告学
临沂大学	美术学院：美术学、环境设计、视觉传达设计、产品设计、动画、书法学、服装与服饰设计；音乐学院：音乐学、舞蹈学；传媒学院：新闻学、广告学、播音与主持艺术、广播电视编导、数字媒体艺术
烟台大学	建筑学院：建筑学、城乡规划、环境设计
山东艺术学院	绘画、雕塑、中国画、视觉传达设计、环境设计、产品设计、工艺美术、数字媒体艺术、动画、戏剧影视美术设计、艺术设计学、摄影、绘画、戏剧影视美术设计、数字媒体艺术、美术学、戏剧影视文学、广播电视编导、戏剧学、艺术史论、戏剧影视文学、艺术管理、作曲与作曲技术理论、音乐学、表演、书法学、影视摄影与制作、音乐表演、播音与主持艺术、舞蹈学、戏剧影视导演、舞蹈表演、舞蹈编导
山东工艺美术学院	视觉传达设计、数字媒体艺术、包装工程、风景园林、城乡规划、建筑学、产品设计、艺术与科技、工业设计、绘画、雕塑、公共艺术、动画、摄影、戏剧影视美术设计、影视摄影与制作、广播电视编导、美术学、艺术设计学、美术学、艺术史论、文化产业管理、广告学、戏剧影视美术设计

续表

	驻鲁普通全日制本科高校文化创意相关专业设置一览表
山东女子学院	艺术设计学院：视觉传达设计、环境设计、服装与服饰设计、产品设计；数字媒体艺术，文化传播学院：文化产业管理；音乐学院：音乐学、舞蹈学；旅游学院：旅游管理、酒店管理
山东管理学院	艺术学院：文化产业管理、环境设计、艺术管理、艺术与科技；人文学院：网络与新媒体
山东政法学院	传媒学院：新闻学本科、编辑出版学、网络与新媒体、新闻采编与制作专科
山东农业工程学院	艺术学院：视觉传达设计、数字媒体艺术、工艺美术
山东青年政治学院	设计艺术学院：视觉传达设计、环境设计、产品设计、服装与服饰设计；文化传播学院：广播电视学、播音与主持艺术；舞蹈学院：舞蹈表演、舞蹈学、舞蹈编导
山东警察学院	艺术与设计学院：产品设计、环境设计、视觉传达设计
齐鲁理工学院	艺术学院：书法学、产品设计、环境设计、视觉传达设计
齐鲁师范学院	美术学院：书法学、美术学；音乐学院：音乐学、舞蹈学
山东工商学院	人文与传播学院：广告学
德州学院	美术学院：美术学、环境设计、视觉传达设计；音乐学院：音乐学系、音乐表演系
滨州学院	艺术学院：美术学、音乐学、舞蹈学、视觉传达设计、环境设计、数字媒体艺术
泰安学院	文学与传媒学院：播音与主持艺术专业、广播电视编导专业；艺术学院：美术学、服装设计与工程、环境设计、服装与服饰设计、书法学、音乐学、音乐表演、舞蹈学；旅游学院：旅游管理
济宁学院	美术系：美术学、环境设计、视觉传达设计、服装与服饰设计、产品设计、数字媒体艺术；文化传播系：文化产业管理、酒店管理；音乐系：音乐学、舞蹈学、舞蹈表演
菏泽学院	人文与新闻传播学院：广播电视学、广告学；音乐与舞蹈学院：音乐学、音乐表演、舞蹈学；美术与设计学院：美术学、动画、视觉传达设计、环境设计、产品设计、书法

续表

驻鲁普通全日制本科高校文化创意相关专业设置一览表	
枣庄学院	音乐与舞蹈学院：音乐学、舞蹈表演、舞蹈学、广播电视编导；美术与艺术学院学院：美术学、视觉传达设计、环境设计、工业设计、产品设计、动画、数字媒体艺术
潍坊学院	音乐学院：音乐学、音乐表演、舞蹈学、舞蹈表演、播音与主持艺术；美术学院：美术学、视觉传达设计、环境设计、动画
青岛滨海学院	艺术传媒学院：环境设计、广告学、动画、广播电视学、视觉传达设计、产品设计、数字媒体艺术
青岛工学院	工业设计、数字媒体技术
青岛理工大学琴岛学院	建筑学、视觉传达设计、环境设计、数字媒体艺术、动画
青岛黄海学院	艺术学院：环境设计专业、动画专业、影视摄影与制作专业、数字媒体艺术专业、绘画专业、戏剧影视美术设计专业
烟台南山学院	工业设计、产品设计、动画、服装与服饰设计、环境设计、视觉传达设计、音乐表演、舞蹈表演
潍坊科技学院	艺术与传媒学院：动画、环境设计、产品设计、环境设计、视觉传达设计、服装与服饰设计、舞蹈表演
青岛恒星科技学院	数字媒体艺术、舞蹈表演、服装与服饰设计、影视摄影与制作、印刷工程、舞蹈表演、酒店管理、会展经济管理、旅游管理
山东现代学院	人文学院：视觉传达设计
山东协和学院	人文艺术与教育学院：视觉传达设计、音乐学、旅游管理、酒店管理
山东华宇工学院	设计与艺术学院：数字媒体技术、数字媒体艺术、产品设计、环境设计
聊城大学东昌学院	美术设计系：视觉传达设计、环境设计、动画、数字媒体艺术、产品设计　音乐系：音乐表演、舞蹈学
中国石油大学胜利学院	教育与艺术学院：视觉传达设计、环境设计、音乐学
青岛农业大学海都学院	人文艺术系：广播电视编导、环境艺术设计、视觉传达设计
山东财经大学东方学院	视觉传达设计、环境设计、数字媒体艺术

续表

驻鲁普通全日制本科高校文化创意相关专业设置一览表	
济南大学泉城学院	艺术学院：视觉传达设计、环境设计、产品设计、数字媒体艺术、录音，文化传媒学院：广告学、摄影、影视摄影、美术学
北京电影学院现代创意媒体学院	戏剧影视文学、广播电视编导、新闻学、播音与主持艺术、戏剧影视导演、表演、摄影、影视摄影与制作、影视美术设计、环境艺术设计、数字媒体艺术设计、文物修复、录音艺术电影学、网络与新媒体、知识产权、广告学

驻鲁专科（高职）全日制高校文化创意相关专业设置一览表	
山东艺术设计职业学院	模特与礼仪、广告策划与营销、舞蹈表演、音乐表演、传播与策划、文化市场经营管理、文物修复与保护、美术、工业设计、影视动画、建筑装饰工程技术、环境艺术设计
山东服装职业学院	服装陈列与展示设计、民族服装服饰设计、服装与服饰设计、服装表演、音乐表演、模特与礼仪、美术、新闻采编与制作、室内艺术设计、视觉传播设计与制作、数字媒体艺术设计、动漫设计、人物形象设计、影视多媒体技术、展示艺术设计
山东文化产业职业学院	艺术设计、美术、公共文化服务与管理、新闻采编与制作、艺术管理、舞蹈表演、编导、教育、舞美设计、舞台服装、舞蹈音乐
山东理工职业学院	视觉传播设计与制作、环境艺术设计、产品艺术设计、宝玉石加工与制作、视觉传播设计与制作、旅游管理、酒店管理
山东工程职业技术大学	建筑装饰工程、环境艺术设计、广告设计与制作、动漫制作技术、美容美体艺术
山东外国语职业技术大学	工艺美术、数字媒体艺术设计、环境艺术设计、艺术设计
山东旅游职业学院	休闲服务与管理专业、表演艺术专业、导游、旅游管理、景区开发与管理
山东特殊教育职业学院	工艺美术品设计、服装设计与工艺
山东城市建设职业学院	环境设计
山东商务职业学院	视觉传播设计与制作、动漫制作技术、广告设计与制作
山东劳动职业技术学院	数字媒体艺术设计、广告设计与制作

续表

驻鲁专科（高职）全日制高校文化创意相关专业设置一览表	
山东商业职业技术学院	环境艺术设计专业、建筑工程技术专业、视觉传播设计与制作
山东轻工职业学院	服装设计、鞋类设计与工艺、服装制作与营销、形象设计与表演、艺术设计
山东科技职业学院	数字媒体艺术设计（含平面、室内）、数字媒体应用技术、动漫制作技术
山东圣翰财贸职业学院	艺术设计、环境艺术设计、动漫设计与制作
山东经贸职业学院	动漫制作技术专业、艺术设计类专业
山东力明科技职业学院	文物鉴定与保护、公共文化事业管理
山东传媒职业学院	播音主持、影视制作、新闻传播、影视动画设计、视觉传播设计
山东杏林科技职业学院	广告设计与制作专业、建筑装饰工程设计专业
济南工程职业技术学院	建筑装饰工程技术、园林工程技术、会展策划与管理、动漫制作技术、数字媒体应用技术
济南职业学院	视觉传达设计、新闻采编与制作、环境艺术设计、旅游管理、酒店管理
青岛求实职业技术学院	艺术设计、服装设计、环境艺术设计、动漫设计与制作、音乐表演、广播影视节目制作
青岛酒店管理职业技术学院	旅游管理专业、会展策划与管理专业、环境艺术设计、广告设计与制作、数字媒体艺术设计、工艺美术品设计
淄博师范高等专科学校	音乐教育、美术教育、主持与播音、电脑艺术设计、动漫设计与制作、陶瓷艺术设计
菏泽职业学院	旅游管理
烟台黄金职业学院	首饰设计与工艺、宝玉石鉴定与加工、艺术设计
临沂职业学院	音乐表演、旅游管理、休闲体育
泰山职业技术学院	环境艺术设计、首饰设计与工艺、宝玉石鉴定与加工、服装与服饰设计
枣庄科技职业学院	旅游管理艺术设计

续表

驻鲁专科（高职）全日制高校文化创意相关专业设置一览表	
潍坊工商职业学院	表演艺术、服装设计与工艺
日照职业技术学院	旅游管理、酒店管理、环境艺术设计、视觉传播设计与制作、数字媒体应用技术、动漫制作技术、动漫设计
曲阜远东职业技术学院	美术、数字媒体艺术设计、环境艺术设计、动漫设计
青岛职业技术学院	服装设计、环境艺术设计、影视动画
威海职业学院	服装与服饰设计、服装设计与工艺、广告设计与制作、动漫设计、数字媒体艺术设计、数字媒体应用技术、风景园林设计、环境艺术设计
莱芜职业技术学院	文物修复与保护、广告设计与制作、环境艺术设计、艺术设计
济宁职业技术学院	图形图像制作、动漫设计与制作、服装设计、广告设计与制作
潍坊职业学院	动漫制作技术、数字媒体艺术设计、广告设计与制作、环境艺术设计（艺术类）、学前教育、舞蹈表演
烟台职业学院	服装与服饰设计、广告设计与制作、艺术设计、酒店管理、旅游管理

驻鲁高校中，未开设文化创意产业相关专业的高校有：
山东中医药大学、山东第一医科大学、山东体育学院、山东财经大学燕山学院、山东科技大学泰山科技学院、山东广播电视大学、潍坊医学院、烟台大学文经学院、齐鲁医药学院、滨州医学院、济宁医学院、潍坊理工学院；
山东司法警官职业学院、淄博职业学院、山东电力高等专科学校、山东医学高等专科学校、菏泽医学专科学校、山东中医药高等专科学校、日照航海工程职业学院、济南护理职业学院、青岛远洋船员职业学院、山东海事职业学院、泰山护理职业学院、潍坊护理职业学院、菏泽家政职业学院、枣庄职业学院、烟台汽车工程职业学院、山东药品食品职业学院、山东外事职业大学、山东铝业职业学院、山东电子职业技术学院、德州职业技术学院、烟台工程职业技术学院、山东工业职业学院、山东胜利职业学院、青岛港湾职业技术学院、山东化工职业学院、山东信息职业技术学院、山东外贸职业学院、淄博职业学院、山东职业学院、东营职业学院、聊城职业技术学院、滨州职业学院、山东畜牧兽医职业学院、青岛飞洋职业技术学院、东营科技职业学院、山东交通职业学院、山东水利职业学院、德州科技职业学院、济南幼儿师范高等专科学校、潍坊工程职业学院

第四节
山东省文化创意产业管理机构与重点项目

一、山东文化产业管理机构

目前，山东省文化创意产业发展的主管部门为山东省文化和旅游厅；十六地市下设文化旅游局；137个县（市区）再设文化旅游局；1824个乡镇（街道办）设有文化站。以山东省文化和旅游厅机构处室设置为例，各地市文化旅游局机构设置均与之类似（表2-8）。

表2-8　　山东省文化和旅游厅内部机构设置及直属单位

山东省文化和旅游厅内部机构设置				
办公室	政策法规处	人事处	财务处	行政许可处
艺术处	公共服务处	非物质文化遗产处	科技教育处	产业发展处
市场推广处	资源开发处	博物馆与社会文物处	执法监察处	市场管理处
对外交流与合作处（港澳台办公室）		文物保护与考古处	机关党委	离退休干部处
直属单位				
机关服务中心	山东省京剧院	山东剧院	山东省文艺演出公司	山东歌舞剧院
山东省吕剧艺术保护传承中心（山东省吕剧院）			山东省柳子戏艺术保护传承中心（山东省柳子剧团）	
山东话剧院	山东美术馆	山东博物馆	山东画院	山东省杂技团	山东省图书馆
山东省艺术研究院	山东省戏剧创作室		山东省文化馆	孔子博物馆
山东省文化艺术学校	山东旅游职业学院		山东文化传媒有限公司	山东文化娱乐中心
山东省旅游推广中心	山东省旅游商品开发服务中心		山东省水下考古研究中心	
山东省石刻艺术博物馆	山东省文物考古研究院		山东省文化市场综合执法监察局	
山东省古建筑保护研究院（省文物工程公司）			山东省文物保护修复中心	

需要特别指出的是，自2018年10月，原山东省文化厅与山东省旅游发展委员会合并为山东省文化和旅游厅以来，就现在内部机构设置与直属单位而言，文化和旅游厅仍更倾向于文化管理，原旅发委的很多处室与直属单位职能，并未在合并后的机构设置中很好体现出来，这些处室与直属单位主要包括：（旅游）规划发展处、旅游市场开发处、山东省旅游监察总队、山东省旅游数据和信息中心等。新合并的市县两级的文化和旅游局，其内部机构设施与文化和旅游厅相类似，此处不赘述。

省、市、县三级文化旅游主管部门的基本职能可概括为：贯彻落实文化和旅游方面法律法规、方针政策；起草有关地方性法规、政府规章草案；研究拟订驻在区域文化、旅游政策措施。统筹规划驻在区域文化事业、文化产业、旅游业、文物保护事业发展，拟订发展规划并组织实施；推进文化产业、旅游业与相关产业融合发展；推进文化和旅游体制机制改革。管理驻在区域重大文化和旅游活动；指导重点文化和旅游设施建设；指导、推进全域旅游。指导、管理驻在区域文艺事业；指导艺术创作生产，扶持体现社会主义核心价值观、具有导向性代表性示范性的文艺作品；推动各门类艺术、各艺术品种发展。负责驻在区域公共文化事业发展；推进公共文化服务体系建设、旅游公共服务建设；深入实施文化惠民工程，统筹推进基本公共文化服务标准化、均等化。

乡镇综合文化站是政府举办的提供公共文化服务，指导基层文化工作和协助管理农村文化市场的公益性事业单位。基本职能可概括为：对广大群众进行时政宣传和政策法制教育；组织开展丰富多彩的文体娱乐活动，组织电影、电视、录像放映活动；利用全国文化信息资源共享工程举办各类文化艺术培训班、科普讲座、农技知识讲座等，辅导和培养文艺骨干；开办图书室，组织群众开展读书活动；搜集、整理民族民间文化艺术遗产，促进乡村特色文化的发展；指导和辅导村文化室、俱乐部和农民文化户开展各种业务活动；做好文物的宣传保护工作；受上级文化主管部门委托协助管理当地文化市场。①

截止到2019年，山东广播人口、电视人口综合覆盖率分别为99.13%和99.10%。城市影院575家，票房28.8亿元。公有制艺术表演团体105个，艺术表演场馆93个，博物馆575个，公共图书馆154个，群众艺术馆和文化馆157个，

---

① 相关内容参见《中共中央办公厅 国务院办公厅关于进一步加强农村文化建设的意见》（中办发〔2005〕27号）和《中共中央办公厅 国务院办公厅关于加强公共文化服务体系建设的若干意见》。

美术馆55个，文化站1819个。出版各类图书17130种，报纸84种，期刊264种。国家级、省级文化产业示范园区（基地）分别为17个和171个。[①]

二、山东文化产业2018—2022年重点项目

在《山东省文化创意产业发展规划（2018—2022）》中，山东省文创产业发展规划重点项目共计20项：

其中园区建设类项目包括：齐文化传承创新示范区建设、蹴鞠文化与世界足球起源地、济钢文化创意城市服务产业园、青岛东方影都影视产业集群、威海设计谷、歌尔股份可穿戴产品智慧工厂；平台建设类项目包括：山东剧场院线及票务系统、出版产业集群、山东新媒体大平台、山东省文创设计协调创新中心、烟台中德工业设计中心、山东文化惠民消费季；发展规划包括：山东省百部影视精品推进计划、乡村文化产业振兴计划、文化企业"单项冠军"培育工程；展赛会建设包括：尼山世界文明论坛、"泰山设计杯"文化创意设计大赛、山东国际文化产业博览交易会、中国非物质文化遗产博览会。

项目一：尼山世界文明论坛

尼山世界文明论坛，是全国人大常委会原副委员长、中华文化标志城专家咨询委员会主任许嘉璐倡议发起，以开展世界不同文明对话为主题，以弘扬中华文化、促进中外文化交流、推动建设和谐世界为目的，以学术性与民间性、国际性与开放性相结合为特色的国际文化学术交流活动。首届尼山世界文明论坛于2010年9月在孔子出生地曲阜尼山举办，主题是"和而不同与和谐世界"。

该论坛以促进世界文明对话交流、合作互鉴、融合发展，推动建设人类命运共同体为宗旨，立足中华传统文化的创造性转化、创新性发展，相应联合国世界文明对话倡议，着眼塑造高端思想文化交流品牌。以曲阜尼山为固定举办点，每两年举办一届，全面提升论坛举办层次和水平，实现机制化、制度化，真正打造成传递中华文化立场、诠释人类命运共同体理念、促进中华文明与世界不同文明对话的交流平台，成为向世界介绍中国智慧、中国道路、中国方案的传播平台，成为促进山东文化旅游、文化贸易的对外开放平台。

---

① 信息来源于山东省统计局《2019年山东省国民经济和社会发展统计公报》2020-02-29。

项目二：齐文化传承创新示范区建设

齐文化传承创新示范区建设以建设文化名城为目标，涵盖淄博市全域，擦亮齐文化品牌。重点打造淄博区56平方公里核心区，按照"一带两翼四极十点"的发展规划，以淄河为纽带，围绕姜太公、管仲、稷下学宫、蹴鞠四大核心支撑点，规划建设齐国古城考古遗址公园、天齐渊森林公园、齐古城等"十大文旅融合项目"。整合齐文化重点景区和历史资源，力争通过2~3年的努力，引进培育一批市场主体，打造乡村旅游集群片区，推出精品旅游路线，创建国家5A级旅游景区，打响"齐国故都、足球故乡"品牌，把齐文化传承创新示范区建成特色鲜明、配套完善、功能聚集的文化旅游目的地、文化消费引领城市和全省文化高地。

项目三：蹴鞠文化与世界足球起源地

该项目围绕"世界足球起源于中国古代的蹴鞠，中国淄博临淄是世界足球起源地"，加强蹴鞠文化与世界足球起源地的研究、传播和开发，打造全省足球文化传播、交流中心和运动、产业开发中心。依托现有的博物馆群，推动临淄足球博物馆上升为国家足球博物馆，争取将世界足球起源地圣球迎取仪式固定为国内重大足球赛事的规定仪式。加快蹴鞠小镇项目的建设运营，争取承办国际青少年锦标赛、国际青少年夏令营等重大赛事活动，研发蹴鞠文化衍生品，带动蹴鞠文化和足球运动融合发展，打造蹴鞠文化健身、比赛项目，形成具有齐鲁特色的体育文化品牌。

项目四：济钢文化创意城市服务产业园

济钢文化创意城市服务产业园位于济南市济钢老厂区，占地约3000亩。建设主体包括"一核两翼"："一核"是"济钢2017"，东西两翼为"城市温泉小镇"和"济钢1957"矿山文化园区。"济钢2017"主要是利用保留完整的钢铁生产线、工业特色建筑物，规划建设工业博物馆，引入在线教育、珠宝、影视、创意设计等文创产业、"城市温泉小镇"依托靠近济南国际机场的优势，挖掘辛弃疾故里等人文景点，打造集现代医养、温泉度假、生态休闲、文化旅游等多功能于一体的生态温泉小镇。"济钢1957"立足打造地下矿山公园，充分利用工业遗址，发展工业旅游，科普教育等。

项目五：山东文化惠民消费季

山东文化惠民消费季以享受文化、品位生活为主题，每年举办一届。坚持政府引导、整合资源、市场运作、普惠大众，省市县乡村五级联动，线上线下结合，供需两端发力，组织开展艺术精品欣赏、新兴时尚采撷、文化旅游览胜、传统工艺体验、数字文化畅享、人文素养提升等文化惠民消费活动，探索建立供给需求精准对接机制，培育消费理念，引导消费习惯，释放消费潜力。到2022年，力争拉动消费超过500亿元。

项目六：乡村文化产业振兴计划

制定振兴传统工艺具体措施，实施乡村传统工艺振兴计划，培育有地域特色的传统工艺产品。加强村落、民居设计，体现文化特色，改变农村生产生活方式。依托聚匠网、文化尚品等文化电商平台，推动乡村传统工艺品线上销售，开辟国内外市场。实施"齐鲁文化之星"人才工程，面向乡村评选艺术创作表演、文化传承传播、文化经验管理等优秀人才，对入选人才每人每年资助1万元，连续资助3年。深入挖掘乡村文化资源，重点培育一批特色突出的文化小镇，打造一批美食村、艺术村、养生村、休闲村等特色村，以乡村文化产业发展助推乡村振兴。但就目前而言，聚匠网、文化尚品等文化电商平台浏览量不足，"齐鲁文化之星"宣传推广力度与社会影响力不足。

项目七：青岛东方影都

青岛东方影都位于青岛西海岸新区灵山湾影视产业区，总投资500亿元，占地约376万平方米，总建筑面积540万平方米，是全球投资规模最大的影视产业项目。项目以影视产业园为核心，包括大剧院、秀场、万达茂、酒店群、游艇码头、国际医院、国家学校、滨海酒吧街等多个功能区。影视产业园按照国家电影工业化标准规划建设52个摄影棚，目前30个摄影棚、24个置景车间、外景地和后期制作中心已投入使用，包括世界最大的1万平方米影棚和世界唯一室内外合一水下摄影棚，2018年年底投入使用影棚达到40个。力争到2022年，每年在东方影都拍摄制作的国内外影视作品超过150部，影视文化旅游人数超过2000万人次，总收入达200亿元。用5~10年时间，将东风影都建成具有国际影响力的影视文化交流与合作平台、世界级影视文化创新基地、世界知名影视文化旅游胜地，打造成为"东方好莱坞"。

项目八：山东省百部影视精品推进计划

建立重点剧目申报遴选、跟踪指导、动态调整、扶持保障、宣传推广等题材规划创作生产机制。省财政设立专项扶持资金，每年扶持20部，用5年时间重点扶持100部优秀电影（含动画电影）、电视剧（含电视动画片）、纪录片（含记录电影），推动山东影视创作由"高原"迈向"高峰"，巩固提升"鲁剧"

品牌。但就目前而言，能够讲好山东故事，体现山东特有自然历史文化景观，社会影响力大，切实以影视作品带动游客数量的影视精品力作数量较少，较缺乏顶层策划。

项目九：影视产业集群

集聚山东影视传媒集团、山东艺术学院电影学院、山东沃尔德影视传媒有限公司、华谊兄弟电影文化城、"星工坊"特色影视园区、山东省电影发行放映公司、新世界电影院校、鲁信电影院线等优质影视资源，设立影视产业发展基金，推动有实力的影视制作公司上市，建立著名编剧工作室，实施剧本孵化计划，构建覆盖影视人才培养、编剧策划、投资融资、拍摄制作、舞美道具、后期制作、宣传发行、院线放映、衍生品开发的影视产业链，打造特色鲜明、功能齐全、辐射力强、国内领先的影视产业集群，推出一批思想性、艺术性、观赏性俱佳的影视精品。

项目十：山东剧场院线及票务系统

山东剧场院校由山东演艺集团发起组建，针对全省剧场普遍利用率不高的现状，通过推动剧场管理的专业化、标准化、规范化，形成全省剧场规模化、市场化、连锁化运营。山东演艺集体在章丘建设剧场院线总部基地，以运营、交易、制作、培训四个中心支撑院线发展。不断优化"齐鲁艺票通"票务系统的服务功能，改善观众演艺消费体验，提高票房营销水平。按照"整合资源、搭建平台、独立核算、联合实施"的工作思路，建设山东演艺服务管理平台，引入市场机制，提高省市县三级联合购买公共文化演出服务的资金使用效率。经过线上和线下的全产业链资源整合，强化演艺供给，引导演艺消费，完善市场体系，优化全省演艺产业生态，形成演艺产业创新发展的新格局。

项目十一：出版产业集群

联动山东出版集团、山东城市出版传媒集团、泰山出版社、爱书人集体、世纪金榜、东港印务、山东省文化版权交易中心等企业，完善策划、编辑、出版、印刷、发行产业链条，建设山东出版知识服务平台，重点发展数字出版，创新"线上线下"商业模式，组织图书版权贸易洽谈活动。加强统筹规划，构建政府机构、中介组织、物流厂商支持体系，加强专业化分工与协作，完善基础设施和服务网络，建设出版产业园区，提高产业集中度，做强主导企业，完善配套企业，营造良好集聚环境，打造资源共享、优势互补、分工协作、竞争力强大的出版产业集群。

项目十二：山东新媒体大平台

以山东省互联网传媒集团为主体，统筹运营大众网、"海报新闻"客户端和官方微博微信等媒体，采用"中央厨房"方式，借力互联网平台优势，一次采集多次生成。争取用3年左右时间，建设一个技术先进、优势突出、特色鲜明、集网微端于一体的新媒体大平台，形成国家大事、山东视角、山东故事、全国辐射的融合传播新局面。

项目十三：山东省文创设计协调创新中心

山东工艺美术学院依托国家产教融合发展工程规划项目（文化创意产业和工艺美术设计服务业实训基地），组建"山东省文创设计协同创新中心"，将相关的学科群、专业群"捆绑"到设计创意的产业链上，形成"学科链+专业链+产业链"的综合营运模式，立足学科、专业与产业，建立产业需求的引导机制；立足教学、科研与服务，构建立体化人才培养体系；立足学校、企业和社会，构建资源共享、利益共享的共同体，推动提升山东文化创意设计专业化水平。

项目十四："泰山设计杯"文化创意设计大赛

"泰山设计杯"文化创意设计大赛由省委宣传部指导，省教育厅、省文化和旅游厅、省广播电视局、山东广播电视台、山东出版集团等单位联合主办。首届大赛于2018年5月正式启动，计划每年举办一届。大赛作品征集分为产品设计、空间设计、多媒体设计和企业自主命题等，经过作品征集、专家评审、转化落地、项目签约等大赛环节，将文化创意与产业需求之间的道路打通，通过线下展览、洽谈签约、线上平台等多种形式，切实实现设计与产业的对接，以文化产业助推新旧动能转换。大赛签约作品将在山东国际文化产业博览交易会期间进行集中展示。

项目十五：烟台中德工业设计中心

项目位于烟台高新技术产业开发区，由中国工业设计协会和省工业和信息化厅、烟台市人民政府合作共建。2018年7月举行全球创新动能大会暨中德工业设计中心启动仪式，二十多个国家和地区的设计机构参会并签署一揽子合作协议。设计中心协同中德各产业领域、研究机构的资源，以创造新供给、新需求为导向，以航空航天、轨道交通、海洋工程、高精数控机床和机器人、电子信息、新材料、新工艺、节能环保、汽车、医疗、消费品等为协调创新服务领域，重点开展以产业升级为核心的设计研究和产业创新，打造设计创新系统竞争力，提供智库咨询、投资孵化、创新链整合、人才培养、知识产权和设计成果交易等工作，助力山东提升工业设计水平。

项目十六：威海创新谷

项目位于威海市文登区，总面积5000亩，建设规模4万平方米，借鉴日本"直岛模式"，引入国内外一流设计师、设计院校、设计平台，打造集高端设计创作、设计教育交流，赛事论坛策源地的高端智谷。项目于2017年5月启动，2019年上半年开展设计教育活动，2020年年底前完成不低于40家国内外一流设计师设计机构入驻，2022年成为国内外知名设计谷。

项目十七：山东国际文化产业博览交易会

山东国际文化产业博览交易会是国内第二个通过国际展览联盟（UFI）成员资格认证的文化展会，已成功举办7届。今后每年在济南举办一届，集中展示山东文化产业发展成果，积极吸引世界各地的文化投资商、文化贸易商参会。发挥文博会的聚合作用，强化项目推介和产品交易功能，加大专业观众和投资机构邀请力度，举办好文化产业高端论坛、项目推介。利用互联网、物联网、人工智能等现代科技手段，坚持线上线下联动，将打造网上永不落幕的博览会。通过加大市场化运作，将文博会打造成具有较强影响力、辐射力的综合性大平台，推动文化产业招商引资、招才引智、项目对接、文化产品和服务走出去。

项目十八：中国非物质文化遗产博览会

中国非物质文化遗产博览会由文化和旅游部、山东人民政府共同主办，每两年在济南举办一届，已成功举办5届。坚持"政府主导、社会参与、市场运作、规范管理"的办会理念，汇集全国32个省（市、区）、港澳地区及"一路一带"沿线国家广泛参与，创新办会模式，丰富展会内容，充分利用网络、电子商务等现代技术，推动非遗衍生品开发，打造集展览展示、比赛表演、产品交易等功能于一体的国际化知名展会品牌。

项目十九：文化企业"单项冠军"培育工程

制定培养计划，定期评估发布，实施动态管理，完善奖励机制，引导文化企业专注细分产品领域和创新、产品质量提升和品牌建设，着力培养一批生产技术、工艺国内领先，产品质量精良，市场占有率居全国前列的一流企业。围绕胶南达尼画家村、即墨大欧鸟笼、莱州草制工艺品、孔府印阁、肥城桃木雕刻、临沭柳编、郯城中国结、聊城古辕影视道具、东昌葫芦雕刻、博兴草柳编制品、滨州手织粗布、曹州演出服饰、阳信仿古家具、巨野农民画、东明粮画等培育一批行业冠军。

项目二十：歌尔股份可穿戴产品智慧工厂

该项目重点面向虚拟现实及其交互系统装备生产线改造优化，建立一套可穿戴虚拟现实产品智慧工厂软硬件解决方案，重点改造优化7条生产线。建成后，工厂占地面积近10000平方米，预计智能手表产品月产能5万台，智能手环产品月产能10万，HMD（头戴可视设备）产品可实现月产能18万台。

第三章

山东自然历史资源分析

第一节
区域自然历史文化资源研究的基本框架

一、"资源"的分类

"资源"一词，可以简单地概括为"物质与精神资料的来源"，英文中对"resource"的解释为：任何国家、组织或个人所占有的财物、领地、品质、特征等所有物。如果对照中英文解释，我们可以发现"资源"一词的互补性解释：其一，资源具有"主体"特征，无论它是以个人、组织或国家的面貌呈现，都是特指从属于某个特定主体的所有物；其二，资源具有"显性"与"隐性"双重特点，当它未被开发前，便不具备经济或文化价值，但一旦被开发，这种"隐性"便成了"显性"，显性资源往往具有明确的经济或文化的价值；其三，资源具有产生财富的能力，也就是"资财的来源"，这种财富以物质或精神的方式显现。如果按资源的类型分类，我们可以将它们划分为经济资源（如自然资源、社会资源等）、科技资源、文化资源（如历史文化资源和现实文化资源等）。本项目所探讨的"资源"，主要局限于在"文创产品设计开发过程中"所涉及的区域既有资源的利用与开发。

我们可以将文创产品设计中，所能利用的资源分为自然资源、历史文化资源、产业资源三个类别。

自然资源主要是指特定区域的自然禀赋，即地理位置、气候水文、地形地貌、交通区位、风土物产等，它是文化资源发生发展的先决条件，决定着特定区域文化样貌的类型与走向。

历史文化资源主要是指在特定区域演进过程中，所逐步呈现的文化特征、生活习惯、价值观念、造物方式、典籍传说、文化遗存等，这是在自然资源基础上，人类社会通过改造自然所生发出来的文化样式。

产业资源则是指特定区域的族群社会，根据其自然禀赋、社会分工、科学技术所构建发展起来的比较优势，其中包括农林牧副渔业资源、手工艺资源、交通资源、商业资源、服务业资源。当然，也包括今天的工业资源。

如果从时间点上对特定区域资源进行分类，则可分为历史与当代资源；从民族差异性上，可以分为本民族文化资源与外民族文化资源；从地理位置上，可分为本区域文化资源与外区域文化资源等，这些划分具有交互重叠的特性。

如山东的"泰山"可以划归为"自然历史文化双重设计资源"，而"孔子"可以划归为"传统历史文化设计资源"，"东阿阿胶传统制作技艺"可以划归为"区域传统产业与历史文化双重设计资源"，"东营胜利油田"则可划归为"自然与现代产业双重设计资源"。因此，对于特定区域资源类别的划分，有利于引导我们对特定区域文创产品设计开发，进行细致充分的文化调研。

二、区域文化

区域文化研究，涉及的一个基本概念是"文化区"。作为文化的空间划分，文化区由自然、社会、人文三重因素所决定。三者在历史进程中综合作用，形成某种地域性文化特征。与区域文化相关的两个概念还包括"文化区域"及"区域文化性格"。

文化区域，是指具有共同文化属性的人群，所占据的地域空间单位；区域文化，是对特定文化区域中独特文化现象的总称。我们可以将民众在特定区域文化熏陶中，所逐渐形成的普遍稳定的心理定式和价值取向，称之为区域文化性格。"文化区域"侧重于地域界线的描述，"区域文化"侧重与社会共识的概括，而"区域文化性格"则侧重于人文心理特征。[1]

文化区域，是区域文化的母体和载体，它时刻滋生、培育、维系着特定区域文化，而区域文化一经形成便具有相对的稳定性，并会对该区域生活民众的文化性格产生深刻的影响。在文化区域、区域文化和区域文化性格中，前二者均以地域为载体，并具有一定的边界和外部特征，而区域文化性格则不同，它是民众通过世代传承积淀内化于心的东西，且并不总以地域为载体和界限[2]。换而言之，区域文化之间从来都不是泾渭分明，一分为二的。它们往往从一个或数个文化核心区向外逐步辐射。因而，文化区域的外延往往相对模糊，影响

---

[1] 主要观点参见冯天瑜著《文化守望》"中国文化的地域展开"相关章节，武汉大学出版社，2006年5月第1版。
[2] 主要观点参见阎耀军"文化区域与区域文化性格的识别"一文《天津大学学报.社会科学版》2007年第2期。

力亦逐步削弱。

譬如齐鲁文化，确切地说，便不是单一的文化单元。自西周分封开始，今山东区域见于历史记录的诸侯国便有三四十个之多，其中齐、鲁、莒三国的疆域较大，存续时间久远，文化具有相对独立性。

齐国建国初期，姜太公实行"因其俗，简其礼"（《史记·鲁周公世家》）的治国政策，较好地延续了之前文化东夷的礼俗文化，加之齐国物产丰富。"齐自建国起，重工商，大力发展农业、渔业、盐业、纺织业、工商立国的政策为齐国的历代统治者所遵循……齐国这种功利性的价值取向对社会风习的影响深远，其表现是推崇功名富贵、追逐物利、能言善辩、豁达开放、粗犷刚烈、喜欢铺张等。[①]"

而鲁国的最初缔造者伯禽在立国之初采取了"变其俗，革其礼"的文化方针，大力变革鲁国控制区内旧有的文化习俗，全力推行周礼，谓之"周礼尽在鲁矣"（《左传·召公二年》）。因而，鲁国文化主要是建立在农耕之上的礼乐文化，重稼穑、尚耕织，走上了农业立国的发展道路。所以，司马迁说"邹、鲁滨洙、泗，犹有周公遗风，俗好儒，备与礼"（《史记·货殖列传》）。春秋时期的鲁国产生以孔子为代表的儒家思想便不足为怪了。

因此，两种文化存在差异，相对来说，齐文化尚利，鲁文化重理；齐文化求革新，鲁文化重传统。两种文化在历史演进过程中，逐渐因战争攻伐、交通贸易、政治整合、行政规划等原因而走向融合，并渐成今天山东省区域文化的代名词。但事实上，时至今日，当我们将齐文化中心临淄与鲁文化曲阜仔细对比时，仍可以发现二者在方言、民俗、生活习惯、价值取向上存在着明显的差异，而两种文化的融合区自北向南分布在德州、济南、泰安和莱芜一带。

三、文化的层次性分析

从文化形态学角度分析，我们可以将文化视为包括若干层次的整体，从外而内，约略分为几个层次：

其一，物态文化层（Artifacts），即人类在生产和社会实践过程中，由各种人造器物所构成的物态化的文化层次，它是指人的物质生产活动方式和产

---

① 《山东省志·民俗志》（1840—2005）上册，山东省地方史志编纂委员会编，山东出版社，2016年版，P4。

品的总和，是可触知的具有物质实体的文化事物，构成整个文化创造深刻的物质基础。

其二，行为文化层（Tradition and Customs），即由人类的社会实践，尤其是人际交往中约定俗成的习惯性定势构成的行为方式，它是一种以礼俗、民俗、风俗形态出现的，见之于动作的行为模式。一个区域的文化特征往往集中体现于该区域的各种社会风尚之中。

其三，心态文化层（Espoused Values），即由人类在社会实践和意识活动中长期烟煴化育出来的价值观念、审美情趣、思维方式等因素所构成的心理定式与评价标准，这是文化的核心部分。这里所谓的"心态文化"层，大体相当于"精神文化"或"社会意识"这类概念。[①]

需要特别指出的是：一方面，物态文化层呈现的"物化"特征，会影响生活在其中的特定人群，使其在思维方式与生活方式上产生与之相匹配的特征；而另一方面，相对稳定的思维方式，又会影响到特定民族，特定区域的行为方式，以及他们的造物行为，最终会形成风格迥异的造物结果。因而，心态文化层、行为文化层与物态文化层，在哲学中对应着世界观、方法论，以及在此指导下的实践活动，它们之间是一个相互影响，密不可分的整体。

我们对于文化层次或构成因素的区分，有时仅是为了便于说明某些问题。事实上，"文化"作为有机整体，基于任何标准的细分，都不可能完全厘清其内部构造及相互关系。心态文化层作为文化的核心，当然会影响到物态文化层与行为文化层的整体面貌；然而，行为文化层与物态文化层作为客观实在的文化表征，也必然会影响到心态文化层的继承与发展。但无论如何，世界观的形成，总是要依托于人们所处的物质自然及所进行的社会实践。值得强调的是，今天之所以形成异彩纷呈的区域文化，一个重要原因便是自然环境与地理因素差异的客观存在。

譬如《礼记·王制》载曰："中国夷狄五方之民，皆有性也，不可推移。东方曰夷，被发文身，有不火食者矣；南方曰蛮，雕题交趾，有不火食者矣；西方曰戎，被发衣皮，有不粒食者矣；北方曰狄，衣羽毛穴居，有不粒食者矣。中国夷蛮戎狄，皆有安居，和味，宜服，利用，备器，五方之民，语言不

[①] 观点参见[美]埃德加·沙因（Edgar H. Schein），著《组织文化与领导》（Organizational Culture and Leadership）中国友谊出版社1989年版；冯天瑜著《文化守望》武汉大学出版社，2006年5月第1版。

通，嗜欲不同。"

从文中的记录我们可以大致推断出：由于蛮人与夷人生活于空气湿润，河网密布的地区，所以才往往不穿衣服，而直接在皮肤上进行文身装饰；不着鞋履以方便乘用水上交通；天气炎热且水产鲜美，食物往往直接食用。而西北地区居住的戎狄之族，因为天气寒冷，所以不得不身披兽皮鸟羽；由于气候干燥而不适合农耕种植，所以不得不大力发展狩猎畜牧，故其民众多不食米粟，而以肉类为主食。

可见，在人类文明产生初期，自然地理因素是导致区域文化差异的决定因素。但另一方面，当自然环境不同，而导致的生活方式差异被逐步积淀于人们的思维方式和价值观念中，不同区域之间的文化特征也就逐步形成并被固定下来，并具有相对的稳定性。这种稳定的文化特征又必然会反作用于人们的行为方式与造物观念。

四、设计物、设计行为与区域文化之间内在联系

从上述对于文化层次性的分析，便可以清晰得推导出设计物、设计行为与区域文化之间内在联系，其相关性基本作如下分析：

其一，设计物作为文化的载体和设计行为的成果，必然会反映出一定区域民众在特定文化的指导下，所呈现出的造物特征。这是"意识"作用于"物质"的过程，也是理论指导实践的过程。正是基于这种由不同文化特征而带来相异的造物倾向，最终使区域文化特征以设计物的形式得以体现；但另一方面，设计物作为文化的载体与设计实践的成果，又不可避免的规范着特定区域民众的生活方式与价值取向，这就是物质决定意识的过程。譬如，中国传统农耕生产方式，决定了社会关系的维系必然会依靠结构复杂的宗族制度，通过族群的力量来开山治水，济困救贫。而维系宗族制度的重要方式，便是借助于"礼"的教化力量，中国人重"天地君亲师"的祭祀崇拜，也正是在祭祀过程中，人与人的相互关系才得以不断的重申和确认。

纵观世界各个民族，恐怕没有那个民族比汉民族发明的亲属称谓更多，所创制的祭祀礼器的种类更为繁复[①]。同样，中国近代民众反对封建礼教的革命，

---

① 相关观点参见孔子学院总部及国家汉办联合录制的大型纪录片《汉字五千年》，出品人：许琳，2009年。

也无一不是从大规模的破坏礼器入手。但从另外角度上分析，无论是夏商之钟鼎、汉唐之碑刻、还是明清之牌坊，我们今天同样可以理解成统治者为民众所建立的"文化产品"，从而引导民众的价值取向的同一化。

其二，区域文化作为特定区域民众精神世界的共同特征，只能通过行为方式和物质实体的方式才能够被感知、被延续。在多数情况下，区域文化的影响力甚至可以超过民族与宗教的界限，而具有同化民众行为方式与价值取向的力量。汉族聚集区的回族民众，不可避免地受到特定区域文化的影响，而有别于宁夏的回族民众；同理，藏族聚集区的汉族民众，也必然会受到藏文化的影响。久居山东最东端的外地人，不可避免地被积极进取的海洋文化所洗涤，而久居山东最西段的外地人，也必然会被丰富醇厚的农耕文化所沉浸。上述案例表明，区域文化特征所具有的稳定性，一方面延续了某些设计物存在与使用的人文基础，另一方面也在排斥着某些不能体现文化特征的设计物在特定区域内的存在与使用。

其三，设计行为作为连接区域文化与设计物之间的桥梁，从本质上就是连接物质与意识的实践环节。如前所述，人类文明进入现代，任何设计物均不可避免的兼具理性与感性两种基因、实用与审美两个功能；前者客观反映民众对于物质生活的真实需要，而后者则更多地表现为设计者对民众精神世界的必要尊重。

第二节
山东的地理与自然资源概况

相传舜抚五弦之琴作《南风歌》："南风之熏兮，可以解吾民之愠兮！南风之时兮，可以阜吾民之财兮！"[①] 其意为：南风清凉阵阵吹啊，可以解除万民的愁苦。南风适时缓缓吹啊，可以丰富万民的财物。此歌中的"南风"具备解

---

① 出自《孔子家语·辩乐解》，原文为："昔者舜弹五弦之琴，造《南风》之诗，其诗曰：'南风之薰兮，可以解吾民之愠兮！南风之时兮，可以阜吾民之财兮！'"后因以"阜财解愠"为"民安物阜，天下大治之典。"

民之怨（文化特征），施民予财（经济特征）的作用。

自然环境作为人类生存发展的物质基础，不可避免会通过其构建的经济基础，而影响特定区域的上层建筑。马克思曾对爱尔兰有过这样的评价："爱尔兰的不幸起源于远古的时代；这种厄运从石炭系岩层一形成就开始了。一个国家，煤层被冲蚀，而又紧临一个煤产丰富的大国，因此好像大自然本身已经做出这样的判决：面对着这一未来的工业强国，它只好长期保持为一个农民国家"[①]。可见，客观自然环境的差异，必然会影响到不同区域文化的形成、发展，及其文化特征。

一、山东地理区位特征

山东地处黄河下游、京杭大运河的中北段，是我国华东地区沿海省份。山东东部半岛北临渤海，南临黄海；东部与朝鲜、韩国隔海相望；东南则遥望东海及日本南部列岛。由威海成山头至朝鲜龙渊郡不足200千米；由威海石岛至韩国泰山郡不足320千米；山东半岛向北同辽东半岛相对；烟台与大连直线距离100千米，南北钳制渤海，拱卫京津。山东省自北而南，分别与河北、河南、安徽、江苏4省接壤。东西向由威海荣成至菏泽东明，直线距离721.03千米；南北向由东营无棣至临沂郯城，直线距离437.28千米；全省陆域面积15.58万平方千米，在全国各省面积中排名第20位。

截至2019年9月，山东省辖16个地级市，137个县级行政区，其中57个市辖区、27个县级市、53个县。截至2019年年末，常住人口突破一亿，全国排名第二，人口总量与菲律宾、埃及相当；地区生产总值突破1万亿美元，全国排名第三，经济总量与墨西哥、印度尼西亚相当。

山东境内中部隆起，东部缓丘起伏，西南、西北低洼平坦，形成以山地丘陵为骨架、平原盆地交错环列的地形大势。地貌类型大体分为中山、低山、丘陵、台地、盆地、山前平原、黄河冲积扇、黄河平原、黄河三角洲等。其中山地面积占全省面积14.59%，主要分布在鲁中地区和鲁西南局部地区。泰山山脉雄踞山东中部，主峰海拔1532.7米，为山东省最高点。绝对高度在700米以上，面积超过150平方公里的有：泰山、沂山、蒙山、鲁山、崂山、徂徕山、

[①]《马克思恩格斯全集》第16卷，人民出版社1964年版，第530页。

昆嵛山、九顶山、大泽山等。

平原面积占全省面积的65.56%，主要分布在鲁西北与鲁西南地区。台地面积占全省面积4.46%，主要分布在东部地区。丘陵面积占全省面积15.39%，主要分布在山东东部与鲁西南局部地区。

山东境内主要河流除黄河横贯东西、大运河纵穿南北外，另有中小河流密布，主要湖泊有微山湖、东平湖、白云湖、青沙湖、麻大湖等。水面总面积6988.92平方千米，占全省面积4.49%。其中湖泊面积1348.55平方千米，占全省面积0.87%。山东可供养殖的内陆水域面积26.7万公顷，淡水植物40多种，淡水鱼虾类70多种，其中主要经济鱼虾类20多种。

山东属暖温带季风气候。多年平均年降水量为679.5毫米，水资源总量303.07亿立方米，其中地表水资源量为198.3亿立方米，平均地下水资源量为165.4亿立方米。水资源总量不足，总量仅占全国水资源总量的1.09%，人均水资源仅为全国人均占有量的14.9%，为世界人均占有量的4.0%，位居全国各省（市、自治区）倒数第3位。

据史料记载，由于山东地处黄河下游，黄河流经豫东鲁西时，流速放缓，泥沙淤积，因而变成高于周边的"悬河"，经常泛滥成灾。黄河作为山东客水，曾多次改道。传说中的大禹治水，应在黄河频繁泛滥改道的区域，即今天开封、菏泽、商丘一带。也正是由于黄河频繁改道，水灾频繁，客观上促进了这一地区上古氏族部落之间的融合协作，逐步形成了自舜禹以来，以夏商两代豫东鲁西为主要活动区域的华夏文化核心区。

山东人民为了克服水患保证农业生产，千百年来，与黄河进行了长清的斗争。规模较大如汉武帝时期，黄河在山东与河北交界的馆陶决口，山东人民总结了历年治黄经验，在决口处顺水势凿开一条与黄河深宽相似的屯氏河，自馆陶东北入海，保持了此后大约60多年，山东地区没有遭受大的水患。两汉交替之时，王莽始建国三年（公元11年），黄河在今河北临漳县西决口，东南冲进漯川故道，经今河南南乐、山东朝城、阳谷、聊城，至禹城别漯川北行，又经山东临、惠民等地，至利津一带，并由山东入海；南宋建炎二年（1128年）起，黄河多为南流夺淮入海；自1840年之后，黄河多次改道，入海口南北摆动更为频繁；据统计，自公元前602年至1938年间，黄河下游决口1590次，大的改道26次。1938年，为阻止日军西侵郑州，国民政府扒开郑州花园口黄河大堤，造成洪水以阻隔日军。全河又向南流，夺淮入海；直到1947年堵复花园口后，黄河才回归北道，自山东垦利县入海。自此，东营垦利作为黄河入海口才被固定下来。

黄河水作为山东主要客水资源，每年进入山东水量为359.5亿立方米，正常情况下，山东可引用黄河水70亿立方米。长江水是南水北调东线工程建成后，山东可利用的另一主要客水资源。根据南水北调水资源规划，一期山东省将引水14.67亿立方米，二期引水34.52亿立方米。

山东具有得天独厚的区位优势，自古就是贯穿南北通道的交通枢纽。隋朝至元朝，京杭大运河为南起余杭（今杭州），中接东京（今洛阳），北至涿郡（今北京）的"之"字形河道，已与山东河网湖泊相连。明清两代，京杭大运河的战略作用日益突出，因而截弯取直，变"之"为"弓"，一路向北。主河道改为南起杭州，过苏扬二州，至淮徐，抵东昌（今聊城），过天津，最终到通州（今北京）的黄金水道。明清两代的京杭大运河，发挥着供养京师、经略国门、控制东南的政治经济军事三重作用。

2002年，大运河被纳入了"南水北调"东线工程。2014年6月22日，第38届世界遗产大会宣布，中国大运河项目成功入选世界文化遗产名录，成为中国第46个世界遗产项目。山东内河航运，除京杭大运河外，还有小清河、卫河等支流，内河主要港口有：济宁港、滕州港、临清港、微山港等。内河通航里程达到1150公里，内河港口通航能力达到4567万吨，吞吐量达到7920万吨。

山东省会济南，北上距天津直线距离270千米，距北京370千米；西向郑州380千米，南下南京520千米，至上海720千米；域内有1904年通车的胶济铁路，有现代"京杭大运河"之称的京杭高速铁路、京九高速铁路，连接中原腹地的郑济高速铁路等。已经形成四纵四横的铁路网。截至2018年，公路通车里程27.6万公里，其中，高速公路通车里程6057.4公里。

二、山东自然资源概况

山东是农业大省，农业增加值长期稳居中国各省第一位，素有"粮棉油之库，水果水产之乡"之称。山东耕地率属全国最高，农用地1156.6万公顷，占土地总面积的73.61%；在农用地中，耕地751.5万公顷，占土地总面积的47.8%；园地100.7万公顷，占6.40%；林地135.7万公顷，占8.6%；牧草地3.4万公顷，占0.2%；其他农用地165.3万公顷，占总面积的10.5%。山东不仅栽培植物、饲养畜禽品种资源丰富，而且，可以利用的野生动、植物资源也很丰富。山东省的粮食产量较高，粮食作物种植分夏、秋两季。夏粮主要是冬小麦，秋粮主要是玉米、地瓜、大豆、水稻、谷子、高粱和小杂粮。其中小麦、玉米、地瓜是山东的三大主要粮食作物，大豆、谷子、高粱、棉花、花生、烤烟、麻类产量都很大，在全国占有重要地位。

山东是海洋大省：海岸线全长3024.4公里，大陆海岸线占全国海岸线的1/6，仅次于广东省，居全国第二位。沿海岸线有天然港湾20余处，港口年吞吐量达13.4亿吨，居全国第二位，拥有青岛、日照、烟台3个超3亿吨大港；近陆岛屿296个，其中庙岛群岛由18个岛屿组成，面积52.5平方公里，为山东沿海最大的岛屿群；沿海滩涂面积约3000平方公里，占全国的15%；15米等深线以内水域面积约1.3万余平方公里；近海海域占黄渤海总面积的37%，栖息和洄游的鱼虾类达260多种，主要经济鱼类有40多种，经济价值较高、有一定产量的虾蟹类近20种，浅海滩涂贝类百种以上，经济价值较高的有20多种。其中，对虾、扇贝、鲍鱼、刺参、海胆等海珍品的产量均居全国首位；藻类131种，经济价值较高的近50种，其中，海带、裙带菜、石花菜为重要的养殖品种。

山东是全国四大海盐产地之一，相传黄帝时期，夙沙氏在齐地煮海成盐；《尚书·禹贡》记载："海滨广潟，厥田斥卤，厥贡盐絺"。春秋时期管仲"观山海"的经济政策，对齐国盐铁进行专卖控制，奠定了齐桓公春秋霸主的经济基础。山东丰富的地下卤水资源，为盐业、盐化工业的发展提供了得天独厚的条件。

山东是资源大省，资源储量在全国占有重要的地位。截至2010年底，山东已发现矿产150种，查明资源储量的有81种。国民经济赖以发展的15种支柱性矿产，山东均有查明资源储量。据2010年底全国保有资源总量统计，山东列全国第1位的矿产资源有金、铪、自然硫、石膏等11种；列全国第2位的有菱镁矿、金刚石等10种；列第3位的有石油、钴、锆等10种；列第4位的有耐火黏土、滑石、明矾石等5种；列第5位的有油页岩、铁矿等8种；列第6位的有重晶石、钾盐等6种；列第7位的有铝土矿、红柱石等8种；列第8位的有盐矿、长石等5种；列第9位的有方解石、石棉等5种；列第10位的有煤1种。

山东境内有各种植物3100余种，其中野生经济植物645种。树木600多种，分属74种209属，以北温带针、阔叶树种为主。中药材800多种，其中植物类700多种。各种果树90种，分属16科34属，山东因此被称为"北方落叶果树的王国"。

综上所述，山东自夏商两代以来，即处于华夏文化核心区，其四季分明、农业发达、人口稠密、水网密集、陆海复合、物产丰富，为山东的文化的产生发展奠定了坚实的自然条件。

第三节
山东历史概况

一、我国文化分布与文化现状分析

区域文化的形成是经过千百年的积淀，以特定地域为载体点滴积累，逐层积淀的结果，并通过这种文化力量影响人们的生活方式与价值取向。成书于周秦之际的《禹贡》简练而准确地描述当时的国土范围——"东渐于海，西被于流沙，朔南暨声教，迄于四海"，并作"冀、兖、青、徐、扬、荆、豫、梁、雍"九州之说。《吕氏春秋·有始览·有始》曰："何谓九州？河、汉之间为豫州，周也。两河之间为冀州，晋也。河、济之间为兖州，卫也。东方为青州，齐也。泗上为徐州，鲁也。东南为扬州，越也。南方为荆州，楚也。西方为雍州，秦也。北方为幽州，燕也。"东汉史学家班固《汉书·地理志》对当时的中国做出如下"域分"：如秦地、周地、韩地、赵地、燕地、齐地、鲁地、宋地、楚地、吴地等。并按经济和风俗特点区分地域，记录了各个区域的范围、历史、地理、民生、风俗和特点。毋庸置疑，九州最初的差别应有行政区分之意，但也必然包含了人文风俗之别。

一方面，随着历史的演进，特定区域文化特征被逐步固定下了，具有相对的稳定性。时至今日，多数学者将我国文化区域概括为：以东部为主的农耕文化区和以西部为主的游牧文化区。

东部农耕文化区又可分为由汉族为主体的中原农耕文化亚区和西南少数民族为主体的农耕文化亚区。中原农耕文化亚区，自北而南又分为燕赵文化副区、三晋文化副区、齐鲁文化副区、中州文化副区、荆楚文化副区、巴蜀文化副区、安徽文化副区和江西文化副区。中原农业文化亚区向北延展为松辽文化副区，向南延展为闽越文化副区和陵南文化副区。西南文化亚区又分为颠云文化副区和贵州文化副区。

西部游牧文化区可分为蒙新草原——沙漠游牧文化亚区（其内又分为塞北文化副区、甘宁文化副区、西域文化副区）与藏文化亚区。[①]

另一方面，特定区域中的文化特征又始终处于不断变动之中，引起这种变化的因素可能包括战争所产生行政边界的变更，民族流动迁徙，或者由军事、经济侵入所带来的文化侵入。鲁迅在《热风·五十四》中记述20世纪前期中国社会状态"简直是将几十世纪缩在一时：自油松片以至电灯，自独轮车以至飞机，自镖枪以至机关炮，自不许"妄谈法理"以至护法，自"食肉寝皮"的吃人思想以至人道主义，自迎尸拜蛇以至美育代宗教，都摩肩挨背的存在"[②]。

时至今日，客观分析我国文化现状，一方面鲁迅文中描述的社会区隔仍在延续，另一方面，地域之间的文化差别却正逐步消减。导致这种情势的因素很多，错综复杂，但其主要原因仍可归结为西方文化的东进，以及长期以来我们对于自身文化信心不足，但此二者又具有前后相继的逻辑关系。

从当今世界文明发展趋势来看，世界各国均已完成或正在经历着工业化社会的文明转型。其基本方式可区别为"内发自生型"和"外发次生型"二种。前者主要是指诸如西欧英、法、德等国，通过其内发自生的工业革命完成经济、文化的转型，由传统社会向现代社会的过渡。这种过渡，总体上分析具有线形的、渐进的特征，是由量变而逐步引发质变的过程。

今天，我们不难发现，这些国家进入现代文明的同时，对于传统文化大都进行了有效的保护和继承，也就是说，"内发自生型"的经济演进方式，在由传统文化向现代文化行进过程中，并未出现明显的割裂断层。"外发次生型"又可分为以美洲、大洋洲等为类型的"文化复制型"和以中国、日本、埃及、印度等为主的"文化转移型"。前者采用整体移植的方式，因此，文化排异也较不明显；而后者在文化转型过程中所面临的最普遍的矛盾便是"外来文化引

[①] 要观点参见冯天瑜著《文化守望》"中国文化的地域展开"相关章节，武汉大学出版社，2006年5月第1版，及陈建森"关于区域文化研究视域和价值取向的思考"《华南师范大学学报：社会科学版》2008年第4期等相关文章。
[②] 《鲁迅全集》第一卷，第344页，人民文学出版社1981年版。

进与传统文化继承二者之间的矛盾"①。

客观分析，鸦片战争以来，我们对于中西文化先后采取了两种截然相反的方式：一种是清末民初所实际运作的"中学为体，西学为用"方式，从最高领袖到普通民众，既着洋装，也穿大褂；既言民主政治，又谈忠孝仁义。且不论这种方式对中国现代文化究竟产生了多大推动作用，毋庸置疑，这种兼容并蓄的文化态度，对于中国传统文化及生活方式维持延续仍积极有利。事实证明，建国之前，特别是"文革"之前，中西文化虽然也发生激烈的碰撞冲突，但大多只是维持在思想论战的层面，并未发生大规模对文化遗存和文化生态的破坏行为。正因为此，我国不同区域间的文化仍然保持着较为鲜明的个性特征。

我们对传统文化所采取的第二种方式则是"除旧布新"，改革开放之后，我们虽然开始有意识地保护文物古迹，但文物只是特定时期的静态标本。文物与文化原本就是两个不同的概念，文物是历史过程中经典性的人文创造，而文化则是以特定区域民众为载体，所保存下来的大量活着的，真正运行的价值观念、风俗习惯和生活方式。它们是鲜活的历史血肉，以及一方水土所独有的精神气质。

冯骥才在《文化四题》中尖锐地指出："如果说，历史文化在"文革"期间，是被权力恶狠狠毁掉的；现在则是为了钱乐呵呵毁掉的。两种同样都没有文化。这文化是指文化意识，而不是文化知识。应该承认，我们这个创造了灿烂文化的民族，一直又是缺乏文化意识的。②"

也正是鉴于这种文化现状，自十八大以来，习近平总书记曾在多个场合提到文化自信。在2014年2月24日，在中央政治局第十三次集体学习中，习近平提出要"增强文化自信和价值观自信"。之后的两年间，习近平又对此有过多次论述："增强文化自觉和文化自信，是坚定道路自信、理论自信、制度自信的题中应有之义。""中国有坚定的道路自信、理论自信、制度自信，其本质是建立在5000多年文明传承基础上的文化自信。"2016年5月和6月，习近平又连续两次对"文化自信"加以强调，指出"我们要坚定中国特色社会主义道路自信、理论自信、制度自信，说到底是要坚持文化自信"。

---

① 观点参见冯天瑜著《文化守望》"中国文化的地域展开"相关章节，武汉大学出版社，2006年5月第1版。
② 《文化批判》冯骥才著，中州出版社，2005年5月版。第28，29页。

二、山东历史演进梗概

山东的文化历史,大致可分为"西周前的东夷时代""西周至两汉""西晋至元朝",以及"明清至现代"四个阶段简述。宋金之前,"山东"一词仍属于地理概念,而并非今天的行政区划。西周之前的夏商两代,山东出土了大量遗迹,但文字信史仅有只言片语,因而,无法详细考证与诉说;西周建国分封后,今山东境内有齐、鲁、莒、曹、滕、薛、郯、宋、卫等三四十个诸侯国之多;至于春秋后期,山东境内齐、鲁二国疆域较大,立国长久。因而,今山东又被称为"齐鲁之邦"。战国时期,秦居关中,将崤函以东的六国皆称为"山东"。汉初贾谊在《过秦论》中有"秦并兼诸侯山东三十余郡"。清叶圭绶《续山东考古录》中有"山东之称,古或指关东言,或指太行山以东言,不专指今山东也。"秦统一全国之后,关中与山东诸国的对立状况不在,"山东"一词也出现了广狭之分,广义山东仍指崤函太行之东,而狭义的山东所指的地理位置大体与今天相当。《儒林列传》中有:伏生"教于齐鲁之间,学者由是颇能言《尚书》,诸山东大师,无不涉《尚书》以教矣。"齐鲁之地称为"山东"大体由此开始。

秦统一中国后,分别在山东置齐郡、琅琊、胶东、济北、东海、薛郡等。西汉初年,山东大部为齐王刘肥的封地。汉武帝元封五年(前106年),山东分属青、兖、徐三州。东汉又属青、徐、兖、豫四州。此后魏晋南北朝时期,山东先后为后赵、前燕、前秦、南燕所据,社会混乱,民生凋敝。隋统一全国后,山东复属青、徐、兖、豫四州。唐代山东分属河南道、河北道。北宋时期又分属京东路与京西路。金大定八年置山东东西路通军司,治所为益州(今青州)。"山东"一名才正式成为地方行政区划。此后,元朝分置山东东西道肃政廉访司及宣慰司。金元时期,山东经济再次遭受持续破坏,人口锐减;明洪武元年(公元1368年)置山东行中书省,治所在青州,后迁至济南,又改置为山东承宣布政司。直到清代,山东政区名称正式定名为"山东省",并沿用至今。

远古时期,今山东所在区域,主要为东夷族群所居住,"夷"在《说文解字》中"平也。从大从弓。东方之人也"。清代文字训诂学家段玉裁《说文解字注》中有"南方蛮闽从虫。北方狄从犬。东方貉从豸。西方羌从羊。西南僰人,焦侥从人。盖在坤地颇有顺理之性。惟东夷从大。大,人也。夷俗仁。仁者寿。有君子不死之国。按天大,地大,人亦大。大象人形。而夷篆从大。则与夏不殊。夏者，中国之人也。从弓者，肃慎氏贡楛矢石砮之类也。以脂切。十五部。出车，节南山，桑柔，召旻传皆曰。夷，平也。此与君子如夷，有夷之行，降福孔夷传夷易也同意。夷即易之假借也。易亦训平。故假夷为易也。节南山一诗中平易分释者，各依其义所近也。风雨传曰夷悦也者，平之意也。"

早期东夷是华夏族的族源之一。考古上，东夷文化发源于鲁中泰蒙山区（今山东省中南部），是华夏文明重要源头之一。自新石器时代开始一直到西周中期结束，东夷及其古文化在亚洲古文化的发源与交流中都处于重要的地位。夏商时期，东夷作为对黄河流域下游居民的总称。周朝时则变成古汉族对东方非华夏族的泛称。

东夷在考古上是指距今8300年前的后李文化起，是北辛文化、大汶口文化、龙山文化、岳石文化的承载者。称呼上是对黄河流域下游包羲、太昊、蚩尤、伏羲氏后裔，风夷、畎夷、阳夷、和少昊后裔，鸟夷、白夷等夷人方国的总称，或是对东方各民族的泛称。《孟子·离娄篇》中有"舜生于诸冯（山东诸城）、卒于鸣条（河南开封），东夷之人也"；《史记·五帝本纪》有"舜耕于历山，渔雷泽，陶河滨，做什器于寿丘（曲阜）"的记载。

继虞舜之后，夏代的历史，仍然于山东地方有着密切的连续，从目前发现的史料来看，大禹治水的大体位置，应在今开封、菏泽、商丘一带。该区域也是尧舜禹汤，及夏商两代文化的主要聚集区，成为华夏文明的源头。

继夏朝而起的商朝，和山东的关系更为紧密。现存考古发现证实，东夷民族普遍有对鸟图腾的崇拜，《诗经·商颂·玄鸟》中有"天命玄鸟，降而生商，宅殷土茫茫。"诗中包含了商人始祖契之诞生，汤之建国，与武丁中兴的信息。诗中"玄鸟生商"的传说，可以推测商族与东夷民族很可能属于同一族源。传说商契都于蕃（今山东滕州），商汤都于亳（今山东曹县），也说明了汤以前的商族活动以山东为中心。

西周时期，为加强对东方的统治，周天子先后将姜尚分封于齐，都营丘；封周公旦子伯禽于鲁，都曲阜；封振铎于曹，都陶丘；封绣在滕，都滕；封康叔于卫，占据原朝歌及邻近地区。曹、滕、卫等都是周成王的叔父，这些封国的建立，标志着奴隶制国家在山东的新发展，对山东后世文化的发展产生了重大影响。

自东周列国时代，山东诸侯国进入百家争鸣，文化高度繁荣的时期，孕育了一大批文化巨人，其中如鲁国的孔子、孟子、墨子，宋国人庄子，齐国人邹衍的阴阳学说，田巴主张的"离坚白，合同异"等，当时的齐国"稷下学宫"成为战国百家争鸣的重要场所，为我国学术思想的发展起到了重大推动作用。曾任稷下学宫祭酒的荀子承儒启法，其学生韩非子、李斯等，成为我国法家思想的重要代表人物。在军事方面，春秋时期齐国人孙武被誉为"兵圣"，战国时期的齐人孙膑、卫人吴起（山东曹县）都是兵家杰出的代表人物。

公元前221年，齐国成为最后被秦国吞并的诸侯国。秦并天下后，秦始皇四次东巡，三抵齐地，封禅泰山，临芝罘、琅琊，登成山，派徐福东渡求仙。因此，徐福也成为向东亚地区传播齐鲁文化的重要使者。

西汉时期，自高祖刘邦至文景二帝，汉代前期统治者推崇黄老之学，使得汉代初期休养生息，国家经济迅速从战国以来的战乱中恢复过来，渐成"文景之治"。武帝刘彻作为有为之君，采用董仲舒的学说，罢黜百家，独尊儒术，在思想上确立了以礼教为核心的儒学在国家文化与治理体系中的统治地位，形成汉民族的"大一统"。武帝时期设五经八师，"经"指经学，"八师"指的是八个师法派别，这八个师法派别的创始人，除了传《诗》的韩婴和传《公羊春秋》的董仲舒外，其余六家都是山东人。东汉时期，朝廷设立十四个博士，齐鲁儒生开创的学派就占了八位。《汉书·儒林传》中，儒学大师单独立目者有27人，齐鲁籍的就占了17人。可见，以儒学为基础的山东文化输出全国，并深入影响东亚文化。

汉末桓灵二帝时期，黄巾军发动起义，山东成为主战场，曹操镇压黄巾军，授济南相。初平三年（192年），青州黄巾军连破兖州，曹操任兖州牧。与鲍信合军进攻黄巾。曹操"设奇伏，昼夜会战"，大破黄巾军，获降三十余万，人口百余万。曹操收其精锐，组成青州兵。青州兵成为曹操平定青州，统一山东，逐鹿中原的关键力量。汉末著名的文臣武将中、诸葛亮、华歆、刘桢、程昱、董昭、满宠、李典、乐进、于禁等皆是山东人。"建安七子"中有孔融、徐干、王粲、刘桢皆山东人。

魏晋时期，北方战乱不断，动荡不安。山东士家大族避乱江东，逐步南迁，代表人物如曹魏时期南迁的琅琊诸葛氏、泰山郡臧霸、东郡潘璋（山东冠县）、东莱黄县太史慈（山东龙口）等。西晋末年，永嘉之乱之后，中国历史进入动荡的"五胡乱华"时期，山东先后被置于后赵、前燕、前秦、后燕、南燕、东晋、刘宋、北魏、北齐、北周的统治之下。山东境内政局混乱，社会动荡，饱受兵灾战乱侵扰，人口锐减。西晋时期世家大族再度出现南迁潮，较有代表性的如琅琊王氏、诸葛氏、鲁国孔氏、兰陵萧氏等。如琅琊王氏声名显赫，其祖王翦、王贲父子是秦灭六国的重要将领；魏晋王祥"卧冰求鲤"为二十四孝之一，王导、王敦兄弟协助司马睿建立东晋，时有"王与马，共天下"之说。王羲之、王献之父子，达到中国书法艺术的高峰。

南朝时期，"元嘉三大家"中，除颜延之以外，鲍照、谢灵运皆为山东人。因此，魏晋南北朝时期，一方面，山东的战乱客观上也形成了多民族融合的局面；而另一方，山东士族的南迁，也有力地促进了南方经济文化的发展。

隋唐时期，虽经魏晋南北朝时期的战争破坏，但与全国其他地区相比，山东仍不失为经济中心。隋初，山东各州县遍置粮仓，户口占全国总户数的21%。唐代开元天宝年间，每年要将山东几百万石粟米漕运至关中。开元年间，"海内富实，米斗之价钱十三，青、齐间斗才三钱。绢一匹，钱二百"。以李世民为代表的关陇集团在统一全国的过程中，山东文臣武将人才辈出，如临淄人房玄龄、段志玄、曹州人李勣、历城人秦琼、东阿人程咬金等。天宝十四年（755年），安史之乱爆发，平原太守颜真卿、北海太守贺兰进明等组织义军顽强抵抗叛军，有效地避免了山东腹地遭受破坏。

公元875年，王仙芝（今山东鄄城人）、黄巢（今菏泽人）发动农民起义，给予衰微的晚唐致命一击。天佑四年（907年），黄巢大起义的胜利果实被朱温抢夺，代唐自立建立"梁"国，中国进入七十余年的五代十国分裂时期。这一时期，山东先后被后梁、后唐、后晋、后汉、后周统治。

公元960年，以赵匡胤为首的后周诸将发动陈桥兵变，建立宋朝。此后又经历了赵匡胤、赵光义两代统治者近二十年的征战，逐步统一全国。宋真宗时期，北宋逐步走向全盛。真宗时代宰辅王旦、名将谭延美，徽宗时期张择端，南北宋之间的李清照、辛弃疾等皆为山东人。

宋、金、元时期，山东地区承受的封建剥削尤重，并不断遭受外来的侵扰和野蛮统治，经济处于滞退状态。元代山东有38万户，126万人，与金代相比，户减约75%，人口减约87%。据《元史》载，仅元朝末年，山东便遭受雨旱灾19次之多。"至正元年，汴梁、钧州大水……二年四月，睢州仪封县大水害稼。六月癸丑夜，济南山水暴涨，冲东西二关，流小清河，黑山、天麻、石固等寨及卧龙山水通流入大清河，漂没上下居民千余家，溺死者无算。[①]"

---

① 《元史·五行志》。

元末明初，从至正十一年（1351年）爆发红巾军大起义算起，至洪武元年（1368年），朱元璋在南京称帝建立明朝，徐达平定山东，山东的战乱已经持续17年。长期的战乱给山东造成了极大的破坏。乐陵一县，仅余四百余户[①]。淄川之民，流离散亡殆尽[②]。莱芜之户，无复孑遗[③]。潍县之族姓，惟存李、金二姓[④]。朱元璋也不得不承认："中原诸州，元季战争受祸最惨，积骸成丘，居民鲜有[⑤]"。因此，明初，朱元璋、朱棣二帝不得不采取移民、免税、垦荒等措施，大力恢复生产。其中就包括组织山西洪洞"大槐树"、云南与"小云南"、四川"铁碓臼"等区域移民山东。

迄今为止，山东全境的自然村落已达107,387个，但宋代之前的古村落为数很少，《山东省地名志》中，收录了6000多个自然村庄，根据族谱、墓碑、方志及传说，其中有4830个村落置村历史基本可靠，其中明代建置的村庄高达71.4%。菏泽市1753个村落中，明代建置的村落占总数的64%，定陶县占72.6%，东明县占84.3%，惠民县占73.1%，章丘区占66.9%，即墨市占74.9%等，在被调查的地区中，明代建置的村落约占70%左右，这些数据也变相印证了明代移民充山东的可信性。

表3-1　　　　　　　　　　山东村落设置时间表

建置时代	村落数量	所占比例/%
春秋	35	0.07
战国	15	0.03
秦朝	6	0.01
两汉	68	1.41
三国	5	0.01
两晋	5	0.01
南北朝	16	0.03

---

① 光绪《堂邑县志》卷七《艺文》。
② 嘉靖《淄川县志》卷二《户口》。
③ 民国《续修莱芜县志》卷一《舆地志·户口》。
④ 民国《潍县县志》卷十二《民社·氏族》。
⑤ 《太祖实录》卷一七六。

续表

建置时代	村落数量	所占比例/%
隋朝	23	0.05
唐朝	170	3.52
五代	4	0.01
宋代	213	4.41
金代	27	0.06
元代	421	8.72
明代	3448	71.39
清代	374	7.74
总计	4830	100

资料来源：李金山、董珂、姚子照主编：《山东省地名志》第一卷，山东省地图出版社，1990年版。

明代之后，京杭大运河战略作用日益突出，截弯取直，变"之"为"弓"，一路向北。主河道改为南起杭州，过苏扬二州，至淮徐，抵东昌（今聊城），过天津，最终到通州（今北京）的黄金水道。明清两代的京杭大运河，发挥着供养京师、经略国门、控制东南的政治经济军事三重作用。京杭大运河由台儿庄入鲁，段流经济宁、聊城、临清、德州等地，南北漕运的繁荣，极大地促进了山东经济文化的发展，济宁呈现出"南控徐沛、北接汶泗"，"南船北马，百货萃集，人物殷实，繁华之司"的繁荣景象。漕运商业的发达，使运河沿岸的文化四方辐辏，相互交融，呈现出前所未有的多样性与开放性。因此，运河沿岸城镇构成了一条新兴文化带，成为明清时期山东文化繁荣的中心。例如，明清两代山东籍10位状元中，有6位出自运河文化带，他们是武城韩克忠、茌平朱之蕃、聊城傅以渐、邓钟岳、济宁孙毓桂、孙如仅等。

明清两代，山东人才辈出，如明嘉靖万历年间重臣萧大亨（泰安），清雍乾时期重臣刘统勋、刘墉父子（诸城）；明代抗倭名将戚继光（登州）、清代民族英雄左宝贵（临清）；明于慎行（东阿）、清文学家蒲松龄（淄川）、李文藻（益州），经学家张尔岐（济阳）、清著名书画家高凤翰（胶州）等。此外，明嘉靖年间济南人李开先所创作的《宝剑记》，清康熙年间曲阜人孔尚任所创作的《桃花扇》，皆是我国戏曲繁荣的代表作品。

自1840年鸦片战争之后，国门洞开，山东处于清朝统治"腹地"及东方门户。1894年，中日甲午战争爆发，山东威海成为主战场。这一时期，一方面山东成为帝国主义列强相互争夺的势力范围，另一方面也成为清末民初对外开放的前沿。1892年，著名的爱国侨领张弼士在烟台创办了"张裕酿酒公司"，开启了中国葡萄酒工业化的序幕。1904年胶济铁路建成通车，北洋大臣袁世凯会同山东巡抚周馥奏请清政府在济南自开商埠。济南成为中国近代史上第一个主动自开商埠的内陆城市，逐步开启了山东近代工商业发展的开端。这一时期，涌现出孟洛川（章丘人）、中国钟表制造工业创始人李东山（威海人）、张东木等大批实业救国的爱国商人。

1919年第一次世界大战结束，在法国巴黎和会上，西方列强不顾中国代表的反对，将德国在中国山东的权益转让给日本。消息传到国内，引发了影响全国、意义重大的五四运动。在此期间，王尽美、邓恩铭等一批爱国学生接受马克思主义，成为山东最早的共产主义者，山东成为全国建党最早的省份之一。在两次国内革命战争时期，山东深受新旧军阀和帝国主义的剥削压迫。抗日战争期间，山东成为全国重要的敌后战场，八路军重要的抗日根据地。抗日战争期间，山东八路军占全国八路军总数的三分之一强。解放战争时期，山东军民在粉碎国民党军队全面进攻，赢得全国胜利的过程中，发挥了重大作用，涌现出大批以"沂蒙红嫂"为代表的拥军支前事迹，极大地支持了淮海战役的胜利。陈毅同志生前谈到华东战场的胜利时，不止一次地说过："胜利不但是战场上打出来的，也是山东人民用小推车推出来的。"

第四章

山东民俗概述

俗，人从谷声，原意为人们从土地上所养成习得的生存之道。民俗，民间的风俗习惯。俗语有"十里不同风，百里不同俗"，或曰"五里一风，十里一俗"。说的就是特定人群因其地理区位、自然禀赋、外部环境等差异，经过长期孕育，自然演化出的，特有的生产技巧与生活习惯。久而久之，这些生活习惯，则以约定俗成、共同认可的方式，被沉淀固定下来，故被称之为"俗"。民俗所规范的内容既包括春耕夏耘、秋收冬藏，又包括修路开渠、抬梁架屋，还包括饮食起居、穿衣戴帽，更包括生老病死、婚丧嫁娶。框定着特定区域民众的生产生活，社会交往的基本样式。

"俗"不是"理"，却是"理"的群众基础；"理"并非"法"，却是"法"的道德依据。我们通常讲的"情理法"，其"情"为"俗"，其"理"成"礼"，其"法"则不过是"情理"民俗中所必须坚持、成文固化的强制条文。因而，法的形成，是不同"礼俗"的最大公约数，是族群不断融合，彼此纠缠相互妥协的结果。可见，民俗才是维系社会稳定的最大"不成文法"，是"心领神会"，是"心照不宣"，更是"心心相印"。因此，本质上，习俗即为人们在共同生产劳动、改造自然、生存繁衍过程中，所逐步达成的社交基础。遵从民俗则融入群体，排斥民俗则被孤立。

民俗虽为礼法的基础，却又不是礼法本身，并不具有强制性。因而，民俗的延传续播，则需要借助于文化渲染，形成传播张力。久而久之，习俗的生活经验本质，逐步被故事传说、信俗崇拜、诗歌谚语、行为禁忌等方式所解释、所转译。人们的言谈举止，生活习惯统统被赋予了象征意义与文化内涵，使其深入人心，代代相传。因此，今天我们所保护的"非物质文化遗产"，只不过是在保护"民间习俗"典型化的外在文化载体；我们与其说是在保护"非物质文化遗产"，倒不如说是通过"保护非物质文化遗产"的形式，去尽力维系其背后的民间风俗文化生态。

山东是"礼仪之邦"，文化大省。"礼仪之邦"的赞誉，就是指山东人的日常生活中所普遍表现出来的文化内涵。其言谈举止、举手投足、起居坐卧、吃穿用度皆有"俗"可依，有"典"可循。而这些反映在人们日常生活中"文化"特征，则是今天文化创意产品设计开发所应着重深耕的沃土，是取之不尽用之不竭的文化资源。

本章以山东生产民俗、日常民俗、节庆民俗、游艺民俗、民间信俗等五节内容，以现代文化产品设计开发为视角，提纲挈领，简明扼要地撷取山东民俗中的重点资源，并与本书所重点阐述的山东自然、历史、非物质文化遗产等部分相互印证，共同构成本书文创产品设计开发的文化资源基础。

第一节
山东生产民俗

如前所述，山东地处中国东部，东北沿海，西部区域深入华夏文明核心区；属暖温带季风气候，四季分明，气候变化符合我国典型的传统节气特征。境内山海林滩岛、河湖原台地皆全，形成了农、林、牧、副、渔、工、商等完整的经济门类。春秋齐国"通轻重之权，徼山海之业（《史记·平准书》）"的经济政策，即大力发展以冶铁与制盐为代表的工商业；元代之后，京杭大运河经流山东，极大地促进了今枣庄、济宁、聊城等鲁西南地区的商业繁荣。

一、农业生产习俗

农业生产是人们获取生活资料的基础，山东东临万里海疆，西有河湖密布。既有土地肥沃，辽阔平坦的平原；也有层峦叠嶂，连绵起伏的山脉。同样是耕种，既有牛犁马耕，又可挖坑点豆；同样是捕捞，各有各的招数，各有各的禁忌；出海需祭妈祖，入湖需拜龙蛇；伏季休渔，不可一网打尽，春不伐树，秋不杀生。农、林、牧、副、渔，各有各的规范，各有各的遵循，张弛有度，丝毫不乱。

山东称粮食作物为"庄稼"，春播为春庄稼，夏作为秋庄稼，种植模式主要以两年三熟为主，少数地区也有一年两熟，每种作物都有其独特的生产程序与习俗。山东分布较广的农作物主要有小麦、玉米、棉花等，其他作物还包括高粱、谷子、黍、豆、红薯、花生等。自20世纪末，随着潍坊寿光蔬菜大棚的不断推广，山东又成为全国蔬菜水果的重要产地。

山东小麦的播种通常在秋分左右，农谚有"白露早，寒露迟，秋分种麦正适宜。"旧时的播种工具常见为耧车，耧车一般由人畜力牵引。也有徒手播种的，称之为"溜"；也有取大葫芦一个，两头凿空，中间贯穿一根木棒，一端手持为柄，另一端中空为"嘴"用来泻种，俗称"瓠种法"。高密、昌邑等地，民间将此播种工具为"穷汉耧"。播种后，为了保墒（保持土壤适合种子发芽和作物生长的湿度），还会使用砘车镇压，一般使用人畜力牵引，俗称"打石砘"。小麦播种完毕，待出苗、分蘖后，来年开春地表土融化后，需要进行划麦返青的工作。山东春节多旱，俗谓"春雨贵如油"，因此，自开春至收获前的各个阶段，都需要进行人工灌溉，传统灌溉设备主要为辘轳、水车、戽斗等工具。

农谚有"芒种三日见麦茬"，一般芒种左右，小麦进入收割期，收割小麦的传统工具多为镰刀，麦收开始，谓之"开镰"，麦收时节往往与雨季同期，因而需要未雨绸缪，抢收抢晒，俗语有"有钱难买五月旱"，"三麦不如一秋长，三秋不如一麦慢。"麦子割好绑扎后，需送打麦场斩麦、晾晒、打场、翻场和收场。"斩麦"时，农民使用放在板凳（春凳）上的铡刀，将麦头（麦穗）与麦根子（麦颈）分离；斩过的麦头平摊到打麦场晾晒，待麦穗完全干燥后，则使用连枷、碌碡（石磙）对麦头进行碾压，使麦粒与麦穗分类；收场是通过扬麦的方式，将麦糠与麦粒分离，因而也被称为"扬场"。扬场是一项技术性很强的工作，一般由富有经验的"老把式"完成，扬场的人斜迎着风，手持木锨，铲起一锨夹杂糠草的麦粒，估计好风的方向与速度，凭经验向上扬起，只听"唰"的一声落地，风将糠草吹远，落在近处的便是麦粒。麦粒经过扬场被拣择分离出来后，往往会再晾晒一两天，使其完全脱水，然后就可以入仓了。

玉米与番薯（马铃薯）是明代开始传入我国的一种美洲作物，山东俗称棒子、地瓜。这两种粮食作物在我国广泛种植，对维持明清时期中国人口的迅速增加起到了重要作用。玉米亩产平均在1000斤左右，而红薯的亩产高达3000斤，若一年种植两茬红薯，则亩产可达6000斤左右。在番薯、玉米等广泛种植下，中国人口从明朝万历年间（1620年）的1亿多人，迅速增长到道光三十年（1850年）4.3亿。

在山东，玉米的播种一般在芒种前后，此时小麦已经收割，播种时先以犁耩开沟（穿沟子），后以人工刨坑点种。若因气候异常而导致小麦收割延后，农民怕误农时，也会在小麦未收割前，直接将玉米播种于小麦垄间，称为"套种"。不过这种方式只能人工刨坑点种，且在收割小麦时须更加小心，以免伤及玉米幼苗。

玉米出苗后，需要锄地（耪地），为的是除麦茬子与杂草，同时松土便于玉米生根，因而又叫"开荒"。锄过头遍地后进行"间苗"，即在土地较湿润时直接用手拔除弱苗而保持地力。"定苗"后要施一次肥料，以使玉米苗壮成长。玉米田在锄过头遍地后，每隔10至15天还要锄第二遍、第三遍以去除杂草。农谚有云："头遍深，二遍浅，三遍四遍刮刮脸。"说的是此后锄地要浅，以防止伤及玉米根。山东农民也会因地制宜取肥施地，养猪户用圈肥，睡炕的用烧过的炕洞土，近海地区则用臭鱼烂虾做"腥肥"，用海藻做"海肥"，山区则多用杂草沤制的"草绿肥"。施肥时在两棵玉米间刨坑，并把适量化肥放入坑内。待玉米长至齐腰高，伏雨来临时以犁中耕垄沟，拥土培根，以便压埋根部杂草，同时也便于大雨时排水。此后不再锄地，俗称为"挂锄"。挂锄之后，极望多雨，故而有"六月连阴吃饱饭"的农谚。

玉米多在秋分左右收获。剥皮晾晒时，先剥去玉米外面的几层硬皮，只留下几页柔韧内皮在尾端，方便将多个玉米编成辫子。也有把所有的玉米皮去掉，剥下的玉米铺放在平地上晾晒，以方便脱粒。在脱粒机普及以前，通行的做法是一家人围坐在一起，中间放一个大笸箩，徒手将两颗玉米相互摩擦，使其脱粒，俗称"剥棒子"。

红薯，山东俗称"地瓜"。一般可在春夏两季栽种。春地瓜用地瓜块茎直接做种，称为"窝瓜"；夏茬地瓜常用地瓜蔓作为种苗栽种，俗称"芽瓜"。地瓜与土豆都是速生多产农作物，收获后可切片晾晒为地瓜干。地瓜干可磨面酿酒，丰年时可作猪饲料。地瓜的秸蔓称为"地瓜秧子"，也可用作牲畜饲料。地瓜栽培程序有：做地瓜沟、生芽子、拔芽子、栽地瓜、锄地瓜、翻地瓜秧、刨地瓜、切地瓜干等。鲜地瓜越冬储藏可用地窖，名为地瓜井；有的也可在室内搭窝棚，名为地瓜棚子；有的摞在炕的一端，只是冷热必须要十分小心，因此农妇戏称之为地瓜太太。

除小麦、玉米、红薯外，山东各地还因地制宜地种植谷、黍、高粱、大豆、花生等粮食作物，用以补充粮食，调剂口味。

谷子脱粒去皮后称为"小米"，种植有春茬谷与夏播谷两种。秸秆称为"杆草"，是骡马的上好饲料，还可用来拧屋脊、做草苫等。谷皮称为"谷糠"，可用来饲喂猪、鸡等畜禽。春谷通常于谷雨前后播种，秋初收获。生长过程中一般要锄地三次，第一次是在出苗不久间苗的时候，第二次在第一次约半月以后，第三次在抽穗的时候。

黍，俗称黍子，春播的为早黍子，夏播的为晚黍子。秸秆称为黍秸，穗子去粒后称为黍瓤，多用来扎制小笤帚。籽粒去皮后称为"大黄米"，磨成面则称为"糕面子"。种子皮称为黍糠，可用来填充枕头。谷子与黍的农活程序大体与小麦基本相同。

高粱俗称胡黍，亩产在800斤左右，有春茬与秋茬两种，春茬播种时间通常为谷雨前后，收获时间为秋初，是旧时主要的粗粮。高粱秸秆俗称"胡秸"，可用于扎房顶、架篱笆。一间节称为"格当"，最上一节称为"禾䒗秆"，可用来做"盖垫"。高粱秸皮称为"席篾"，是编席的好材料；穗子脱粒后称为"胡黍瓤"，可扎笤帚。粮食去皮后称为高粱米，磨成粉，称为高粱面。其农活程序有播种、间苗、锄地、砍高粱、刻穗、打场等。

大豆，品种有大粒黄、小粒黄、天鹅蛋、黑猪眼、黑豆、风皮豆等，豆子可磨成粉，或制成豆腐豆浆等，更是榨油的好原料。"煮豆燃豆萁"说的就是"豆蔓秸""豆棍儿"燃烧时火苗均匀，是上好的农家燃料。豆子的农活程序有播种、锄地、拔草、割豆、打场等。

花生，又称长长果，果仁称为花生仁、花生米等。花生可榨油，榨油后剩下的渣滓饼可作饲料，花生秧也是上好的饲料。其农活程序有剥花生种、浸种、点花生（播种）、清棵、锄花生、刨花生、摘花生、剥花生等。自20世纪90年代之后，谷子、高粱、红薯等粗粮作物在山东种植量日益减少，一些地区甚至完全消失。只有大豆、花生等重要的油料作物仍有大量种植。

棉花，大约于元代开始传入我国，此后逐步在我国北方广泛种植。棉花是纺织品的重要原材料，御寒遮体，棉籽可榨油，秸棵可充当燃料。与其他农作物相比，棉花喜热、抗旱、对土质要求不高，可在沙地或盐碱地种植。山东大约有2000万亩盐碱地，不适宜小麦、水稻等农作物的种植，因而，棉花成为山东最主要的经济作物，产量多年位居全国前列。在长期的棉花生产过程中，山东人民形成了一套自己的生产风俗。

山东种植棉花通常在谷雨至立夏时节，农谚云："清明种棉早，小满种棉迟，谷雨立夏正当时。"播种前需先选种。即将棉籽倒入水中，沉入水中饱满的为好种，浮于水面的则是干瘪的"孬种"，必须去掉。选种后，还需浸种，播种有"开沟撒播""水种包包"与"捣窝点种"等方式。"开沟撒播"是先在地里开沟，再把棉籽撒到沟里，然后覆土；"水种包包"是先刨坑，后倒水，再下种，待水完全浸入土时覆土。此种方法通常在天气干旱、土地墒情的区域使用。捣窝点种与玉米的种植方式相似，此处不赘述。

待棉苗出土后需要锄草、培土，并同时进行间苗作业。按传统为"一步留两苗"，通常要经过几次间苗后才最终定苗。锄草从棉苗出土到棉棵封行为止，要进行多次，既利于保墒，还可培土、行根。所以农谚有云："棉花收在锄头上。"棉花枝条有果枝与叶枝两种，为保证棉花丰收，需要去掉叶枝，保留果枝，并适时抹掉赘芽，以免徒耗营养。待立秋左右棉棵长到一定高度后，则需要摘顶，又称"打顶心"与"打边心"，即摘掉棉棵与棉枝的顶部，以促进下部果枝及棉桃的生长发育。还要摘老叶、剪空枝（或叫打杈子）等工作。

自白露左右，棉铃陆续开放，棉花陆续成熟。这一过程一般持续到霜降之后，收获期可持续两个月左右。因此每隔两三天就需要收获一次。采摘棉花称为拾棉，通常由妇女、小孩进行。拾棉者手携一袋或篮子，另一只手摘取盛开的棉朵放入所带器具内，按畦逐步向前推进。收获结束后残留在棉田内的零星小朵，孤寡及贫穷者均可拾取，称为捉落花，体现出扶助贫弱之风。收获后的棉桃，把棉絮取出晾晒几天，就可出卖了，也可用轧车把棉籽去掉后再出卖。

二、农具的种类与用途

传统农具种类主要包括耕地农具、整地农具、播种农具、中耕农具、灌溉农具、收获农具、运输农具、役畜农具，以及农产品加工农具等，具体分类见表4-1。

表4-1　　　　　　　山东传统农业中农具的农具的种类与用途

种类	名称	用途
耕地整地农具	犁	又称为犁锲、步犁，通常由牲畜牵引，主要用来翻耕土地
	耠子	一种由一人拉一人扶的耕具，主要用来拢沟、培土
	耙	耕过土地用以碎土、平整土地的农具。操作时，人立耙上，增加重量，并驱使牲畜拉耙前进与控制好方向
	耢	耕后耙过的土地，再用耢进一步碎土并使其更加平整。操作时，人立耢上，驱使牲畜拖拉前进，并在耢上有节奏地轻踏晃动
	锨	或称铁锨、板锨。主要是装卸农具，如用来装土、撒粪、出粪等

续表

种类	名称	用途
耕地整地农具	镢	用于刨地,由镢头、镢柄组合而成
	挦耙	用以平整耕过的地面,由挦耙头与挦耙柄两部分组成。大抓钩,二齿或三齿,铁制,镶嵌木柄
播种农具	耧	又称为耧车、耩子,有二脚耧、三脚耧、独脚耧等数种。通常只用来播种麦子、谷子、豆子等小籽粒的作物
	葫芦头	即古代流传下来的"瓠种器"。操作时,播种人一手提葫芦头一手持一木棍,顺着事先开好的种沟,边走边敲,种子即落入沟中
	砘车	又称为轱轮子,用于播种后镇压、保墒,鲁西北农村称为砘子,其作业称为打轱轮子或砘地
中耕农具	锄头	用于除草、松土。由铁制的锄板、锄钩子和木柄组成。通常上弯的锄柄更好用,俗称为弓腰锄
	抓钩	俗称小抓钩,铁制、木柄,有二齿与三齿之分,多用于春季麦田三齿钩,形状如锄头,只是改锄板为三扁齿,土壤黏湿时代替锄头使用
	耘锄	铁制的架子,下设三扁齿,用畜牵引,用以在田垄间耘土除草。手锄,又称为小挠子,由铁制锄头和木柄组成,用以间苗或锄掉作物株间的杂草
	铲子	又称为剜刀子,用以间苗、移栽幼苗
	铁叉	五股,木柄,用以从圈中出粪等
	拾粪叉子	五股,木柄,形制轻便,流行于鲁西北和胶东地区,用以背粪筐在野外拾粪
灌溉农具	桔槔	使用平衡杠杆原理所制成的提水器,即用一木制长杆,把中间点横悬在立杆上,一头挂水桶,另一头绑或悬挂重石。操作时,把挂水桶的一头向下拉,使水桶垂于井中,这时悬石的一端高高翘起。桶中装满水后,再轻轻一提,悬石的一头坠下,水桶即提出水面,然后再把水倒入田中
	戽斗	即用一柳条编的水斗或水桶,两侧各系长绳两条,操作时,二人立于两侧协调拉绳,使水斗或水桶左右摇摆,于摇摆中向低处取水,再扬到高处田中

续表

种类	名称	用途
灌溉农具	辘轳	一般以三根木棍做辘轳腿,镶插于"辘轳身子"上,组成辘轳架子,再于辘轳架子上横插一轴,称为辘轳芯子,辘轳芯子上穿圆木制成辘轳头,辘轳头外端置一弯木摇把,俗称辘轳把。把钢丝或麻制辘轳绳绕在辘轳头上,里端固定,外端备铁环拴水斗,然后放斗于井中,再摇把提水,用来灌田
	水车	一种畜拉或人推的提水工具,由水井架子和水车盒子或水车桶子组成
收获农具	钐镰	多用于收割小麦、谷子等庄稼,也用于割草取菜等
	爪刀子	方形或半圆形小铁刀,上穿两孔,用以收获谷物的穗头。收获谷黍时,两孔系绳套在四指上,刀刃向内,名为"爪";收获高粱穗时,不系绳,刀刃向外,用拇指操纵,名为"刿",称为刻刀子
	麦叉	铁制,两股,长柄,用于挑麦个子装车
	木叉	取蜡树条加工而成,麦子打场时用来拆垛、打垛及翻晒麦头
	连枷	又称为连杖,用于籽实类作物脱粒。将四五根长三尺左右的木条,用皮革条编成板状,将可以旋转的环轴装在长柄顶端。操作时,手持长柄上下甩落,使木条编成的"板"绕在环轴上回转,扑打在晒干的作物秸秆上,把籽粒拍打下来
	碌碡	又称为砘(有光砘、网砘两种),为一圆柱形石碌,两头各有轴窝,使用时装上"挂子",用牲畜或人工牵拉,通过碾压使小麦、大豆等脱粒
	木锨	状如铁锨,木制,小麦打场时用于收集粮食与扬场
	刮板	用于打场时收集粮食,有两种:一种横长板上装柄,一人持柄使用;一种宽大,上设横把,一人在前牵拉,一人在后扶横把
	扫帚	又称为大扫帚,用细竹枝扎成,用于打场时掠去粮堆上的浮皮、碎草等
	簸箕	用去皮的柳条等编成,前设木板(俗称为簸箕舌头)方便撮物,用于去除粮食中的草屑。小簸箕用白柳条编成,用以盛粮装口袋、去除粮食中的杂质
	筛子	有竹制、铁丝编织两种,用以筛去粮食中的沙、土及各种杂质
	木耙	小横木上镶木齿,装长柄,晒粮时用以划疏翻晒
	苫子	麦草或谷草编织而成的长帘,用以覆盖粮食或柴草垛顶

续表

种类	名称	用途
收获农具	荧子	又称绞子，用苇蔑或高粱秸蔑编织而成的窄长条席，有在打谷场上或家中囤储粮食之用
	条撮子	用白柳条编成，中间设木系，一头开口，设木舌，用以撮粮装口袋
	装篓	较大的条编圆筐，打场时用于装草、运草
运输农具	大车小车	多用于装土、运粪、运输收割的庄稼等。装麦、装柴草时，两边装木栅，名为排叉。可装载很高，用粗绳绑缚；运粪时，两头装条编的粪帘子保护。小车往往配备两个条编的长筐，名为偏篓，又称为粪篓、粪篓子
	扁担	挑物时用绳子捆扎，绳子的末端用滑钩，名为夹具儿
	驮篓	固定在一张弓形的木架子上，名叫马架子，山区多用驴驮，作运输工具
	拖车	一种方形木架，下设两长木，放置农具杂物，用牲畜拉着下田，常见于平原洼地、黄河滩区
役畜役使农具	驾车套	主要有牛套和骡马套两种。套的部件有单套、背搭子、鞍子背鞅、大小肚带、搭腰、车袢等
	牛轭	又称为牛梭子、木制，骑放在牛脖子上，与缰套、槃子组成役牛的"单套"
	夹板套	又称为夹板，用两块木板或圆木组成，使用时夹在牲畜脖子两边
	鞭子	有长鞭（又名"挑鞭"）、哨鞭（又名"猪尾巴鞭"）、短鞭等
	挂钩	又称为"软和儿"，有"两来钩"、"油眼子"等类型
	爪口	连接套褀的皮条
	笼头	用麻或丝制成，套在牛、马等头上用来系缰绳挂嚼子的用具
	鼻圈	又称为"牛鼻子"，用来牵牛的工具
	笼嘴	套在牲口嘴上防止其吃庄稼，条编、铁丝编织而成
	缰绳	拴牲口用的绳子，拴牲口的一端系一段铁链，名为嚼子
	脖套	又名脖隔子、套包子等，套在牲口脖子下面，使套拉时力量均衡
	肚带	分大小两种，小肚带用于单套，大肚带用于大车套

续表

种类	名称	用途
役畜役使农具	搭腰	分大小两种，小搭腰为一细绳，用于单套，搭在畜背上，以防止掉套；大搭腰又名车祥，皮制，通过搭子、鞍子搭放在畜背上
	鞍子	农用鞍子与骑乘鞍子不同，俗称小鞍。鞍子下面垫厚布，上面驾车时放车祥，驮物时放架子或驮要
粮食加工工具	碓臼	由石臼与杵头组成。用于少量粮食脱壳、去皮。使用时置粮于臼中，以杵头反复捣米，俗称为捣碓臼或掂碓臼，用来加工高粱米、玉米、黍米等
	碾子	由碾台（一般为石碹）、碾槽（亦称为碾盘，石制圆形，直径六尺左右）、碾碌（俗称碾砣子）、碾架子等组成，用于大量粮食脱壳、去皮、粉碎。碾盘中心设竖轴，连接碾架，架中镶碾砣，用人畜力使碾碌在碾盘上滚动。其中粉碎粮食称为"压"或"掂"，如掂糕面子、掂地瓜面。还有一种草碾子，碾碌为一大石轮，石轮中心凿孔，镶一长木杆，木杆中部搁在木权上，人从端推动，石轮即在碾盘上滚动，功能与碾相当
	扇车	用于碾米后清除糠秕，又称为风车、扬风车、扬扇。木制，前身为圆鼓形木箱，箱中有4~6片木制风扇轮，风扇轮轴有曲柄通箱外。后身有屑皮出口，中间顶上有木斗，下部有木制的"流子"。碾过的谷物盛在木斗中，人摇风扇轮柄，皮屑被扇向车尾出口，米粒由中部流下，车下设笸箩接盛
	磨	亦称石磨，有水磨、旱磨、拐磨等数种，主要用于粉碎粮食。其中旱磨用途最广，主要用来磨制干性的面粉、玉米面等；水磨用于磨制湿性的煎饼面糊、豆腐等。拐磨形制较小，设拐把，多用于磨芝麻制香油。磨的主要部件为支架、磨盘与磨起。磨起有固定磨起和旋转磨起两片，上下磨起相对的工作面上，有凹凸磨沟相结合。用人力推动或畜力拉动时，上磨起转动，粮食即在两磨起之间被研磨成粉。旋转磨起的上面，叫作"磨顶"，左右各竖凿一圆洞，粮食由此流入工作面。两个磨眼中，较细的叫细眼，未曾磨过的粮食粒放在这里；较粗叫粗眼，需要再磨的粮食放在这里。磨制粮食快要完成时，为防止空磨伤害工作面，于磨眼中插一短棍以"报警"，这根短棍名叫磨箸子。磨碎的粮食，从上下两磨起的边沿（磨口）落下，堆在磨盘上，积有相当数量，即收拾撮下

续表

种类	名称	用途
粮食加工工具	罗	用于筛各种粮食面，有大小两种。小罗圆形直径一尺左右，大如面盆。以樗木（即臭椿）薄板弯成圆形，俗称罗圈。将马尾编成细网制成罗底。又以罗底扣眼的大小分粗罗与细罗。大罗，木制长方形悬一大木箱中，引摇把于箱外，人立箱外，或坐高凳上，摇动曲把，罗即于箱中反复碰撞箱壁，罗面于箱中。罗面时，先备一大笸箩（有条编、纸瓤拍制等式样），笸箩中安一矮长木架，名为罗米挂子，置罗于其上，推拉磕碰，罗面于笸箩中

三、渔业生产民俗

山东有3124.4千米的大陆海岸线，约占中国大陆海岸线的六分之一；大型湖泊主要集中在鲁西南，如济宁枣庄之间的南四湖（昭阳湖、独山湖、南阳湖、微山湖），四湖相连，总面积约1375平方公里，是全国十大淡水湖之一。菏泽地区的北五湖，以东平湖最大，盛水期湖面约153平方公里。山东渔业资源丰富，生产历史悠久，孕育了独特的渔业风俗。

海上风大浪猛，变化异常，因而渔民在长期的渔业生产活动中，形成了许多海洋渔业捕捞的经验智慧，仪式禁忌。妇女儿童近海捕蟹捉蛤称之为"赶海"，丈夫男子出海打鱼谓之"大海市"。出海打鱼要与鱼群洄游时间相一致，因而主要集中于春秋两季，称之为春汛与秋汛。

谷雨对于山东沿海很多地区，是一个非常重要的日子，犹如过年。在荣成，节前几天，大家就忙着买肉沽酒，宰鸡屠鸭，妇女则会制作象征吉祥的红枣大馍，谷雨这天，家家上香，户户燃炮，盛装集会。荣成一带当日会用全猪祭海，待船老大祭过海神后，大家便开怀畅饮，不醉不归。传说只有谷雨一醉方休，一年才会万事如意。这一日剩酒不可带回家，否则就会触霉头。谷雨清晨，丈夫进屋，妻子就会将节前蒸好的面白兔塞到他怀里，"打个兔子腰别住"，祝福他们出海平安，早日归山，满载而归。

一条船上的渔民，船主叫"板主子"，船长称"艄公"，大副叫"二板儿"，其余统统叫"伙计"。旧时养渔船的"板主子"要在一定时间请船员吃饭。日照船主要在正月初五请船员吃饭，名为"上杠"；蓬莱则在正月十三请船员吃饭,名曰"杀财猪";荣成龙须岛上的船主,则在农历三月三庙会宴请船员,称为"吃会"。

拉船下海与上滩,皆叫作"拉船",拉船时渔民要统一用力节奏,因而要有领头的"打号子"。烟台长岛一带,凡拉船,只要号子一响,无论为谁拉船,皆是男女齐上,全力拉船。荣成一带拉船,则数人在船后推,数人仰卧于床帮两侧,头枕双手,用脚蹬船。领头的"号儿"则立于船上唱号指挥,声音洪亮,动作夸张。渔船下海打鱼为"出海",返航谓之"归山"。离岸近称为"走的矮",离岸远则叫"走的高"。渔民忌言"翻"字,因而将"帆"称"篷"。

出海时要杀猪饮酒,将猪心按船上的人数切开分食,谓之"团结一心"。日照一带渔民在出海时要在船头插红旗,放鞭炮,并在海中先转上一圈后回到原地,借海浪向岸上"点头"两次辞行。

打鱼归来,若大风船的五舱中有四舱装满鱼,便是"重载",要在大桅杆上挂红旗,俗称"插重旗"。若捕白鳞鱼时,超过一万条,旗就挂在大桅杆上,若是七八千条,则挂在船尾处。长岛渔民称满载而归为"发财了",会在大桅杆上挂上特制的旗子"吊子",大丰收时,大小桅杆顶部皆挂,岸上家人到海边迎接,谓之"接海"。此时,船主要抬肥猪到妈祖庙或龙王庙宰杀,称之为"发猪财"。船主用黄表纸蘸猪血在神像前焚烧,表示敬神。敬神后的猪抬回,猪头分给船老大,猪蹄分给"二板儿",猪尾巴带臀尖分给大师傅,猪小货留到算账之日做菜。其余猪肉大锅熬菜,宴请船员及其家人。另外,船主还要让伙计到街上请人来家吃饭,俗信请来的人越多,下一次丰收的希望也就越大。

渔季男人出海,家中妇女和孩子也会在海滩河口处捕蟹抓虾,挖蛤拾螺,俗称"赶海"。烟台威海一带多礁石滩,则以打牡蛎为主,打牡蛎的工具各地各异,海阳用"蛎铲"、荣成蓬莱用"钉子"。各地在长期赶海中总结经验,形成谚语,来指导生产,如"麦子上场,辣肉上床""东北风,十个篓子九个空"等。

第二节
山东日常生活民俗

日常生活，无非是衣食住行，但就是在这些穿衣戴帽、饮食起居、抱拳拱手的细枝末节之中，最能体现出一个地区民间所特有的习俗。这些习俗是活着的"非物质文化遗产"，是保持文化多样性最重要的文化沃土。山东是孔孟之乡，儒家文化积淀深厚，山东民众日常生活中的民俗也趋于平静安详，典雅规范。

一、服饰民俗

山东是我国主要棉产区，种桑养蚕，抽丝织绢的历史更可追溯到春秋齐国，素有"鲁缟""齐纨"之称。传统服饰材料有棉、毛、皮、丝、绸为主，旧时这些材料大都因地制宜，自产自用，成品如老粗布、鲁锦、鲁缟、府绸等。用于御寒的动物毛皮主要有羊毛、羊皮、狗皮、鸭绒等，貂绒狐皮本不多见，因而比较珍贵。

20世纪80年代之前，针织缝纫大多由家庭女性成员完成，俗称"针线活"。缝纫的工具有裁尺、剪子、不同型号的针、锥子、顶针、线板、线车、针车、熨斗、烙铁、袜子板、鞋楦子等，民间多用一只藤编小筐装盛缝纫工具，俗称"针线簸箩"。

旧时由于物质条件相对匮乏，山东人养成了惜物的习惯，"一粥一饭，当思来处不易。一丝一缕，恒念物力维艰。"山东很多地区忌讳穿他人的衣服，但比自己地位高、家境富裕、寿限长的人的衣服则例外。

旧时山东人日常着装与北方临近几省相差不多，春秋两季多穿裌裤，深秋入冬则穿夹袄、棉袄、棉大衣、皮袄等。长袍马褂是一种礼服，多在盛大节日，或知识男性日常穿着。裤子根据不同的季节可分为短裤、单裤、夹裤、毛呢裤、皮裤和棉裤。旧时裤子裁剪得裤脚肥大，为了方便行动，防虫御寒，会用三寸青布捆扎裤腿，俗称"扎腿袋子"。腰带也是布条带子，富有人家也用彩布、彩丝编结而成。传统内衣有小衣裳、兜兜、汗衫、短裤、背心、小褂等。帽子有瓜皮帽、老风帽、卧头、毡帽、皮毛、草帽等。鲁西南地区的农民也多用白毛巾包头，中老年人多简单系结于脑后，年轻人则常卷结于额前，谓之"英雄巾"。蓬莱西乡旧时已婚女性日常多以羊肚子手巾裹头，外出串门则必须换一条新毛巾。既可防风沙御寒，也可擦脸擦汗，包裹杂物，十分方便。

女性的日常饰物，主要包括帽、花、簪、环、梳、坠、镯、链、圈、钏等，材质多为金银，也有黄铜镀金；男性日用品则包括："搭包""褡裢""烟荷包"等，讲究的男人还会佩戴抠烟油的银钩、挖耳勺、剔牙线和火镰包。

旧时山东境内制鞋的材料多用草、皮、木、麻、布、丝等，如草鞋、布鞋、皮鞋、绣花鞋、棉鞋等。样式有毛底鞋、方口鞋、圆口鞋、没脸子鞋、单鞋脸子、双鞋脸子、五眼鞋、厚底鞋、蒲鞋、靴子等。手巧的家庭妇女会在家中纳鞋底、鞋垫，鞋垫还会绣上各式吉祥纹样。

山东人旧时大婚，新娘多穿凤冠霞帔、红袄衫裙、头戴红盖头、脚踏绣鞋。民国之后，新娘不再穿蟒袍，改穿纯棉的大红绣花衣裤，俗语有"上轿不穿棉，一辈子都作难"。新娘嫁衣礼服要由一块布料裁制，取从一而终，礼服不带口袋，以免带走娘家的福气。沂蒙地区认为红色为火，新娘忌穿红鞋子，穿红鞋结婚就是跳入火坑，不吉利。民国之前的新郎礼服都仿照官服样式，谓之"新郎官"。清末穿长袍，多为青、紫、红等色花缎长衫，外套马甲，斜挂红布，头戴青色红顶小帽，肩上挂一条红彩绸，系一大红绣球于胸前，光鲜异常。

生子添丁在山东是大喜事，因旧时医疗条件差，孩子容易夭折，因而，婴儿出生后禁忌很多。孩子奶奶会用自己的大襟衣服或袖子，将婴儿裹得严严实实，让孩子生下来便熟悉亲人气味，认识自己家，也祈孩子长寿。出生后，民间认为婴儿头囟缝隙未完全封闭，头部怕风，会用褡襥剪成两三尺长的小围屏，外裱红色缎面，绣以蝙蝠、云头等吉祥图案，或长命百岁之语，立于婴儿枕前，称为"头档儿"。婴儿枕头多用彩色花布或红绫做表，且用红布做葫芦花挂在枕上，用以压邪。枕内填充绿豆可清热去火，放荆种子可压惊辟邪。包裹婴儿的小被子称为"包褥子"，俗语有"喜旧厌新"，最好用高寿老人的旧棉袄做成，柔和暖和，不伤小儿皮肤。婴儿衣服多为长袖，不用纽扣，防止抓破自己的脸，或不慎吞食纽扣。夏天儿童多穿兜兜，防止肚脐受凉。

孩子第一件真正的衣服叫"迷魂衫",一般由奶奶用一整块红布做成,且不动剪刀,只用手撕,防止对产妇婴儿不利。"迷魂衫"的名字来自于民间传说,民间以为,孩子由送子奶奶送到人间,送子奶奶共三人,一人送男、一人送女,容易长大成人;唯独三奶奶送的孩子聪明可爱,但都做了记号,会随时收回而夭折。因而要做一件迷魂衫,遮住孩子的记号,让三奶奶认不出来。"迷魂衫"要穿够百日,然后用蓝色"迷魂衫"代替,"蓝"取"拦"之意,目的是把孩子拦住。

民间也讲究姑姑送婴儿"暖肚",黄色最好,期盼侄子健康长大成人,兴旺发达,成为姑姑在娘家的依靠。姥姥会给孩子送一年四季的服饰,金银首饰等。其他亲朋好友为避免礼物重复,也可直接赠送礼金。儿童服饰有肚兜、小腰子、小花袄、饭巾、斗篷等,也会给孩子挂长命锁,手腕与脚腕也会佩戴手镯脚镯,"锁住孩子,不让跑掉(夭折)"。有的脚镯上还缀几颗铃铛,叫"响亮"。山东民间尚虎,借助其形象给孩子除邪镇妖,希望孩子虎头虎脑,身体强壮,因而山东各地有给孩子做虎头帽、虎头鞋的风俗。孩子服饰中,其他常见的吉兽还有龙、狮、豹、牛、羊、狗、兔等,取生命力顽强,繁衍旺盛之意。如狗头鞋帽、猪头鞋帽、兔头鞋帽等。不过"属羊"或"姓杨"的小孩忌穿猛兽服饰,以避"羊入虎口"。

微山湖一带渔家妇女会给孩子做一种"虎头袢带"的装束,袢带正面有一造型夸张的虎头形状,交叉形系在孩子胸前,袢带后还有两条两米左右的长布带,长布带拴在船桅或"将军柱"上。行船打鱼时,一方面显得孩子生龙活虎,又防止其不慎落水。

在山东,婚丧嫁娶皆是大事,孔子重丧,因而,旧时白事程序复杂,禁忌繁多。为逝者预备的衣服被称为"寿衣""装老衣裳"。旧时只有个别贫寒之家,寿衣在逝者弥留前临时赶制,多数家庭都提前预备,寿衣布料过50岁生日便可预备,但只有过70岁才能缝制。布料多以棉布为主,取"以棉(眠)为安"之意;绝不用皮毛制品、缎子等。男性寿衣多为天蓝色,外罩杏黄色,取升天成仙之意;女性寿衣多为青蓝、古铜、豆绿色,忌用黑色。寿衣套数成单忌双,从内至外包括内衣、中衣、外服等,一般为三、五、七套,多数为"五领三腰"。寿衣不用扣子,避"克子"之音,皆用带子绑系,取"带子"之意。寿衣款式多为上个时代或同时代礼服,并加以宗教纹样色彩装饰,图案多为云彩、莲花、金童玉女、日月星辰等。

二、饮食民俗

如前所述,山东地处中国北方,四季分明,地形多样,物产丰富,因而呈现出丰富多样的饮食习惯,风味迥异的味觉体验。山东自东向西,构成了东部沿海的海洋饮食区、中部齐鲁文化饮食区及西部因京杭大运河串联的运河饮食区。

齐鲁文化饮食区,为古齐国与鲁国的饮食风格。春秋鲁国尚礼,是典型的农耕文化,讲究守正固本,在饮食上尚"正味",而摒弃"偏味",逐步形成追求"正和醇香"的饮食特点;齐地重工商,尚贤能,经济发达,物产丰富,是典型的农耕文化与海洋文化的过渡区域,食材丰富、烹饪多样、风味独特。近代之后,交通条件显著改善,人员往来日益频繁,齐鲁饮食之风逐步交融,形成山东人饮食重味、讲和、守正的传统风格。京杭大运河山东段,处于南北交界之地,南来北往客商云集,人员流动性大,将吴越饮食与燕赵风味相互串联,自成一体。山东胶东半岛靠海吃海,因而饮食重海味、重原味、重鲜味。三大区域的不同饮食风格,在明清之际形成了"四大菜系"之首的鲁菜风格,并随京杭大运河一路北上,逐渐影响到华北和东北广大地区,成为影响宫廷菜式的主要流派。

宋镇豪在《夏商社会生活史》一书中考证,中国古代为一日两餐制,至少有文字史的商代就实行上午七至九点为"大食",下午三至五点为"小食"。南宋诗人洪迈有诗"只把鱼虾充两膳,肚皮今作小池塘","两膳"指的便是指两餐。直到明清时代,我国大部分地区仍然实行两餐制,日本人曾根俊虎在《北中国纪行·清国漫游》中,记载了当时人们的吃饭情况"各人饮食大概一日两次……与上海相同"。不过北方各地农时繁忙期间,也会加餐保持体力,清初理学家张履祥在《补农书校释》一书中提到佣工们"炎天日长,午后必饥;冬月严寒,空腹难早出。夏必加下点心,冬必与以早粥"。到了民国时期,一日三餐的饮食习惯这才逐渐被人们所接受,并一直沿传至今。

旧时,山东各地三餐均以面食、杂粮为主,佐以青菜、咸菜等;家常主食如煎饼、馒头、窝头、玉米饼子、油条、火烧(烧饼)、菜饸子、呱嗒、油饼、包子、饺子等,往往也会配以粥汤稀饭等。山东人比较重视午餐,旧时小康之家会荤素搭配的炒上几个菜下饭,配粥汤。晚餐则繁简由己。旧时菏泽、济宁一带,一日三餐往往"两干一稀",晚餐只喝一种玉米面(小米面)加入蔬菜、肉丁的咸粥，谓之为"汤"，因而当地民间晚餐谓之"喝汤"。

山东特色饮食依节气时令不同、因地取材，各有特点。如立春之日，各地都有"咬春""尝春"的习惯，"咬春"就是立春之日生吃萝卜，"尝春"是吃蒜黄、韭黄、葱丝、姜丝、萝卜丝等五种辛辣生菜的"五辛盘"。这一天也有吃春卷和饺子的习惯。春节年夜饭相当丰盛，旧时往往是一年当中最好的一餐，鸡鸭鱼肉是少不了的，大年初一的早饭一定是饺子，鲁中地区习惯吃素水饺，取一年当中"素素净净"之意，年糕则代表"年年升高"；正月十五上元节各地都会吃元宵，正月二十五为"填仓日"，潍坊一带吃水饺，德州一带吃糕、武城人吃白面合饼，意为"铺囤底"，也有吃面条的，寓意穿线发财。二月二龙抬头，山东农家盛行吃炒蝎子豆，炒面棋子，滕州一带有蒸馍的习惯，谓之"蒸龙蛋"。寒食节与清明节，潍坊一带吃麦仁粥、泰安则吃冷煎饼卷生苦菜，胶东地区则有吃煮鸡蛋和"面春燕"的习俗；齐河、博山一带还有"饭牛"的风俗，即煮上一锅小米干饭，让牛饱餐一顿，以示犒赏其一年的辛苦，有"打千骂万，清明一饭"的俗语。在长岛，这一天还是"驴生日"，吃饭前会先盛一碗喂驴，希望它健壮，迎接春耕。端午节山东各地都有包糯米（黄米）粽子，煮鸡蛋相互馈赠的习俗；夏至家家户户吃凉面；六月六民间多吃炒面，鲁西南地区还有此日要吃出嫁女儿"一刀肉"的习俗；七月七日乞巧节，各地民间有用木模（俗称搕子）压制白面小饼（小馃果子）的习俗，叫作"巧果"，巧果形状有金鱼、石榴、寿桃、如意等；中秋节除吃月饼外，各地都会改善伙食，鲁西有炖鸡的习惯，诸城这一天会吃芋头、花生、萝卜和雏鸡，叫作"尝鲜"，即墨会吃一种叫作"麦箭"的带馅面卷，沂蒙山区则会吃"大锅全羊"。九九重阳节各地都有吃花糕、饮菊花酒的习俗，鲁西南地区还有喝辣萝卜汤的习俗，俗语有"喝了萝卜汤、全家不遭殃"。冬至这天吃馄饨或饺子，各地皆有"冬至饺子夏至面"的俗语。腊八节吃八宝粥，祭灶日（小年）则吃糖瓜、年糕、水饺等，胶东这天开始蒸制各种花样的"馍馍"，如元宝、圣鸡、圣件、刺猬、仙桃、鲤鱼等，用以祭祀神明先祖，相互馈赠食用。

山东人待客饮宴，无论是走亲访友、饯行接风、上梁架屋、生子寿诞、节日聚会、红白喜事，皆有主题，正所谓"没有题目，不成宴会"。酒宴虽为吃喝为主，但却是重要的礼仪社交活动，"以饮食之礼，亲宗族兄弟"，饮宴全程始终都有相应的礼仪所遵循，涉及赴宴、入座、劝酒、上菜、用餐、语言、酒令等各个细节，不了解这些礼仪，则会显得鲁莽浅薄而"失礼"。宴席座次皆有规矩，家宴以长幼、贵贱、亲疏来排定座次；有宾主之分的宴席，则需要区分宾主的座次。此类宴席往往以对门的座席谓之为主为尊，是宴席上的主陪；主陪正对面为副陪，主陪右手为主宾位，是宴会上最尊贵的客人，主陪左手位为副宾位；副陪右手位坐三宾、左手为四宾位；如果宴会参加人数较多，也可在打横的位置上设三陪与四陪。总之，宾主之间交替落座，方便为客人让酒劝菜。

宴会的品类大体分为冷盘、热菜、汤羹、酒水、主食等五类。菜品数量一般视宴会人数而定，菜肴品数多取偶数，以四六八为吉。普通宴席一般包括冷菜四道以上，热菜八道以上，汤羹两种，主食可有米饭、水饺、馒头、面条等。规格较高的宴席，往往需有整鸡一只、整鱼一条、其他热菜需要包括牛羊猪肉、时令菜蔬等数道、海参鲍鱼大虾等海鲜数道、甜品数道。菜肴讲求荤素搭配，《临淄县志·礼俗志》记载："每食四簋，陈馈八簋，皆有限制。菜品以土产为贵，鸡，鱼，肉，加菜四件即可，多不过八，烧烤未免见分。"

《益都县图志》记载，旧时青州地区酒席，俗有定例："凡大小（宴）会皆二位一桌，每桌前：冬春饼子四盒，夏秋果四碗，菜碟四个，案碟四个。大会，肉菜九碗，面饭二道，米饭二道。小会，肉菜五碗，面饭二道，米饭一道。每桌攒盒一个，每格上用一品。此外小饭小碗。官席、远客，方设独桌，果肴各加五品，五牲之类俱不必用。闲常偶会，每桌四人四面攒坐，即八人攒坐亦可，小菜四碟，每人米面饭各一器。赴席宜午后上坐，薄暮而散，提倡早至早散。"

"常宴一般四盘四碗，盛者则八盘八碗。盘为炒菜，用以佐酒，碗为饭菜，用来佐餐。再丰盛者，大多是在八盘八碗基础上增加变化而成。鄄城有'三八席'，全席为24盘（包括吃饭的汤碗），有的再加四大件。邹平一带的'四大件'是指宴席的上菜形式。整个宴席分为两节，第一节用盘盛菜，每四个一组，有四冷四热，四荤四素，四鲜四干，共计六组；然后撤席抹桌面，开始第二节，上四个大件，每个大件跟着一个大碗、四个小碗。这是较复杂的宴席。胶东农村，宴席则多以'三大件''伴桌头''两头堵''流水席'等多见，其特点是，菜以盘盛八至十六道不等，大件为整鸡整鸭、整鱼等，用来饮酒。酒毕吃饭，则献汤碗，如扣肉、肉丸子等，一般六至12道不等。所谓'流水席'是最为普通的规格。俗语有：'一鸡二合菜三鱼四埋汰（多为甜菜）'旧时烟台市，则有'四一六''四二八'等常规宴席。'四一六'即四个冷菜，一个大件，六个热菜，外加饭菜。'四二八'则是四个冷菜,二个大件,八个热菜,外加饭菜,中间有两点心插食。除此之外,还有'四六席''四四席''四四八席''四六八席''四八八席''四八席''四十席''四三六四席''四二八六席''四四八二席''十大碗''十二席''十二红席''双十二席'等,皆以菜肴数量为名,菜品多以鸡、鸭、鱼、肉加时鲜,只是数量、顺序略有区别而已。①"

山东风味特色名菜名吃有:糖醋鲤鱼、九转大肠、拔丝地瓜、黄焖甲鱼、博山豆腐箱、利津烤兔、清蒸加吉鱼、葱烧海参、煎焖大虾、蒜薹炖鲅鱼、奶汤蒲菜、油爆双脆、济南(胶南)坛子肉、鲁西扣碗、云腿柴把鱼翅、绣球燕窝、烩什锦丁、宋蕙莲烧猪头、海蛎子炖豆腐、清蒸琵琶虾、海冻菜凉粉、捶溜凤尾虾等。

地方名吃如:德州扒鸡、鲁味卤肉、章丘黄家烤肉、宁津驴肉、莱芜香肠、潍县朝天锅、临朐全羊汤、单县羊汤、临沂糁汤、麻辣醉蟹、醋沠小鱼、虾酱、豆豉、烤柳叶鱼等。

孔府菜集地方菜、宫廷菜与私房菜与一身,体系完整、高贵典雅、自成一派。代表菜式有玉带猴头、烤花揽桂鱼、一卵孵双凤、诗礼银杏、把儿鱼翅、烧安南子、白松鸡、阳关三叠、香酥鸭条、口蘑干烧鱼、烤牌子、黄鹂迎春、葱椒腰穗、鱼皮扒肘子、狮子滚绣球、霸王别姬、怀抱鲤等。

三、居住民俗

山东地貌复杂,有平原、山脉、台地、丘陵、半岛、海岛、湖河港汊。民居建筑往往因地制宜,就地取材,风格各异。平原地区建筑方正对称、秩序井然;山区丘陵因地布局、错落有致;沿海岸边风大天寒,讲究藏风避气。山东传统城市大都扼守交通枢纽,集军事守备、行政治理、商品交换、文化教育为一体。因此形制多方正对称,高墙深池,区域道路分割多东西南北走向,横平竖直。城中心建有各级官署衙门、城隍庙、文庙、关帝庙、土地庙等公共文化建筑,主干道两旁多为店铺门头,是城市的工商业区域。元代之后,京杭大运河贯通山东南北,逐步形成了明清两代著名的商业大型城市,如济宁、临清、聊城等。

---

① 《山东省志·民俗志》山东省地方史志编纂委员会编,山东人民出版社,2016年版,106页。

1840年鸦片战争之后，国门洞开，1863年烟台依据《中英天津条约》开埠，1898年青岛开埠，1904年济南、周村、潍县等内陆城市相继自行开埠，形成了山东第一波近代工商业城市。近代所兴起的城市其布局，与传统城市已有很大不同。济南老商埠区是清末民初纺织业的中心，因此主要街道多以纺织品的经纬线划分，东西向为经线路，如经一路、经七路、经十路等，南北走向则以纬路命名，如纬四路，纬六路等。烟台、青岛、威海则是在渔村的基础上，用一百多年时间，快速建设的工商业新城，布局不似传统城市那样横平竖直，道路多不是正南正北。如烟台大马路、二马路、三马路、四马路多随着海岸地势分布，近代民居多分布于此。无独有偶，因近代煤矿开采而逐步形成的坊子（潍坊市坊子区）也有一马路、二马路、三马路、四马路，并成为城市发展的中心。

界于城市与村落之间的"乡镇"，实质是古代道路两旁的附属设施，今天山东的很多乡镇仍多以铺、埠、堡、屯、营、镇、集为名，"铺"即明清两代的"邮驿"，往往以县城为基础，十里设一铺，"埠"是道路两旁的高地，"堡"与"营"皆为驻兵的卫所，"屯"则是军民垦荒驻守的据点，"集"是道路两旁的集市。

除城市与乡镇之外，山东107387个自然村落，在新中国成立之前，山东超过八成人口居住在乡村。村落的布局多考虑安全因素，一是防止洪水，一是抵御匪患。通常沿村落修筑围埝堤堰以防洪水，修筑围寨土墙以防盗匪。

城市民居多以传统四合院为主，格局一般多为一进、二进、三进，对应的布局结构类似于"口"字形、"日"字形和"目"字形。"目"字形"三进"四合院已属于大宅，邹城孟府的四合院布局则有"七进"之多。以传统"目"字形三进院布局为例，建筑往往坐北朝南，宅门位于四合院东南角。这是八卦之中"巽"的方位（东南），东南方在五行中为风，为通风之处，所以东南方的宅门叫作"巽门"。大门建筑在结构上与最南的"倒座房"往往属同一建筑，宅门对面建影壁，用于遮挡视线，防止煞气。进入大门后向左通过屏门便是前院，与宅门相连的建筑因坐南朝北，门向北开，因而被称为"倒座房"，也可称为南房。这排房子一般分为几个房间，从东到西依次为门房、私塾书房、库房和厕所；由前院通过垂花门（二门）可进入内院，正对二门南向建筑为正房（也可称为正堂、北屋、堂屋），一般为父母长辈的起居会客空间。正房一般为三至五间，中间为会客空间，两侧有东西耳房，可充作厨房或杂物间使用。俗语谓之"上拜高堂",将"堂屋"代指"父母";"登堂入室"指的是客人可通过二门进入堂屋,比喻与主人关系非同一般。

堂屋东西两侧东西相对的两排房屋为东、西厢房,两排厢房以东为尊。旧时一个家庭,若有两子成婚后没有分家另住,往往东厢房住兄嫂,西厢房住弟媳。若家中只有一子独住,西厢房也可住佣人长工,或租客。俗语说"房东""东家",意思就是长工租客对住在东厢房主人的代称。堂屋后面的一排房子为"后罩房",大户人家也可将后罩房建成上下两层,一般居住家庭中的女眷,如未出阁的女儿、陪侍的丫鬟等。通常情况下,非家庭男性成员,不得进入后院;家庭女性成员一般情况也不会迈出二门,俗语谓之"大门不出二门不迈"。一般情况下,中庭内院可植双数海棠、柿子、石榴等树木,忌植松、柏、桑、槐、梨、枣树等。庭院中也常放置大缸,平时用于蓄水,突发火灾时用于救火,因而,发生火灾谓之"走水"。

在传统四合院居室布局与陈设上,正房三间一般相通,房顶梁架明露,东西两间则用雕花格栅分开,大砖铺地,堂屋布置八仙桌、条几、圈椅等;堂屋对门的墙上一般会悬挂中堂,两边为对联;正房东屋为卧室,靠窗设床;正房西屋可充作书房,也可为小儿卧室。东厢房与西厢房结构布局与正房类似,只是方位朝向不同,且房屋高度一般比正房略矮,以示对父母高堂等尊重。山东大型院落有曲阜孔府、邹城孟府、栖霞牟氏庄园、惠民魏氏庄园、文登庄园、即墨李秉和庄园等。

山东乡村民居大体格局与城市四合院类似,一般的也多为坐北朝南,依山靠水,前低后高。但山区因地形限制,房屋朝向并不严格固定。山区百姓建房,窑厂烧制的红砖或青砖价格昂贵,运输不便,因而多使用石材建房。旧时沂蒙山区民居石墙皆就地取材,富裕人家建房选用大块规整石材,错缝搭接,排列有序;经济一般的人家,石材则大小不一,墙体粗糙,有的将方石与碎石块夹杂使用,有的则直接使用不规则的乱石砌筑,再以碎石填缝加固。墙体不用膏浆抹缝,全部使用碎石干垒而成,形成当地特有的民居风格。胶东半岛普通家庭,除屋面照壁等地方使用砖瓦外,其他位置也大量使用石材。由于石材大小质感色彩不一,工匠会按照石材不同的形状、纹理、色彩排列出各式吉祥纹样,常见的如石榴、宝瓶、铜钱等纹样,独具特色。威海荣成石岛地区盛产红色花岗石,材质坚硬,色彩喜庆,被称为"石岛红"。红色花岗石砌墙,上覆灰色海草顶,形成当地独特的海草房,属于山东省非物质文化遗产。

内陆平原地区的普通民居，也有用土坯砌墙造房的。土坯砌墙，最早见于距今4600年前的尧王城（今日照岚山区）龙山文化遗址。传统方式多使用"板筑"法，"板"指夹墙板，俗称箔或板箔；"筑"指捣土的杵，后来也有用夯的。"挑墙"是指用铁叉挑泥草混合垛起土墙，也叫叉挑墙。叉挑墙因省去脱坯的工序，而用泥巴堆砌，铁叉修整，有的地方也叫"懒顿"。好的砌墙师傅所筑泥墙可以五十年不倒，坚固耐用，是十里八乡所尊重的手艺人。农居院落，往往还会配备饭屋子（厨房）、猪圈、鸡舍、粮囤、地窨子等附属设施。

农村架屋建房是大事，多在农闲季节进行，一家建房、邻里亲族互助，但木、瓦、苫、石四匠则需要临时邀集，开工则聚，竣工则散。建筑班子临时推选最有经验，技术最好的工匠担任指挥，谓之"掌尺师傅"。山东各地区建房，一般要经过奠基、挖地槽、打间脚、打夯、砌墙、安门窗、上梁、顶盖、屋帽、苫草、挂瓦等几个工序。其中"奠基"与"上梁"的讲究最多。

奠基首先由瓦匠丈量开基、燃放鞭炮，表示新房兴建正式开工。这一天，东家会给掌尺师傅赏钱，请木匠做出门窗框，砍房架。山东很多地区还有在地基四角埋钱的风俗。曲阜破土动工这天，东家要祭祀后土之神，犒赏工匠，称为"开夯礼"。打夯时要唱号子，俗称"唱夯"。打完地基后，要首先安门框，门框上往往要事先贴好红纸书写的"安门大吉"；砌好座子墙便可安窗，窗框同样要贴好"安窗大吉"。

"四梁八柱"是支撑旧时民居房屋的主要构件，民间俗信，房屋架梁（上梁）是给宅子里的"屋神"安位的日子。这一天要举行隆重仪式，在梁上挂一方红布，表示屋神在脊檩上安位，保佑家宅安康。脊檩上还会贴"安印大吉"红帖，并将鞭炮缠在脊檩上，并准备好四条绞梁的大绳和两根绞梁杆子。并在房架四周放鞭炮，表示东家开始上梁。上梁仪式的高潮即为"浇梁"，就是向梁祭奠酒的意思，即用酒水、面食、铜钱之类的祭祀屋神，并向参加建造的工匠和族人散福。上梁仪式结束后，主家会安排酒宴答谢亲友，犒赏工匠。俗语有"上梁酒，自古有""喝了上梁酒，能活九十九"。

四、交通民俗

中国古代是传统的农耕社会，国家推行"重农抑商"的政策，战时重"耕战"，平时重"耕读"。春耕夏耘、秋收冬藏，始终是社会发展的主旋律。千百年来，农业将农民牢牢地禁锢于土地之上，久而久之，农民具有深厚乡土情结，即便异地做官为贾，最终还是在家乡建房置地，落叶归根。重故土、重乡情、重孝道，是山东传统文化的重要特点。除非必要，山东人不会主动选择背井离乡。因而，俗语有"在家千日好、出门一日难""在外跑一秋，不如在家种条沟""在外挣个木板，家中去个大门扇"等。旧时，如果必须远行，也多半因赶考、经商，甚至是逃荒、发配等原因，大多是不得已而为之。因此，孔子云"父母在，不远游，游必有方。"指的是父母健在，尽量不要远行（长期在外），不得已出行，也要必须有合理的原因，一定的去处和大致的时间，以便使高堂妻儿放心。此处的"方"，指的就是出行的风俗习惯。

旧时出门有很多讲究，首先要择定出行的日期。民间民俗，出门要择吉日，俗语有"七不出，八不归""三六九，往外走"之说。辞行有一定的仪式，离家的人要拜辞家庙与高堂，还有要与亲朋好友、邻里乡亲辞行。辞行时往往会烦请亲朋看顾父母，关照家人，并询问是否有信物顺路捎给外地亲人。亲友往往会设宴送行，馈赠钱物，殷切叮嘱。山东鲁西地区若亲友远行，会煮十个鸡蛋相送，取"十全十美"之意，谓之"送元宝"。临行时大部分家庭会吃饺子，俗语有"出门饺子落脚面"之说。

古时道路旁十里设一亭，为差役暂歇换马之地。按照惯例，亲友会将出行者送至十里，长亭饯别。旧时交通不便，路上多有豺狼野兽，或是贼盗黑店，容易遇到各种危险不测。因此，上路之前还要焚香烧纸，祭奠路神，以求旅途平安，化险为夷。行路时，有"不怕慢，就怕站""走路不施礼，多走几十里""急走水、慢走泥；快走滑路慢走桥""宁走十步远，不走一步喘""未晚先投宿，鸡鸣早看天"等大量出行谚语。

途中住店，俗称"打店"。客店一般分为两种，一是"马车店""骡马站"等，一般是较大的客店，备有大车、场院、马棚、草料等，业务范围包括代理销售、回货、代租运输工具等。第二种为"家店""夫妻店"等小客栈，只代客热饭，提供床铺等。山东淄博的张店区，便是由客店发展而来的地名。家人在外，亲人经常期盼挂念，逢年过节，牵念之心尤甚。旧时莒县有"点天灯"习俗，从腊月十五开始，院中竖起高竿，日落后挂上灯笼，以免游子返途迷路。游子返家，家人多在村口、车站等待，亲人团聚，接风洗尘。

旧时出行，或是旱路，或是水路，除主要依靠步行外，也会借助舟车船舆等。载人贩货，除依靠骡马驴外，还可使用手推车、大车、马车、二把手车、地排车、太平车、架子车等。

鲁西地区最常见的驮畜是毛驴，其泼辣好养，不用很多精料，食量小且耐力强，性格温驯，长于跋山涉水，以通体黑色、鼻梁、眼圈、四蹄皆为白色的"三粉驴"最为好看。百姓多把它视为"义畜""义驴""顺毛驴"等。专门从事赶驴送客营生的人为"赶脚的""脚夫"。20世纪80年代之前，道路常见成群结队的"毛驴运输队"，俗称"驮户"。驮户以赶驴运输为职业，结帮成伙，或驮客，或运货。驴项上的铃铛叮叮当当，不绝于耳。也有用自家毛驴走家串户，贩卖粮食的，称之为"驴贩子"。

独轮车，也称"小推车"，按照其形式和功能不同，可分为二把手、猪嘴车、响车子和木轮车子等类型。独轮车一般由车身和车轮组成，结构简单，多为木质。车把和载重底盘连为一体，车盘下安装独轮。车身又俗称"车桩子"，往往会在木架底座上，增加一个高出车轮的高架，俗称"车楼子"。两边木架可载人装货。推行独轮车需要一定的技巧，捆扎货物一定要紧实均衡，以便保持平衡。襻上肩行驶时，首要两手端车把，试试货物重量是否在轮子中心位置。重心向前，称为"前沉"，推车时需要运用杠杆原理，压住车把；货物重心向后，叫作"后沉"，长时间推车，肩脖会因受力而酸痛；若一侧轻，一侧重，叫作"偏沉"，需在轻的一侧放置重物，保持两侧重量均衡。

地排车也叫平板车，车架与大车相似，两个车轮，车把和载重车盘连为一体，可用人力与畜力拉行，载重量大。地排车与手推车不同之处在于，前者需人在车前拉，后者为人在车后推车。因为地排车轻便，直到20世纪80年代，还在长途运输中广泛使用，是当时主要的载重运输工具。旧时拉地排车是一个非常辛苦的行业，被称为"拉地排车的""拉大车的"。拉车要有好的襻绳，襻绳是一种粗且结实的麻绳。人在拉车时，要将襻绳两头拴在大车双把上，中间跨在肩上，拉车时身体重心严重前倾，这样整个身体都能用力。地排车爬大坡时，往往需要有人专门帮助拉边绳，这种人叫作"拉崖儿的"。旧时大坡旁边会有专门"拉崖儿的"守候，帮助拉车。地排车把下面一般都有铁环，专供拉崖儿的挂绳子用，拉崖儿的一般不会白帮忙，会根据大坡的长度与坡度向车主索要酬金。

大车则属于畜力运输工具，是运输兼载人的铁木结构双轮大车。车身以木结构为主，局部用铁皮加固，车身前有一对长猿杆，用以驾车。车厢两侧有跨厢，后有车尾，长圆木制作木轴，轮底各镶铁瓦保护车轮。大车用做旅行车时，可临时安装席棚或布棚。大车有重型、中型和轻型之分，重型大车车轮与车轴固定，俗称"连轴转"，载重可达三四千斤；中型大车车轴固定，车轮绕车轴转动，木质车轮与车辐，车轮的着地面钉铁瓦，或钉大圆头钉，载重可达两三千斤；轻型大车车轮面更窄，铁瓦有突起，用来降低与地面的摩擦力，车子多配以车棚，称为轿子车，供人乘坐使用，轻型大车可载重一两千斤。拉车的牲口若用骡马，速度快，但比较颠簸；若用驴牛，速度慢，但比较平稳。

传统轿车专门载人，是在大车的基础上改装而来。相较于大车，轿车的制作更为考究，上罩伞棚，遮阳挡雨。车漆为黑色或紫红色，多有雕刻纹饰，车棚外加各色罩衣，罩衣上镶嵌花边，缀缨或刺绣。车棚两侧及后面有窗户，车前为门，门上垂帘。棚内坐厢设有软垫，装饰精美，乘坐舒适。马头颈部多铜铃，行走起来，叮当作响。

轿子，为两人或四人肩抬的代步工具，轿子因人抬而无轮，乘坐起来更为舒适，古代多为官宦人家使用，新娘出嫁也坐花轿。轿子周身木制，形似小屋，上有轿顶，下有轿座、轿底。从上到下，罩以彩衣，或在轿檐缀以各种缨穗，轿厢两侧，各有五米长的轿杆，可使两至四人抬轿。古时抬轿人数有严格的等级划分，八人以上抬乘的大轿，民间禁止使用。旧时一般人家婚嫁，新娘需用"花轿"迎娶，表示明媒正娶。花轿多为大红色，饰以金银蓝绿紫等色彩。旧时民间有专门从事轿子租赁业务的"轿户"，一般一二十里便有一家，"轿户"邻里周围，会有一批经过训练的兼职轿夫居住。轿夫抬轿子需要起落平稳，步伐一致。

太平车为四轮畜力车，呈长方形，长约两米，宽约一米半，两边的双车帮卡在车轮的铁质横轴上，不影响车轮在双帮之间转动。太平车整车约在七八百斤左右，车身跨度大，离地间距小，因而行走比较平稳。因车子自重大，一般为两头牛拉动，若满载时也可使用四头牛牵引。

新中国成立之后，特别是改革开放之后，高速公路、国道、省道、县道越来越畅通，山东全境已实现村村通公路。自行车、电动车、摩托车、私家车不断普及，公共汽车成为人们中短途出行的主要工具，长距离出行多乘坐火车或飞机，不同载重量的机动车成为货物运输的主力。以人畜力牵引的手推车、地排车、太平车已成为历史，实物难得一见，逐步被各地的民俗馆、博物馆所收藏。

第三节
山东节庆民俗

自古以来,山东作为农业大省,是孕育华夏农耕文明的核心区。千百年来,农民在土地上获得的生产经验,被逐步固定于以"时令节气"为代表的农业历法上。二十四节气,分别是立春、雨水、惊蛰、春分、清明、谷雨、立夏、小满、芒种、夏至、小暑、大暑、立秋、处暑、白露、秋分、寒露、霜降、立冬、小雪、大雪、冬至、小寒、大寒。它们成为指导农事的"规矩尺",是帮助农民获得丰收的"定盘星"。而在这些时令节气中,那些处于春耕播种、丰收祭祀等重要时间节点,便成人们祭祀诸神祖先、缅怀圣人先贤、祈祷风调雨顺、盼望丰收富足、欢庆安康团圆的节日。

一、春季节庆民俗

立春,俗称"打春",二十四节气之首,在大寒之后的第15天,北斗星的斗柄会指向寅位(东北方)。古人认为,这一天是春天的开始,意味着一切周而复始,万物更生。自秦汉以前,立春都会举行盛大的拜神祭祖、纳福祈年、驱邪攘灾、除旧布新、迎春和农耕等庆典,形成今天"春节""新年"的基本框架。立春之日,旧时山东各地都有祭"芒神","打春牛"的风俗。

"春牛"一般以桑柘木胎为骨,泥皮为面。"春牛"身高四尺,代表四季;头尾长八尺,象征八节;尾长一尺二寸,代表十二月;打春牛的鞭子一般为二尺四寸的柳枝制成,寓意二十四节气。"打春牛"仪式一般为地方政府主导,地方官主持。地方官吏象征性的鞭打"春牛"三下,以示劝农,然后退而向芒神揖礼。接着由差役等人将土牛打碎,民众便争抢被打碎的"春牛土",俗称"抢春",抢春者以抢到牛头最吉。春牛与芒神的相对位置,以及鞭打春牛的具体部位,皆有寓意,称之为"观春"。若立春在腊月望,则芒神置于春牛之后,鞭打春牛肩,以示春耕早;若立春在正月望,则神在牛前,鞭及牛膝,以示春耕晚;芒神戴帽则寓意春暖,光头则示春寒;穿鞋则表示雨水多,赤脚则表示雨水少。打春牛的习俗现在已不多见，但在立春之日，农家仍将闲了一冬的耕牛牵到地里，象征性的打牛犁地，谓之"打春试牛"。

鲁西南地区也有纸扎春牛的风俗，纸扎春牛腹内放置红枣、栗子、核桃、花生等干果面点，象征以春牛所孕育的丰收富足。打春牛后，春牛腹内干果点心洒落一地，任由孩子们哄抢讨吉。此外，山东各地，立春还有为孩子缝制"春公鸡"的风俗。"鸡"谐"吉"音，春公鸡嘴里一般都会叼一串黄豆（或辣椒种子），孩子几岁叼几粒，以豆喻"痘"。一般大人会将春公鸡钉在孩子的右衣袖上，希望孩子不生天花、麻疹等疾病，期盼他们健康吉祥。

"年"字的本意为"谷熟"，春秋传曰："大有年。五谷皆孰为有年。五谷皆大孰为大有年。"可见"年"的本意就是农业收获后，人们利用冬季农闲时间，为了庆祝五谷丰登，祭祀祖先诸神，祈祷开春风调雨顺，而进行的以家族（家庭）为单位的祭祀典礼与饮宴聚会。

"春节"有辞旧迎新，万物更始的含义，是汉族地区最隆重的传统节日。山东的"春节"叫作"过大年"，强调整个过程的仪式感。因而，"过年"一般是从小年（腊月二十三）开始，至除夕（腊月三十）、大年初一达到高潮，一直持续到正月十五接近尾声的，一连串的祭祀庆祝宴乐活动。有的地方，此类活动会持续到农历二月初二。

旧时腊月二十三（清代之前为腊月二十二）为"祭灶日"，家家户户会在这一天祭奠"灶王爷"，北方也称这一天为"小年"。灶王爷传说是玉皇大帝封的"九天东厨司命灶王府君"，也称"灶君""灶神"等，是执掌厨房的诸神。中国有"民以食为天"的传统，因此，灶王爷也是民间供养最多，信奉最广的"主神"。民间传说，每年农历腊月二十三（有的地方为二十四），灶王爷会上天言事，向玉皇大帝汇报一家人的所作所为，玉帝据此来安排这家人来年的善恶报应。因此，这天晚间，各家各户都会举行"送灶""辞灶"仪式。通常为长者在灶台上贴新的灶王像（有的地方也贴灶王奶奶），并将去年旧的灶土画像连同一匹纸马一起焚烧，摆上糖瓜（麦芽糖）、柿饼、黏糕等甜腻粘牙的供品，其意是黏住灶王爷的嘴，让他嘴甜如蜜，"上天言好事，回宫降吉祥"，全家一起叩拜。老年人还会在祭拜时念诵"灶王灶王您上天，多说好来少说歹，五谷杂粮全带来。""灶王爷上西天，多带银子回来过年，上天言好事，下地保平安"。那些希望早得贵子的家庭还会说"腊月二十三，灶王爷上西天，多说好来少说歹，马尾巴上带个胖小子来"。腊月二十三"小年"家家户户燃放鞭炮,年味越浓。小年之后,家家户户开始置办年货,打扫厅堂,制作新装,俗称"忙年"。民间一般为腊月二十三蒸年糕,二十四扫屋(除旧),二十五裱糊窗户(布新),二十六宰羊炖猪,二十七杀鸡宰鹅,二十八煮枣发面,二十九贴春联、炸年货。

年除夕,即农历一年的最后一天,也叫"年三十"。即使当年腊月为小月(即只有二十九天),最后一天仍称"年三十",以求圆满团圆之日。这一天,在外地做官、经商、读书的家庭成员,无论多远,都要回家过年。"春联"本是"桃符",是在桃木上雕刻绘画书写的辟邪之物,后来逐步演变为纸质的吉祥张贴物。此类张贴物主要包括对联、门神、方子、过门笺(同钱)等。对联是写在红纸上的两句对仗工整的吉祥语,贴于左右门框。上联贴右边,下联贴左边,门楣上贴四字横批。两个门板上贴"方子",或是成对的门神。单门上贴"独站儿"。旧时正月里有债主不讨债,官府不抓人规矩,因而,山东很多地方有"贴的早,过得好"的风俗。除贴春联外,旧时家家户户还会贴窗花,以及在家具陈设上贴四字红符的习惯,如在床腿上贴"身体健康",在橱柜上贴"黄金万两""衣服满柜",在车上贴"日行千里"等,以讨好口彩。

祭祀祖先是除夕日一项非常重要的活动,旧时世家大族会在家祠中进行;普通家庭有阖族男性在坟地祭祖的,也有将已故祖先请回家祭祀过年的,谓之"请家堂"。祭祀祖先的目的一是感谢养育之恩,二是向祖先报告当年的家族情况,三是祈求祖先保佑家族兴旺发达,四是重申家族内部相互关系,融洽族人感情,加强内部团结。

年夜饭往往是一年最丰盛、最团圆的家庭聚餐。美酒佳肴主食多有吉庆含义,如鸡取"大吉大利"、鱼取"年年有余"、糕取"步步升高"等。年夜饭后,家庭成员往往围坐在一起,互说吉利话,家长也会给子女"压祟钱",希望晚辈平安健康。大年三十过了"子时"便为大年初一,也称元日、元旦。此时晚辈开始向长辈磕头过年,家家户户煮饺子、放鞭炮。农村谚曰"谁家放得早,谁家过得好",谓之"抢年"。大年初一主要活动为五服之内的家族成员相互拜年,同时进行各种社火庆祝活动,如扭秧歌、抬阁、舞龙灯等。

大年初二,各地多举行"出行""开市"仪式,很多店铺开始营业。山东多地这一天有"回娘家,拜岳父"的风俗,只是第一个出村的人要鸣放鞭炮祭路。已婚女子一般会在丈夫的陪伴下回娘家,并需携带一定的礼物,新婚夫妻携带的礼物异厚。沂蒙山区,女儿女婿回娘家,往往会携带一刀肉、两条白鳞鱼，烟酒糖茶等礼物。

大年初五，俗称"破五"，旧时以这一天阴晴来占卜当年骡马的吉凶，因而也被称为"五马日"。临清、鲁中、鲁南等地这一天"送高堂"，即将祖先送回陵茔，新年庆祝告一段落。初六早上，在外工作的人可以离家返回。正月初八为"谷日"，俗信此日天晴，则会五谷丰登。

正月十五是新年第一个月圆夜，俗称"元宵节"，是春节之后最隆重的节日。这一日最重要的活动是赏花灯、放烟火、吃元宵等。民间俗信，正月十五的灯是吉祥之光，可以驱妖辟邪，除百病。因而，元宵节也被称为"灯节"，旧时山东各地家家户户制灯、散灯、放灯、送灯。所谓"散灯"，就是将供桌上点燃的灯祭祀后，分别放在门槛两侧、窗台、锅台、畜栏、井、碾、磨等各处；所谓"放灯"，就是让男孩子提着灯，信步行走摆放，如街上、山上、路上、河中等；所谓"送灯"，就是将灯放在家族祖坟或庙观之中。山东各地元宵节灯的种类繁多，各具特色。主要有面灯、萝卜灯和彩灯三种。面灯，也叫作"面盏"，民间多用白面、豆面或米面捏制，形态多以生肖、神兽为主，祈求健康长寿，寓意人丁兴旺。萝卜灯一般用胡萝卜洗净截段挖坑，然后插入灯芯，注入灯油做成灯。彩灯一般用竹木等材料扎出骨架，外部裱糊纸、绢、纱等材料，其上书写灯谜，设计巧妙、制作精美，多悬挂于街道两侧，供游人观赏品评。

元宵节放烟花，也称"焰火"。烟花种类很多，滕州流行放"大花""打铁花"，即以铁锨端铁水泼洒，火树银花，甚是好看。临沂地区也放"大花架"，村里竖起木制高架，绑上各种烟花鞭炮，集中燃放，非常壮观。这一天，各地还会举办各种庙会，群众自发举行各种娱乐游行活动，如踩高跷、赶毛驴、舞狮子、划旱船、打花棍等，锣鼓喧天，甚是热闹。山东各地还有做元宵、送元宵、吃元宵的风俗，元宵也被称为"糖圆""团圆"等。曲阜这天晚上亥时左右将会送祖先，收排位，年就算真正过完了。在外谋生读书的人，可以在正月十六离家工作了。

农历二月初二谓"龙抬头"，此时山东大部分地区天气渐暖，雨水渐多，万物初绿，一派初春的生机盎然。此日山东有引龙、打囤、煎饼熏虫、击梁辟鼠、炒豆报捷等风俗。"引龙"也被称为"引龙填仓"，旧时人们将炉灰从大门外一直撒落至厨房，并绕水缸一周，称之为引龙，寓意趋避害虫，引来财富。打囤，也叫"打灰囤"，即用过年期间（正月十五之前）积下的炉草灰，在家中庭院上围成闭合的圆形，象征"囤仓"。人们会在"囤仓"内放置五谷杂粮种子，第二天观察什么种子先发芽，今年就多种什么粮食。

冬至后的第一百零五天为寒食节，春分后第十五天是清明节，这天要添坟祭祖，因而也称为"鬼节"。山东大部分地区，往往将寒食节与清明节合二为一，这一天有冷食、扫墓、插柳、踏青、打秋千、放风筝等活动。插柳、戴柳主要是为了祛除毒虫。节前傍晚，人们往往会提前折回柳柏树枝，第二天插入磨盘眼、门口、窗口、屋檐等位置，防止毒虫进入。

二、夏季节庆民俗

立夏，标志着夏季的开始，此时夏收作物已进入生长后期，年景收成基本定型，因而农谚有"立夏看夏"之说。立夏山东有吃立夏蛋、喝酸梅汤、七家粥、七家茶等消暑活动，借以和睦邻里关系。

农历五月初五为端午节，古时认为五月初五正值阴阳交错，瘟疫毒瘴盛行，是恶月中的恶日。迷信此日生子害父，生女害母，因而需要举行一系列的活动驱邪避瘟。一般认为这一天纪念屈原投江，但山东境内农村也认为是为了纪念"秃尾巴老李"。秃尾巴老李在胶东沿海地区，普遍被认为是保佑百姓的神龙。这一天，山东多数地区有插艾草、煮鸡蛋、喝雄黄酒、吃粽子的风俗。插艾草主要用以驱除蚊虫，也有妇女为亲人缝制内部装有驱蚊草药的香荷包。撒龙黄（硫黄），喝雄黄酒的目的，也是为了杀菌驱疫。山东各地这一天还有给儿童手腕脚腕缠五彩线驱邪的风俗，俗称"长命缕""拴命线"。"长命缕"缠上之后，需待节后第一场雨后，方可解下丢入雨水之中。

六月初一日，一年已经度过一半，因而称之"半年节""小年下"。相传若遇甲子年或大灾疫之年，百姓往往将这一天当成"大年"来过，以祈祷灾年快些过去。这一天，山东临沂、济宁等地有敬天仪式，供奉西瓜、李子、甜桃、黄杏等时令水果以及其他酒食，焚纸磕头，鸣放鞭炮。

山东六月六已经进入盛夏，酷暑难当，这一天，人们会将家中衣物、书籍等物，取出暴晒杀菌，防止生虫，因而这一日也被称为是"晒衣节"。临沂、临朐、枣庄、滕州一带，这一天要祭山神，泰安一带还有给麦王过生日的习俗。传统历法，"夏至"指太阳运行指黄经90度，白昼最长，夜晚最短，山东有吃凉面的习惯。

三、秋季节庆民俗

中国北方的传统节日，大多集中于春秋两季。春季耕播，人民祈盼风调雨顺，五谷丰登。因而要对天敬畏，对神虔诚，希望祖先保佑，春季节日多以"愉神"为主；秋季是丰收的时节，即便年景稍差，也不至于颗粒无收，所以秋天人们的生活相对宽裕，节日则更多地以"悦人"为重。秋季节日主要包括立秋、乞巧、中元、仲秋、重阳等节日。

立秋为大暑之后的十五天，北斗星柄指向西南谓之立秋。在山东地区，立秋这一天会有一些农事活动，如鲁西北地区会为棉田打头去心。阳信一带会集草叶，沤绿肥；诸城一带则"开沟"观察地瓜的长势。

七月七日为"乞巧节"，也称七夕节，此时处于棉花收获之前。这一天，家中的女孩子一般会向七仙女（织女）祈求巧手，使其缝纫女红更加娴熟精巧。各地乞巧的风俗不同，如济南、惠民、高青一带，多陈瓜列果进行乞巧，次日清晨若见蜘蛛结网于瓜果之上，就算乞巧成功。威海妇女则供奉牛郎织女像，捉蜘蛛覆于碗下，天明见网，以为获巧；单县七夕之夜，家中少女会梳洗打扮，在庭院之中摆案焚香列果，祭拜"七姐姐"，然后借香火微光穿针引线，谁先穿到线，谁便最巧，暗示以后会嫁个好丈夫，有一个好家庭。曲阜还有七夕节制"巧果"作供品的风俗。巧果一般有两种做法：一种是用五彩丝线配色，将蛋壳缠绕出花样来；另一种则使用刀子将秸秆分成细丝，用以编制菱角、山、圆、珠等形状，然后用各种色彩的丝线或绸缎缠绕包裹，谓之"巧果"。山东乞巧节的饮食主要有面条、水饺、馒头、烙果子等，有些地方还会做一种带有各种吉祥图案的油炸面片食品，亦称为"巧果"。

农历七月十五为"中元节"，传说是城隍出巡的日子，这一天主要祭祀祖先和孤魂，因为又叫作"鬼节"。因秋季瓜果新鲜，种类丰富，多用作供品，因此也被称为"瓜节"。祭祀仪式，一般于午后带祭品在墓地祭祀，或将祖先请回家来祭祀。此时，家家大门上插五谷穗子，或以瓜果五谷茎置于祭桌一角，以此为"马"，祭祀完毕后，先人骑"五谷马"回去。旧时，山东很多地方也以"放河（荷）灯"来祭祀意外死亡、溺水而亡的孤魂，带有超度转生之意。河灯多以瓜皮、面碗、纸张制成，也有以家庭为单位制作的特大纸船。淄博等地放河灯前还会举行简短的仪式，锣鼓喧天，鞭炮齐鸣。

农历八月十五，为"仲秋节"，民间认为此日月亮最圆，人伦因顺应天时团聚，因而也被称为"团圆节"。民间将吴刚伐桂、嫦娥奔月、玉兔捣药等传说与中秋节融合，进一步丰富了仲秋节的文化内涵。此日有赏月、拜月、相互制作馈赠食用月饼的风俗。月属阴，因而俗语有"男不拜月，女不祭灶"的说法。拜月之后，阖家赏月饮宴吃月饼，有的地方还会召集乡亲族人畅饮游戏，孩子们则会将祭祀后的"兔子神"当玩具。月饼又叫"团圆饼"，月饼多为面皮糖馅，如红糖、白糖、冰糖、枣泥、豆沙、五仁馅等。山东人普遍将仲秋节视为看望亲朋好友的重要节日，很多重要的社会关系，若此日不去拜访，便会非常失礼。因此仲秋前拜师访友的习俗非常普遍，除馈赠月饼外，还会赠送酒和水果等。

九九重阳节是北方地区秋季最后一个重要节日，在传统文化中"九"为阳数，九月九日谓之"重阳"。此时正秋菊盛开，茱萸飘香，秋粮丰收之时。因而，山东各地多有登高祈福、秋游赏菊、佩插茱萸、祭祖敬老等活动。

四、冬季节庆民俗

据《礼记·月令》记载，进入十月，"天子始裘"，即天子开始穿上冬衣，标志着冬季的正式到来。宋明时期，农历十月初一，君主还会将冬衣赠予大臣，行"授衣"之礼，体现天子对臣僚的关爱。另有民间说法认为：秦朝孟姜女远涉千里，为丈夫范杞良送冬衣，得知丈夫因修筑长城而累死后，痛哭不止，为丈夫焚化冬衣，哭倒长城。因而，民间将这一天，称作"寒衣节"。寒衣节与清明节、中元节，并称中国的三大"鬼节"。是人们追思已故亲人，"十月初一烧寒衣"，为其送上冬衣（焚烧冥衣）的日子。

山东各地，这天普遍扫墓祭祖，会将秋收的果实祭奠亲人，向祖先汇报一年的丰收成果。除此之外，他们还会用彩纸剪成衣服，为祖先焚烧。鲁中一带流行傍晚在野外路口烧寒衣，为无后人的死者或孤魂野鬼祭祀的做法。

冬至日是入冬之后重要的节日，因为这一天北斗星柄指向北方，天下皆冬，谓之"冬至"。这一天北方地区白昼最短，夜晚最长。古人认为，冬至后阳生，是春归的开始，因而有"冬至似大年"之说，宋代孟元老的《东京梦华录》中有载"十一月冬至，京师最重此节，虽至贫者，一年之间，积累假借，至此日更易新衣，备办饮食，享祀先祖。官放关扑，庆贺往来，一如年节"。可见自宋代开始，民间对冬至日便非常重视。民间有"冬至不端饺子碗，冻掉耳朵没人管"的民谚，这一天山东各地普遍吃饺子，喝羊汤，谓之"怯寒"。

进入农历腊月（十二月），山东天寒地冻，无所依靠的穷人度日愈发艰难，俗语云"腊八腊八，冻死叫花（乞丐）"。为救危扶困，接济穷人，民间普遍有在腊月初八日，以杂粮熬粥施舍穷人的风俗。这一天，各个寺院道观的和尚道士纷纷进村化缘，村民施财舍饭，有求必应。临沂地区凡事不遂人意的人家，便会以小米红枣做成干饭，抬至街上施舍穷人，祈求积德改运。此日除熬腊八粥外，山东很多家庭还会制作"腊八蒜"。腊八蒜由蒜瓣在醋中浸泡腌制，一般密封二十三天，至正月初一吃饺子时食用。此时大蒜碧绿如玉，酸辣可口，成为山东人吃饺子的最佳辅食。

第四节
山东民间信俗

上古时期，山东便是华夏族与东夷诸族融合交融的主要区域，原始信仰不断交融重构，形成了齐鲁大地民间信俗的基础。至东周春秋列国时期，诸侯各国相互通婚，合纵连横，外交商贸使团交流频繁，文化信俗进一步融合；战国时期，列国相互战争已进入兼并灭国阶段。武力征服背后便是政令统一，而政令统一背后则是文化认同。始皇时期的儒法之争，虽然以法家获胜，但不可否认，以西周祭祀礼乐传统基础上形成的儒家学派，已成为当时统治者无法轻视的政治力量与文化流派。汉初国家治理虽推崇黄老无为而治的理念，但以郦食其、叔孙通、陆贾等为代表的儒生，同样跟随高祖刘邦建功立业，以儒生为代表的儒家学派，始终是一股必须依靠的政治力量。公元前195年，刘邦赴鲁城（曲阜）以太牢祭孔，开启了帝王祭祀孔子的先河。至汉武帝时期，董仲舒巧妙地将道家的"天人感应""阴阳五行"学说，与儒家"三纲五常""经世致用"的思想糅合一系，终于在刘彻的强力推动下，形成"罢黜百家，独尊儒术"的"大一统"局面，为汉民族的文化形态奠定重要基础。东汉明帝时，印地佛教正式被统治者所认可。经魏晋南北朝之后，佛教逐步汉化，又成为中华传统文化中另一派思想源泉。隋唐之后，儒释道三宗在不同时期虽各有侧重，但已形成相互印证，彼此融合的共生局面，渐成民间信仰习俗的精神基础。

中国人对宗教的态度是包容并蓄的，因此，"众神"之间往往也是和平共处的。大多数中国人并不具备完整严密的宗教观，对"神"的态度也常常持有"功利主义"的色彩，因而常有"无事不登三宝殿""临时抱佛脚"的俗语。另一方面，中国人又往往具有"万物有灵"的自然崇拜观念。因此，天地星辰、山川社稷、自然气候、圣人祖先、鸟兽虫鱼，皆可成神升仙，对人们的日常生活有所庇护。当然，在中国人的心目中，这些"神灵"也并非都是高高在上，不食人间烟火的样子，而是具体的、亲切的、拟人化的形象，是"神格化"的人。诸神具有凡人皆有的喜怒哀乐，世俗与执拗。有的时候他们还会被哄骗，犯错误。这些鲜活生动的个体特征，构成了山东民间信俗具体形象，千百年来被人们津津乐道。

一、天体崇拜

在中国人心目中，天地日月星系皆是神祇，各有分工，各具其能，各司其职，都能转化成可与人们交流沟通的"人化"形象。老百姓将天称为"老天爷"，认为他是"天地三界十方万灵真宰之神"，是"玉皇大帝"，将他的妻子尊为"王母娘娘"。其实，本质上，他们与百姓之间，还是"父母爹娘"亲情关系的神格化延续。山东相传玉皇大帝张姓，诞辰为正月初九，昌邑白家营是他外祖母家。在山东，玉皇庙多建于山顶之上，山顶则称为"玉皇顶"。除泰山玉皇顶建有玉皇庙外，沂源县大圣山、章丘垛庄针七星台也都建有玉皇庙。玉皇大帝并非总在山川之巅，也常常深入民间，飨用普通百姓家的香火供奉。鲁西地区，居民正屋东侧外墙上设有一神龛，即为玉皇大帝神位；鲁中和鲁南地区则在正房外西窗前垒设供台，称为"香台"，供奉天地牌位。胶东一带在家院南墙上挖一神龛，摆放天地牌位，俗称"天地窝子"。还有些地方，会在土地庙或其他保护神的庙前，立有天地牌位。有些地方则不用神龛香台，而是用苇席临时搭建神棚，外挂松柏枝，内摆天地桌，桌上放置红纸折成的"天地祸"牌位，进行祭祀。送玉皇大帝的仪式称为"发祸子"，即烧天地祸，需在半夜进行。山东各地对玉皇大帝的供奉主要集中在大年三十，且往往以他公务繁忙，不宜久留，级别太高，不好伺候等"理由"，当晚连夜送走，不让他在家过年。

昌邑白家营旧时有"玉皇演驾"的大型民俗祭祀巡游活动。主要集中在昌邑、高密、安丘、潍县等区域。当地若遇干旱歉收之年，群众会自发筹钱扎制玉皇坐像，护卫四大元帅，服侍的两个女官，后执一面绣有"皇矣上帝"的杏黄大旗，另外还会准备黄龙伞及各式执事。正月初一拜年后，便在各村巡游演驾，游行队伍达一二百人之多，浩浩荡荡。游行队伍每到一村，村中都要摆香上供，磕头祈祷，举行"接驾"仪式，犹如皇帝亲临。正月初九传说是玉帝诞辰，停止演驾一天，各村都来白家营表演秧歌以示庆祝。其余时间由捐过钱的村子依次"接驾""抬驾"，各村巡游一遍后，至正月十四，将神像执事抬到玉皇庙前烧掉，称为"发驾"。

除玉皇大帝与王母娘娘的祭祀外，鲁西北一些地方，还有"接太阳"的习俗，二月初一黎明，全村男女老少皆聚集村东，迎接太阳到人间，家家户户吃太阳糕；宁津一带俗信六月初九为太阳诞辰，会举办隆重的"太阳诞"。当地妇女会在六月初八晚上集合起来，通宵达旦诵经不止，至天明后燃香摆供向东致祭。初九日若晴空万里，则诸事吉祥，若阴雨连绵则将有灾祸。

日主阳，月主阴，古代认为月亮与女性生育相关，因而月神多是女性的化身。月亮在山东一些地区被称为"太阴娘娘""月祸祸"；民间多将"嫦娥"认作月神，民间歌谣有"月婆婆，朝南坐，把着小兔捣碓臼"，各地八月十五祭祀月神达到高潮。

福禄寿三星，本指木星为"福星"、文昌宫六星的第六星为"禄星"、南极星为"寿星"，分别执掌人间的福运、官运与寿运。在民间祭祀中，三星常常同时出现，体现人们对圆满人生的追求。三星通常福星在中，禄星居右，寿星居左，三者皆笑口常开。福星身着朝服，头戴朝冠，足踏朝靴，手持大如意或"天官赐福"条幅。有的福星身边会伴一仙童，手持的花瓶中插玉兰和牡丹花，象征玉堂富贵；也有被五个善童簇拥的福星，仙童手中则持仙桃、石榴、佛手、鲤鱼灯等吉祥物，很多地方会张贴这种年画。禄星又称"文昌星"，头戴官帽插牡丹花，怀抱小儿，是读书人的保护神，执掌人间的功名利禄，在民间备受推崇。寿星的形象则是一个慈祥和蔼的老人，脑门隆起，须发皆白，弓背弯腰，一手拄杖，一手托仙桃，表示其智慧且高寿。

此外，泰山周边还有供奉"斗母"的习俗。斗母，就是北斗和紫薇星君的母亲，泰山建有"斗母宫""斗母殿"。相传九九重阳节是斗母的诞辰，这一天，周边民众会带着粮食去斗母神前"添斗"，祈求增寿添福。此外还有牛郎织女星象征爱情与巧智，彗星出现则被认为是不吉利天象，因而，彗星也被称为"扫把星"。

二、地界地象神崇拜

　　山东信俗中，与农业生产关系最为密切的，便是司水龙王。他们可以为百姓带来风调雨顺，也能够导致旱涝灾害。在山东民间信俗中，海有海龙，河有河龙，井有井龙。山东沿海地区，人们将龙作为"海神"进行祭祀，祈求出海平安；内陆地区，人们则将其作为"雨神"供奉，期盼风调雨顺。即墨一带将龙王敖广尊为海神，几乎村村都有龙王庙。每年谷雨，渔民都会设祭，祈求风调雨顺，出海平安。荣成一带认为龙王生日是农历六月二十三，这一天也被当成当地的雨节。俗话有"大旱三年，不忘六月二十三"。这一天，荣成当地百姓会到龙王庙上香焚纸，摆供祭祀。祭祀完毕后，还会将作为供品的饽饽皮贴在龙王脸上和身上。内陆地区河龙王的生日为农历二月二、三月三、五月十八等。这一天，百姓会举行庙会，搭台唱戏，祭祀河龙王。山东有些地方祈雨时，会用柳条和竹子枝叶扎成水龙，由两人持着进行沿街巡游活动。人们会焚香祈祷，并向水龙泼水，一时间街巷到处是水，象征即将下雨。更有甚者，有的地方大旱之时，百姓向龙王祈雨若不灵验，便会将龙王塑像抬出庙门外暴晒，让龙王尝尝暴晒之苦。山东还有很多地方化的龙王，如秃尾巴龙，不同地区则会冠以不同姓氏，如费县称朱龙王等。

　　在山东，很多地方还将蛇视为河神的化身，称为"河大王"，并围绕河神举行一系列的祭祀仪式，这种信俗在黄河及运河沿岸地区比较普遍。沿东平湖一带，若有蛇上船，有经验的艄公则会通过某些办法，来辨别其是不是河大王。俗信蛇若绕船工颈项不走；或蛇头有"李"字花纹；以及自己爬到神位上不走（铺有黄表纸的大瓷盘）的蛇，即为真正的河大王，这时就需在船上举行"接神"仪式。艄公们单膝跪下，将大瓷盘中的蛇捧入船舱，在三个碗里打九个生鸡蛋进行供奉，直到它自行离开后，供奉才算结束。东平湖进入黄河的青门口，船只每次进出都会敬奉河大王。届时，船工会将现杀的公鸡血滴入一盏清水中，并将鸡血奠入河中，同时烧香焚纸，燃放鞭炮，同时大声祷告"金龙四大王，路将军，保佑俺一路平安，回来敬神"。有的地方，河大王也司雨水，泰山西边的鱼池村的大王庙便供奉蛇神，该庙与村西的龙王庙遥遥相对。大王庙逢初一、十五上香，六月腊月上灯。天旱时，民众会在大王庙举行隆重的祈雨仪式，以求蛇仙普降甘霖。而对面的龙王庙却寂寥无声，甚是冷清。

不过，在山东，负责旱涝司雨的并不只是龙蛇，山东郯城的雨神便不是龙蛇，而是"东海孝妇"。传说东海孝妇被冤杀后，郯城大旱，直到昭雪之后才风调雨顺。因此，当地百姓将东海孝妇奉为"雨神"，并与每年十月十五举行"孝妇祠会"，祭祀"孝妇奶奶"祈求风调雨顺。

每年农历四、五月份，山东多发冰雹，对庄稼果树破坏很大，农民对其又敬又怕。因而，山东很多地方有祭祀"雹神"的风俗。雹神也被称为"沧浪神"，各地祭祀有四月初一的，也有四月初八的，村里有威望老人会召集大家集资置办香烛酒果，搭一小棚祭祀雹神。不过，有地方民众，对待雹神的态度也并非全是敬畏，淄川、广饶一带，每当下雹子时，百姓会直接将菜刀、擀面杖等物品扔到院里，认为这样可以赶走雹神。

山东地界地象神还包括土地神、城隍神、妈祖神、山神、东岳神等；具有地方特色的神还包括碧霞元君、石敢当等。碧霞元君全称为"天仙圣母碧霞元君"，是中国北方影响最大的女神。传说她法力非凡，能保佑信徒的农耕、经商、旅行、婚姻、生育。碧霞元君祖庙位于泰山顶上的碧霞祠，山东境内各地也多建有她的行宫。民间传说农历三月十五是碧霞元君诞辰，也有认为是四月十八日。泰山碧霞祠三月十五会举行庙会，届时大量香客不辞劳苦，前往泰山进香许愿。若愿望实现，还要去还愿。各地行宫往往会在四月十八组织庙会，妇女多会求子祈孙，非常热闹。

东岳神，又称东岳泰山神，东岳大帝。据《三教源流搜神大全》记载，东岳神为弥轮仙女之子金虹氏；另一种说法则是东夷祖先，东方青帝太昊；不过民间流传最广的说法为东岳神是黄飞虎，被姜子牙封神，执掌幽冥地府。因东岳大帝地位尊崇，为五岳山神之首，终年香火不断。

"泰山石敢当"则是山东"灵石崇拜"的典型代表。西汉《急就章》中有"师猛虎，石敢当；所不侵，龙未央"提法；唐代镇宅石上明确出现"石敢当，镇百鬼，压灾殃，官吏福，百姓康"的铭文。明清之际，"石敢当"三个字前又加上"泰山"二字，变成今天的泰山石敢当。泰山石敢当具有驱邪镇鬼，除疾驱疫的法力，因而被百姓用来镇宅。刻有"泰山石敢当"五字的泰山石，一般会被镶嵌在正对路口的墙体之上，或制成半埋半露的小石碑，发挥镇宅辟邪的作用。除石敢当外，灵石崇拜几乎遍布山东各地，只是形式略有不同。潍坊、鄄城一带认为正月初十是"石头生日",会摆供焚香祭祀石头。这一天忌讳搬动石头,或使用石制物品,有些地方还会让孩子认石头为"干娘",希望孩子像石头一样强壮坚强。

三、祖先崇拜

　　山东儒家文化浓厚,讲究三纲五常的人伦规范,格外礼敬"天地君亲师",这里的"亲",是亲人,多指"祖先崇拜"。鲁西南很多地区的百姓相信,人类始祖伏羲女娲便诞生于此。事实上,从大量历史传说记载来看,鲁西南地区也的确是三皇五帝、夏启商汤活动的主要区域。因而,鲁西南地区多有祭祀供奉伏羲女娲的庙宇,人称"人祖庙""爷娘庙"。附近村民常常来庙里拴娃娃,上香祭祀,希望早得贵子,或祈求孩子健康成长。

　　山东人对祖先的追思祭奠,多集中于忌日、清明、中元节、十月初一、新年等时间。一般以家庭、家族、宗族三种组织方式,进行墓祭、祠祭和庙祭。祭祀祖先的供品,多与飨神无异。除香烛纸马、茶酒纸钱外,多用半熟的鸡、鱼、肉、豆腐等,水饺、馍馍、糕点、水果也可作为供品。大家族或规格高的祭祀活动,也可使用牛羊猪等三牲为祭。

　　墓祭,除祭奠新坟外,并不总是悲痛不绝。对于去世多年的亲人,子孙儿女的墓祭更像是去祖先家宅探望汇报。"待死者如待生"。因而,焚香化纸,奠酒敬茶、夹菜让饭一丝不乱,如亲人犹在;添坟加土如修缮房屋,剪草扫碑亦如打扫房间。子孙娶妻生子,也要例行去祖坟祭祀汇报,称之为"上喜坟"。坟头压红纸,或插红旗,叫作"填喜"。祭祀子孙一派喜气洋洋,少有悲伤之色。

　　家祭与祠祭的区别,主要在于祭奠的对象,参祭的范围,以及祭祀的地点不同。家祭多以一家为单位参与祭祀,亲属关系在五服以内,一般在长房家中进行;而祠祭则为同姓同宗共同参加的祭祀活动,多在同姓家祠家庙中进行。民国莱阳地区"士庶皆有家庙,藏其先祖遗像、谱牒、木主,以时祭。……每年春秋致祭,多以春分秋分二节,即古人春祠秋尝之礼。届时扫除庭宇,清楚豆俎,设果品祭席,焚香奠酒,由族中长者,率族众行四叩礼。祭毕,在家祠中宴饮,以敦族谊。"

　　家祭则需要布置临时的祭奠环境,并将祖先家堂请至家中尚飨。"请家堂"的仪式一般为:先打扫堂屋,将家族轴子悬挂于堂屋南面墙上,并于其下八仙桌上摆放供品及餐具。然后由长辈端牌位，点灯笼，阖家男性从长至幼步行至村外大路，焚香化纸，依次叩拜，并呼唤祖先回家过年。稍候片刻（待祖先灵魂已附在牌位上），返回家中。将牌位安放于供桌正中，开始点烛上香，奠酒致祭，合族按辈分亲疏磕头行礼。家堂请回后，亦如祖先亲自，所有的礼节犹如生前。山东很多地方，与家堂同辈亲人还会"陪坐"，与祖先聊天说话，并提醒监督晚辈续香续火。整个祭祀过程，要保持香火不灭，寓意家族后继有人。送家堂时，首先将供品象征性地撕下一些致祭，并逐一撤下供品。然后，一人持香、一人拿长钱、一人端烧纸、一人端小盆、一人扛着鞭炮杆，列队出行，其他人尾随其后。至送家堂的地点，将小盆里的供品倒入烧纸上，并将烧纸与鞭炮点燃，全族叩头跪拜，送走家堂。后人祭祀祖先，不可哭喊喧哗，嬉笑打闹。应垂首恭立，庄重肃穆；上祭时要和颜悦色，诚心诚意；退下时要俯首帖耳，恭顺虔诚，徐徐而退，犹如祖先在堂。

山东的行业保护神主要包括火神祝融、蚕神嫘祖、木匠祖师鲁班、炉神太上老君、窑神尧舜、药王孙思邈、染坊梅、葛二圣等。

四、动物崇拜

山东的动物崇拜由来已久，黄帝炎帝时期，东夷人便崇拜"玄鸟"，从这一时期出土的墓葬来看，女性多口含石球，寓意玄鸟之卵，祈求多子多福。"玄鸟生商""嬴秦西迁"的传说，都能从这种图腾崇拜中找到必然联系。今天，燕子仍被山东人视为喜庆吉祥的鸟。燕子往往在宅院房梁上筑巢，百姓普遍认为，燕子爱在谁家筑巢，就预示着这家人将要兴旺发达。每年三月初三，胶东一带还有"做面燕"的风俗。娘家在女儿出嫁第一年，一定会送上面燕，希望女儿尽快怀孕，早得贵子。

鸡音同"吉"，公鸡黎明报晓，民间认为鬼魅闻鸡鸣而恐惧；若是鬼怪作祟，可泼鸡血辟邪除祟。因而，人们认为大公鸡有祈福禳灾的神力；另一方面，鸡吃蝎子、蜈蚣等毒虫，爱啄食豆米，因而又被赋予了祛毒除痘的能力，被认为是吉祥的象征。

山东人除了对喜鹊、燕子、公鸡、蝙蝠、蜘蛛的崇拜外，很多地区还有对狐狸、黄鼠狼、刺猬和蛇的崇拜禁忌，这四种动物在民间被称为"四大门""四仙"。民间俗信它们具有沟通鬼神、看家护院、未卜先知、带来财运的能力。如果有人对它们施加伤害，它们也会报复为祸。因而，民间对这四种动物往往礼敬有加，不肯轻易伤害。旧时江湖郎中或神婆神汉多在家供奉"狐仙"，称为"狐爷爷""胡三太爷"等。沿海地区还有供奉"狐仙庙"的习俗，其供奉礼俗如同祭祀家堂；黄鼠狼即是黄鼬，民间认为黄鼬经过修炼可以成仙，因而将其尊称为"黄仙姑""黄大仙"，鲁中地区认为黄鼬代表着财运，因而很多家庭会为其建筑小庙，加以供奉。迷信认为，黄鼠狼与黄鼬住在家里，可以帮助发家致富，因而并不会刻意驱赶。刺猬因多住在农家柴垛中，因"柴"与"财"音似，因而刺猬在民间又被称为"财仙"，农家的柴火垛又被称为"财仙楼"，若有刺猬在此安居，农户非但不会将其赶走，还会初一十五的烧香祭拜，祈求年年粮食不断，柴火充足。

山东各地将蛇称为"小龙"，认为蛇是龙的化身，经过修炼的蛇可以化为龙。因而，蛇也能像龙一样保佑人民风调雨顺。另一方面，山东境内毒蛇较少，大多是捕食鱼蛙虫鼠的草蛇，对人类伤害不大。因而，民间将蛇称为"圣虫"，将其放在粮囤粮仓之中，可以防止老鼠偷粮，后逐步引申为保佑钱粮吃不完，用不光。"四大门"信俗随着山东人闯关东，在东北地区也广为流传。

第五节
山东社交民俗

人是社会性的动物，是整个社会组织关系中彼此相互连接的一个最小单元。婴儿自呱呱坠地，便具备了与生俱来的社会关系。向上可依据父精母血，连接起父亲、祖父母、兄姐、叔伯、姑婶、堂兄姐等族亲关系；以及外祖父母、姨舅、表兄姐等外戚关系。随着个人的成长，向下又逐步连接夫妻、子侄、公婆、翁婿、妯娌等关系；对外还要延续扩展世交、邻里、乡党、师生、同窗、同事等社会关系。因此，本质上，人自诞生之日起，其所继承的并非只是家庭的财富、文化教养，更会继承这个家庭所赋予的一组复杂有序的社会关系，并扮演着相应的社会角色，承担与之相匹配的社会责任。

千百年来，山东作为典型的农耕社会，在生产生活中，需要发挥家族的力量去开荒种地、开路架桥、抗洪防涝、抵御匪寇、救孤济贫。需要形成一套严密的社会礼仪交往规范，去融洽彼此的情感，框定彼此的社会关系，进而形成充满黏性的族亲整体，去完成个体无法承担的社会任务。所以，山东人讲"父慈子孝，兄友弟恭，内成外平"；讲"父子有亲，君臣有义，夫妇有别，长幼有序，朋友有信"；讲"仁、义、礼、智、信、忠、孝、悌、忍、善"。说的就是在众多社会关系中，君父对臣子要仁慈，臣子对君父要忠孝（也可泛指叔伯子侄、师生之间的关系）；夫妻之间要分工互敬（也可泛指同级正副职之间的关系）；兄对弟要友爱，弟对兄要恭敬（也可延伸为同窗、上下级之间的关系）；朋友之间要诚信（也可泛指同事之间的关系）。"三纲五常"的道德设定，扩展至社会交往的所有关系之中，成为旧时人们相互交往的准则。毋庸置疑，在传统的农耕社会中，家国一体、家国同构，甚至是家国不分，所以孟子讲"修身，齐家，治国，平天下"。国就是放大版的家，家就是缩小版的国。君即是父，父即是君；子侄就是臣属，臣属便是子侄。每个个体，正是通过这些约定俗成的交往规范，去处理彼此之间的社会关系，尽力维系"仁义礼治"的家国稳定。

山东尊师重教，俗话说"一日为师终身为父"，旧时的师生关系，多参照父子之间的礼俗。学生对先生师母，徒弟对师傅师娘的礼仪，一如子女侍奉高堂。逢端午节、中秋节、年节及孔子诞辰，塾师生日（俗语谓之"三节两寿"），弟子必须携带礼物登门行礼，答谢师恩。同窗之间可按入学时间，或按年齿排序，确定兄弟关系，相互之间的社交礼仪犹如同族兄弟。

朋友之间可以是同窗、同事、同乡关系，也可能因偶然机会相遇相识。初次见面，彼此之间一般会相互介绍职业、年龄、婚姻、高堂、子女等信息，若决定进一步交往，还会互留联系方式等。初次见面相谈甚欢的，往往还会将随身携带的物件作为礼物互赠，用以加深彼此感情，彼此之间以年齿按"兄弟"相称；新结交的朋友往往会彼此去家中造访，拜见高堂，称为"认门""见家人"。造访者往往会携带"见面礼"，受访者也会敬烟献茶，置酒留饭，热情款待。受访者也会在适当的时间予以回访答谢。一来二去，相互之间走动日繁，便逐步确定了朋友关系。旧时朋友之间不可直呼对方姓名，否则被视为无礼。文人之间彼此往往在"字号"前加"兄""弟"相称，称呼对方父母需尊"令尊""高堂"等。朋友之间如果进一步发展，就会变成无话不谈，彼此援引的"知己""同心"。彼此深交的朋友也会结成异姓兄弟，山东称为"仁兄弟""把兄弟""盟兄弟"。关系密切到"仁兄弟"，彼此之间的一切社交标准，便与亲兄弟无异。有的异姓兄弟彼此之间还会结成儿女亲家，世代交往，称之为"世交"。

山东人看重邻里之间关系，俗话说"远亲不如近邻，近邻不如门对门"，邻里之间因为住得近，"抬头不见低头见"，往往会以"等量交换"的原则，互帮互助。在长期的交往中，彼此之间"知根知底"，很多邻居之间甚至能发展成儿女亲家。

亲戚邻里朋友之间，旧时交往的习俗很多，涵盖了一生当中的婚丧嫁娶，生老病死。同族同宗的亲属关系，要共同参与祖先祭祀、婚丧嫁娶、节日聚会等事务，归结起来可主要分为"贺"与"吊"两类。"贺"就是指祝贺，如结婚、生子、寿诞、起屋、升迁等重要喜事；"吊"则是主要指丧葬之事。

一、生育礼俗

孟子曰"不孝有三，无后为大。[①]"此句话在民间广泛流传，体现出自古以来，山东人对延续子嗣，承接香火的重视。旧时山东境内，大部分地区都会在新娘陪嫁中放上红枣、栗子、莲子、桂圆、染红的花生等物，或在陪送的被褥四角缝上这些东西，寓意"早立子""连胜子""花着生（儿女双全）"；陪嫁的被褥枕头上还会绣上鸳鸯戏水、莲花荷叶、石榴莲蓬等纹样，寓意夫妻二人百年好合、连生贵子、多子多福之意。鲁中地区，还会在新人婚床上铺上高粱、芝麻、豆子秸秆，俗语谓之"放上高粱秆，生子长得高；铺上芝麻秆，辈辈出大官儿；放豆荚，生秀才"等美好祝愿。济南、淄博、德州、泰安一带，还要大伯哥（新郎哥哥）铺床、小侄子滚床、老公公压床（新郎父亲提前在婚床上住一宿）的风俗，俗信利于新人早生贵子。

在婚礼仪式上，也有一部分仪式具有明确的祈子意味。济南一带，新娘上轿之前，需先用红烛照轿，一是为了驱除邪气，二是为了以火种寓"接种"之意；沾化一带，新娘下轿脚不沾地，新人前男后女的走在麻袋上，众人则会传递着麻袋一个接一个的续着铺，铺袋的人还口喊"传代，传代"，以图好口彩。

[①] 赵岐在《十三经注疏》中有"于礼有不孝者三事，谓阿意曲从，陷亲不义，一不孝也；家穷亲老，不为禄仕，二不孝也；不娶无子，绝先祖祀，三不孝也。三者之中，无后为大。"此观点有争议。

山东各地迎亲时，还要去娘家"偷"筷子、茶壶等风俗，鲁中地区还有在门上红砖上压筷子风俗，其寓意都是"快来子"的意思。

山东俗语有"当年媳妇当年孩儿，当年没有等三年"。旧时男女婚配若当年没有怀孕生子，家庭成员（多为婆媳或岳母）就开始祈子。山东祈子的形式大都是"拴娃娃""押子"等，也有舍饭、求槐、讨喜蛋，供奉张大仙等形式。

中国北方各省都有"拴娃娃"的风俗，至今很多地方仍不乏信奉的。"拴娃娃"的妇女并非都是不孕不育，很多生了女孩的家庭，因希望再得到一个男孩，也会去祈子。这与农耕社会长期形成的"重男轻女"的思想有很大关系。各地拴娃娃的风俗有所差异，祷告也有所不同，大致过程为：求子的妇女拿着系有铜钱的红绳，去神庙磕头礼拜，山东地区主要集中于泰山上的碧霞元君、斗母宫、王母池，或者在各地土地庙、奶奶庙、观音庙。妇女礼拜后，将红绳拴在喜欢的泥娃娃上，并有庙里的和尚道士尼姑等神职人员，为娃娃开光起名。然后由妇女包裹好带回家，每日三次供饭，犹如对待亲子。

押子，其实就是"压枝"，求子者在庙宇旁边的松柏树枝上摆放石头，祈求生子，因而也可称之为"压子"。山东各地还有在腊八节舍粥舍饭，扶危济贫，施舍冬衣，积累"阴骘"以求生子的风俗。山东很多地方，将鸡蛋叫作"鸡子儿"，谐音"吉子"，因而，也有很多地方大年初一让媳妇吃鸡蛋的风俗。滕州一带，老人有去产妇家讨要红鸡蛋，拿回给媳妇吃的习惯，其实也是为了祈子。

生儿育女在山东是大喜事，可以上梁盖屋、结婚等齐，因而，妇女怀孕称之为"有喜""得喜"了。桓台一带，媳妇一旦怀孕，丈夫往往会带着鸡鸭鱼肉去媳妇娘家道喜，并在其门口燃放鞭炮。孕妇怀孕后多有饮食禁忌，其基本原则就是吃什么，产下的婴儿就有可能带有某些特征，如吃兔子肉孩子会长出兔唇（三瓣嘴），吃鸭肉孩子会长鸭子嘴，吃狗肉孩子会畸形，吃驴肉孩子会脾气倔，吃甲鱼孩子会脖子短，吃麻雀鹌鹑肉和蛋，孩子会生雀斑，吃生姜孩子会生六指等。其实，这些都是人类早期"模仿巫术"与"接触巫术"的延续而已。除了饮食禁忌外，孕妇还有很多行为禁忌，俗话有"喜见喜必有一尬"，意思是怀孕的孕妇不要参加其他喜庆活动，避免两件喜事向冲，所以孕妇禁忌参加红白喜事、新房喜宴等。

"十月怀胎，一朝分娩"，民间认为怀胎九个月产下的婴儿即为足月，早于九个月叫作"抢月"，拖后的叫作"懒月"，不足月的孩子有"七活八不活"的俗信。对于预产期拖后的孕妇，孕妇母亲往往会携带礼物登门看望女儿，一般是新生孩子使用的物品，以及孕妇产后恢复的营养品，期望女儿早日临盆，这种风俗叫作"催生"。

旧时医疗条件差，生育过程对母子来说是一件风险很大事情，俗语常有"鬼门关上走一回""大命换小命"一说，因而整个过程祈祷禁忌很多。婴儿降生，母子平安，皆大欢喜，因而称之为"添喜"，得子谓之"大喜"，生女谓之"小喜"。旧时妇女一般在家中产子，分娩过程中的婴儿降生，通常不能生在床上，怕血污冲撞了"床神"，对母子不利。因而，在妇女临盆时，山东大部分地区会在床上铺谷草、麦秸、麦草等做成草垫，孕妇分娩孩子生在草上，因而称之为"落草"；胶东地区，也有孕妇在大盆上生产的，因而叫作"临盆"。民俗对于剪脐带、处理胎衣等都有很多讲究。产妇分娩后，身体虚弱，重滋补、怕风寒，因而产后三天不下床、一个月不出门，不洗澡等，俗称"坐月子"。在很多地方，产妇三天下床后，出屋门、进厨房、去井台，要烧纸谢床神、门神、灶神和井神，不少地方，还要在第三日答谢"送生神"，祭祀方式多为产妇洗手、净面、烧香、焚纸、磕头祷告等。此外，"坐月子"期间，非直系亲属和戴孝的人不能进产妇，忌响声，以防止冲撞了婴儿。

民间认为，婴儿出生后的前三天，生命非常脆弱，容易夭折，待孩子平安度过三天，生命无虞，则可向亲朋好友通报添丁入口的喜讯，称之为"报喜"。山东很多地区会以不同形式的方式"报喜"。在自己门口挂桃枝红布报喜的，在山东称为"挑红"，这是古代"悬弧""设帨"的遗风。各地挑红的悬挂物品与样式虽有所区别，但大致都是在大门口房檐中间插桃枝，并在桃枝上系红布条，得子则在宅门左侧挂"弓"，生女则在宅门右侧悬挂"佩巾"。也有的地方，除在桃枝上悬挂红布条外，还会悬挂枣、栗子、葱（聪明）、铜钱（富裕）、染红的大蒜（精打细算）、白果、花生（长寿）等物品的，预示孩子健康成长、文武双全、秀外慧中等美好祝福。

鲁西南地区，家中得子添丁的，则向亲友赠送"红鸡蛋"报喜。用红纸染过的鸡蛋叫作"报喜蛋""红吉子"等，报喜鸡蛋有的地方双数表示生男孩，单数表示生女孩。济南一带，男孩还要在红鸡蛋上点墨点，表示大喜。亲朋好友也会回赠鸡蛋、红糖、婴儿服装用品之类贺喜。胶州、潍坊一带，向亲友报喜还会"送喜面"，即煮好的面条，象征长长远远，子嗣延绵不绝。收到喜面的人会在空碗中放上钱币、鸡蛋或米，作为回礼，也表示婴儿见财。给产妇娘家报喜，更是生育礼俗的重要环节，一般由丈夫带着礼物向岳父母报喜。山东各地向娘家报喜，赠送的礼物各有特点，但此环节不可忽略，否则会被视为婆家非常失礼。

婴儿出生三天后，除向亲朋好友报喜外，还要给婴儿沐浴，称之为"洗三""洗三朝"，为了去除婴儿生产时的秽污，预防疾病，也是为了给孩子壮胆，长大之后临事不慌。给婴儿洗澡的热汤中一般会放入艾叶、花椒等草药，杀菌消毒。也有的地方会放入葱姜等，希望孩子将来聪明伶俐。

在山东，大部分地区都比较重视婴儿降生后的一个月、一百天、一周岁、三周岁这几个时间点，并会为孩子举行相应的庆祝活动，孩子三岁后，便度过了幼儿期。婴儿出生后一个月，称为"满月"。因为通过一个月的观察，基本可以确定孩子的身体各项特征正常稳定，身体健康，这一天，孩子家长会宴请亲朋，为孩子办"过满月"，谓之"弥月之喜"。亲朋好友也会赠送贺礼，前往祝贺。俗话说"请客不去，两家无趣"，除非特殊原因，并且得到主人的谅解，家中亲戚都要参加孩子满月。满月酒主要宴请女方家亲，如外祖父母、舅姨亲属等，以示答谢，男方亲属张罗作陪。满月当天，很多地方还会给孩子"剃满月头"。

产妇与婴儿，一般由舅舅接回娘家小住几天，俗称"挪窝""请满月"。各地风俗不同，孩子有在姥姥家住四天的，叫作"四大白胖"，有住五天的，叫"五大三粗"，有住六天的，叫"六六大顺"，但一般情况下不会超过六天，人们认为孩子在姥姥家住的时间太长，会不认识自己家，其实，"挪窝"一是为了方便婆家彻底清理产妇坐月子的产房，保持室内卫生；二是为了让在家"坐月子"的产妇出去走动一下，散散心；三是为了让孩子亲近外祖父母、舅姨亲属，与他们建立感情。

婴儿降生百日，身体日渐结实强壮，家人会其举行相应的庆祝，叫作"做百日""过百岁"等。这一天，各地大都会为孩子举行穿衣仪式。旧时，孩子的新衣服一般由姥姥、姑、姨手工制作，亲属也会给孩子送长命锁、手镯、脚镯、帽子等物品，身上穿戴尽量齐全。给孩子穿衣服也一般由姑姨完成，俗语有"姑的裤子，姨的鞋，姑穿上姨提上，一直活到九十上。"青岛等地还会在小土丘上给孩子进行穿衣仪式，土丘旁会洒上水，希望孩子像树木一样扎根、发芽、茁壮成长。待孩子穿戴整齐后，还要坐布老虎，此时家人会将准备好的糖果、花生等大把大把的向天上撒，任由人们哄抢。临沂、潍坊、枣庄一带，姥姥还会为孩子扎条裤子作为贺礼，裤腿中一般会放置馒馒、核桃、硬币等物品。给孩子穿裤子时，孩子会将裤子里的东西蹬出来，家长同时会说"左蹬馒、右蹬钱，孩子活到万万年。"过百岁所有的活动，充满了为孩子祈福祈岁的意味。

孩子满一岁，古称"周晬"，现称"周岁"，孩子家长会宴请亲朋好友，客人也会为孩子送上各式礼物。山东各地这一天会为孩子举行"抓周"仪式，观察孩子的兴趣爱好，预测孩子长大成人后的事业走势。依各地民俗不同，家长会在簸箩、升、桌子上摆放文房四宝、算盘尺子、弓箭珍宝、针头线脑、玩具糕点等各式器物，任由孩子抓取。如孩子抓取印章，则谓长大后官运亨通，若抓文具则会考取功名，所抓算盘，必成陶朱事业等。其实，这种活动多半也是家庭游戏，付之一笑而已，很少有人相信会决定孩子的前途命运。孩子过完三岁生日，表示婴儿时期结束了，此后每逢孩子生日，家长仍然会孩子做些好吃的，赠予礼物，但不再给孩子大张旗鼓地操办生日。

二、婚嫁礼俗

自西周始，贵族男子满20岁束发加冠行"冠礼"，表示已经成人，可以参加祭祀娶妻生子。女子则在15岁后行笄礼，及笄之后可以嫁人。明代之后，山东结婚的年龄不断提前，俗语有"早娶媳妇早得济"的说法。因而，很多地方男子16岁"成丁"后，父母便开始为其操持婚事，谈婚论嫁。因而，成人礼与大婚相合并，成为人生之中，除生死之外的第三件大事。

鲁昭公二年（前540年）晋大夫韩宣子访鲁，曾赞叹"周礼尽在鲁矣!"山东的婚姻礼俗，主要继承了以鲁国为代表的儒家礼仪，由传统的纳采、问名、纳吉、纳征、请期、亲迎"六礼"演变而来。不同地方或有增减，但也基本包括议婚、订婚和迎娶等程序。

所谓"议婚"，就是儿女双方在媒人的撮合下去商议亲事。旧时两家联姻，讲的是"门当户对"，要求彼此之间的家族名望、政治地位、经济状况等大体相当。即便男方家长相中某家女儿，希望结成儿女亲家，也不好唐突提出，而是交由媒人去"提亲"以示尊重。俗话有"天上无云不下雨，地上无媒不成婚"，旧时讲究"明媒正娶"，"明媒"就是讲的公开提亲，以示郑重。旧时职业媒人，多为地方上的老人，对各家个户的情况比较了解，例如各家名望如何、家私几何、子女是否待娶待嫁，相貌模样如何等，都熟之于心。媒人往往会主动"保媒拉纤"获取酬劳。也有家中儿子待娶，女儿待嫁的，会主动找媒人介绍相看的；还有亲戚朋友之间偶然为之撮合婚事的。一般情况，男女双方家长会通过媒人，或其他渠道考察了对方家境、德行、人品等情况，若觉得比较合适，便会将孩子的生成八字、年龄属相等交由专人相看是否匹配，避免相冲相克的情况，这一程序称之为"合婚"。合婚之后，若双方八字相合，男女双方家庭也无其他异议，就可进入订婚的环节。

所谓"订婚"，即为确定双方儿女的婚姻关系。订婚可以在正式迎娶前的一段时间进行，也可大大早于这个时间，如指腹为婚、娃娃亲等。订婚的仪式分为"小定"与"大定"。小定名目不一，以"传小启"居多。即由儿女双方家庭相互"换帖"，以书面的形式落实婚姻意图。男方家庭一般会在送女方定帖时，附赠耳坠、戒指、手镯等礼品，称之为押帖物；一般情况下，女方回帖时也会回赠男方一些礼品。"小定"之后，男方一般不得悔婚，女方则可悔婚，叫作"羞男不羞女"。大定，也叫作"传大启"，指的是双方正式签订婚约，确立联姻关系，具有法律效力，有点类似于今天的登记结婚。男女双方在换龙凤帖时，也会互赠礼物，一般比"小启"更为丰富贵重，此时男方须送给女方一定数量的订婚钱，以显示对女方家庭的尊重，以及对未来媳妇的认可。大定之后，严格意义上讲，新娘已经是夫家的人了，双方就可以"亲家"的身份相互庆吊。若传过大启，大定之后，且新娘尚未迎娶圆房期间，男方因故死亡，女方也须为其守寡，俗称"望门寡"；若女方因故死亡，也须将尸体抬至男方家中，举行简单婚礼后，由男方主持将女方葬入男方祖坟之中，男方此刻可以再娶，但亡女的正房名分不变。

"备喜"就是指男女双方家庭为正式迎娶所做的准备工作，"送日子"即为确定迎娶大婚的具体良辰吉日，并围绕这个时间点进行准备。男方家庭主要准备婚房，婚房有专为儿子成亲提前准备的新房，也有父母宅中的厢房。若以厢房作为婚房的，则需要对房间内外进行翻新装饰。婚房"安床"非常重要，婚床排放位置、安床的人、铺床的程序都有说法，需按规矩按部就班进行，以求新人婚后吉祥如意，早生贵子。在山东，婚礼的主要操办者，必须是高堂健在、夫妻和睦、儿女俱全的"吉人""全福人"操持，忌用鳏夫寡妇参与其中。女方的备喜工作主要是准备嫁妆，山东很多地方也叫"陪嫁""陪送"。女方家族势力越大，家财越多，陪送的东西也就越多，男女双方都会觉得有面子，新娘在婆家妯娌之间的地位也就越高。旧时，家庭殷实的人家，会为女儿陪送婚房里的所有家具，吃穿铺盖一应俱全，甚至还陪送丫鬟（侍女）婚后服侍新娘。但也有家庭贫寒的，什么嫁妆也没有，俗称"原身打原身""轿里掏包袱"，如果夫家觉得不好看，也可以为女方置办嫁妆。

结婚前十天左右，男女双方会互送"喜礼"。男方向女方家送喜礼叫作"填箱"；女方家向男方送喜礼叫作"送饭"。男方家庭聘请主持迎娶大婚的总管操持婚礼，称为"红总""执喜人"。邹城一带，还会请"女执客"帮助迎接新娘，招待女宾。婚期临近之时，男方要向女方送"催妆礼"，一是催促女方送嫁妆，二是双方在大婚前，商议婚礼上女方来宾，以及其他具体安排。女方一般在"催妆"后的第二天送嫁妆，送嫁妆队伍往往大张旗鼓，浩浩荡荡，非如此，不足以为待嫁的女儿增光添彩。送嫁妆队伍前，先有持"青龙大吉"帖队开道，"大客"两人，多为新娘家庭地位最高，最有排面的叔伯舅担当。"大客"要穿着官服，以示体面。若家中没有功名之人，也需借整套官服穿戴。送嫁妆队伍还有"纲""纪"两人（跟班），嬷嬷丫鬟数人、鼓乐两班十六人、放炮的两人。一路上吹吹打打，鞭炮不断。

山东很多地方在正式迎娶前三天，会给待嫁新娘举行笄礼，俗称"开脸""上头"，即将头发绾成发髻，并用簪子插定，以示成人。招远、栖霞一带，有婆婆亲自为未过门的儿媳妇梳头加钗的风俗。新娘开脸之后，离别娘家的日期很近，开始为大婚"坐帐"，控制饮食，在娘家吃"离娘饭"，答谢父母养育之恩。

山东各地迎娶新娘过门存在较大差异，有迎亲、等亲、送亲几种形式；所谓"送亲"是指女方将新娘送至男方家；"等亲"指新郎不亲自前往，而派兄弟叔侄到女家迎娶新娘；"迎亲"则是新郎浩浩荡荡亲自迎娶。旧时将男子新婚称之为"小登科"，因而，这一天新郎可穿官服，持执事，陪鼓乐，点炮鸣锣，犹如状元游街，官员出巡。迎亲队伍即便路遇官员仪仗，一般也是官员让路，以示庆贺。

新娘迎娶回家，下轿后即被搀扶到婆家院内拜堂成亲，新郎新娘男东女西分立，拜过天地、高堂、夫妻对拜后，新娘被二人搀扶进洞房。进入洞房之后，新郎用供桌上的秤杆（象征吉星相合、称心如意）挑起新娘头上的红盖头，并端面条让新娘食用。新娘象征性地吃几口后，会将面条挑在炕席下，俗称"落脚长寿面"。此后，新娘上床面向喜神方位坐下，谓之"坐帐"，旧时坐帐需连坐三天，后来改为一天，或一上午。新娘坐帐时，一般由未出嫁的小姑子（丈夫亲妹妹）相陪，有的地方也可由丈夫陪伴。坐帐就是让亲戚朋友邻居一睹新娘相貌人品，看嫁妆礼物，赞赏新娘娘家的人缘气派。

新娘坐帐的同时，新郎及其家人会在外面招待宾朋好友。喜宴的规格、待客的好坏，直接关系到男方家庭的声誉，及其未婚子女的婚姻。因而，在条件允许的情况下，男方一般会尽其所能招待宾朋。当然，赴宴宾客一般也会携带礼物礼金祝贺，一般礼金数额都会高于宾客个人饮宴的实际费用，否则被认为是宾客失礼。整个喜宴上，以女方亲属为贵宾，称为"大客"。旧时男女不同席，招待女方宾客的酒席称为"上席""主桌"，陪同男客的一般是男方家族最气派场面的人物；陪同女客的则为新郎伯母、舅妈等，男方家庭地位较高的女眷。"上席"接待规格之高，菜品之盛，往往需要进行四五个小时方散。

白天举行娶亲仪式的，新人一般会在晚上喝"合欢酒"，有的地方也叫"同心酒""交杯酒"等。"合欢酒"始于周代，最早叫作"合卺"，即将葫芦一分两半，并用红线相互连接，新婚夫妻各持一半饮酒，且各饮一半后，交换酒杯（瓢）一饮而尽，表示婚后同心同德，白头偕老。饮完合欢酒后，各地还有闹洞房、听房的风俗。

大婚后的次日一早，夫妻双方依次会拜见新郎父母、叔伯婶娘、姑舅兄嫂等亲戚，长辈亲属往往会馈赠新人礼金。拜见亲人后，新婚夫妇将去新郎家祠祭拜祖先。没有家祠的，则需去男方家族墓地焚香叩拜，以示认祖归宗，正式成为夫家之人。整个仪式完成后，男方亲戚从此将新娘以亲人相待。因而，俗语有"嫁出去的闺女，泼出去的水"，说的就是婚后的闺女即为夫家的人，与娘家的财物关系已经分离。山东各地婚后三天，丈夫须陪同新娘回娘家答谢，谓之"回门"。回门主要有三个目的：其一是新娘带丈夫回娘家，让丈夫拜见岳父岳母，认识娘家亲戚；二是女儿初次离家，表示思念父母之情，并向父母汇报婆家情况及婚后生活，让父母放心；三是娘家人要殷勤招待女婿，希望婚后善待女儿。夫妻回门后，夫妻双方的社会关系均已确认，大婚程序才基本履行完毕。

三、寿诞礼俗

山东人过生日，在传统上有重两头，轻中间的特点，即比较看重新生儿一至三岁的生日，六十岁之后老年人的寿辰。给婴儿过生日，称之为"庆生"，给老年人过生日称之为"做寿"。而成年人往往上有老，下有小，大多不会给自己过生日。俗话说"孩生日，娘苦日""怀胎十月报娘恩"，因此，成年人在自己生日这天，一般会置办宴席，感谢母亲的生养之恩。

　　按照传统，只有老人才有资格称"寿"，庆祝活动称为"做寿""祝寿"。但什么年龄可以称为"老人"，山东各地则由不同风俗。一般而言，60年为一甲子，年过六旬的人可以称寿过生日了；也有的地方，年过半百即视为老人，可以"做寿"；还有的地方，若是儿子已经成家立业，抱上孙子，就可以做寿，而不拘于年龄限制。山东民间对于不同年龄的寿诞也有特定的称谓，六十岁为"下寿"，七十为"中寿"，八十为"上寿"，九十称"耋寿"，百岁为"期颐"。其中七十七曰"喜寿"，八十八曰"米寿"、九十九曰"白寿"、一百零八曰"茶寿"。山东大部分地方一般逢十为"整寿"，祝寿礼仪隆重。尤其是六十岁、八十岁这两个生日，庆祝愈隆。其他不是整寿的"散生日"，只做一般庆祝，基本不邀请亲戚之外的人参加。但也些地方回避"整寿"，谓之"过九不过十"，"九"是至阳之数，又与"久"同音，寓意天长地久，而"十"与"死"谐音，民间忌讳，因而一般提前一年庆祝。如"五十九"当作"六十"来过，"六十九"作为"七十"来过。此外，因孔子七十三离世，孟子八十四离世。民间迷信这两个岁数为"旬头年"，谓之"七十三、八十四，阎王不叫自己去"。因此，老人忌言自己七十三、八十四，也不过这一年的生日，即便是过，也向前或向后说一年。

　　六十、七十、八十等"整寿"，家庭一般会进行隆重的庆祝。如果"寿星"之上已没有健在的高堂，则庆祝更加隆重。富裕之家的庆祝活动往往提前准备，儿孙辈提前给亲朋好友递送大红寿帖。直系亲属可不发寿帖，口头告知即可。寿辰当日，儿孙晚辈要提前携带寿礼至老人处，呈现寿礼后便开始布置寿堂，寿堂一般设在堂屋，以营造喜庆祥和气氛为主。中堂处往往会悬挂寿星图，或金色"寿"字；两边张贴祝寿的对联，上方可悬挂寿匾。寿星图下方香案上多会摆放红烛一对，红筷子一把，香炉内插寿香，也可摆放花瓶一对，如意一枚，寓意平安如意。八仙桌上摆放寿桃、寿面、寿糕、寿字馒头等，上罩寿字剪纸。糕点尽可能叠成山形，寓意"寿比南山"。八仙桌旁边摆两把太师椅，寿星夫妻就座，一般为男左女右。八仙桌前铺红色拜毯，供家人和来宾拜寿。也有在寿堂一边摆放大桌子的，专供陈列客人送来的寿礼。宾客除送礼金外，还可送寿桃（无鲜桃可以面粉制作）、寿面、寿酒、长寿糕、寿烛、寿画、寿轴、寿幛、寿联等寿礼。有的地方还贴"寿"字窗花，在器物上贴"寿"的风俗，也有挂"八仙庆寿""鹿鹤同春""蟠桃献寿"等寿图的。男性过寿，多挂"南极仙翁""双龙献寿"；女性过寿多挂"瑶池王母""麻姑献寿"等寿图。此类装裱考究的大型寿图，一般称之为"寿幛"。

寿辰当天，寿星老会穿上儿女提前准备的一身新装，俗称"长寿衣"。当日吉时，大家开始燃放鞭炮，鼓乐齐鸣。寿星老会携家人祭拜天地祖先，然后端坐在太师椅上，接受全家人祝寿。若夫妻二人健在，无论谁过生日，都是双双接受拜贺。众人依辈向上行礼，寿星同辈亲友多一揖即可。晚辈则需三叩首，起身后要用吉言祝颂。寿星会为拜寿的人准备红包，称为"寿钱""百岁钱"。拜寿结束后，大家开始吃长寿面。众人须将自己碗中最长的那根面条，添到寿星碗中去，象征为老人"添寿"。

做寿之日，有的地方早上吃长寿面，晚上喝长寿酒，吃长寿宴，也有中午喝长寿酒的。家庭寿宴一般由儿媳、女儿下厨操持；大型寿宴，家中也会聘请专门的厨师准备宴席。宴席菜品多以"九"数，或是"九"的倍数。菜名也多暗合"三六九"之数，如三鲜兽头、挂炉（陆）烤鸭、韭（九）黄鸡丝、罗汉（十八）大会、重阳（九九）寿糕等。临沂一带，上菜第一道为鸡，且先将鸡头（吉头）献给寿星；第二道为鱼，先由寿星按住鱼头，众人分食。整个宴会，寿星居首席，每道菜只有寿星先下筷品尝后，众人才可食用。寿宴上虽推杯换盏，行酒划令，但都要围绕"祝寿"这一主题说吉利话。饮宴完毕，客人临走时，仍要对寿星说吉利话，让寿星高兴。山东很多地区，凡十年"整寿"，都期盼晴空万里，视为吉兆；若阴天下雨，老人心情往往不佳。

旧时达官显贵，乡绅富户，除了大摆寿宴外，还会请锣鼓手和戏班专唱堂会，表演寿戏，增添喜庆气氛。"寿戏"结尾皆以"皆大欢喜"收场，以示吉利。大户人家宅子里建筑有永久的戏台，没有戏台的家庭，则可以在庭院中搭建临时的喜棚，亲戚朋友一边饮宴，一边看戏，甚是热闹。

寿衣、寿棺、寿坟，旧时一般六十岁之后就可提前预备，民间并不认为有什么不吉利而忌讳。俗话有"一咒十年旺"之说，若老人久病不愈，民间认为准备寿衣喜棺等物品一冲，病情就有望好转。这种认识当然与旧时医疗条件比较落后有关，但也体现了山东人未雨绸缪，坦然面对生死的民俗特征。

山东除给健在的长辈过寿外，还会给逝去的亲人过寿，称之为"冥寿"。

一般情况下，在亲人逝去的第一个生日，子女备办酒菜在坟地祭拜，称之为"交生日"。此后子女只为逝者过"忌日"，不再过生日。也有的地方俗信人在百岁之后才会转世投胎，因而，会为寿限不足百岁的亲人继续过生日。一般十年操办一次"冥寿"，直到逝者一百岁诞辰为止。做"冥寿"的程序通常与普通祭祀相似，富贵之家做冥寿的仪式，则与阳寿类似，只是寿星以灵位代替，向灵位拜寿行礼。

第五章

山东非物质文化
资源分析

第一节
山东非物质文化遗产名录

一、非物质文化遗产概述

自18世纪中后期开始，最初发端于英国的工业革命席卷欧洲。18世纪末，欧美主要国家已经完成以蒸汽机为代表的工业化改造。工业革命使西方国家生产力得到前所未有的进步。经济基础决定上层建筑，以资产阶级民主为核心的政治体制在西方逐步建立起来；另一方面，专业化、机械化、标准化、批量化的生产方式，使工业制成品产量不断提高，价格不断降低，西方诸国对于亚非拉广大地区的传统帝国，形成极大的贸易优势。英法德意奥美为代表的工业化国家，为打开传统农业帝国市场，获取廉价原材料与倾销工业制成品。纷纷在坚船利炮的加持下，自19世纪开始，向亚洲传统帝国与殖民地系统地输出宗教信仰、价值观念、工业制成品；奴役廉价劳动力，掠夺原材料。南亚次大陆、南美、非洲等地区传统帝国彻底沦为殖民地。1840年鸦片战争之后，清帝国被迫打开国门，开放市场，逐步沦为半殖民地半封建社会。

西方诸国资产阶级民主政体下的工业化道路，在对外不断军事入侵、经济掠夺、殖民统治的同时，也使传统农业帝国深刻意识到自身的科技差距。晚晴统治者自19世纪60年代的洋务运动起，"师夷长技以制夷"，逐步走上了军事改革、经济改革，并最终引发政治革命。中国从"中学为体西学为用"，逐步走向了全盘西化的社会变革道路。这种情况不止出现在中国，诸如东亚的日本、亚欧之间的奥斯曼帝国等，大体皆沿此种发展轨迹演进。传统农业帝国在逐步走上西方工业化道路的同时，不可避免地受到西方政治制度、宗教信仰、生活方式，甚至语言文化的影响，自然环境因工业化遭受破坏，物质文化遗产因列强掠夺而大量流失破坏，传统生活方式与文化生态系统被大规模侵蚀。

20世纪初期，科学技术加快发展，西方主要发达国家工业化已经普遍完成由蒸汽机时代向内燃机时代的过渡，生产力进一步发展。西方列强在全球范围内抢夺殖民地的竞争更加激烈，彼此之间的矛盾达到无法调和的地步，最终引发了波及全球主要国家的两次世界大战。战争不但给被侵略国家带来了巨大的灾难，英法德意日列强也未能幸免，同样遭受了巨大的破坏。第二次世界大战之后，欧洲传统列强国力消耗殆尽，对殖民地的统治难以维系，因而亚非拉等广大区域，掀起了以民族独立为目的的建国潮。

两次世界大战的惨痛教训，引发民众广泛反思，去重新认识西方工业化，"民主化"进程中的局限性：

究竟是何种原因引发各国之间激烈厮杀，导致民众大量死亡？西方所谓的工业化进程，以及所带来的社会结构与生活方式的改变，是否真的适合所有民族的发展道路？

国家不分强弱，民族不分大小，有效地尊重并保护他们的话语权与选择权，而不是仅仅屈从于西方大国、强势民族，或大多数人的意志，是否能够避免此类悲剧不再重演？

以英美德法为代表的单一文化系统与工业化道路，是否是世界各国，各民族发展过程的唯一选择？这种单一的发展道路，是否将各民族自身的文化生态系统推向毁灭的边缘？

各民族长期以来自身所孕育的文化生态系统，是否能在不可预见的未来，为世界文明发展道路提供更为丰富的智慧选择？

也正是源自此类的思考，1948年，联合国通过《世界人权宣言》；1966年通过《经济、社会及文化权利国际公约》和《公民权利和政治权利国际公约》；1989年通过《保护民间创作建议书》；2001年通过《教科文组织世界文化多样性宣言》；2002年第三次文化部长圆桌会议通过《伊斯坦布尔宣言》。

一个国家，一个地区，一个民族，其有形的"物质文化遗产"与无形的"非物质文化遗产"是一个整体，如果仅仅对特定区域自然历史遗迹与物质文化遗产采取保护措施，而不对该区域民众普遍认同的，且世代延续的生活方式、文化礼仪、口头传说、风俗习惯、造物智慧进行完整系统的保护，则无异于将文化遗产视为"死的标本"，最终，会因为缺乏"活态文化系统"而失去价值。

因此，2003年，联合国教育、科学及文化组织（以下简称教科文组织）第32届大会上，通过了《保护非物质文化遗产公约》。公约对"非物质文化遗产（intangible cultural heritage）"作如下定义："（非物质文化遗产）指被各社区、群体，有时是个人，视为其文化遗产组成部分的各种社会实践、观念表述、表现形式、知识、技能以及相关的工具、实物、手工艺品和文化场所。这种非物质文化遗产世代相传，在各社区和群体适应周围环境以及与自然和历史的互动中，被不断地再创造，为这些社区和群体提供认同感和持续感，从而增强对文化多样性和人类创造力的尊重。在本公约中，只考虑符合现有的国际人权文件，各社区、群体和个人之间相互尊重的需要和顺应可持续发展的非物质文化遗产。"

2011年，中华人民共和国第十一届全国人民代表大会，通过了《中华人民共和国非物质文化遗产法》，并于当年6月1日起开始施行。在我国非物质文化遗产法"第一章，第二条"中规定："非物质文化遗产是指各族人民世代相传并视为其文化遗产组成部分的各种传统文化表现形式，以及与传统文化表现形式相关的实物和场所。包括：（一）传统口头文学以及作为其载体的语言；（二）传统美术、书法、音乐、舞蹈、戏剧、曲艺和杂技；（三）传统技艺、医药和历法；（四）传统礼仪、节庆等民俗；（五）传统体育和游艺；（六）其他非物质文化遗产。属于非物质文化遗产组成部分的实物和场所，凡属文物的，适用《中华人民共和国文物保护法》的有关规定。"

二、山东国家级非物质文化遗产名录

国务院先后于2006年、2008年、2011年和2014年公布了四批国家级项目名录，共计1372个国家级非物质文化遗产代表性项目。国家级名录将非物质文化遗产分为十大门类，其中五个门类的名称在2008年有所调整，并沿用至今。在十大门类中，山东的国家级非物质文化遗产代表性项目中，包括民间文学27，传统音乐17，传统舞蹈12，传统戏剧32，曲艺13，传统体育、游艺与杂技14，传统美术25，传统技艺16，传统医药4，民俗13，共计173项（表5-1）。

表5-1　　　　山东省国家级非物质文化遗产代表性项目类别简表[①]

类型	项目名录	公布批次	申报单位
民间文学	梁祝传说	2006（第一批）	济宁市
	孟姜女传说	2006（第一批）	淄博市

---

① 本表信息来源于：中国非物质文化遗产网．中国非物质文化遗产数字博物馆。

续表

类型	项目名录	公布批次	申报单位
民间文学	董永传说	2008（第二批）	博兴县
	牛郎织女传说	2008（第二批）	沂源县
	徐福传说	2011（第三批）	胶南市
	陶朱公传说	2008（第二批）	定陶县
	麒麟传说	2008（第二批）	巨野县
	鲁班传说	2008（第二批）	曲阜市
	八仙传说	2008（第二批）	蓬莱市
	秃尾巴老李的传说	2008（第二批）	即墨市
	崂山民间故事	2008（第二批）	青岛市崂山区
	舜的传说	2011（第三批）	诸城市
	庄子传说	2011（第三批）	东明县
	柳毅传说	2011（第三批）	潍坊市寒亭区
	牡丹传说	2011（第三批）	菏泽市牡丹区
	泰山传说	2011（第三批）	泰安市
	胡峄阳传说	2014（第四批）	青岛市城阳区
	孟母教子传说	2014（第四批）	邹城市
民间音乐	聊斋俚曲	2006（第一批）	淄博市
	古琴艺术（诸城派）	2008（第二批）	诸城市
	唢呐艺术（邹城平派鼓吹乐）	2008（第二批）	邹城市
	鲁西南鼓吹乐	2006（第一批）	嘉祥县
	海洋号子（长岛渔号）	2008（第二批）	长岛县
	鲁南五大调	2008（第二批）	郯城县
	古筝艺术（山东古筝乐）	2008（第二批）	菏泽市
	佛教音乐（鱼山梵呗）	2008（第二批）	东阿县

续表

类型	项目名录	公布批次	申报单位
民间音乐	道教音乐（崂山道教音乐）	2008（第二批）	崂山区
	弦索乐（菏泽弦索乐）	2011（第三批）	菏泽市
民间舞蹈	秧歌	2006（第一批）	商河县、济阳、阳信
	舞（龙灯扛阁）	2011（第三批）	临沂市
	高跷（独杆跷）	2008（第二批）	泰安市
	鼓舞（陈官短穗花鼓）	2008（第二批）	广饶县、冠县、栖霞市、商河县
	商羊舞	2008（第二批）	鄄城县
民间戏曲	大平调	2008（第二批）	东明县、成武县、牡丹区
	京剧	2006（第一批）	山东省
	柳子戏	2006（第一批）	山东省
	大弦戏	2008（第二批）	菏泽市
	四平调	2008（第二批）	金乡县、成武县
	柳琴戏	2006（第一批）	枣庄市临沂市
	五音戏	2006（第一批）	淄博市
	茂腔	2006（第一批）	高密市
	道情戏（蓝关戏）	2006（第一批）	莱州市、沾化县
	一勾勾	2006（第一批）	临邑县
	皮影戏	2008（第二批）	泰安市、定陶县、济南市
	二夹弦	2008（第二批）	定陶县
	吕剧	2008（第二批）	山东省吕剧院
	柳腔	2008（第二批）	即墨市
	山东梆子	2008（第二批）	菏泽市
	鹧鸪戏	2011（第三批）	临淄区

续表

类型	项目名录	公布批次	申报单位
曲艺	山东大鼓	2006（第一批）	山东省
	胶东大鼓	2006（第一批）	烟台市
	山东琴书	2006（第一批）	山东省
	山东快书	2006（第一批）	山东省
	莺歌柳书	2008（第二批）	菏泽市
	山东落子	2008（第二批）	单县
	端鼓腔	2011（第三批）	东平县、微山县
	东花鼓	2014（第四批）	菏泽市
武术杂技	聊城杂技	2006（第一批）	聊城市
	蹴鞠	2006（第一批）	淄博市
	查拳	2008（第二批）	冠县
	螳螂拳	2008（第二批）	莱阳市
	宁津杂技	2008（第二批）	宁津县
	佛汉拳	2011（第三批）	东明县
	孙膑拳	2011（第三批）	青岛市市北区
	肘捶	2011（第三批）	临清市
	花毽	2011（第三批）	青州市
	徐家拳	2014（第四批）	新泰市
民间美术	杨家埠木版年画	2006（第一批）	潍坊市
	高密扑灰年画	2006（第一批）	高密市
	东昌府木版年画	2008（第二批）	聊城市
	张秋木版年画	2008（第二批）	阳谷县
	内画（鲁派内画）	2014（第四批）	淄博市张店区
	剪纸（莒县过门笺）	2008（第二批）	莒县
	剪纸（滨州剪纸）	2008（第二批）	滨州市

续表

类型	项目名录	公布批次	申报单位
民间美术	剪纸（高密剪纸）	2008（第二批）	高密市
	剪纸（烟台剪纸）	2008（第二批）	烟台市
	泥塑（聂家庄泥塑）	2008（第二批）	高密市
	泥塑（惠民泥塑）	2011（第三批）	惠民县
	面人（曹州面人）	2008（第二批）	菏泽市牡丹区
	面花（郎庄面塑）	2008（第二批）	冠县
	草编（莱州草辫）	2008（第二批）	莱州市
	柳编（博兴柳编）	2011（第三批）	博兴县
	柳编（曹县柳编）	2011（第三批）	曹县
	嘉祥石雕	2008（第二批）	嘉祥县
	掖县滑石雕刻	2008（第二批）	莱州市
	木雕（曲阜楷木雕刻）	2008（第二批）	曲阜市
	核雕（潍坊核雕）	2008（第二批）	潍坊市
	葫芦雕刻（东昌葫芦雕刻）	2008（第二批）	聊城市
	锡雕	2008（第二批）	莱芜市
	鄄城砖塑	2008（第二批）	鄄城县
	郯城木旋玩具	2014（第四批）	郯城县
民间技艺	潍坊风筝	2006（第一批）	潍坊市
	琉璃烧制技艺	2014（第四批）	博山区
	琉璃烧制技艺	2014（第四批）	曲阜市
	临清贡砖烧制技艺	2008（第二批）	临清市
	德州黑陶烧制技艺	2014（第四批）	德州市
	鲁锦织造技艺	2008（第二批）	鄄城县、嘉祥县
	黄金溜槽堆石砌灶冶炼技艺	2008（第二批）	招远市

续表

类型	项目名录	公布批次	申报单位
民间技艺	漆器髹饰技艺（潍坊嵌银髹漆技艺）	2011（第三批）	潍坊市
	晒盐技艺（卤水制盐技艺）	2014（第四批）	寿光市
	周村烧饼制作技艺	2008（第二批）	淄博市
	酱肉制作技艺（亓氏酱香源肉食酱制技艺）	2014（第四批）	莱芜市莱城区
	淄博陶瓷烧制技艺	2011（第三批）	淄博市
	孔府菜烹饪技艺	2011（第三批）	曲阜市
	德州扒鸡制作技艺	2014（第四批）	德州市
	龙口粉丝传统制作技艺	2014（第四批）	招远市
传统医药	中医传统制剂方法（东阿阿胶制作技艺）	2008（第二批）	东阿县
		2008（第二批）	平阴县
	中医传统制剂方法（二仙膏制作技艺）	2014（第四批）	济宁市任城区
	中医正骨疗法（新泰孟氏正骨疗法）	2014（第四批）	新泰市
民俗	祭孔大典	2006（第一批）	曲阜市
	泰山石敢当习俗	2006（第一批）	泰安市
	胡集书会	2006（第一批）	惠民县
	元宵节（淄博花灯会）	2014（第四批）	淄博市张店区
	渔民开洋、谢洋节	2008（第二批）	荣成市
	渔民开洋、谢洋节	2008（第二批）	日照市
		2008（第二批）	即墨市
	灯会（渔灯节）	2008（第二批）	烟台市
	庙会（泰山东岳庙会）	2008（第二批）	泰安市
	民间信俗（东镇沂山祭仪）	2014（第四批）	临朐县

续表

类型	项目名录	公布批次	申报单位
民俗	抬阁（芯子、铁枝、飘色）（阁子里芯子）	2008（第二批）	淄博市临淄区
			淄博市周村区
			淄博市周村区

第二节
山东非物质文化遗产的主要特点

在山东已取得的国家级非物质文化遗产代表性项目中，大体可分为两类：一类为山东所特有的非物质文化遗产项目，如舜的传说、泰山传说、商羊舞、吕剧、快书、泰山石敢当习俗等；另一类是除山东以外，其他省份也将其视为代表本地区文化遗产，进行申报的项目，如抬阁、剪纸、皮影戏、唢呐艺术、黑陶烧制技艺等。前者多为民间传说、地方戏曲曲艺、武术杂技、传统特色民间技艺等；而后者多为民间音乐舞蹈、民间美术、民俗等。

一、山东特有的非物质文化遗产

山东省所特有的非物质文化遗产，往往具有很强的地域属性，主要分为如下三种情况：

一种情况为非物质文化遗产叙述对象与发生地在山东，但影响全国，如鲁班传说、八仙传说、泰山传说、泰山石敢当习俗、祭孔大典、崂山民间故事、孟母教子传说、聊斋俚曲等。

另一种情况为非物质文化遗产是由当地民俗方言推衍生发而来，如柳腔、鹧鸪戏、莺歌柳书、山东大鼓（快书、梆子、落子）等传统曲艺小戏。

还有一种情况为非物质文化遗产的加工原材料为当地所特有，或加工过程需要结合当地特有的自然禀赋，如鄄城砖塑、临清贡砖烧制技艺、鲁锦织造技艺、黄金溜槽堆石砌灶冶炼技艺、孔府菜烹饪技艺、龙口粉丝传统制作技艺等。

案例一 商羊舞（图5-1）

鄄城县属菏泽市，位于山东省西部，西北部与濮阳市台前县、范县接壤，位于黄河冲击带。自古以来，便是华夏先民的主要聚居地。相传为人文始祖伏羲氏的故乡，伏羲和女娲的诞生地。也是尧、舜二帝的主要活动区域，《太平环宇记》有："濮州，今治鄄城县。古昆吾旧壤，颛顼遗墟。"因此，鄄城被誉为千年古县。

"商羊鸟"相传为古代神话中的单足鸟，每当大雨将至时，便会翩翩起舞，因为商羊鸟的出现是一种水祥吉兆。《孔子家语·辩证》中有"齐有一足之鸟，飞集于公朝，下止于殿前，舒翅而跳，齐侯大怪之。使聘鲁问孔子，孔子曰：此鸟名曰商羊，水祥也。……天将大雨，商羊鼓舞，今齐有之，其应至矣，急告民……。趋治沟渠，修堤防，将有大水为灾，顷之大雨，水溢汪诸国，伤害民人，唯齐有备，不败。"东汉王充《论衡·变动》云："商羊者，知雨之物也，天且雨，曲其一足起舞矣"。

"商羊舞"，即为模仿"商羊鸟"而成的舞蹈样式。相传起自商周以来，古代先

图5-1 山东鄄城商羊舞

民祈雨，便自扮商羊鸟，戴面具，拿响板，结彩铃，模仿商羊鸟的动作，舞蹈蹦跳。这种模仿商羊鸟求雨的动作与传统的祭祀仪式逐渐结合在了一起，经过鄄城先民们的不断升华、完善，逐渐成为一种鄄城所特有的有民间舞蹈，蒲松龄《聊斋志异·跳神篇》中有对"商羊舞"的记载："妇束短幅裙，屈一足，作商羊舞"。

商羊舞全国仅此一例，被誉为华夏舞蹈的活化石。"商羊舞"为集体舞，一般用12~16人为宜，早期均为男性舞者。舞者上穿彩衣，下穿彩裤，腰系彩带，手拿响板，上系铜铃一对和红缨结成的花一朵，脚脖上各系铜铃一对，在乐队的伴奏下，舞蹈队员手持响板跳舞，模仿商羊鸟的动作，双手执响板有节奏的撞击，发出脆响，模仿商羊鸟的叫声，进行表演。2008年6月7日，商羊舞经中华人民共和国国务院批准列入第二批国家级非物质文化遗产名录。

除上例"商羊舞"外，山东特有的国家级非物质文化遗产项目主要包括如表5-2所示。

表5-2　　　山东省特有的国家级非物质文化遗产代表性项目简表[①]

类型	项目名录	公布批次	申报单位
民间文学	陶朱公传说	2008（第二批）	定陶县
	麒麟传说	2008（第二批）	巨野县、嘉祥县
	鲁班传说	2008（第二批）	曲阜市、滕州市
	八仙传说	2008（第二批）	蓬莱市
	秃尾巴老李的传说	2008（第二批）	胶东地区
	崂山民间故事	2008（第二批）	青岛市崂山区
	庄子传说	2011（第三批）	东明县
	柳毅传说	2011（第三批）	潍坊市寒亭区
	牡丹传说	2011（第三批）	菏泽市牡丹区
	泰山传说	2011（第三批）	泰安市

---

① 本表信息来源于：中国非物质文化遗产网. 中国非物质文化遗产数字博物馆。

续表

类型	项目名录	公布批次	申报单位
民间文学	胡峄阳传说	2014（第四批）	青岛市城阳区
	孟母教子传说	2014（第四批）	邹城市
民间音乐舞蹈	聊斋俚曲	2006（第一批）	山东省淄博市
	鲁西南鼓吹乐	2006（第一批）	嘉祥县、菏泽市
	鲁南五大调	2008（第二批）	郯城县、日照市
	道教音乐	2008（第二批）	青岛市崂山区、泰安市、烟台市、东平县
	菏泽弦索乐	2011（第三批）	山东省菏泽市
	商羊舞	2008（第二批）	山东省鄄城县
民间戏曲	五音戏	2006（第一批）	淄博市
	茂腔	2006（第一批）	高密市、胶州市
	一勾勾	2006（第一批）	临邑县
	吕剧	2008（第二批）	济南市、滨州市、博兴县、东营区
	柳腔	2008（第二批）	即墨市
	山东梆子	2008（第二批）	菏泽市、泰安市、嘉祥县、济南市莱芜区
	鹧鸪戏	2011（第三批）	临淄区
曲艺	胶东大鼓	2006（第一批）	烟台市、青岛市
	山东琴书	2006（第一批）	山东省
	山东快书	2006（第一批）	山东省
	莺歌柳书	2008（第二批）	菏泽市
	山东落子	2008（第二批）	金乡县、单县
	端鼓腔	2011（第三批）	东平县、微山县
	东花鼓	2014（第四批）	菏泽市

续表

类型	项目名录	公布批次	申报单位
传统体育游艺杂技	佛汉拳	2011（第三批）	东明县
	蹴鞠	2006（第一批）	淄博市
	查拳	2008（第二批）	冠县
	螳螂拳	2008（第二批）	烟台莱阳市、栖霞市 青岛市市南区
	孙膑拳	2011（第三批）	青岛市市北区、安丘市
	肘捶	2011（第三批）	临清市
	花毽	2011（第三批）	青州市
	徐家拳	2014（第四批）	新泰市
民间美术	葫芦雕刻	2008（第二批）	聊城市
	鄄城砖塑	2008（第二批）	鄄城县
	郯城木旋玩具	2014（第四批）	郯城县
民间技艺	临清贡砖烧制技艺	2008（第二批）	临清市
	鲁锦织造技艺	2008（第二批）	鄄城县、嘉祥县
	黄金溜槽堆石砌灶冶炼技艺	2008（第二批）	招远市
	周村烧饼制作技艺	2008（第二批）	淄博市
	淄博陶瓷烧制技艺	2011（第三批）	淄博市
	孔府菜烹饪技艺	2011（第三批）	曲阜市
	德州扒鸡制作技艺	2014（第四批）	德州市
	龙口粉丝传统制作技艺	2014（第四批）	招远市
传统医药	东阿阿胶制作技艺	2008（第二批）	东阿县、平阴县
民俗	祭孔大典	2006（第一批）	曲阜市
	泰山石敢当习俗	2006（第一批）	泰安市

续表

类型	项目名录	公布批次	申报单位
民俗	胡集书会	2006（第一批）	惠民县
	东镇沂山祭仪	2014（第四批）	临朐县

二、山东与全国其他地区共有的非物质文化遗产

除山东以外，其他省份也有传承的非物质文化遗产，应与山东移民历史存在某些确定关系，根据可以考证的山东移民情况包括：

山东移民迁出情况主要包括：（1）远古时代蚩尤、商人和嬴秦的西迁；（2）秦末徐福东渡；（3）汉初"齐诸田"与"三选"的西迁；（4）汉末魏初战乱时期山东人外迁；（5）十六国时代山东人外迁；（6）"永嘉之乱"及其以后山东人的南迁；（7）"安史之乱"及其以后山东人的南迁；（8）"靖康之乱"及其以后山东人的南迁；（9）清代至民国山东人"闯关东"等。

而迁入山东的移民主要包括：（1）西周分封后姬姓与分封贵族的东迁；（2）春秋之后，诸国学子追随孔孟入鲁习儒；（3）东周时期迁入齐国的"五方之民"，稷下学宫迁入学者与孟尝君养士；（4）两汉外地学子负笈山东求学；（5）十六国时代河北一带士民南迁青齐；（6）唐代新罗移民山东；（7）辽宋夏金元时期少数民族迁入；（8）元朝蒙古族与色目人的迁入；（9）明初洪洞"大槐树"移民、河北枣强移民、云南与"小云南"移民、四川"铁碓臼"移民；（10）沿明清时代大运河北上入鲁移民等[①]。

鉴于上述情况，非山东所特有的非物质文化遗产大体可分为如下三种情况：

一种情况为山东迁出移民将其特有的风俗文化与传统技艺带入迁入地，并把当地自然禀赋与人文环境相融合，最终形成与原生文化既相联系，又有差异的非物质文化遗产。如秃尾巴老李的传说、海洋号子、酱肉制作技艺、晒盐技艺、渔民开洋、谢洋节等。

另一种情况为迁入山东的移民，将其特有的风俗文化与传统技艺带入山

---

① 主要观点参加《山东移民史》，刘德增著，济南：山东人民出版社，2011年10月版。

东，并于迁入地自然禀赋与人文环境相融合，最终形成与原生文化既相联系，又有山东特征的非物质文化遗产。如唢呐艺术、佛教音乐、秧歌、龙灯扛阁、皮影戏、剪纸、聂家庄泥塑、抬阁等。

还有一种情况为非物质文化遗产对象（一般为名人传说），其出生地或主要活动范围存在争议，涉及多个地区，如梁祝传说、孟姜女传说、董永传说、牛郎织女传说、徐福传说、舜的传说等。

具体案例如下：

案例二 抬阁

抬阁（图5-2）：又称"抬角""抬歌""高抬""挠阁""脑阁""高装"等，是传统节庆活动中的一种民俗巡游表演形式。抬阁起源于中原地区的迎神赛会活动，后逐渐传到东南沿海及西北地区，在清代盛行一时，流传过程中与各地具体情况相结合，形成不同的特色。

抬阁活动中由数名儿童扮作古装戏曲人物，根据剧情组成精彩的造型，固

图5-2 山东淄博抬阁

定在四方形阁子的铁柱和支架上,由人抬着行走。抬阁传统造型多取自《梁山伯与祝英台》《天仙配》《白蛇传》《西游记》《昭君出塞》《蓝桥会》《黄鹤楼》《打渔杀家》等剧目,造型高度在3至5米左右,阁子3至5层不等,一般每层1人,也有的底层4人,中层5至6人,顶层1人。抬阁巡游时,一般用到4架阁子,多时可达6架甚至8架,每个阁子由4或8人扛着前行。抬阁融绘画、戏曲、彩扎、纸塑等艺术于一炉,造型优美,画面壮观,为广大群众所喜闻乐见,长盛不衰的民间社火游行活动。随着现代化进程的加速,抬阁活动渐趋式微。

山东抬阁,又称"阁子里芯子",主要流传于山东省淄博市临淄区、周村区,济南市章丘区等地,起源于明代正德年间,至今已有五百多年的历史。在传承过程中,阁子里芯子逐渐成一种地方文化活动。它利用铁质支架,将装扮成各种戏曲人物的儿童表演者稳定在高竿或其他造型上,以演绎各种故事。因铁支架如灯芯般在内支撑,故称"芯子",一个芯子一般表现一个故事情节。远远望去,表演芯子的儿童如同悬在空中,显示出神奇、惊险的特点。

阁子里芯子构思奇妙,装饰华美,置景独特,布局均衡。芯子上所装的花卉盆景和五彩缤纷的植株用器等,可以达到了以假乱真的程度。表演时,男女儿童在绽开的荷花或一条弓弦、一根花枝、一支竹笛上轻身而立,奇异的景象令人叹为观止。阁子里芯子融民间舞蹈、音乐、美术、传说于一体,具有一定的艺术学、民俗学和地方历史文化研究价值(表5-3)。

表5-3　　　　　　　　"抬阁"除山东外其他申报地区简表

项目名称	山东省申报地区	山东省以外申报地区
抬阁芯子铁枝飘色	淄博市临淄区	山西省代县、山西省万荣县、山西省清徐县、广东省中山市、广东省陆河县、广东省吴川市、广东省台山市、福建省厦门市海沧区、福建省福鼎市、福建省屏南县、福建省宁德市蕉城区、河北省廊坊市、河北省宽城满族自治县、河北省隆尧县、湖南省涟源市、湖南省宜章县、湖南省汨罗市、安徽省寿县、安徽省临泉县、四川省兴文县、四川省江油市、江苏省金坛市、甘肃省庄浪县、浙江省浦江县、云南省通海县、内蒙古自治区土默特左旗、宁夏回族自治区隆德县、青海省湟中县
	淄博市周村区	
阁子里芯子	济南市章丘区	

抬阁作为汉民族流传较为广泛的迎神赛会活动，除山东省外，申请此项非物质文化遗产的还包括山西、广东、福建、河北、湖南、安徽、四川、江苏、甘肃、浙江、云南、内蒙古、宁夏、青海14个省份的28个地区，但此项活动的实际流行的区域又远不止于此。事实上，抬阁的最早起源地与活动样式成型时间已不可考，但似与悦神祭祀、祈雨求丰相关，活动成形时间应不晚于元末明初，似与明代洪洞移民有一定联系。

案例三　民间剪纸

中国剪纸是用剪刀或刻刀在纸上剪刻花纹，用于装点生活或配合其他民俗活动的一种民间艺术。在中国，剪纸具有最广泛的群众基础，它交融于各族人民的社会生活，是中华民俗系统的重要组成部分。其传承赓续的视觉形象和造型格式，蕴涵了丰富的文化历史信息，表达了广大民众的社会认识、道德观念、实践经验、生活理想和审美情趣，具有认知、教化、表意、抒情、娱乐、交往等多重社会价值。

剪纸的手法，即为对材料的"镂雕剔刻剪"，其历史最早可以追溯到西周，《史记·晋世家》中记载有"桐叶封弟"的故事："成王与叔虞戏，削桐叶为圭以与叔虞，曰：'以此封若'。史佚因请择日立叔虞。成王曰：'吾与之戏耳。'史佚曰：'天子无戏言。言则史书之，礼成之，乐歌之。'于是遂封叔虞于唐。"[①] 即周成王用梧桐叶剪成"圭"赐其弟，封姬虞到唐为侯。战国时期出现了在皮革、银箔等材料上的镂空刻花装饰工艺。

迄今发现最早的剪纸作品为北朝时期（公元386—581年）五幅团花剪纸，已经使用重复折叠发射状六方连续纹样，具备了今天剪纸的典型特征。唐杜甫《彭衙行》诗中有"暖汤濯我足，剪纸招我魂"的句子，可见，以剪纸招魂的风俗当时就已流传民间。宋代造纸业成熟，纸品名目繁多，为剪纸的普及提供了条件，当时已有专门的"剪镞花样"者，剪纸用途也渐由招魂转为喜庆的"礼

---

① 《史记》卷三十九《晋世家》中记载：晋国的唐叔虞是周武王的儿子，周成王的弟弟。当初，周武王与叔虞母亲交会时，梦见上天对周武王说："我让你生个儿子，名叫虞，我把唐赐给他。"等到武王夫人生下婴儿后一看，手掌心上果然写着"虞"字，所以就给儿子取名为虞。周武王逝世后，周成王继位，唐发生内乱，周公灭了唐。一天，周成王和叔虞做游戏，成王把一片桐树叶削成圭状送给叔虞，说："用这个分封你。"史佚于是请求选择一个吉日封叔虞为诸侯。周成王说："我和他开玩笑呢！"史佚说："天子无戏言。只要说了，史官就应如实记载下来，按礼节完成它，并奏乐章歌咏它。"于是周成王把唐封给叔虞。唐在黄河、汾河的东边，方圆一百里，所以叫唐叔虞，姓姬，字子于。

花"与"窗花"。明清两代剪纸工艺日趋成熟，主要用于喜庆节日寿诞的吉祥张贴摆衬，常见的如门栈、礼花、窗花、柜花、鞋花、喜花、斗香花、棚顶花等。另外，也可作为刺绣印染的底样，常有丰衣足食、人丁兴旺、健康长寿、万事如意之意。

  剪纸的种类有单色、彩色和立体之分，可分为折叠、撕纸、点染、套色、分色、填色、木印、勾绘等方式；手法有镂雕剔刻剪刺等。北方较有代表性的剪纸流派除山东以外，还包括山西剪纸、陕西剪纸、蔚县剪纸，南方有沔阳雕花剪纸、佛山剪纸、福建剪纸、扬州剪纸、浙江剪纸等。国家非物质遗产代表性名录中，剪纸申报地包括河北、河南、陕西、浙江、安徽、黑龙江、吉林、辽宁、甘肃、内蒙古、宁夏、湖南、湖北、广东、云南、贵州、江西、福建、上海19个省市区的52个地区，遍布全国，成为很多民族共同的民间工艺习俗（表5-4）。

表5-4   "剪纸"除山东外其他申报地区简表

项目名称	山东省申报地区	山东省以外申报地区
剪纸	莒县过门笺（图5-3） 滨州民间剪纸 高密剪纸 烟台剪纸	河北省蔚县、丰宁满族自治县；河南省辉县市、卢氏县、灵宝市、辉县市；山西省中阳县、广灵县、静乐县；陕西省安塞县、延川县、旬邑县；江苏省扬州市、南京市、徐州市、金坛市；浙江省浦江县、桐庐县、乐清市；安徽省阜阳市；辽宁省锦州市、庄河市、岫岩满族自治县、新宾满族自治县、建平县；吉林省通化市；黑龙江省方正县；甘肃省镇原县、会宁县、定西市；内蒙古自治区包头市、和林格尔县；宁夏回族自治区；湖南省泸溪县、仙桃市；湖北省鄂州市、孝感市孝南区、仙桃市、鄂州市；广东省汕头市、佛山市、潮州市；云南省潞西市；贵州省剑河县、黔南布依族苗族自治州；江西省新干县、瑞昌市；福建省泉州市、漳浦县、柘荣县、浦城县；上海市徐汇区

  莒县过门笺，姜子牙，姜姓，吕氏，名尚，相传东海之滨（今日照莒县）人。传说姜太公封神时，将其妻封为"穷神"，并于穷神约定"见破就回"。后来，人们为阻止穷神进家，就将纸剪破贴于门上。久而久之，在今天山东潍坊日照等地，形成黏结张贴过门笺的风俗。莒县过门笺以镂刻为主，辅以剪剔，

色彩多为红黄蓝绿，是当地盛行的剪纸艺术形式。它题材广泛，形式多样，构图美观，色彩鲜明，善于用象征、谐音、寓意等手法，表现民众对美好生活的追求和向往，具有广泛的群众性和民间传承性。

高密剪纸，是山东潍坊地区剪纸艺术的典型风格。相传明初洪洞移民迁入高密，其中民间艺人将各地不同风格的剪纸艺术带入高密，交汇融合，逐渐形成高密剪纸特有的粗犷、朴拙的艺术风格，在全国剪纸艺术中独树一帜。高密剪纸题材广泛，神话传说、历史故事、戏曲人物、花鸟草虫等皆

图5-3 山东莒县过门笺

是表现的内容，以"把样"和"熏样"为主要传承手段，依靠口传心授的方式代代相传。

相较于莒县过门笺与高密剪纸，烟台剪纸类别更为丰富，包括单色、勾绘染色、拼色和衬色等四种剪纸类型。单色剪纸红而不艳；勾绘染色剪纸先剪后勾，别具风格；拼色剪纸为多色剪制，拼贴组合，既具有单色剪纸的韵味，色彩则更为丰富；衬色剪纸以莱州、招远的墙花最为著名，先以黑纸镂刻形象，后在镂空处衬贴各色纸张或渲染，极具装饰特征。

除上述两个案例之外，山东国家级非物质文化遗产名录中，存在跨地区、跨省份申报的情况还包括如表5-5所示。

表5-5　　山东省内（外）国家级非物质文化遗产代表性项目对照表[①]

项目名称	省内申报地区	山东省以外申报地区
梁祝传说	济宁市	河南省汝南县；浙江省上虞市、宁波市、杭州市；江苏省宜兴市

---

① 本表信息来源于：中国非物质文化遗产网．中国非物质文化遗产数字博物馆。

续表

项目名称	省内申报地区	山东省以外申报地区
孟姜女传说	淄博市、莒县、莱芜市	湖南省津市市；河北省秦皇岛市
董永传说	博兴县	江苏省丹阳市、金坛市、东台市；湖北省孝感市；河南省武陟县、山西省万荣县
牛郎织女传说	沂源县	陕西省西安市长安区；山西省和顺县
徐福传说	青岛市	江苏省赣榆县；浙江省慈溪市、象山县
古琴艺术（诸城派）	诸城市	江苏省南京市、镇江市、扬州市、南通市、常熟市；广州市；杭州市；北京市大兴区；香港
唢呐艺术（邹城平派鼓吹乐）	邹城市	山西省临县、忻州市、长子县、阳高县、壶关县；安徽省灵璧县、宿州市；江苏省徐州市；陕西省米脂县、绥德县；重庆市綦江区；河南省沁阳市；湖北省保康县、南漳县、远安县；江西省万载县、于都县；黑龙江省肇州县；辽宁省丹东市；河北省丰宁满族自治县、曹妃甸区；甘肃省庆阳市；福建省长汀县
海洋号子	长岛县	浙江省象山县；辽宁省长海县；浙江省岱山县
佛教音乐（鱼山梵呗）	东阿县	陕西省洋县、兴海县；山西省左云县；甘肃省夏河县；河南省开封市；江苏省镇江市、常州市；四川省壤塘县；西藏自治区曲水县、墨竹工卡县；青海省湟中县；宁夏回族自治区平罗县
秧歌 胶州秧歌 海阳秧歌	商河县 济阳县 阳信县 青岛市	北京市延庆县；河北省乐亭县；山西省汾阳市、临县、原平市；陕西省绥德县；抚顺市昌黎县
舞龙灯扛阁	临沂市	湖北、安徽、浙江、广东、湖南、湖北、河南、浙江、江苏、上海、四川、广东、福建、辽宁、河北、重庆市
高跷	泰安市	河南省沁阳市；辽宁省大洼县、盖州市、海城市、锦州市；甘肃省永登县、山西省稷山县

续表

项目名称	省内申报地区	山东省以外申报地区
鼓舞	广饶县 冠县 栖霞市 商河县	山西省稷山县、万荣县、沁水县、隆尧县、平定县；甘肃省武威市武山县、陕西省横山县、宜川县；吉林省吉林市、浙江省温岭市；北京市昌平区
大平调	菏泽市	河南省浚县、濮阳县、延津县、滑县
二夹弦	定陶县	河南省滑县、开封市；安徽省亳州市
道情戏（蓝关戏）	莱州市 沾化县	山西省神池县、洪洞县、临县、右玉县；陕西省商洛市；甘肃省、河南省太康县
皮影戏	泰安市定陶县济南市	河北省邯郸市、唐山市、昌黎县、河间市；河南省罗山县、桐柏县；辽宁省盖州市、鞍山市、凌源市、瓦房店市；黑龙江省哈尔滨市、望奎县；内蒙古自治区巴林左旗；青海省；四川省阆中市、南部县；湖南省衡山县；北京市东城区、甘肃省环县、陕西省华阴市、富平县、渭南市、乾县；广东省汕尾市；湖北省潜江市；浙江省海宁市；山西省孝义市；云南省腾冲县；湖北省云梦县
山东大鼓	山东省	河北省威县、鸡泽县（梨花大鼓）
孙膑拳	青岛市	安丘市
高密扑灰年画 杨家埠木版年画 东昌府木版年画 张秋木版年画	高密市 潍坊市 聊城市 阳谷县	河南省开封市、滑县；山西省临汾市；天津市；河北省武强县；江苏省苏州市；福建省漳州市；湖南省隆回县；湖北省老河口市；四川省德阳市、夹江县；广东省佛山市；重庆市梁平县；陕西省凤翔县
内画（鲁派内画）	淄博市 张店区	广东省汕头市；北京市西城区；河北省衡水市
聂家庄泥塑 惠民泥塑	高密市 惠民县	淮阳泥泥狗、北京兔儿爷、杨氏家庭泥塑、苗族泥哨、徐氏泥彩塑、大吴泥塑、苏州泥塑、玉田泥塑、凤翔泥塑、浚县泥咕咕、天津泥人张
曹州面人 郎庄面塑	菏泽市 冠县	通州区面人汤、上海面人赵、北京面人郎；山西岚县面塑、陕西黄陵面花、山西定襄面塑、山西新绛面塑、山西闻喜花馍、山西阳城焙面面塑

续表

项目名称	省内申报地区	山东省以外申报地区
草编	山东省莱州市	新疆维吾尔自治区托里县；四川省沐川县；江西省湖口县；上海市嘉定区；河北省大名县
柳编	山东省博兴县	安徽省霍邱县、阜南县；河北省固安县、广宗县；新疆维吾尔自治区吐鲁番市
嘉祥石雕 掖县滑石雕刻	嘉祥县 莱州市	陕西省绥德县、富平县；湖南省芷江侗族自治县、湖南省工艺美术研究所；青海省泽库县；四川省安岳县、广元市；广东省雷州市；湖南省浏阳市、大冶市；河南省方城县；浙江省临安市；辽宁省抚顺市
木雕	曲阜市	湖北省通山县；江西省吉安市青原区；山西省芮城县；云南省剑川县；海南省澄迈县；福建省莆田市；上海市；中国紫檀博物馆、澳门特别行政区；湖北省武汉市硚口区
核雕	潍坊市	辽宁省大连市西岗区；广东省增城市；江苏省苏州市
锡雕	济南市莱芜区	江西省莲花县；浙江省永康市
风筝	潍坊市	北京市海淀区、东城区；天津市南开区；江苏省南通市；西藏自治区拉萨市
琉璃烧制技艺	淄博市博山区、曲阜市	山西省；北京市门头沟区
黑陶烧制技艺	德州市	江苏省宜兴市；山西省平定县；重庆市荣昌县；青海省囊谦县；云南省迪庆藏族自治州、建水县；贵州省平塘县；四川省稻城县、荥经县；海南省白沙黎族自治县；广东省潮州市；广西壮族自治区钦州市
漆器髹饰技艺	潍坊市	山西省稷山县、新绛县；广东省阳江市；湖北省荆州市；江西省鄱阳县；重庆市；安徽省黄山市屯溪区
晒盐技艺	寿光市	江苏省连云港市；海南省儋州市；浙江省象山县；西藏自治区芒康县
酱肉制作技艺	济南市莱城区	天福号酱肘子制作技艺北京天福号食品有限公司

续表

项目名称	省内申报地区	山东省以外申报地区
阿胶制作技艺	东阿县 平阴县	陕西省西安市碑林区；云南省昆明市；广东省汕头市；浙江省杭州市上城区；黑龙江省哈尔滨市；吉林省长春市九台区；内蒙古自治区凉城县；山西省新绛县、太谷县；河北省定州市、天津市西青区、红桥区、南开区；北京市东城区；重庆市南岸区；广东省博罗县等
二仙膏制作技艺	济宁市任城区	
新泰孟氏正骨疗法	新泰市	
元宵节花灯会	淄博市张店区	陕西省彬县；浙江省宁海县、杭州市萧山区；河北省滦平县；北京市门头沟区；江西省南昌市湾里区；上海市黄浦区；青海省乐都县；甘肃省永昌县；福建省连城县；山西省柳林县；河北省蔚县
渔民开洋、谢洋节	荣成市、日照市、即墨市	浙江省岱山县；浙江省象山县
渔灯节	烟台市	四川省自贡市；广东省开平市；江西省石城县；福建省南安市；安徽省肥东县；山西省河曲县；河北省霸州市、邯郸市
东岳庙会	泰安市	重庆市丰都县、大足区；河南省浚县；江苏省张家港市、苏州市姑苏区、无锡市；山西省蒲县；湖北省当阳市、武汉市汉阳区；江西省新建县；安徽省池州市九华山风景区；浙江省缙云县、永康市；吉林省吉林市；陕西省铜川市；北京市门头沟区

第三节
山东各地市自然历史文化资源名录

一、山东省各地市自然历史文化资源分布特征

新中国成立后，我国共有三级行政区划，分别为省、县、乡。《中华人民共和国宪法》第三十条规定"中华人民共和国的行政区域划分如下：（一）全国分

为省、自治区、直辖市；（二）省、自治区分为自治州、县、自治县、市；（三）县、自治县分为乡、民族乡、镇。"但在实际运行过程中，我国实行六级行政治理体系，包括国家（国务院）、省（直辖市、自治区）、市（地级市、盟、自治州）、县（县级市、市辖区、旗、林区）、乡（镇、街道办）、村等治理单元。

新中国成立七十多年来，特别是改革开放之后的四十多年来，我国迅速完成了从农业国向工业国的转变。2018年，全年制造业增加值规模首次超过30万亿元，超过美国、日本德国的总和，继续保持全球第一；这一年，我国第三产业占GDP的比重为52.2%，对经济增长的贡献率达到59.7%。另一方面，我国交通事业快速发展，2018年年末，全国公路里程485万公里，足足绕了地球120圈，比1949年增长59倍；其中高速公路从无到有，2018年年末达到14.3万公里。铁路营业里程达到13.1万公里，绕了赤道3圈，比1949年年末增长5倍，其中高速铁路达到2.9万公里，占世界高速铁路总量60%以上。中国的自行车、电动车、摩托车、家用汽车的产销量均居世界第一，中国高速铁路跑出了世界速度。2018年，中国常住人口城镇化率为59.58%，户籍人口城镇化率为43.37%，城镇化率不断提高；2018年，我国手机产量18亿部，互联网上网人数达8.3亿人，移动电话普及率达112部/百人。①

工商业与服务业的高速发展，交通设施与交通工具的不断普及，以及信息通信方式的日益便捷，国家经济治理体系日益扁平化，正在由过去的县域经济为单元治理结构，向地级市（县级市）经济单元的治理结构过渡。第二、三产业在城市经济中的比重持续提高，农业比重不断下降。

以山东省为例，其中在经济相对发达的城市，农业、工业、服务业在经济中的平均比重分别为1∶5∶4，某些地区服务业已超过工业，经济贡献率跃居第一。城市原市辖区之间的大片农田逐渐被工商业区域替代，边界日趋模糊，经济深度融合；另一方面，城市快速路、轨道交通、公共交通网越来越密集，私家车保有量不断提高，为城市内部各区域交通往来，提供重要保障。原有城市的市辖区已经融为一体，城市外缘不断扩张；原城市核心区周边的独立县与核心区之间的经济联系日益密切，"撤县改区"，加快融入城市经济一体化进程。此外，很多地理位置距离城市核心区较远的"县"，由于工商业与服务业的比重不断提高，城市功能日趋强化，纷纷"撤县改市"。截止到2020

---

① 数据来源参见国家统计局《2018年国民经济和社会发展统计公报》。

年,山东16个地市中,下辖137个县市区。其中市辖区59个,约占全省县级区域的43%;县级市25个,约占全省县级区域的18.2%、独立县53个,约占总数的38.8%。山东常住人口城镇化率达到61.18%。

山东的城市化进程,一方面使原有的不同县级行政单元在经济层面上快速融为一体,另一方面,也使相互之间特有的方言、生活方式等差异逐渐消失。自秦汉以来,以"县"为治理单元的情况被快速改变,历史文化资源亦逐步由"县"一级的"储存"主体向"市"一级的存放主体上移。

目前,山东现有的自然历史文化资源,从其影响力上区分,可概括为:具有世界影响力、具有国内知名度、具有区域代表性的三个层次。具有世界影响力的历史文化资源主要包括以曲阜为中心的儒家传统文化传承发展示范区,以泰山为代表的封禅祈福自然历史文化景观等;具有国内知名度的历史文化资源主要包括:以临淄为中心的齐文化传承创新示范区,以沂水、蒙阴、平邑、沂南四县分布的沂蒙红色文化区,以梁山、微山两县分布的水浒(运河)文化区等。

具体山东省自然历史文化资源,详见"表5-6,山东自然历史文化资源名录总表"。"总表"的信息收集与编排过程中,需要特别说明的是:

其一,本表自然历史文化资源,原则上以县(或县级市)为"标准文化单元",但对已深度融入城市经济一体化的"市辖区",其相关历史文化资源或亦已相互融入,或无法清晰界定其区位关系。因而本表进行合并处理,不再单独列出。

其二,在本表中,某些历史文化现象,或被不同区域所共有,或存属关系存在争议,或文化资源的原发性无法准确界定。本表对上述情况存而不议,因而会存在同一文化资源在不同文化单元重复出现的情况。

其三,本表"标准文化单元"的相关文化资源会以"自然历史文化遗迹""非物质文化遗产"两部分予以区分采集。其"自然历史文化遗迹"中的"自然景观"采集中,更强调其"自然景观"的文化属性;另一方面,为了便于读者阅读检索,而不使本表冗长拖沓,"非物质文化遗产"部分对《中华人民共和国非物质文化遗产法》的标准分类进行合并,被整合为"历史名人""民间传说""民间习俗"等三个子项目。

其四,对于某些自然历史文化资源严重缺项的县级"标准文化单元",本表进一步合并,不再对其"自然历史文化遗迹"与"非物质文化遗产"进行区分采集。

二、山东省各地市自然历史文化资源（表5-6）

表5-6　　　　　　　山东自然历史文化资源名录总表

济南市		历下区、槐荫区、天桥区、市中区、历城区
自然历史文化遗迹		趵突泉、大明湖、千佛山、七十二泉、柳树、白鹭、金牛
非物质文化遗产	历史名人	闵子骞、曹操、秦琼、李白、杜甫、苏轼、苏辙、曾巩、元好问、赵孟頫、王士祯、老舍、季羡林、任继愈、辛弃疾
	民间传说	舜耕历山
	民间习俗	皮影戏、山东快书、山东琴书、坠子、山东大鼓
济南市		长清区
自然历史文化遗迹		灵岩寺、莲台山、齐长城、五峰山、济北王墓、郭氏墓石祠
非物质文化遗产	历史名人	扁鹊、娄敬、义净、严实
	民间传说	孟姜女传说、扁鹊传说
	传统手艺	木鱼石
	民间习俗	山东梆子、长清落子、手龙绣球灯
济南市		章丘区
自然历史文化遗迹		百脉泉、城子崖遗址、危山兵马俑、洛庄汉王陵、龙山黑陶
非物质文化遗产	历史名人	房玄龄、李清照、袭勖、孟雒川
	民间传说	东平陵城的传说、锦屏山神话、李开先的传说故事、袭勖的传说故事、章丘地方风物传说
	传统手艺	龙山黑陶、章丘铁匠习俗、章丘黑陶烧制技艺
	民间习俗	章丘芯子、章丘扁鼓、章丘梆子、五音戏
济南市		莱芜区、钢城区
非物质文化遗产	民间传说	长勺之战传说
	传统手艺	西关村王家锡雕、吕家泥塑
	民间习俗	张氏吹打乐、莱芜梆子、蹉地舞、颜庄村花鼓锣子

续表

济南市		济阳区
自然历史文化遗迹		玉皇冢遗址、邝冢遗址、刘台子遗址
非物质文化遗产	历史名人	艾元徵
	民间传说	张尔岐传说
	传统手艺	黑陶、黄河泥塑、钩织刺绣、仁风圈椅、胡氏糖画
	民间习俗	迷戏（驴戏）、上杠高跷

济南市		平阴县
自然历史文化遗迹		玫瑰、李沟灵芝
非物质文化遗产	民间传说	柳下惠传说
	传统手艺	阿胶技艺
	民间习俗	加鼓通、斗王皮、山东渔鼓、高跷、跑旱船、玩狮狍、耍龙灯、打花棍

济南市		商河县
自然历史文化遗迹		温泉、汉墓群、卢坊遗址、战国故城、梁王冢遗址、红掌、蝴蝶兰
非物质文化遗产	民间习俗	鼓子秧歌、花鞭鼓舞

泰安市		泰山区、岱岳区
自然历史文化遗迹		泰山、大汶口文化、徂徕山、泰山玉、松柏、葛石大枣、肥城桃、泰山赤鳞鱼、泰山赤灵芝、泰山板栗
非物质文化遗产	历史名人	左丘明、鲍叔牙、柳下惠、于禁、冉子、有子、宋焘、刘桢、程咬金、钟离春、罗贯中
	民间传说	赤鳞鱼王宝珠传说、东岳大帝与碧霞元君信俗、泰山石敢当
	传统手艺	泰山泥塑
	民间习俗	泰山庙会、泰安登山节、道教音乐、山东梆子、皮影戏

泰安市		宁阳县
自然历史文化遗迹		宁阳蟋蟀

续表

非物质文化遗产	历史名人	颜回
	民间传说	大禹治水的传说
	传统手艺	伏山剪纸
	民间习俗	拉魂腔、宁阳弦子、宁阳渔鼓、宁阳木偶、宁阳斗蟋

泰安市		东平县
自然历史文化遗迹		为白佛山石窟造像、北桥墓群、梁氏墓群、东平故城、洪顶山摩崖刻经、京杭大运河、东平湖、木鱼石
非物质文化遗产	历史名人	程咬金、钟离春
	民间习俗	道教音乐、端公腔、四音戏、东平硪号子
肥城市		史圣左丘明故里、肥城桃、肥城桃木雕刻
新泰市		师旷、高唐生、百兽图、独杆跷、逛荡灯

德州市		德城区、陵城区
自然历史文化遗迹		德州黑陶、九达天衢坊、苏禄王御园、董子读书台
非物质文化遗产	历史名人	后羿、董仲舒、祢衡、颜真卿、东方朔、廉颇
	民间传说	东方朔民间传说
	传统手艺	德州古埙制作技艺、吹糖人
	民间习俗	抬花杠、武城架鼓、跑驴、运河船工号子、马堤吹腔、蹦鼓舞
乐陵市		咸平城故址、乐陵文庙、金丝小枣、东方朔、祢衡、吕颐浩、宋哲元
禹城市		大禹、大禹公园、徒骇河水利风景区、一勾勾、德平大秧歌
临邑县		祢衡、孟郊、一勾勾、德平大秧歌
平原县		无
夏津县		神像雕塑、夏津剪纸
武城县		孙伏伽、运河船工号子、包楞调、抬花杠
庆云县		金丝小枣
宁津县		蟋蟀、宁津剪纸、烙画、宁津杂技、弹鼓舞、哈哈腔
齐河县		晏婴、钟离春、绣球灯舞

续表

滨州市		滨城区、沾化区
自然历史文化遗迹		沾化冬枣、杨家古窑址
非物质文化遗产	传统手艺	三彩棉絮小鸡、滨州剪纸
	民间习俗	黄河号子、东路大鼓、渔鼓戏、东路梆子大鼓、山西歌舞、狮包、虎斗牛
滨州市		邹平市
自然历史文化遗迹		鹤伴山、唐李庵、樱花山、醴泉寺、范公祠、鲍家遗址、丁公城址
非物质文化遗产	历史名人	范仲淹、伏生、刘徽
	民间习俗	长山"芯子"、黛溪中兴龙灯、高跷、跑旱船
滨州市		惠民县
自然历史文化遗迹		孙子兵法城、魏氏庄园
非物质文化遗产	历史名人	孙武
	传统手艺	惠民手扎灯笼、河南张泥塑、清河镇木板年画、制鼓技艺
	民间习俗	吕剧、莲花灯、东路梆子、胡集书会
滨州市		博兴县
自然历史文化遗迹		兴国寺
非物质文化遗产	历史名人	董永、孙武
	民间传说	董永传说
	传统手艺	博兴草柳编、博兴老粗布、博兴布老虎、蓝印花布
	民间习俗	中兴龙灯、吕剧、挖腔
阳信县		少昊、阳信锡壶制作技艺、阳信面塑、阳信县虎头鞋、西河大鼓
无棣县		无棣剧花刺绣、草编、西河大鼓
济宁市		任城区、兖州区
自然历史文化遗迹		运河文化、儒家文化、水浒文化、东大寺、太白楼、兴隆塔

续表

非物质文化遗产	历史名人	颜回、曾子、陈汤
	民间传说	梁祝传说、柳下惠传说
	传统手艺	面塑、桑蚕养殖技艺
	民间习俗	山东琴书、微山湖唢呐、二人斗、龙灯会

济宁市		邹城市
自然历史文化遗迹		孟庙（德廉教育基地）、明鲁王陵
非物质文化遗产	历史名人	孟子
	民间传说	孟母教子传说
	传统手艺	煎饼
	民间习俗	邹城竹马、邹城平派鼓吹乐、山头花鼓、火虎、阴阳板

济宁市		曲阜市
自然历史文化遗迹		神农故都、黄帝生地、少昊之墟、商殷故国、周汉鲁都、孔子故里、鲁班故里 孔庙、孔府、孔林，尼山圣境、孔子博物馆、孔子研究院
非物质文化遗产	历史名人	黄帝、神农、少昊、柳下惠、孔子、颜子、鲁班、谷梁赤、申培、孔安国、孔融、孔伋、左丘明
	民间传说	孟母教子传说、鲁班传说、孔子诞生传说、颜子传说
	传统手艺	尼山砚、桑皮纸制作技艺、弓箭制作技艺、曲阜楷木雕刻、曲阜大庄绢花、拓片制作技艺、曲阜扶兴和毛笔制作技艺
	民间习俗	箫韶乐舞

济宁市		嘉祥县
自然历史文化遗迹		武氏墓群石刻、尖山崖墓、曾子庙、青山寺、唐柏等
非物质文化遗产	历史名人	曾子、冉求、冉雍
	民间传说	麒麟传说、吉祥文化、孝文化
	传统手艺	嘉祥石雕、鲁锦
	民间习俗	鲁西南鼓吹乐、山东梆子

续表

济宁市		汶上县
自然历史文化遗迹		北辛文化、宝相寺太子灵踪塔、宝相寺、蚩尤墓
非物质文化遗产	历史名人	蚩尤、荣子、衡方
	民间习俗	梆子剧、山东渔鼓
梁山县		水泊梁山、梁山鲁锦、渔家虎头服饰、武术之乡、山东梆子、狮舞
济宁市		微山县
自然历史文化遗迹		中国荷都、四鼻孔鲤鱼、梁山伯祝英台合葬墓、铁道游击队
非物质文化遗产	历史名人	微子启、张良
	传统手艺	微山渔家虎头服饰
	民间习俗	微山湖端鼓腔
济宁市		鱼台县
自然历史文化遗迹		栖霞堌堆遗址
非物质文化遗产	历史名人	闵子骞传说、樊子迟传说、宓子贱传说、鲁隐公观鱼处的传说
	传统手艺	木板年画、绾结葫芦
	民间习俗	山东清音、坠子、落子、山东快书、湖滨大鼓、夯歌、跑竹马
济宁市		金乡县
自然历史文化遗迹		湖河、大蒜光、善寺塔
非物质文化遗产	历史名人	王粲、王叔和
	民间习俗	落子、四平调
济宁市		泗水县
自然历史文化遗迹		泉林泉群、雷泽湖（舜）、康乾石碑、古卞桥
非物质文化遗产	历史名人	李白、朱熹泗水诗、卞庄子、仲子
	传统手艺	鲁柘砚制作技艺、柘沟土陶
菏泽市		牡丹区
自然历史文化遗迹		牡丹

续表

非物质文化遗产	历史名人	冉雍、卞壼、温子升、徐懋功、郭子兴
	传统手艺	曹州面人、鲁锦
	民间习俗	大平调、鲁西南鼓吹乐、山东古筝乐、菏泽弦索乐、山东梆子、枣梆、大弦子戏、莺歌柳书、山东花鼓、山东琴书、鲁西斗鸡

菏泽市		定陶区
自然历史文化遗迹		温泉、陶丘
非物质文化遗产	历史名人	尧、范蠡、左丘明
	民间传说	陶朱公传说
	民间习俗	两夹弦、皮影戏、牛屯鼓乐

菏泽市		曹县
自然历史文化遗迹		汤王陵、商代元圣伊尹祠、箕子墓
非物质文化遗产	历史名人	伊尹、吴起、氾胜之、黄巢、鲧、莱朱
	民间传说	伊尹传说
	传统手艺	曹县龙灯制作技艺、桃源花供、堆绣、绳编、曹县戏文纸扎、曹州堆绣、曹州面人、曹县江米人、曹县木雕
	民间习俗	曹州灯会

菏泽		单县
非物质文化遗产	历史名人	单卷、吕雉
	传统手艺	单县鼓吹乐
	民间习俗	民间杂技、山东落子、山东渔鼓、精灵皮

菏泽		巨野县
自然历史文化遗迹		麒麟台、齐鲁会盟台、蚩尤墓、西侯楼遗址
非物质文化遗产	历史名人	彭越、满宠、李典
	民间传说	麒麟传说
	传统手艺	荷包、巨野彩蛋
	民间习俗	孔楼杂技

续表

菏泽		成武县
自然历史文化遗迹		文亭山、文亭湖、卧化塔、吉祥寺
非物质文化遗产	历史名人	伯乐、晏子、孙期
	传统手艺	黑陶、糖人、面人
	民间习俗	四平调、担经

菏泽		郓城县
自然历史文化遗迹		水浒文化城、肖堌堆古文化遗址、唐塔公园、黄泥岗遗址
非物质文化遗产	民间传说	水浒传
	民间习俗	斗鸡斗羊、郓城古筝、坠子、柳子戏、山东梆子、山东枣梆、舞龙

菏泽		鄄城县
自然历史文化遗迹		雷泽湖、汉亘古泉、尧王墓、丹朱城、舜耕历山遗址、孙膑墓、亿城寺、羊左全交合葬墓、庄子钓鱼台、城濮之战古战场、陈王读书台、葵丘会盟台、刘忠古墓群、苏氏家祠、苏御史牌坊、舜王城
非物质文化遗产	历史名人	孙膑
	民间传说	孙膑传说
	传统手艺	鄄城砖塑、鲁锦
	民间习俗	中国斗鸡、商羊舞、担经、三皇舞、坠子、抬阁
东明县		中国西瓜之乡、黄巢、庄子传说、佛汉拳、大平调、羊抵头鼓舞、撅老四

聊城市		东昌府区
自然历史文化遗迹		江北水城、东昌湖、光岳楼、山陕会馆、古运河、中国运河文化博物馆、海源阁
非物质文化遗产	历史名人	伏羲、仓颉、伊尹、孙膑、曹植、程昱、岳飞、华歆、于慎行、马周、李苦禅、傅斯年、孔繁森
	民间传说	萧邵九成、凤凰来仪
	传统手艺	东昌府木版年画、葫芦雕刻、牛筋腰带制作技艺、东昌毛笔制作技艺、东昌澄泥烧制技艺
	民间习俗	山东八角鼓、聊城杂技

续表

聊城		临清市
自然历史文化遗迹		凤凰岭、舍利宝塔、清真寺、五样松、龙山、大宁寺
非物质文化遗产	历史名人	季美林，张自忠，张彦青
	民间传说	民耙除恶僧、马进忠起事、河神爷劫皇粮、女尼导游、避雨亭
	传统手艺	临清贡砖
	民间习俗	山东快书、五鬼闹判、临清架鼓、临清时调、高跷、跑旱船、狮子舞、云龙会、抬杠官、杠箱

聊城		茌平县
自然历史文化遗迹		圆铃大枣
非物质文化遗产	历史名人	鲁仲连、马周、董立元
	民间传说	凤凰山传说
	传统手艺	黑陶、中国民间剪纸艺术之乡、中堂画

聊城		东阿县
自然历史文化遗迹		阿胶、喜鹊、中国阿胶博物馆、曹植墓、喜鹊之乡、黄河鲤鱼、洛神湖
非物质文化遗产	历史名人	仓颉、于慎行、程昱、程咬金
	民间习俗	鱼山呗、撒河灯、鱼山梵贝、黄河大秧歌、迟庄年画

聊城		阳谷县
自然历史文化遗迹		蚩尤冢、狮子楼、景阳冈
非物质文化遗产	民间传说	伏羲"观日阳、种五谷"、《水浒传》和《金瓶梅》
	传统手艺	张秋木板年画、木雕
	民间习俗	寿张黄河夯号

聊城		莘县
自然历史文化遗迹		燕塔、十字坡、野猪林、马陵道古战场
非物质文化遗产	历史名人	河店镇西郭泥塑
	民间习俗	莘县温庄火狮子、张鲁回族秧歌

续表

冠县	武训祠、武训、郎庄面塑、查拳、柳林花鼓、柳林降狮舞、蛤蟆嗡
高唐县	华歆、吕才

青岛市		市南区、市北区、李沧区、城阳区、崂山区、黄岛区
自然历史文化遗迹		道教文化、齐长城遗址、海洋文化
非物质 文化遗产	历史名人	田横、丘处机
	民间传说	胡峄阳传说、盐宗凤沙氏煮海成盐传说、崂山民间故事
	传统手艺	木质渔船制造技艺、胶州剪纸、泊里红席编织技艺
	民间习俗	道教音乐、胶东大鼓、道教音乐、茶文化、折子戏、茂腔

青岛市		即墨区
非物质 文化遗产	民间传说	秃尾巴老李传说
	传统手艺	虎头帽服饰、虎头鞋、葛村榼子、大欧鸟笼制作技艺
	民间习俗	柳腔、元宵节踩街、即墨柳腔、田横祭海民俗文化节、即墨九狮图、即墨大鼓、天井山庙会、即墨秧歌、东京山庙会

青岛市		胶州市
自然历史文化遗迹		三里河文化遗址、少海新城
非物质 文化遗产	历史名人	高凤翰
	民间传说	大泽山民间传说故事
	传统手艺	剪纸
	民间习俗	胶州秧歌、胶州茂腔、山东八角鼓

青岛市		平度市
非物质 文化遗产	民间传说	大泽山民间传说故事
	传统手艺	平度草编、平度剪纸、宗家庄木版年画、兰底老烧
	民间习俗	平度烛竹马、吭咣书、平度柳腔、平度民歌、平度扛阁（平度网分析较细致）、莱西秧歌

莱西市	龙海公园、月湖公园、南岚遗址、莱西湖、姜山湿地

续表

烟台市		莱山区、芝罘区、福山区、牟平区
自然历史文化遗迹		养马岛旅游度假区、烟台山公园、张裕、塔山风景区、毓璜顶、昆嵛山国家森林公园
非物质文化遗产	历史名人	徐福、太史慈、徐岳、丘处机、左懋第
	民间传说	八仙过海传说
	传统手艺	福山剪纸、胶东大鼓、道教音乐、胶东花饽饽习俗、莱州蓝关戏、下官抬阁、福山高跷、福山雷鼓、棒槌花边技艺
烟台市		莱州市
自然历史文化遗迹		莱子国、郑文公碑（云峰刻石）
非物质文化遗产	历史名人	杨震四知太守
	传统手艺	莱州毛笔、掖县滑石雕刻、莱州草辫技艺、莱州毛笔制作技艺
	民间习俗	蓝关戏
烟台市		蓬莱市
自然历史文化遗迹		八仙渡海口、蓬莱阁、三仙山
非物质文化遗产	历史名人	戚继光
	民间传说	八仙过海传说、武帝刘彻东巡
	民间习俗	莱州蓝关戏、八仙宴、大杆号吹奏乐
莱阳市		螳螂拳
龙口市		南山旅游风景区、黄县窗染花、黄县布老虎、龙口面塑
招远市		金矿
栖霞市		牟氏庄园、丘处机传说、栖霞八卦鼓舞、戏灯穿花
海阳市		妈祖庙、海阳剪纸、炸面凤、面塑、海阳大秧歌
长岛县		长岛木帆船制造技艺、长岛砣矶砚雕刻技艺、海洋渔家号子、长岛显应宫妈祖祭典
威海市		环翠区、文登区
自然历史文化遗迹		刘公岛、成山头、昆嵛山

续表

非物质文化遗产	传统手艺	威海锡镶技艺、威海剪纸
	民间习俗	乳山大鼓、秧歌
文登区		秃尾巴老李传说、文登草编、胶东花饽饽习俗、"串黄河"风俗

威海市	荣成市	
自然历史文化遗迹		荣成山、天鹅、海草房
非物质文化遗产	历史名人	秦始皇、荣成水兵
	民间传说	赤山明神传说
	传统手艺	面塑和布制玩具、桷蓬制造技艺
	民间习俗	渔民号子、石岛渔家大鼓
乳山市		剪纸、乳山镂绣、棒槌花边技艺、乳山琴书、大秧歌、牛郎棍

日照市	东港区、岚山区	
自然历史文化遗迹		太阳文化、日照石刻、龙山文化
非物质文化遗产	历史名人	刘勰
	传统手艺	传统小船制造技艺、日照黑陶烧制技艺
	民间习俗	鲁南五大调、海洋渔号
五莲县		五莲剪纸、五莲割花技艺

日照市	莒县	
自然历史文化遗迹		古文字、浮来青、陵阳河遗址
非物质文化遗产	历史名人	姜太公
	民间传说	秃尾巴老李传说
	传统手艺	根雕
	民间习俗	莒县过门笺、周姑戏、转秋千会

淄博市	张店区、淄川区、周村区、博山区、临淄区
自然历史文化遗迹	原山森林公园，鲁山森林公园，齐韶、聊斋城，周村古商城，开元溶洞、临淄齐国故城、田齐王陵、桐林遗址、齐长城遗址、沂源猿人遗址、后李遗址、寨里窑址、颜文姜祠、蒲松龄故宅、西天寺造像、史家遗址、北沈遗址、陈庄—唐口遗址、磁村瓷窑址、临淄墓群、孔子闻韶处、齐文化、姜尚封齐、晏婴相齐、齐桓公首霸、荀子与稷下祭酒、稷下学宫与百家争鸣

184

续表

非物质文化遗产	历史名人	伏羲氏、少昊、颛顼高阳氏、蒲松龄
	民间传说	孟姜女传说、炉姑传说、聊斋志异、颜文姜传说、孔子来齐、鬼谷子传说
	传统手艺	淄砚、鲁青瓷、锦灰堆、鲁派内画、淄博刻瓷、淄砚制作技艺、淄博陶瓷烧制技艺、铜响乐器制作技艺、丝绸织染技艺、周村烧饼制作技艺、琉璃、陶瓷、琉璃烧制技艺
	民间习俗	蹴鞠、磁村花鼓、商家大鼓、五音戏、淄博花灯会、聊斋俚曲、阁子里芯子、商家大鼓、周村花灯、民间扮玩、五音戏、抬阁（阁子里芯子、周村芯子）、博山锣鼓、打铁花、踩寸子、鹧鸪戏

淄博市		高青县
非物质文化遗产	历史名人	姜子牙、田横
	传统手艺	核雕、虎头鞋
	民间习俗	打夯调、黄河调子、莲花落、东路梆子
桓台县		炉姑传说、鲁班枕、面狗、芦苇宫灯、打芦帘、蒲编工艺
沂源县		沂源猿人、牛郎织女传说

潍坊市		奎文区、潍城区、寒亭区、坊子区
自然历史文化遗迹		鸢都、沂山风景区、十笏园、万印楼
非物质文化遗产	历史名人	张择端、郑板桥
	民间传说	柳毅传说
	传统手艺	潍坊核雕、潍坊嵌银漆器、铜印、红木嵌银漆器、杨家埠年画、杨家埠风筝、扑灰年画、布玩具、潍坊刺绣、潍坊铜印铸造技艺
	民间习俗	阴阳鼓

潍坊市		诸城市
自然历史文化遗迹		恐龙化石、舜（东夷文化）
非物质文化遗产	历史名人	臧克家
	民间传说	秃尾巴老李传说

续表

非物质文化遗产	传统手艺	黑陶
	民间习俗	诸城派古琴

潍坊市	青州市	
自然历史文化遗迹	东夷文化发祥地、青州佛教造像、福寿康宁四石、云门山、青州古城	
非物质文化遗产	历史名人	范仲淹、李清照
	传统手艺	青州红丝砚制作技艺、剪刀锻制技艺
	民间习俗	青州挫琴

潍坊市	寿光市	
自然历史文化遗迹	蔬菜之乡、纪国故城遗址	
非物质文化遗产	历史名人	公孙弘、徐干、王猛、贾思勰
	民间传说	仓颉造字、夙沙氏煮盐
	民间习俗	月宫图、闹海、百鸟朝凤

潍坊市	昌邑市	
自然历史文化遗迹	千戈庄龙山文化遗址、石埠西村商周遗址、博陆山周代遗址	
非物质文化遗产	传统手艺	昌邑剪纸、柳疃丝绸技艺、昌邑土陶烧制技艺
	民间习俗	小章竹马表演

潍坊市	高密市	
自然历史文化遗迹	红高粱	
非物质文化遗产	历史名人	晏婴、郑玄、刘统勋、刘墉
	传统手艺	聂家庄泥塑、高密剪纸熏样和拓样、高密扑灰年画、高密菜刀工艺
	民间习俗	茂腔戏曲、地秧歌

潍坊市	昌乐县
自然历史文化遗迹	蓝宝石、木鱼石

续表

非物质文化遗产	历史名人	丹朱、韩熙载
	民间传说	吕公望都营丘
	传统手艺	木鱼石、金银细工制作技艺
安丘市		公冶长、李左车传说、木杆秤制作技艺、泥塑、东路大鼓
临朐县		临朐奇石、桑皮纸制作技艺、柳编编织技艺、临朐红丝砚制作技艺、周姑戏
东营市		东营区、河口区、垦利区、广饶县、利津县
自然历史文化遗迹		石油、黄河入海口景观、湿地、鸟类栖息、黄蓝经济区、兵圣孙武故里、商贸之地、凤凰城
非物质文化遗产	历史名人	孙武
	传统手艺	广饶齐笔制作技艺
	民间习俗	吕剧、盐垛斗虎、跑驴、陈官短穗花鼓、枣木杠子乱弹
临沂市		兰山区、河东区、罗庄区
自然历史文化遗迹		琅琊古郡、北寨汉墓、银雀山竹简、王羲之故里
非物质文化遗产	历史名人	仲子、匡衡、司马睿、王祥、王羲之、颜之推、颜师古、颜真卿
	民间传说	王祥卧冰求鲤
	传统手艺	蓝印花布、河东汤河草柳编、制陶业（黑陶）
	民间习俗	柳琴戏、龙灯扛阁
临沂市		兰陵县
自然历史文化遗迹		大蒜、屈原与兰花、鄫国古城遗址、季文子庙、文峰山
非物质文化遗产	历史名人	荀子后圣、季文子、萧望之、匡衡、兰陵笑笑生、左丘明、高长恭、鲍照、萧道成、何逊、王思玷、王鸿祯、王鼎钧
	传统手艺	苍山泥塑（小郭泥塑）
	民间习俗	猴呱嗒鞭舞
临沂市		郯城县
自然历史文化遗迹		银杏树、齐魏"马陵之战"

续表

非物质 文化遗产	历史名人	郯子、鲍照
	民间传说	鹿乳奉亲、东海孝妇传说
	传统手艺	草柳编、郯城挂门笺、郯城木旋玩具、木版年画
	民间习俗	鲁南五大调、二胡
沂水县		弦子戏
蒙阴县		蒙山、蒙山传说、沂蒙六姐妹、钻石、刘洪（算盘）、蒙恬、八仙灯
平邑县		蒙山、曾子（有争议）、仲由、澹台灭明
沂南县		诸葛亮故里、沂蒙红嫂、徐公砚
临沭县		常林钻石、柳编制品
费县		颜真卿故里、沂蒙山小调
莒南县		无

枣庄市		薛城区、市中区、峄城区、山亭区、台儿庄
自然历史文化资源		北辛文化、东夷文化、古运河、台儿庄大捷、铁道游击队、抱犊崮、微山湖湿地红荷风景区、冠世榴园、汉诺庄园、台儿庄古城
非物质 文化资源	历史名人	奚仲、孟尝君、毛遂、匡衡、贾三近
	民间传说	女娲神话
	传统手艺	运河糖画、民间缝绣工艺、砂陶烧制技艺、伏里土陶、洛房泥玩具、泥塑、张汪竹木玩具、石榴盆景栽制技艺
	民间习俗	柳琴戏、鼓儿词、薛城唢呐、骰牌灯、人灯、四蟹抢船、独杆轿、山亭皮影、鲁南花鼓

枣庄市		滕州市
自然历史文化资源		北辛文化遗址
非物质 文化资源	历史名人	墨子、鲁班、滕文公、奚仲、田文、毛遂（有争议）
	民间传说	鲁班传说
	传统手艺	滕县松枝鸟
	民间习俗	拉魂腔（柳琴戏）

第六章

山东文创产品设计开发路径

第一节
文学创作思维的文创转化

一、文学作品中的主题、体裁、题材、素材

在文学创作过程中,往往会涉及主题、体裁、题材、素材等概念,它们之间既相互关联,又有所区别。

主题,指的是文学作品的思想主旨,如《诗经·关雎》主题为"窈窕淑女,君子好逑";贾谊《过秦论》主题为"以秦为鉴,巩固统治";司马相如的《上林赋》主题为"武帝声威,强汉气势";曹操的《短歌行》主题为"招贤纳士,天下归心";李白的《将进酒》主题为"人生失意,借酒消愁";南唐后主李煜《虞美人·春花秋月何时了》其主题为"寄人篱下,怀念故国";辛弃疾《丑奴儿·书博山道中》主题为"中年之愁,欲说还休";《水浒传》的主题为"政治腐败,官逼民反";《西游记》主题为"历难修心,终成正果";刘鹗《老残游记》的主题为"腐败官场,民不聊生";老舍《茶馆》主题为"旧社会各阶层面对帝国主义、军阀、政府的层层压迫盘剥,逐渐消亡的悲惨结局";魏巍《谁是最可爱的人》主题为"歌颂抗美援朝志愿军战士保家卫国,无畏牺牲"等。主题是文学作品的灵魂,是统御其他的"真宰"。

体裁,指的是文学作品的语言形式,如诗歌、词曲、散文、小说、戏剧等,文学体裁之间虽无高下之分,但不同体裁的文字含量与行文规则,会影响主题表现的广度与深度。诗词歌赋结构精巧,语言凝练,但此类体裁所能承载的信息也相对有限,不太可能表现史诗级、全景式的主题;小说话本戏剧对文字与题材信息的承载量并无一定限制,语言更加丰满细致,因此适合深刻、生动、具体、多层次、多角度的特定主题,具有诗词歌赋无法比拟的信息丰富度。因而,主题与体裁之间是内容与形式的关系,内容附着于形式,形式服务内容,二者之间犹如餐食与器皿之间的关系,饮白酒杯宜小,饮红酒杯宜大;品茶当用茶具,喝咖啡当用咖啡杯;食中餐当配碟盏,吃西餐当有刀叉。

譬如,《过秦论》为政论,《关雎》《短歌行》《将进酒》为诗歌,《上林赋》

为骈赋,《虞美人·春花秋月何时了》《丑奴儿·书博山道中》为曲词,《水浒传》《西游记》《老残游记》为小说,《茶馆》为剧本,《谁是最可爱的人》为报告文学。它们主题不同、体裁各异。将诗词歌赋、小说话本集于一体的,如四大名著中的《红楼梦》最为典型,在这部120回的章回体长篇小说中,曹雪芹前八十回总共使用了大约61万字,其中包含了诗词歌赋、戏曲小段、对联酒令、谜语典故等多种文学形式。草蛇灰线,伏延千里,从人物情感纠葛、家族荣宠沉浮、国家权力更迭等多个维度,立体展现了康雍乾三朝的社会全景画,成为中国古典小说的高峰。

题材,是指构建文学作品,表现文学主题的主要内容,如爱国主题、历史题材、革命题材、战争题材、爱情题材、节日题材、离别题材、以物言志题材、借景抒发题材等,同一个题材可以表现不同的主题,同一个主题也可使用不同的题材加以表现。以《红楼梦》为例,《红楼梦》中的诗词丰富,以即兴题咏最多。其中既有主题相同、体裁相同,但题材不同的案例;也有体裁与题材相同,而主题不同的案例。如书中第三十七回"秋爽斋偶结海棠社,蘅芜苑夜拟菊花题"中,贾宝玉与大观园众姊妹结成"海棠诗社",以"海棠"为题(主题),限韵"盆、魂、痕、昏"即兴咏诗。

薛宝钗诗为:"珍重芳姿昼掩门,自携手瓮灌苔盆。胭脂洗出秋阶影,冰雪招来露砌魂。淡极始知花更艳,愁多焉得玉无痕?欲偿白帝宜清洁,不语婷婷日又昏。"

林黛玉诗为:"半卷湘帘半掩门,碾冰为土玉为盆。偷来梨蕊三分白,借得梅花一缕魂。月窟仙人缝缟袂,秋闺怨女拭啼痕。娇羞默默同谁诉?倦倚西风夜已昏。"

贾宝玉诗为:"秋容浅淡映重门,七节攒成雪满盆。出浴太真冰作影,捧心西子玉为魂。晓风不散愁千点,宿雨还添泪一痕。独倚画栏如有意,清砧怨笛送黄昏。"

三人虽均以"海棠"为题,以物喻德、以诗言志,又皆为七言律诗,但三者因在小说中的人物性格设定不同,诗中所选择的题材及其主旨立意,也呈现出很大差异。宝钗诗中的海棠呈现出矜持沉稳、端庄自重的性格特征;而黛玉诗中的海棠,却呈现出孤芳独寂、高冷哀怨的气氛;再观宝玉,则以"杨贵妃出浴""病西施捧心"来比喻薛宝钗和林黛玉,或许还包括晴雯,充分体现了宝玉"多情公子"的形象。可见,相同的题材,可以表现不同的主题。

再以小说第七十回"林黛玉重建桃花社，史湘云偶填柳絮词"为例，这是大观园人物最后一次组织诗会，以"咏柳"为题，以物言志。这一次的主题虽都是"柳"，且体裁皆为词，但词牌名不同，韵脚也各异。

史湘云《如梦令·咏柳》为"岂是绣绒残吐，卷起半帘香雾，纤手自拈来，空使鹃啼燕妒。且住，且住！莫使春光别去。"

林黛玉《唐多令·咏柳》为"粉堕百花州，香残燕子楼。一团团逐对成逑，漂泊亦如人命薄，空缱绻，说风流。草木也知愁，韶华竟白头！叹今生谁舍谁收？嫁与东风春不管，凭尔去，忍淹留。"

薛宝钗《临江仙·咏柳》为"白玉堂前春解舞，东风卷得均匀。蜂团蝶阵乱纷纷，几曾随逝水，岂必委芳尘。万缕千丝终不改，任他随聚随分。韶华休笑本无根，好风凭借力，送我上青云！"

三人虽同样寄居贾府，但词中的意境却大不相同。宝钗以柳絮自比虽无依无靠，寄人篱下，但终会借风上云霄，充分表露出她希望借助"金玉良缘"，跻身封建贵妇阶层的个人追求；而林黛玉的悲剧色彩愈加浓厚，因而词中简直是在"以春写秋"，"嫁与东风春不管"一句，已经暗示宝黛姻缘无望，因此只剩下"粉堕香残、漂泊命薄、愁白头，忍淹留"的离别败丧情绪；而史湘云的词中却充满了对未来美好生活（婚姻）的自信与向往，因而才有"纤手自拈来，空使鹃啼燕妒"之语。

不同的题材表现相同的主题如：以民国时期的批判现实主义文学为例，鲁迅的短篇小说《祝福》、中篇小说《阿Q正传》，老舍的长篇小说《骆驼祥子》与《四世同堂》，均堪称是这一时期的扛鼎力作。四部小说的主题几乎完全一致，即都是在表现旧社会多重压迫下，勤劳善良的普通民众，如何走向绝望与死亡。《祝福》的题材是"江浙乡镇一个叫'祥林嫂'的普通劳动妇女的悲惨一生"；《阿Q正传》题材则是"江浙乡镇一个甚至没有名字的底层劳动者如何走向死亡"；《骆驼祥子》讲述了"一个叫作'祥子'的北平底层洋车夫的悲剧人生"；而《四世同堂》则讲述了"住在北平小羊圈胡同中居住的几个家庭的没落史"。以上述四部小说虽题材各异，但主题一致。

不同作家，在表现同一主题时，会选择不同题材，这就与作家本身的个人经历与生活感悟密不可分，再以鲁迅与老舍为例，二者都从现实生活入手，皆是批判现实主义作家，但鲁迅的小说，无论是《阿Q正传》《祝福》，还是《孔乙己》《狂人日记》，他为我们勾画的生活场景大多来自其儿时生活的故乡，充满了浓郁的绍兴味道。而反观老舍，他是世居北平的满洲正红旗人，对北平的人物见闻，市井生活有着深刻的洞察。因此，无论是《茶馆》《四世同堂》《骆驼祥子》，其题材大都以北平的市井人生为主，自成一个完整丰满、"京味"十足的世界。

素材，则是指文学作品表现主题、丰富题材过程中，所必需的生活经验。这种"经验"可以是作者成长生活中所亲身经历的直接经验，也可能是以其他途径所获得的间接经验。以"经验"形态呈现的"素材"，可以经过作家的概括、提炼、夸张、补充、丰富、重构、转换。但无论如何加工，均应当符合读者的基本认知，能够被读者理解，能够推动文学作品主题的呈现。素材的丰富程度，以及选择加工的角度，直接影响到艺术作品的主题表现与情感张力。

二、文学创作相关概念对文创产品设计的启发

文学作品中的主题、体裁、题材与素材的概念，可以形象地比喻为佳肴美味中的"味道、容器、菜肴与食材"之间的关系，食材是菜肴烧制的物质基础、菜肴是味道呈现的物质基础、容器是菜肴摆放的形式框定，而此三者都是为了"味道"这一主题。本质上，此四者的相互关系，可以向其他一切文艺创作过程推演。

我们如果将艺术的类别，以表现载体予以划分，可以分为：口头语言艺术表现形式，如评书、相声、歌唱等；文字语言表现形式，如诗歌、词曲、散文、小说、剧本等；视觉语言艺术表现形式，如书法、绘画、雕塑、摄影、工艺美术等；上述艺术形式加入时间与空间因素，予以综合，其艺术表现形式如：音乐、舞蹈、曲艺、建筑、戏剧、影视等。听觉艺术的"艺术语言"是由"声音与静默"组成的节奏与韵律，视觉艺术的"艺术语言"为点、线、面、体、色彩与质感；而其他综合艺术形式，则在糅合上述艺术语言的基础上，加入的时间与空间线索。

这样，我们就可以将不同的艺术形式理解为文学创作中的"体裁"，而各种艺术形式所表现的内容理解为"题材"，艺术语言形式本身理解"素材"，此三者共同构成艺术作品的主题。不同的艺术形式可以表现同一主题，如"黛玉葬花"是《红楼梦》中最著名的描述之一，可谓文中有画，书中在第二十三回"西厢记妙词通戏语 牡丹亭艳曲警芳心"、第二十七回"滴翠亭杨妃戏彩蝶 埋

香冢飞燕泣残红"、第二十八回"蒋玉菡情赠茜香罗 薛宝钗羞笼红麝串"均有描写。其中第二十七回中的"葬花词"更是词中有画,优雅脱俗,被音乐、舞蹈、绘画、雕塑、书法、戏剧、影视作品反复表现。再如《西游记》中的"大闹天宫"、《水浒传》中的"武松打虎"、《三国演义》中的"火烧赤壁"等故事情节。更是因为被不同艺术手段反复表现,才成为老少皆知的经典。

文化创意产品设计,因为加入了使用功能因素,因而与纯艺术作品毕竟不同,但单就产品设计的创意过程而言,似与文艺作品有异曲同工之妙。以特定地域的文创产品设计为例,其设计构思过程也必然涉及"主题""体裁""题材""素材"四者之间的关系。

我们可以将文创产品设计所要表现的"主题",理解为是对特定区域典型文化特征或特定文化符号的提炼与概括。山东典型文化特征如黄河始祖文化、儒家圣人文化、道家养生文化、孝亲仁爱文化、海洋工商文化、运河文化、红色革命文化、齐文化、鲁文化等。区域典型文化符号如孔子、孙子、泰山、黄河入海、沂蒙精神、水浒文化、黑陶文化、龙山文化、石敢当、鼓子秧歌、麒麟传说等。上述文化符号虽未言明地域,但不言自明、尽人皆知,因而属于典型的地域文化符号。

从传播学的角度而言,传播的关键不在于"媒介",而在于"特征"。因此,特定地域文创产品设计应着重表现其不可替代的"文化主题"。"主题"是文创产品设计开发的起点,是统御产品功能、形态、材质、图形纹样等要素的核心,这一点与文学艺术创作并无二致。应当特别明确的是:一个省有一个省的文化特征(符号)、一个市有一个市的文化特征(符号)、一个县有一个县的文化特征(符号),下一级文化特征可以向上跃升,即县市一级的文化特征可以成为省一级的文化特征;省一级的文化特征亦可由多个县市的文化特征予以概括提炼。如山东的"儒家文化"并不单指曲阜,也包括邹城、嘉祥、宁阳等地区;"海洋文化"则是烟台、青岛、威海、日照、东营、潍坊各区域文化的集合;"黄河文化"与"运河文化"更是全流域跨地区的整体文化形象。

就文创产品的"体裁"而言,我们既可以将其理解为文创产品的"使用功能",亦可以理解为文创产品的"实现工艺";文创产品的具体功能,就是该文创产品的"体裁"。譬如,济南以泉水著称,谓之"泉城",以泉水为主题的文创产品,其功能可以设定为酒水饮料、杯盏茶具、墨砚、加湿器等与"水"相关的产品，这就是文创主题与体裁的相关性。再举一例，泰山石敢当是泰安市典型的文化符号，如果将其作为文创产品设计开发的主题，其产品的功能可设定为摆件、挂件、音响、冰箱贴、小夜灯等产品，但不宜与纺织品、丝织品、蜡烛、折扇、茶酒具等，这样带有柔然、消耗、变动性质的产品相连。因此，可以明确，与文创产品文化主题产生"正相关性"的产品功能，能使其产品文化主题表现得更为自然流畅，恰如其分；反之，则会与文化主题发生冲突，甚至阻碍其主题的表达。

另一方面，与现代批量化、机械化、标准化的普通产品的生产加工不同，目前，山东文创产品的生产加工过程中，仍会涉及传统手工艺的生产加工方式，且很多传统手工艺已成为国家级、省级非物质文化遗产。因此，在山东文创产品设计过程中，选择适当的传统手工艺，将其合理嵌入文创产品设计开发中，以现代手工艺的加工方式实现其产品功能，表现其文化主题，不仅能够起到保护传统手工艺的目的，还可以达到产品功能、工艺美术、文化主题三者相互融合的效果，使文创产品的价值更具张力。山东各地传统手工艺种类丰富，衣食住行用无所不有，涵盖了工业化时代之前，人们生活的方方面面，项目详细内容如表6-1所示。

表6-1　　　　　　　　　山东各地传统手工艺种类简表

项目类别	项目细分
衣着服饰类	主要针对棉、毛、丝等材质，所进行诸如提花、纺织、印染、刺绣、裁剪、缝纫等工艺。如：济阳钩织刺绣、博兴老粗布、蓝印花布、烟台棒槌花边技艺、淄博丝绸织染技艺、潍坊刺绣、昌邑柳疃丝绸技艺、临沂蓝印花布、济宁民间缝绣工艺等
木作类	主要针对竹木材质，所进行的架屋、造船、制车、家具与农具的制作等工艺。如：木质渔船制造技艺、长岛木帆船制造技艺、即墨大欧鸟笼制作技艺、济阳仁风圈椅、日照传统小船制造技艺、安丘木杆秤制作技艺、郯城木旋玩具、张汪竹木玩具等
编织类	主要针对草、柳、竹等材质，所进行的编制成器等工艺。如：博兴草柳编、泊里红席编织技艺、平度草编、莱州草辫技艺、文登草编、荣成桄蓬制造技艺、桓台蒲编工艺、临朐柳编编织技艺、临沂河东汤河草柳编、郯城草柳编、临沭柳编制品、聊城牛筋腰带制作技艺等

续表

项目类别	项目细分
烧制类	主要针对泥土、矿石等材质,通过烧制窑变所进行的陶器、瓷器、琉璃等工艺。如:龙山黑陶烧制技艺、泗水柘沟土陶、东昌澄泥烧制技艺、临清贡砖、日照黑陶烧制技艺淄砚、鲁青瓷、淄砚制作技艺、淄博陶瓷琉璃烧制技艺、昌邑土陶烧制技艺、临沂制陶业(黑陶)、济宁砂陶烧制技艺、伏里土陶等
冶铁类	主要针对金属材质所进行的锻造、铸造、磨制等工艺。如:章丘铁匠习俗、铜响乐器制作技艺、潍坊铜印铸造技艺、青州剪刀锻制技艺、高密菜刀工艺、昌乐金银细工制作技艺等
雕刻塑造类	主要针对金属、竹木、玉石、陶瓷、砖泥、漆器、骨牙等雕刻,以及泥塑、面塑等。如:莱芜西关村王家锡雕、曲阜楷木雕刻、嘉祥石雕、曹州面人、桃源花供、曹县戏文纸扎、曹州面人、曹县江米人、曹县木雕、鄄城砖塑、西郭泥塑、掖县滑石雕刻、龙口面塑、阳信面塑、长岛砣矶砚雕刻技艺、莒县根雕、淄博刻瓷、潍坊核雕、聂家庄泥塑、苍山泥塑(小郭泥塑)、济阳黄河泥塑、莱芜吕家泥塑、泰山泥塑、肥城桃木雕刻、东昌府葫芦雕刻等
女红手工类	主要针对家庭女性成员居家所制作的工艺品,如剪纸、绒制工艺品、绢花、布玩具等,如:鲁锦、曹县堆绣、曹县绳编、宁阳伏山剪纸、夏津剪纸、阳信县虎头鞋、博兴布老虎、曲阜大庄绢花、微山渔家虎头服饰、巨野荷包、巨野彩蛋、胶州剪纸、即墨虎头帽、虎头鞋、黄县窗染花、黄县布老虎、五莲割花技艺、潍坊布玩具、洛房泥玩具等
镶嵌类	主要针对嵌银漆器、贝壳镶嵌、景泰蓝掐丝工艺等不同材质的镶嵌工艺,如:潍坊红木嵌银漆器、阳信锡壶制作技艺、威海锡镶技艺、潍坊嵌银漆器等
绘画类	主要针对各种形式的民间绘画,如年画、烙画、内画、糖画等,如:鲁派内画、运河糖画、宁津烙画、济阳胡氏糖画、清河镇木板年画、鱼台木板年画、张秋木板年画、锦灰堆、杨家埠年画、高密剪纸熏样和拓样、高密扑灰年画、东昌府木版年画等
地域特产类	主要针对各地代表性的矿石、自然特征,如:长清木鱼石、曲阜尼山砚、东阿阿胶制作技艺、周村烧饼制作技艺、昌乐蓝宝石、临朐奇石、蒙阴钻石、常林钻石等

续表

项目类别	项目细分
精神文化类	以文化需求或精神娱乐为目的手工艺品，如乐器制作、笔墨纸砚等文具制作、皮影木偶、风筝彩灯等纸扎、鸟笼制作等，如：德州古埙制作技艺、制鼓技艺、曲阜桑皮纸制作技艺、临朐桑皮纸制作技艺、曲阜扶兴和毛笔制作技艺、东昌毛笔制作技艺、莱州毛笔制作技艺、广饶齐笔制作技艺、莱州毛笔、泗水鲁柘砚制作技艺、临朐红丝砚制作技艺、青州红丝砚制作技艺、曹县龙灯制作技艺、桓台芦苇宫灯、惠民手扎灯笼、杨家埠风筝、弓箭制作技艺、曲阜拓片制作技艺、鱼台绾结葫芦等

相较于纯粹的艺术作品，我们可以将文创产品的"题材"理解为其产品的形态、色彩、材质、图形、纹样等视觉要素。本质上，以功能产品为媒介表达"文化主题"，本身就是一个由"抽象概念语言"向"实体可见语言"转译的过程。例如，我们以文创产品的方式表现"孔子"这一文化主题，当然可以使用孔子的形象作为产品形态设计的主要"题材"，如孔子画像、孔子雕塑、孔子人偶、印刷有孔子形象的扇面、吊坠、文房四宝等，这一点似乎不喻自明。但如果我们以产品为媒介，去表现"儒家文化""红色文化""黄河文化"这样抽象主题，或者去表现诸如济南、青岛、烟台、菏泽等这样的区域文化特征，则需要对此类文化主题进行细致深入的调研，对众多与文化主题相关的素材进行选择提炼、归纳概括。这一过程就是将杂多繁乱的"素材"提炼为能够有效反映主题的"题材"，将抽象观念转为具象诉说的过程。这一过程，也就是针对特定区域文创产品进行设计开发的过程（表6-2）。

表6-2　　　　　　　　文创产品设计与文学创作的对应关系

文学作品	文创产品
主题	文创产品所应表述的典型文化特征
体裁	文创产品所应具备的使用功能，以及独特的生产加工工艺
题材	产品在表述文化特征时，所整合调动的符号意向、视觉形态语言的总和
素材	特定区域、组织（如政府机构、企事业单位）所能被挖掘的文化资源总和

第二节
文创产品设计开发框架

如前所述，本书所讨论的"文化创意产品"设计对象仅限于：以引发特定人群情感文化认同为目标，以特定区域（对象）自然历史文化资源为基础，针对特定功能产品所进行的文化赋意与设计开发的过程。此类设计开发应以知识产权保障和品牌化运作为前提，运用现代创新设计方法与生产加工手段，设计开发具有高文化附加值与议价能力的，且进入市场销售的功能产品。

文化创意产品设计过程是以挖掘特定区域典型自然历史文化资源为基础，以分析当地经济发展路径、生产要素类型、加工特色、生产规模、旅游类型、游客及消费需求等因素为依据，以连接当地文化资源为内容，以激发当地生产加工能力，促进当地文化形象典型化传播为手段，以服务当地经济健康发展为目标的持续性系统工作。

目前，特定区域文创产品设计开发，基本由"区域自然历史文化资源""设计开发参与主体""文创产品设计开发过程"等三大系统构成，"文创产品设计开发过程"居于中心，连接其他两个系统。

文创产品设计开发模型包括区域文化产业资源、设计开发参与主体、文创产品设计开发过程三个一级子系统构成，文创产品设计开发过程连接其他两个系统。

文创产品设计开发依托当地区域文化资源、区域产业资源，区域旅游资源三个子系统开展工作，三个子系统为文创产品设计开发提供文化、产业、旅游渠道等支撑；同时，文创产品设计开发向区域产业升级赋能。

政府主管部门、设计主体、投资主体、生产加工主体、销售主体、消费者与受赠者共同构成文创产品设计开发参与主体，是文创产品设计开发的利益攸关方。

文创产品设计开发过程依次包括当地文化、产业资源梳理，旅游类型定位、文创产品品牌定位、资金支持、产品设计、专利保护、生产加工、包装展示、销售推广、风险管控、产品评价等诸环节；文创产品开发收益主要在设主体、投资主体、生产加工主体之间分配；收益主体以上缴利税的形式提高当地财政收入，促进区域经济发展；政府主管部门、销售渠道、消费者与受赠者是文创产品评价主体如图6-1所示。

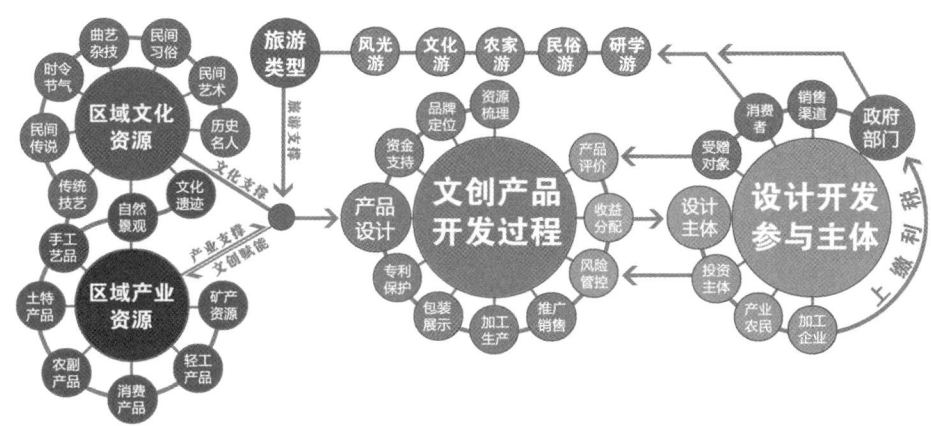

图6-1 文创产品设计开发关系模型

文创产品设计开发参与主体包括地方政府、生产企业、投资主体、文化主体、设计主体等几个方面。本质上，除设计主体外，上述参与主体通常也是文创产品设计开发的项目委托人。一般而言，由不同的项目委托方所主导的文创产品设计开发项目，其立足点与着眼点会有较大差异。具体而言，我们可以作如下区分。

一、由政府所委托的文创产品设计开发

目前，我国宪法规定，国家分为省、县、乡三级行政区划。但在实际治理过程中，包括国家（国务院）、省（直辖市、自治区）、市（地级市、盟、自治州）、县（县级市、市辖区、旗、林区）、乡（镇、街道办）、村等六级治理单元。各级治理单元均设有人民政府（或自治组织），向上逐级隶属，向下逐级管理。地方人民政府根据宪法和地方组织法所赋予的权限，执行本地国民经济和社会发展计划、预算；管理本行政区域内的经济、教育、科学、文化、卫生、体育事业；环境和资源保护、城乡建设事业和财政、民政、公安、民族事务、司法行政、监察、计划生育等行政工作。因此，地方政府对于促进本地区

经济、教育、科学、文化、卫生、体育事业的发展，负有主要领导责任。一般而言，各级政府对文创产品设计开发的诉求，一般源于以下几个方面：

其一，各级政府、企事业单位等对外交往与公务会议中，对文创产品存在大量实际需求，成为文创产品设计开发的重要动力。文化特征突出，诉说内涵丰富的文化礼品，可以成为当地政府介绍本地特征，讲好本地故事的重要媒介。以物传情，以物达意，增进受赠方对该地区的情感连接与文化认同。

其二，文化创意与精品旅游是一个硬币的两个方面。一方面，旅游产业精品化发展策略，必将带动客源增加与潜在购买力的提升，对文创产品设计开发产生更多消费预期；另一方面，文化创意产业的优化发展，也必将深化旅游内涵，提高旅游收益，深层次的推动产业升级，促进区域经济发展。各级政府以推动文创产品设计开发为手段，其目的是为了有效加快当地产业升级、促进就业、推进当地经济有序健康发展。因此，地方政府推动文创产品设计开发的视角更为宏观。

二、由生产加工企业所委托的文创产品设计开发

当前，越来越多的生产企业已充分认识到，文创产品设计开发已不再局限于文化礼品、旅游纪念品的狭窄范围，业已成为促进当地产业升级，工业、农业和服务业融合发展的重要手段。文创产品设计开发的工作重点已由早先的"文化创意产业化"向"制造产业文化化"过渡。具体而言，文创产品设计开发的重要目的是增加传统日用产品的文化价值，形成文化创意设计向农副土特产品、手工艺产品、轻工业产品、日用消费品、区域旅游产品等综合赋能，推动当地普通消费品的"文创化"转化，提高其议价能力、推动产业升级、促进就业，使当地经济有序健康发展，形成"文创+产业"的发展格局。一般而言，由生产加工企业所主导的文创产品设计开发，往往具备如下几个方面的需求：

其一，丰富产品文化价值，提高产品议价能力。不可否认，目前我国大多数民用快消品生产加工企业仍以产品的"使用功能"为主要价值输出导向。因此，传统生产加工企业的价值实现仍主要依靠原材料、工艺、劳动力等物质因素，较缺乏对产品文化内涵的挖掘，对消费心理与情感需求研究，对消费人群的定位，以及产品品牌的把握。因而，此类加工企业往往呈现出技术含量低、

劳动强度大、议价能力差、产品同质化严重等劣势。目前，越来越的生产企业逐步意识到：所谓"消费升级"不仅只是指功能升级、技术升级、材料工艺升级、销售渠道升级，更包括了产品所蕴含的情感升级、品牌升级、文化升级。传统加工企业迫切需要通过融合文化创意产品设计开发的一般方法，提高其产品的情感张力与文化内涵，进一步细分消费人群，激发消费者购买欲望，实现山东经济的动能转换与产业升级。

其二，借助当地旅游资源，促进生产企业增收。诸如农副土特产品、手工艺产品等的生产加工企业，对当地旅游资源的依赖性很强。如果此类产品无法与当地旅游文化资源高度契合，深度对位；或无法实现标准化的产品评价体系与批量化的生产模式，便往往流于普通农副土特产品、传统手工艺产品的销售模式与价格体系，无法有效依托当地的旅游资源，激发旅游者的购买欲望，改善企业的营收状况。鉴于此种情况，此类产品也需要借助现代设计开发思维，对现有产品进行文化赋意，形态重构，以及功能升级。进而形成质优物美，具备当地典型文化特征与情感张力，符合标准化、批量化生产方式的旅游文创产品。

其三，改造原有文创企业，加快产品转型升级。从时代发展的角度观察，文化创意产品设计之所以日新月异，本质上是将既有的历史文化资源，以当前政治、经济、文化、科技、艺术、伦理的视角进行重新诉说，再次组合。使其既具备传统文化的深厚底蕴，又具备当代文化的时代特征。这是"旧物"再次融入时代，焕发新生机的过程。

因此，如前章节所述，文化创意产品并非今天才有，从事文创产品加工生产的的企业早已有之。新中国成立之后，各地大量涌现出基于对传统手工艺作坊改造的工艺美术厂。20世纪五六十年代，这些工艺美术厂所生产的产品，为国家换取了大量外汇，极大地支援了新中国建设。然而，目前，山东很多工艺美术产品生产企业也面临经营不善、人员流失、关停并转的困局。出现这种情况，一方面是由于此类企业没有通过现代企业制度，合理组织管理人财物等生产要素；另一方面，此类企业对产品款型、传统工艺的传承有余，而对其所蕴含的文化内涵创新不足。久而久之，其产品固有的文化内涵与时代文化特征发生分离，无法引起今天消费者的情感认同与购买需求。因此，使用现代产品设计开发的一般方法，对原有文创企业进行整体改造，也是此类企业升级发展的必然需要。

三、由文化主体所委托的文创产品设计开发

本书所讲述的"文化主体"主要是指文化成果的管理者，主要譬如：文化主管部门，文化成果的存放地（如博物馆、历史遗址公园、文化馆、图书馆、影剧院等），文化成果的产出者（如作家、画家、音乐家、剧作者等）。上述主体或是文化成果的产出者，或是文化成果的存放地，或是文化成果的组织监管者。因而对文化成果的转化具备优先权，成为文创产品设计开发的重要主体。文化主体所推动的文化产品设计开发往往具有如下主要特征：

其一，博物馆、美术馆、历史遗址公园等单位，是历史文化资源的存放地。对其所在的历史文化成果负有保护修缮，运营管理的责任。随着旅游产业的不断发展，博物馆、历史文化遗址、文化馆等成为重要的旅游目的地。一方面，游客在参观博物馆、历史文化遗址后，往往会产生购买相关文化产品、馈赠亲友、固化旅游记忆的现实需求；另一方面，文化成果的运营部门，也有将其馆藏文物通过复制、衍生、再设计的方式予以转化，进而达到对文化成果积极传播、快速转化、商业增值的目的。

其二，各级文化主管部门是文化成果的主要管理者，其关注的不是一时一域的文化资源转化问题，而应对区域文化的典型资源进行高度凝练概括，提纲挈领、以点带面，塑造系统独特的文化典型生态。因此，以文化主管部门主导的文化产品设计开发，应重调研、重规划、重资源梳理与平台建设。

四、由设计主体所推动的文创产品设计开发

成熟的产品设计师在掌握现代设计思维方法的基础上，往往具备丰富的文创产品设计开发经验。设计师的责任就是以特产品设计开发为手段，服务区域经济发展，满足人们日益增长的物质文化需要，不断优化人们的生活方式。因此，由设计师主导的文创产品设计开发，往往具有很强的专业思维与社会责任感。概括起来基本具有如下特征：

其一，设计是一个发现问题，进而解决问题的过程。因此，由设计师主导的文创产品设计项目，其着眼点往往不会像政府、文化主体那样宏观抽象；亦不似投资主体、生产企业那样功利。设计师往往更多地针对具体问题提出具体的设计解决方案。因此，设计师主导文创项目，往往以专业设计视角去看待现

象，解读文化，形成联想，赋予功能，产生"学理型"设计推导过程。

其二，设计主体主导的文创产品开发，较不受特定区域经济、文化、投融资可能、加工资源、销售渠道的评价制约。因此，观察角度更加客观独立，设计方案更自由洒脱。但也正是因为设计主体较少受当地政府、投融资渠道、加工企业、文化主体、销售渠道的评价制约，也往往会造成很多设计方案无法落地。

五、由投资主体所委托的文创产品设计开发

目前，在一般民用品的设计开发商业模式中，我们可以将资本、产品、渠道称之为产品开发三要素。三者相辅相成，缺一不可。今天，既有以"生产主体"整合资本、销售渠道等要素，进行产品设计开发的运作模式；也有以"销售渠道"去整合其他资源进行产品设计开发的模式；更有以"投资主体"主导设计项目，整合生产要素与销售渠道的商业开发模式。应当承认，资本的本质就是扩张，因此，投资主体出于资本逐利的需要，往往会对特定环境中发展潜力巨大、成长性良好、盈利能力可预期的产业或行业进行投资，以获得较高的投资收益率。今天，随着人民对精神文化需求的不断提高，文化创意产业已成为资本投入与效益产出最高的产业之一。因此，由投资主体推动文创产品设计开发的内在需求越发强烈，这种开发类型主要具备如下特征：

其一，本质上，无论是政府、生产企业、文化主体、设计主体、投资主体等所主导的文创产品开发，其动机都含有经济扩张的特征。但它们之间的出发点又有很大不同。如果说，政府主导的文创产品开发，是为了促进当地产业升级，推动区域文化经济的整体协调发展为首要目的；那么，以企业主导的文创产品设计开发，则更多的关注产品的高文化附加值及高议价能力，是以提高企业综合竞争力为目的；文化主体所主导的文创产品设计开发，则包含增强文化成果的快速传播与积极转化的重要目的；由设计主体所主导的文创产品开发，则是发现问题并解决问题的过程，包含有对传统文化传承与创新的社会责任感；但以投资主体所主导的文创产品设计开发，其着眼点与立足点则更多地考虑资本的快速增值。

其二，以投资主体所主导的文创产品设计开发，是将文化资源视为加工原

材料，将文创产品设计开发视为生产加工要素与生产过程，将文创设计成果视为商品，将消费者因情感认同所产生的购买行为，视为资本增值的必要手段。因此，单一由资本牵引的文创产品开发，有可能出现对文化资源低端媚俗过度开发，必须由地方政府、文化主管部门、文化主体予以监管匡正。

第三节 文创产品设计项目的前期调研

如前所述，不同投资主体与项目委托人所主导的文创产品设计开发，因其立足点与着眼点不同，往往会使开发过程及其结果呈现很大差异。也正是这种开发目的的差异性，直接影响到项目前期调研的范围与重点。文创产品设计根据项目实际展开的深度与广度差异，可以作如下区分。

一、基于特定区域历史文化资源的整体调研

基于特定区域的全域历史文化资源的整体调研，首先此处的"特定区域"是指省市县乡村等五级，以行政区划明确规范边界的地理区域，如山东省、菏泽市、鄄城县、凤凰镇、鲁楼村等。一般而言，行政区划越小，调研的范围也就越小，文化容量越少，文化类型也就越单一，因此，区域文化特征概括整合的难度也就越小；反之，被调研的行政区域增大，其文化容量也随之增大，文化类型趋于多样，文化特征的概括也更加复杂。山东十六地市，每个城市均有其典型的文化特征，但这些文化特征不可能全部上升为山东的典型文化特征，这就需要对这些文化特征进行比较、归纳、提炼、整合。

这里的"比较"主要是指与全国其他省份所特有的文化特征进行对比，思考山东所提炼的文化特征是否具有"独一无二"的差异性，避免与其他省份相重复。例如：以孔子为代表的儒家文化，以泰山为代表的平安文化，便具有独一无二的差异性，能够很好地代表山东；但以京杭大运河山东段为代表的"运河文化"、以烟台青岛威海为代表的"海洋文化"、以黄河山东段

为代表的"黄河文化",却并非山东所独有,因而不易将其上升为山东文化特征。换而言之,我们可以使用"黄河入海(黄河入海口在山东东营)"来解读山东"向海发展、百折必东、开放进取"的文化姿态,但不宜使用"黄河"本身作为山东典型文化的代表。因而,本书副标题为"儒风望岳",也正是基于此种考虑。

这里的"归纳"主要是指,山东十六地市均有各自的典型文化特征,这些特征如果下沉到"市"一级的行政地理范围而言,可能是"独一无二"文化特征,如梆子、大鼓、琴书、清音、快书、花鼓、柳琴戏、大平调、皮影、莺歌柳书等。但如果上升一个维度,站在山东省的维度来看,各地市的梆子、大鼓、快书、琴书等艺术形式,其共同特征远远大于其地域差异。这种情况,便需要对其进行归纳,形成在全国32个省市区中独一无二的艺术形象,如山东大鼓、山东快书、山东梆子、山东琴书等。

所谓"提炼"是一个去粗取精、去伪存真的过程,在文创产品设计中,就是将特定区域的文化特征进一步典型化、差异化的过程。除与自然历史景观、文化名人(及其作品)、区域土特产外,大多数地区的非物质文化资源,往往与其他省份、其他地市,在某种程度上出现类似,这就需要设计者对其进行"差异化"的提炼,通过将其与周边文化生态进行嫁接,构建与整个区域文化生态之间的关系。削弱其相同要素,放大其"不同"特征,强化其文化辨识度,从而实现其独特的区域代表性。例如,"竹简"作为文化载体,不能代表山东文化,但镌写有《论语》的竹简则能够体现山东文化;再如:"秧歌"并非山东所独有,因而无法代表山东文化,但与大鼓、平顶花伞相嫁接的"鼓子秧歌",则是山东文化资源中的典型符号;又如:手工泥人各地皆有,不能代表山东文化,但潍坊高密地区的"泥叫虎"形态巧妙、造型独特、寓意丰富,则可在与山东其他文化资源进行适当组合的基础上,成为山东文化的典型形象。

文创产品设计中的文化"整合",并不是单纯的"合并同类项",不是"1+N=1",更不是"1+N=N",而是"1+N=1.n"的状态。譬如,山东孕育出大批"圣人",但河南、陕西、山西等省份,也有很多名人被后世"封圣"。比如:大圣老子(河南)、元圣周公(陕西)、医圣张仲景(河南)、武圣关羽(山西)、画圣吴道子(河南)等。因此,在塑造山东"圣人文化"主题的过程中,如果仅单纯的突出"至圣孔子"单一文化符号,而忽略了其他山东圣人,就犯了"1+N=1"的错误,即"圣人形象突出但不够丰满";但如果将至圣孔子、复圣颜回、述圣孔伋、宗圣曾子、亚圣孟子、兵圣孙子、科圣墨子、后圣荀子、木圣鲁班、史圣左丘明、书圣王羲之、字圣仓颉、智圣诸葛亮(一说东方朔,山东德州人)等等量齐观,进行无差别的排列,则又会出现"1+N=N"的问题,即"圣人形象丛杂而不突出"。因此,在塑造山东"圣人文化"主题的过程中,应将其塑造为"以儒家为代表的圣人文化",或是"山东圣人文化圈"这样的概念,既要突出"至圣孔子"这个"1",又要叙述山东的其他圣人这个"N",即呈现出"以孔子为代表的山东圣人文化群"这样的文化特征。

再如,黄河在山东流经山东菏泽、聊城、济南、滨州、东营等地。除山东外,黄河还流经我国青海、四川、甘肃、宁夏、内蒙古、陕西、山西、河南等8个省份。因此,我们不能简单地将"黄河文化"作为山东文化的典型特征进行传播。但在山东境内,特别是黄河流经的菏泽、聊城地区,却是伏羲、女娲、神农、黄帝、少昊、颛顼、尧、舜等人文始祖的主要活动区域。因此,我们可以将"黄河"与"始祖"这两个概念进行结合,形成山东所特有的"黄河始祖文化",文化叙述的主体仍是"黄河",但枝干却呈现出"三皇五帝,人文始祖"的文化魅力,这就是整合,"整合"就是在合并同类项的基础上,保留其类别"差异性"与"丰富性"。因此,省一级的文化调研、文化特征提炼概况、设计主题的确定,至少应站在国家层面上进行比较分析;而地市一级的文化调研、化特征提炼概况、设计主题的确定,至少应站在省一级的层面上进行比较分析,以此类推。文化调研与设计主题的确定,关键要做到"高起跳,深探底","有高度、有支撑、有情感、有细节",尽量形成提纲挈领,高屋建瓴之势。

基于特定区域的历史文化资源调研,基本范围应涵盖被调研区域的自然景观、时令节气、区域历史、民间传说、历史名人、民间习俗、民间技艺、民间艺术、文化遗迹等;区域产业资源调研应包括:自然矿产资源、农副土特产品、手工艺产品、民用产品等;区域旅游类型调研应确定其旅游类型究竟属于风光游览型、知识学习型、过程体验型、康养娱乐型、复合型等。调研的目的本质上只有一个:即梳理文化素材、提炼表现题材、设定产品功能(体裁)、突出文化主题(表6-3)。

表6-3　文创产品设计开发区域文化资源调研的基本范围及区域旅游类型

文创产品设计开发区域文化资源调研的基本范围	
自然景观	不同的地理位置,会形成不同的自然气候及地貌差异,也正是这种差异,成就了不同区域的自然景观风貌,成为当地不可替代的自然名片
时令节气	地理方位不同,自然气候各异。其基于因生产生活实际需要,而对自然气候规律性的把握与运用,被称之为时令节气。在我国,节日与不同的时令存在着彼此对应的关系。不同的节日,也蕴含着丰富的传统文化及其呈现形式
区域历史	特定区域的历史调研是项目前期调研的时间线索,提纲挈领,只有完全厘清调研区域的历史脉络,才能有效地架构该地区的文化模型
民间传说	民间传说是指那些有别于官修史志的民间口头叙事信息,这些传说虽未必具备历史的客观真实,但往往具备情感的"客观真实",包含了特定区域丰富的历史、文化、地理、民俗、信仰等信息
历史名人	历史名人主要是指该区域正史记载或民间传说中,各领域所涌现的重要代表人物,以及这些代表人物的主要生平成就,人物轶事等
民间习俗	十里不同风,百里不同俗。不同地理自然环境及历史演进脉络的差异,往往会呈现出风格迥异的生活方式与民间习俗
民间技艺	民间技艺主要是指那些特定区域民众日常生活中所呈现的造物方式与造物技巧,以及运用这些传统造物方式所呈现的造物特征
民间艺术	技术的熟练化操作及其象征性的演绎方式,往往会向艺术发展。民间艺术包括民间音乐、绘画、雕刻、曲艺、杂技、艺术化的工艺美术等
文化遗迹	我们可以将历史发展过程中的人造物化留存,称之为历史文化遗迹。这些文化遗迹主要包括建筑物、文物、生产生活用品等
区域产业资源	
自然矿产资源	自然矿产资源既是一个区域经济发展的重要依托,也是该区域文创产品设计开发的重要物质载体
农副土特产品	农副产品是由农业生产所带来的副产品,包括农、林、牧、副、渔五业产品。分为粮食、经济作物、竹木材、工业用油及漆胶、禽畜产品、蚕茧蚕丝、干鲜果、干鲜菜及调味品、药材、土副产品、水产品等若干大类,每个大类又分若干小类,特定区域的农副土特产品,往往能够成为文创产品设计开发的重要载体

续表

	文创产品设计开发区域文化资源调研的基本范围
手工艺产品	民间手工艺品是指劳动人民为适应生活需要和审美要求，就地取材，以手工生产为主的加工制成品。手工艺品种类繁多，主要包括年画、编织、刺绣、印染、雕刻、泥塑、剪纸、陶器、琉璃、金属工艺、纸扎、玩具等。由于各地区、各民族的社会历史、风俗习尚、地理环境、审美观点的不同，各地的手工艺品具有不同的风格特色
民用产品	此处的民用产品生产主要是指：该区域以现代企业组织方式及其加工手段为基础，所批量化、标准化生产的民用产品。如食品、纺织、造纸、印刷、生活用品、办公用品、文化用品、体育用品等
	区域旅游类型
风光游览型	以山海湖林滩岛等为主的自然风光、著名古代及现代建筑、文化遗址、园林、现代城市与乡村景观、山水田园、宗教寺庙等自然文人风光为主的旅游类型
知识学习型	以文物古迹遗址、博物馆、科技馆、地质公园、植物园、文化馆、美术馆等为主要旅游目的地的旅游类型
过程体验型	以民风民俗、社会时尚、节庆活动、风味饮食、宗教仪式、徒步探险等为主，重在过程参与体验的旅游类型
康养娱乐型	以文体活动、度假疗养、康复保健、主题乐园等为主要旅游目的旅游类型

二、基于特定开发对象的文化资源调研

基于特定开发对象的文化资源调研，与基于特定区域的历史文化资源调研有很大不同。首先，此类调研属于专题性调研，打破了因行政区划所框定的地域限制。如针对特定文化主题调研、针对特定自然文化景区调研、针对特定非物质文化遗产类别调研、针对特定生产企业调研、针对特定旅游线路与产品调研、针对特定设计项目的同案调研等。

其一，针对特定文化主题的调研，如：始祖（黄河）文化、儒家与圣人文化、道家（养生）文化、佛教文化、孝亲仁爱文化、海洋（工商）文化、鲁运河文化、名著与民间文学、革命红色文化、民俗社火文化等，这些文化主题可以在省一级展开调研，也可以在市县一级展开调研，调研的主题明确，但地理

范围可不必进行明确的框定。

其二，针对特定自然文化历史景观的调研，如：济宁曲阜明故城（三孔）旅游区、泰安泰山景区、东营黄河口生态旅游区、济南天下第一泉、青岛崂山风景区、烟台蓬莱阁旅游区、烟台龙口南山景区、威海刘公岛景区、威海华夏城旅游景区、潍坊青州古城旅游区、沂蒙山旅游景区、枣庄台儿庄古城景区等。

其三，针对特定非物质文化遗产类别的调研，如：鲁锦（鲁绣）专题调研、山东草柳编专题调研、山东制（毛）笔工艺专题调研、龙山黑陶制作工艺专题调研、博山陶瓷（琉璃）制作工艺专题调研、山东老虎服饰（玩具）专题调研、山东面塑（面人）专题调研、山东泥塑（泥人）专题调研、山东雕刻镶嵌工艺专题调研、山东年画（剪纸、纸扎）专题调研、山东道教音乐专题调研、山东秧歌专题调研、山东吕剧专题调研等。

其四，针对特定文化单位（实体企业）展开的调研，如：各省市博物馆、美术馆、剧场、文化馆、专业文化院团、主题乐园等，以及具有文创产品设计开发需求的特定企事业单位调研。

其五，针对特定生产企业的调研，如：特定区域日用品生产企业、土特产加工生产企业、工艺美术类产品生产企业、矿石原料类生产企业、食品饮料生产企业等。此项调研的主要目的是为特定区域开发的文创产品匹配生产加工渠道，提升被调研企业所生产的产品文化附加值，实现区域社会（文化）效益与企业经济效益的协调发展。

其六，针对特定的旅游过程及游客类型的调研，如：特定区域的旅游产品主要是以何种类型为主？如：风光游览型，以自然风光、著名古代建筑、遗址及园林、现代城镇景观、山水田园、以览胜祈福为目的的宗教寺庙等为主的旅游；知识学习型，以文物古迹、博物展览、科学技术、自然奇观、精湛的文学艺术作品等为主的旅游；过程体验型，以民风民俗、社会时尚、节庆活动、风味饮食、宗教仪式等为主的旅游；康养娱乐型，以文体活动、度假疗养、康复保健、人造乐园等为主的旅游。此类调研的主要目的有二：一是为了框定旅游类型，确定文创产品设计开发的主题；二是为了分析研究游客的共同特征与实际需要，确定文创产品的主要功能。如在为风光游览类旅游所开发的文创产品时，应主要聚焦于文创产品对区域自然人文风光的浓缩再现上；以知识学习型为主的旅游，其文创产品设计开发，则应关注旅游者对相关知识的存储与记录上；以过程体验为主的旅游，其文创产品设计因重视游客在体验过程中的实际生理（心理）需要；而以康养娱乐为主的旅游，其文创产品设计则应着重在与景区相关的康养用品、娱乐道具上做文章，下功夫。

其七，基于特定开发对象的同案调研，此种调研主要包括：与文创产品设计主题、体裁（功能与生产加工工艺）等相关的同类产品进行调研。此项调研过程，本质上是一个同案分析、创意借鉴与设计成果查新的过程。因而，在条件允许的情况下，可以分为省内与省外、国内与国外、传统与现代、线上与线下等多个层次进行。

第七章

山东视域下的文创产品设计主题分析

第一节
山东始祖（黄河）文化主题

　　山东境内，自古便是华夏文明产生演进的核心区。1981年9月在山东省沂源县土门镇九会村骑子鞍山发现了古猿人头盖骨化石，"沂源猿人"的发现，表明距今60万年前，人类祖先就已在山东地区繁衍生息了。商代之前，三皇五帝、尧舜禹夏，因缺乏准确的文字与考古证据，而无法详细考证。因此，我们今天对远古祖先阐述，多介于神话传说与先民口头史的范畴。但即便如此，这些传说也至少为我们勾画了华夏民族的早期演进轮廓。上古传说并非历史事实本身，但也未必全是杜撰，其中必然蕴含着某些真实因素。因此，本书关于商代之前的描述，大致仅在山东历史研究成果与民间传说的基础之上展开述说，虽持其一端，但也并非毫无依据。上述历史阶段各种传说，无论今人如何考证，持何种观点，也并非铁证如山。因此，以下叙述的信息，即便与主流观点相左，也不失为一派推测。

　　山东地处黄河下游，历史上黄河灾害频繁，南北数次摆动，或夺淮水入黄海，或夺济水如渤海。但黄河无论如何摆动，其改道起始位置应在今河南杞县、商丘，山东菏泽之间。因此"杞人"不会无故"忧天"，商人定都商丘也应有其必然理由。事实上，"菏泽"原系天然古泽，黄河在历史上始终围绕菏泽地区南北摇摆。因此，该地古时也被称为"大野泽""雷泽""巨野泽"等。今天的考古发现表明，早在四五千年前的新石器时代，先民就在菏泽境内繁衍生息。菏泽地区现已发现的原始社会历史遗迹有：安丘堌堆、定陶官堌堆、曹县安陵堌堆、郓城肖堌堆、东明窦堌堆、鄄城历山堌堆等。黄河的频繁改道，也客观上促进了上古先民在菏泽及其周边地区的氏族部落之间协作，逐步形成了华夏民族的基本雏形。

山东是东夷文化的发祥地，上古传说中的"三皇五帝"[①]，被尊为中华民族的人文始祖。相传伏羲、女娲、神农、黄帝、少昊、颛顼、尧、舜的主要活动区域便主要集中于山东。此后的夏禹、商部落、嬴秦的发展，都与黄河下游的东夷各族有着千丝万缕的联系。事实上，直到今天，鲁西南地区仍多有祭祀供奉伏羲女娲的庙宇，如菏泽郓城肖堌堆古文化遗址上的"三皇圣庙"、济宁微山伏羲庙、邹城凫山羲皇庙遗址等。山东各地的始祖传说很多，主要包括下述诸项。

伏羲与女娲： 相传伏羲与女娲，均为燧人氏与华胥氏所生。《太平御览》卷七引《诗含神雾》有："大迹出雷泽，华胥履之，生伏羲"。《汉书人表考》卷二引《春秋世谱》曰："华胥生男子为伏羲，女子为女娲"。据考证，"雷泽"在今菏泽鄄城县境。伏羲，风姓，燧人氏之子，又被称为"太昊伏羲氏"，华夏民族人文先始、三皇之一，同时也是我国文献记载最早的创世神。女娲，传说是伏羲的胞妹，后成为伏羲妻子。女娲造人、女娲补天的传说在民间广为流传，因而，她是中国上古神话中的创世女神，是华夏民族人文先始。山东与伏羲相关的区域主要集中在淄博、菏泽、聊城等地。相传伏羲为东夷人，兴起于齐地（今淄博潍坊一带），持此种观点的如范文澜认为："居住在东方的人统被称为'夷族'。太昊是其中一族的酋长，伏羲和太昊向来被当作一个人的名号[②]"。《左传·昭公十七年》有："秋，郯子来朝，公与之宴。昭子问焉，曰：'少皞氏鸟官名，何故也？'郯子曰：'吾祖也，我知之。……我高祖少皞挚之立也，凤鸟适至。故纪于鸟，为鸟师而鸟名"。这段春秋时期文字史料，至少说明少皞氏的图腾为凤鸟。凤者，与"风"同音，古时二字相通。因此，我们可解释伏羲"风"姓的由来，以及山东风皞氏夷人对"凤凰"的图腾崇拜。相传今聊城地区是伏羲早期活动的中心，他在此创立八卦，教授农耕。至今聊城地区仍有很多以"凤凰"相关的历史遗迹与传说，如聊城凤凰台与凤凰传说，

[①] "三皇五帝"有多种说法，《尚书大传》以燧人、伏羲、神农为三皇；《通鉴外纪》以伏羲、神农、共工为三皇；《三皇本纪》以伏羲、女娲、神农为三皇；《帝王世纪》以伏羲、神农、黄帝为三皇。五帝也有多种说法，《史记·五帝本纪》列黄帝、颛顼、帝喾、尧、舜为五帝。《礼记·月令》以大皞（伏羲）、炎帝、黄帝、少皞（少昊）、颛顼为五帝。战国之后的很多道教著作中，将"五帝"喻"五方"，掌"五德"。《周礼·天官》"祀五帝"，为东方青帝灵威仰、南方赤帝赤熛怒、中央黄帝含枢纽、西方白帝白招拒、北方黑帝叶光纪。东汉王逸注《楚辞·惜诵》中的"五帝"为五方神，即东方太昊、南方炎帝、西方少皞、北方颛顼、中央黄帝。

[②] 徐旭生：《中国古史的传说时代》，广西师范大学出版社，2003年10月版。

图7-1 山东嘉祥武氏祠汉画像石局部 伏羲与女娲

"箫韶九成,有凤来仪"等。此外,聊城茌平县尚庄遗址中曾发现带有伏羲八卦痕迹的卜骨。司马贞《补三皇本记》中有"太皞庖牺氏,风姓,代燧人氏继天而王……都于陈,东卦太(泰)山"。《尚书·尧典》有"分命羲仲宅嵎夷、日旸谷",清康熙十二年修《阳谷县志》载:"阳谷北境有宓城,太皞伏羲氏之城也。故宓城传言为伏羲城。伏羲或谓宓羲。城在阳谷安乐镇以北,阳谷在伏羲城以南,为伏羲教民种谷之地。"可见,伏羲在阳谷"观日阳,种五谷","阳谷"因此得名。山东与女娲相关的传说主要集中于菏泽市鄄城区与枣庄市峄城区。枣庄出土汉画像石中,有伏羲女娲交尾图。相传枣庄峄城为女娲补天处,今山亭区西集镇伏里村仍有伏山、伏羲庙、磨脐里、阴母娘娘山弯;峄城区有天柱山、刺天峰、东西高皇庙、女娲冢等,与伏羲女娲相关的遗迹。(图7-1)

炎帝与黄帝:《国语·晋语》载:"昔少典娶于有蟜氏,生黄帝、炎帝。黄帝以姬水成,炎帝以姜水成。成而异德,故黄帝为姬,炎帝为姜。二帝用师以相济也,异德之故也。"这是中国历史最早记载炎帝、黄帝诞生地的文字描述。神农氏炎帝,姜姓,因懂得用火,而尊为炎帝。相传炎帝部落兴于姜水(一说是今宝鸡市渭滨区的清姜河,一说是今宝鸡市岐山县的岐水)一带,最初都于陈地,后又迁都于曲阜,活动范围主要集中于黄河中下游。轩辕氏黄帝,姬姓,古华夏部落联盟首领,中国远古时代华夏民族的共主,五帝之首,被尊为中华"人文初祖"。关于轩辕氏出生地,学界有河南新郑、山东寿丘(今曲阜东)、甘肃天水三地之说。炎帝与黄帝共同尊奉为中华民族人文初祖,《史记·五帝本纪》载:"轩辕之时,神农氏世衰。诸侯相侵伐,暴虐百姓,而神农氏弗能征。于是轩辕乃习用干戈，以征不享，诸侯咸来宾从。而蚩尤最为暴，莫能伐。炎帝欲侵陵诸侯，诸侯咸归轩辕。轩辕乃修德振兵，治五气，蓺五种，抚万民，度四方，教熊罴貔貅貙虎，以与炎帝战于阪泉之野。三战，然后得其志。"传说今山东阳谷县、汶上县皆有蚩尤冢[1]；东阿县有仓颉墓[2]；黄帝正妻嫘祖传说生于山东费县（有争议）；黄帝大臣夙沙氏（山东寿光），被誉为盐业之鼻祖[3]，这些均有力地佐证了黄帝活动区域应主要集中于今山东西南部。

少昊：姬姓，名玄嚣，黄帝长子，远古华夏部落联盟首领，又称白帝，号青阳氏。《史记·五帝本纪》记载："黄帝居轩辕之丘，而娶于西陵之女，是为嫘祖。嫘祖为黄帝正妃，生二子，其后皆有天下：其一曰玄嚣，是为青阳，青阳降居江水（今山东泗水）；其二曰昌意，降居若水。"晋《帝王世纪》有"少昊帝，名挚，字青阳，姬姓也。母曰女节，黄帝时有大星如虹，下流华渚，女节梦接意感，生少昊，是为玄嚣。邑于穷桑（山东省日照市），以登帝位，都曲阜，故或谓之穷桑帝。地在鲁城北。"相传玄嚣年少时即被黄帝送到东夷凤鸿氏部落，并娶凤鸿氏之女为妻，成为凤鸿部落的首领，后又成为整个东夷部落的首领。"少昊氏，是史前东夷人的重要支系，考古发现的陶文和大墓证明，少昊氏不仅存在于大汶口文化时期，而且还延续到龙山文化时期，期间经历了不断迁移和发展的过程。其中大汶口晚期，以莒县陵阳河一带为中心。到大汶口末期，迁到五莲丹土一带。龙山早中期，又迁到日照尧王城、两城等地，在滨海地带，形成超大规模的中心。龙山中期之末，迁到了临朐西朱封一带，到龙山晚期，又迁到曲阜一带。[4]"少昊以玄鸟（即燕子）作为本部的图腾，所辖部族以鸟为名，有鸿鸟氏、凤鸟氏、玄鸟氏、青鸟氏等24个氏族，形成一个庞大的以凤鸟为图腾的氏族部落社会。少昊时期，是华夏凤文化的繁

---

[1] 相远古时代九黎族首领蚩尤居住在冀鲁交界处，后来黄帝及其部族从中国西北部游牧至此，与蚩尤部族发生冲突，一场大规模的战争在涿鹿爆发（鲁豫交界黄河两岸地区），黄帝擒杀蚩尤后分尸而葬，身葬于此，首级葬于寿张阚乡，肩髀葬于巨野（菏泽巨野县）重聚，部分尸骨玄葬于台前（原属寿张县，今属濮阳）境内。现存阳谷县蚩尤冢位于东平郡寿张县（今为阳谷县寿张镇）阚乡，汶上县蚩尤冢在汶上县南旺镇。

[2] 仓颉，原姓侯冈，名颉，俗称仓颉先师，又史皇氏，又曰苍王、仓圣。《说文解字》《世本》《淮南子》皆记载仓颉是黄帝时期造字的左史官。明于慎行主编的《兖州府志》记载："仓颉故居在城（东阿县旧治，即今平阴县东阿镇）西北三十里。有墓、有寺。"有争议。

[3] 《世本》明确记载"夙沙氏，齐人也。"夙沙氏在潍坊寿光一带，收集起煮海水后形成的白色粉末，在煮食物时加入，史称盐宗。

[4] 王青"从大汶口到龙山：少昊氏迁移与发展的考古学探索"《东岳论丛》2006年03期。

荣时期，现在"江"姓等有少昊血缘的族裔图腾里，仍带有凤鸟或燕子图案。少昊陵位于今曲阜市城东4公里处的高阜上，有中国金字塔之称，这些证据有力证明山东是少昊兴起的重要区域。（图7-2）

图7-2 曲阜少昊陵

颛顼：姬姓，名乾荒；昌意之子、少昊之侄、黄帝之孙。是中国上古部落联盟首领，"五帝"之一。颛顼虽生于若水，但前期主要活动区域在穷桑（山东省日照市）。颛顼因佐少昊有功，被封于高阳，号"高阳氏"。少昊死后，颛顼与共工氏争夺帝位。共工，姜氏，炎帝玄孙，《山海经·海内经》有"炎帝之妻，赤水之子听訞生炎居，炎居生节并，节并生戏器，戏器生祝融，祝融降处于江水（山东泗水），生共工。"《列子·汤问》有："共工氏与颛顼争为帝，怒而触不周之山，折天柱，绝地维，故天倾西北，日月星辰就焉；地不满东南，故百川水潦归焉。"传说正是因为共工氏撞倒不周山，才引发此后"女娲补天""大禹治水"等传说。颛顼战胜共工后，继少昊主政，成为天下共主，始都穷桑，又迁都于商丘（今河南商丘），后居帝丘，今聊城东昌府区城西北7.5公里处有颛顼墓。《史记·五帝本纪》记载颛顼："静渊以有谋，疏通而知事"。在神话传说中，颛顼是主管北方的天帝。

尧：姓伊祁，名放勋；"五帝"帝喾之子，少昊玄孙，传说中上古时期部落联盟首领，"五帝"之一。尧生于山东鄄城濮州[①]，十三岁辅佐兄长帝挚，封于陶地（今菏泽定陶）。十五岁改封于唐地，号为陶唐氏。十八岁，尧代挚为天子，都于蒲阪。尧立七十年得舜，二十年后，尧老，舜代替尧执政，尧让位二十八年后死去。尧从兄长帝挚那里继承帝位，并开创了"禅让制"

---

① 原治今山东省菏泽市鄄城县旧城镇，后因黄河水患徙州治至黄河北岸，治今河南省濮阳市范县濮城镇。

第七章 山东视域下的文创产品设计主题分析

图7-3 鄄城谷林尧陵

的先河。后羿（大羿）是传说中帝尧的射师，也是东夷族有穷氏的首领[1]，善于射箭，曾经帮助帝尧射下九日，匡扶黎明。东夷后羿的出现，从侧面佐证了尧的大部分活动区域位于山东。尧死后葬于鄄城谷林，又称谷林尧陵。谷林尧陵先后隶属于济阴郡成阳、濮州雷泽，今天位于山东菏泽鄄城县城南7公里处富春乡赵仟庄前。谷林尧陵虽经数千年沧桑风雨，但墓冢犹在，碑谒尚存。（图7-3）

舜：姚姓，妫氏，名重华，字都君，轩辕黄帝八世孙。父系氏族社会后期东夷部落首领，"三皇五帝"之一。《孟子·离娄下》有"舜生于诸冯（今山东诸城）[2]，迁于负夏（今山东兖州），卒于鸣条；东夷之人也"的记载；《史记》中有"舜耕历山[3]，渔雷泽[4]，陶河滨[5]，作什器于寿丘（曲阜）……舜耕历山，历山之人皆让畔；渔雷泽，雷泽上人皆让居，陶河滨，河滨器皆不

---

[1] 《史记·夏本纪》正义引《帝王世纪》："帝羿有穷氏，未闻其先何姓。帝喾以上，世掌射正。至喾，赐以彤弓素矢，封之于鉏，为帝司射，历虞、夏。羿学射于吉甫，其臂长，故以善射闻。"据考，有穷氏在今山东德州德城区南部。
[2] 一说舜为山东濮州姚墟（今河南省范县和山东省鄄城县）人。《史记》载，"瞽叟姓妫，妻曰握登，见大虹意感而生舜于姚墟，故姓姚。"
[3] 舜耕历山，一说指今济南市千佛山，一说为鄄城县历山。
[4] 渔雷泽，一说为今泗水县雷泽湖，一说为鄄城县濮州雷泽湖。
[5] 陶河滨，黄河之滨鄄城段。

苦窳。一年而所居成聚，二年成邑，三年成都"的记载。虽然今天相关学者对历山、雷泽、负夏的具体位置莫衷一是，但山东鄄城的地理位置确北临黄河（古济水），距菏泽雷泽湖不远，境内又有历山之地名，且距大封禅泰山不远。符合《史记》所描述的相关地理位置。舜承上启下，将王位禅让于禹，禹开启了夏代。

  禹：关于大禹的出生地，学界始终持有争议，主要有三种说法：一说其为皇帝后裔，《史记·夏本纪》中有"禹之父曰鲧，鲧之父曰帝颛顼，颛顼之父曰昌意，昌意之父曰黄帝。禹者，黄帝之玄孙也。"一派说法认为黄帝出生于有熊（今河南新郑），因此，大禹为中原人。一说为东夷人，其主要依据为：禹，姒姓，名文命，或禹，字密。《史记·夏本纪》司马贞"索隐"引《系本》"鲧娶有辛氏女，谓之女志，是生高密"，"高密，禹所封国。"罗泌《路史·夏后氏》注"密，今之高密，禹之初封。"据此推断"大禹出于东夷"高密人①。王国维、顾颉刚、杨向奎等专家认为"夏朝的统治中心，从种种迹象判断，前期在黄河下游，以山东地区为主；大概自少康中兴以后始迁到黄河中游，以河南、山西一带为主。目前夏代城址在山东已有发现，地点就在城子崖②"。第三种观点认为禹为西夷人，《史记·夏本纪》"正义"引《帝王纪》云"父鲧妻修己，见流星贯昴，梦接意感，又吞神珠薏苡，胸坼而生禹，名文命，字密，身九尺二寸长，本西夷人也。"当然，此中透露的信息，如禹母吞珠生禹，与当时东夷人的玄鸟崇拜，女性含珠（石丸）的风俗不谋而合。大禹治水传说在山东、江苏、安徽等地仍广为流传，这与黄河中下游长期南北摆动有关。相传舜将禹父鲧杀于"羽山"③。《史记·夏本纪》记载，大禹重点治理了九条河流，称为九川，济水为其一。《孟子·滕文公上》有"禹疏九河，瀹济、漯而注诸海，决汝、汉，排淮、泗而注之江，然后中国可得而食也。"《尚书·禹贡》中记青州贡道"浮于汶，达于济"，并记载大禹"导沇（兖）水，东流为济，入于河，溢为荥；东出于陶丘北，又东至于菏，又东北会于汶，又北东于

---

① 《世说新语·言语》中有"夜光之珠，不必出于孟津之河；盈握之璧，不必采于昆仑之山。大禹生于东夷，文王生于西羌。圣贤所出，何必常处？"见许震堮《世说新语校笺》，中华书局、1984年版，第38页。
② 安作璋主编《山东通识·先秦卷》，人民出版社2009年版，第70页。
③ "羽山"一说在今江苏东海县、赣榆县与山东郯城县交界处；一说在今山东蓬莱东南十五里。但无论何种说法，均处于当时的东夷地区。

海。"其中济水、汶水、泗水皆是山东境内重要河流。山东各地均有大禹治水传说，其中以泰安宁阳地区最为典型。山东境内有德州禹城市、鄄城禹王城、宁阳禹王庙等。（图7-4）

伏羲、女娲、神农、黄帝、少昊、颛顼、尧、舜、禹，作为中华民族共同的"人文始祖"，其出生地虽很难确证，但至于山东境，其出生活动地，却多集中于菏泽鄄城（伏羲、女娲、尧），聊城（黄帝），日照（少昊），潍坊诸城（舜），高密（禹），曲阜（炎帝、少昊）等地。目前，结合已经发现的泰安大汶口遗址、章丘焦家遗址、章丘城子崖遗址、章丘西河

图7-4 山东嘉祥武氏祠汉画像石局部 大禹

遗址、章丘小荆山遗址、菏泽安丘堌堆遗址、定陶十里铺北堌堆遗址、曹县梁堆遗址、茌平尚庄遗址、茌平教场铺遗址、曲阜西夏侯遗址、兖州王因遗址、汶上贾柏遗址、阳谷景阳冈遗址、日照两城镇遗址、日照尧王城遗址、日照东海峪遗址、莒县杭头遗址、莒县大朱家村遗址、淄博后李遗址、淄博桐林遗址、邹平丁公遗址、滕州岗上遗址、滕州前掌大遗址、滕州北辛遗址等新时期时代遗迹，可以推断，山东自上古时期，东夷诸方国所孕育的大汶口文化、龙山文化，所崇尚的太阳、凤（玄鸟）等图腾，是华夏文明的重要组成部分，对中华文化的形成发展，起到了至关重要的推动作用。

由此可见，"始祖文化"是山东文化创意产业发展，以及文化创意产品设计开发所必须聚焦的重要主题。但就目前而言，除学界考究论证外，这些文化资源在文化创意领域，还未得到足够的重视，没有找到适当的表现体裁与诉说语境。下一步应着重通过专题文化展馆、卡通动漫形象、影视多媒体作品、实物类文创产品等，予以综合立体诉说，进而形成山东整体文化形象中的典型符号、重要特征。

第二节
以儒家（圣人）为代表的鲁文化主题

所谓"圣人"，可专指孔子，也可代指那些品德高尚、智慧绝伦、精神完善、知行合一、开宗泽世的思想巨匠。所谓"贤"，有驾驭臣属、聪明能干、善于理财之意，本意为量入为出，善于理财，后引申为有才德的人，成语有"求贤若渴""见贤思齐"等。可见"圣贤"合用，则代指那些既有崇高理想，又有行政能力的理想人格。

周武王灭商之后，执行"封建亲戚，以潘屏周"的政策。《荀子·儒效篇》有"（周公）兼制天下，立七十一国，姬姓独居五十三人"。其中武王弟周公旦封于鲁，后由其子伯禽就国，都曲阜；功臣姜尚（姜子牙）封于齐，都薄姑。此后，齐鲁两国通过长期的兼并怀柔政策，终于将山东东夷各族融入于华夏民族。

以孔子为代表的儒家文化之所以兴起于山东，与周公旦完善周礼，伯禽就国，有着必然的历史关系。《尚书·大传》称颂周公旦为"一年救乱，二年克殷，三年践奄，四年建侯卫，五年营成周，六年制礼乐，七年致政成王"。周公摄政期间，损益殷礼，制礼作乐，完善了周代的典章制度，可以被认为是儒家思想的先驱。鲁国的实际缔造者伯禽，在立国之初便采取了"变其俗，革其礼"的文化方针，大力变革鲁国控制区内旧有的文化习俗，全力推行周礼。这与姜太公实行"因其俗，简其礼"（《史记·鲁周公世家》）的治国政策形成鲜明对比。在诸侯国中，鲁国对于周代的典籍保持最为完整，礼乐典章制度得到最为全面的继承。《左传》记载：昭公二年（前540年）晋国大夫韩宣子，奉晋侯之命到鲁国行聘问之礼，报告晋侯继诸侯位执掌国家政权。韩宣子在鲁国的太史那里观看鲁国收藏的册书，见到了《周易》《象》《鲁春秋》等典籍。韩宣子感慨地说："周礼尽在鲁矣。吾乃今知周公之德，与周之所以王也。"直至西汉武帝时期，"邹、鲁滨洙、泗，犹有周公遗风，俗好儒，备与礼"（《史记·货殖列传》）。

孔子，出生于鲁襄公二十一年（公元前551年，具体时间有争议），卒于鲁哀公十六年二月十一日（公元前479年），鲁国陬邑（今山东曲阜）人，祖籍宋国栗邑（今河南夏邑），为商贵族后裔。孔子一生处在春秋后期与战国初期，周王室衰微，诸侯大国之间相互攻伐争霸，吞并小国。公元前455年，赵、韩、魏三家分晋，周威烈王册立韩赵魏三家为侯（前403年），标志着东周由春秋转入战国时期。战国时期，以兼并灭国为目的的诸侯战争日趋激烈，"王道哀，礼义废，政权失，家殊俗"（《毛诗序》），西周时期所设定的诸侯等级规则已经分崩离析，礼崩乐坏。孔子生活于如此动荡时代，虽为殷商微仲后裔，但一生崇尚周礼，推崇周公，主张"为政以德""德治""礼治"。孔子曾问道老子，推行私学，将教育由贵族向民间普及，被誉为"至圣先师""万代师表"。在儒家文化的浸染下，山东人才辈出，孔子弟子颜回被称为"复圣"[1]、弟子曾参被称为"宗圣曾子"[2]，嫡孙孔伋受教于曾参，被后人尊为"述圣"[3]，孔伋门人再传弟子孟轲，被后人尊称为"亚圣"[4]；此外"后圣荀子"与"科圣墨子"，均受到儒家学派的极大影响。荀子"承儒启法"，其亲传弟子韩非、李斯、张苍等，对秦、汉国家政策的制定，均产生了重要影响。但荀子一生极为推崇孔子思想，以儒家的继承人自居，特别看重并继承了孔子的"外王学"[5]。墨翟师于儒者，其墨家学说亦脱胎于儒学[6]。战国后期，墨家学派与儒家学派并称为两大"显学"。鲁班与墨子生活在同一时代，据考证均是战国滕国人（今枣庄滕州市）[7]，《墨子·公输》中记载了二人围绕宋国攻防展开推演，成为千古佳话[8]。

---

[1] 颜回（公元前521年—公元前481年），曹姓，颜氏，名回，字子渊，鲁国人，一说今济宁曲阜人，一说泰安宁阳人，孔门七十二贤之首，元文宗又尊为"兖国复圣公"，配享孔子，祀以太牢。
[2] 曾子（公元前505年—公元前435年），姒姓，曾氏，名参，字子舆，鲁国南武城（今山东平邑，一说山东嘉祥）人。春秋末年思想家，儒家大家，孔子晚年弟子之一，儒家学派的重要代表人物。后世奉为"宗圣"，成为配享孔庙的四配之一，仅次于"复圣"颜渊。
[3] 孔伋，字子思，大约生于周敬王三十七年（公元前483年），卒于周威烈王二十四年（公元前402年），鲁国人，孔子的嫡孙、孔子之子孔鲤的儿子。元文宗至顺元年（公元1330年），又被追封为"述圣公"，后人由此而尊他为"述圣"，受儒教祭祀。
[4] 孟子（约公元前372年—公元前289年），名轲，战国中期鲁国邹人（今山东邹城市东南部人）。
[5] 荀子（约公元前313年—公元前238年），名况，字卿，战国末期赵国人。著名思想家、文学家、政治家，时人尊称"荀卿"。曾三次出任齐国稷下学宫的祭酒，后为楚兰陵（位于今山东兰陵县）令，卒于兰陵。
[6] 墨子，名翟，春秋末期战国初期宋国人，一说鲁阳人，一说滕国人。宋国贵族目夷的后裔，曾担任宋国大夫。中国古代思想家、教育家、科学家、军事家，墨家学派创始人和主要代表人物。
[7] 鲁班（公元前507年—公元前444年），春秋时期鲁国人，姬姓，公输氏，字依智，名班，人称公输盘，尊称公输子，被后世尊为木匠的祖师爷。
[8] 《墨子·公输》中有："公输盘为楚造云梯之械，成，将以攻宋。子墨子闻之，起于鲁，行十日十夜，而至于郢，见公输盘。……子墨子解带为城，以牒为械，公输盘九设攻城之机变，子墨子九距之。公输盘之攻械尽，子墨子之守圉有余。"

与鲁国所奉行的"亲亲尊尊"周室礼乐治国策略不同，齐国在立国之初则推崇"尊贤尚功"、经世致用的人才选拔思想。因而，鲁国多圣人，而齐国多能臣。齐国在太公望立国思想上，垦田煮盐，发展经济。至齐桓公时，管仲进一步推行"观山海"的盐铁专营政策，使齐国带甲数万，富甲一方，成为强盛的东方大国。齐桓公得以"尊王攘夷""九合诸侯"，称为春秋五霸之首。公元前386年，田和被周安王册封为诸侯，姜姓齐国为田氏取代，但仍沿用齐国名号。田齐之后，东周已进入战国时期，各国纷纷养士储才，诸子百家也渐成"争鸣"之态。"齐桓公（田午）立稷下之宫，设大夫之号，招致贤人尊宠之"（徐干《中论·亡国》），学宫因设立在齐都临淄城稷门附近，因此称之为"稷下学宫"，它成为世界上最早的官办高等学府（政府智库），是战国时期"百家争鸣"的中心。"齐威、宣王之时，聚天下贤士于稷下，尊宠之，若邹衍、田骈、淳于髡之属甚众，号曰列大夫，皆世所称，咸作书刺世（《风俗通义·穷通》）"。道、儒、法、名、兵、农、阴阳诸学派皆聚如此，汇集天下贤士多达千人左右。其中包括孟子、荀子、邹子、淳于髡、田骈、慎子、申子、接子、季真、涓子、彭蒙、尹文子、田巴、鲁连子、驺子等。

自"至圣孔子"之后，齐鲁大地被后人称"圣"的还有：复圣颜回（今泰安市宁阳县人）、述圣孔伋（今济宁市曲阜人）、宗圣曾子（今济宁市嘉祥人）、亚圣孟子（今济宁市邹城人）之外，还有兵圣孙子（今滨州市惠民人）、科圣墨子（今枣庄市滕州人）、木圣鲁班（今枣庄市滕州人）、后圣荀子（卒于今临沂兰陵）、商圣范蠡（后半生居于今菏泽市定陶区）、史圣左丘明（今枣庄市山亭区人）、神医扁鹊（今济南市长清区人）、字圣仓颉（今聊城东阿人）、算圣刘洪（今临沂市蒙阴县人）、智圣诸葛亮（今临沂市沂南人）、书圣王羲之（今临沂人）、鬼圣蒲松龄（今淄博市淄川区人）等，他们或为山东籍，或于山东成就声名，对后世影响巨大。由此可知，自西周以来，至两汉之前，山东经济发达，文化昌盛，人才辈出，泽被深远。

但就目前山东文创产品设计开发而言，以儒家为代表的传统优秀文化，言必称"孔孟"，其他山东圣贤先哲形象模糊，人物故事开发不足，文化价值被严重低估。因而，目前山东"圣人文化"处于由曲阜、嘉祥、邹城、阳县、滕州、东阿、菏泽、淄博、滨州、临沂等各县市分头诉说，碎片化呈现的分散传播境地，没有形成相互关联、充分聚焦的诉说语境，没有固化成山东典型文化特征。在下一步文创产品设计开发中，可通过主题研学游览线路规划、专题文化展馆建设、系列卡通动漫形象开发、影视多媒体作品呈现、实物类文创产品设计开发等手段，予以综合立体诉说，进而形成山东整体文化形象中的典型符号、重要特征。

第三节
以海洋（工商）为代表的齐文化主题

山东自古以来便处在华夏文明的核心区，内有黄河流域农耕文明的孕育，外有千里海疆工商文化的滋润，形成了上德好礼与经世致用交融，沉稳内敛与开拓进取兼具，儒法并用的文化体系。山东十六地市中，自南向北有日照、青岛、威海、烟台、潍坊、东营、滨州等七个地市临海，海岸线长达3024.4公里，大陆海岸线占全国海岸线的1/6。山东半岛隔黄渤海与日本、朝鲜、韩国相望，烟台威海与辽东半岛共同钳制渤海海峡，成为护卫京津的海上要冲。

山东向海发展的历史，至少可以追溯到西周之前。相传黄帝大臣夙沙氏在齐地煮海成盐，《孟子·离娄篇》有"舜生于诸冯，卒于鸣条，东夷之人也"，现今很多学者推测其为山东诸城人。姜太公，姜姓，吕氏，名尚，东海边之人（一说其郡望为古莒国，即今山东莒县人）。因辅佐周武王伐纣有功，而被封在营丘（今潍坊昌乐县）建立齐国[①]，后再徙博兴，因城东临近"淄水"，遂改名临淄（今淄博市临淄区）。姜太公面对东夷诸方国，为了避免与当地东夷各族产生激烈的文化冲突，在文化上推行"因其俗，简其礼"政策，尊重当地习俗，简化周室礼仪；在人事上采取了"尊贤尚功"用人政策，选拔人才不唯亲，不唯尊，不搞"亲亲疏疏"，唯才是举，怀柔任用当地东夷精英；在发展经济上，因地制宜，向海发展。利用当地丰富的矿藏、鱼盐资源，大力发展冶炼业、丝麻纺织业、渔盐业；尊重当地人民重商传统，大力发展商业，推行与列国通货的外贸政策。在姜太公治下，齐地由"负海潟卤，少五谷，而人民寡

[①]《史记·齐太公世家》："武王已平商而王天下，封师尚父于齐营丘。齐太公吕望，侯爵，炎帝苗裔……佐禹平水土有功，赐姓曰姜，谓之吕侯。商末，太公起渔钓，为周文武师，号师尚父，佐武王以平殷乱，封于齐，都营丘。……齐，始封营丘，再徙博兴，后扩建营丘，因城东紧临"淄水"，遂改名临淄，传三十一世，为田氏所篡。"

(《汉书·地理志》)""辟草莱而居焉。地薄人少(《盐铁论》)"的状态,很快发展为冠带衣履畅销天下,鱼盐流通列国的东方大国。姜太公吕尚第十二代孙,齐桓公任用管仲,继续实行"通轻重之权,徼山海之业(《史记·平准书》)"的经济政策,"山"代指开矿与冶铁,"海"代指渔盐政府专营。以至齐国"通货积财,富国强兵(《史记·管晏列传》)"。齐国正是凭借其尊贤尚功、唯才是举的人才选拔机制,以及"重视工商、向海发展"的经济政策,才得以尊王攘夷,九合诸侯,一匡天下,成为春秋首霸。

战国时期,田氏代姜王齐,"齐桓公(田午)立稷下之宫,设大夫之号,招致贤人尊宠之"(《中论·亡国》)。稷下学宫渐成"百家争鸣"之势,其中虽有儒学力量,但齐国统治者也非常重视兵、法、阴阳、方仙道等学说。以邹子为代表的阴阳五行学说得到极大发展,"自齐威、宣之时,驺子之徒论著终始五德之运……自威、宣、燕昭使人入海求蓬莱、方丈、瀛洲。此三神山者,其傅在勃海中,去人不远;患且至,则船风引而去。盖尝有至者,诸仙人及不死之药皆在焉。(《史记·封禅书》)"。由此可知,齐威(宣)之时,齐国方士便出海寻仙。海上求仙问道之事,绝非始于始皇嬴政。始皇帝二十八年(前219年),"齐人徐市(徐福)等上书,言海中有三神山,名曰蓬莱、方丈、瀛洲,仙人居之。请得斋戒,与童男女求之。于是遣徐市发童男女数千人,入海求仙人。(《史记·秦始皇本纪》)"。至此,蓬莱、方丈、瀛洲成为仙人住所的代名词。

徐福(今山东龙口人)、安期生[①]等齐地早期航海家的航海事业,至少标志着当时山东沿海地区的造船技术与航海技术,已经发展到很高水平。在技术上足以保证齐人经由海路登陆日韩,移民海外,对促进中日韩科技文化交流,产生了巨大的推动作用。《管子》中提到,齐国与朝鲜做生意,进口朝鲜的"文皮(有花纹的兽皮,多指虎豹皮)、毤服(即皮衣)"。齐国还开辟了从山东半岛沿海起航,东通朝鲜半岛的"海上丝绸之路",开创了政府倡导和组织海外贸易的先河。司马相如在《子虚赋》中提到:"齐东陼巨海,……秋田乎青丘,彷徨乎海外"(《史记·司马相如列传》)。

隋唐之时,山东东部沿海地区与朝鲜日本之间的联系日益频繁,其交流方式主要为军事战争和派遣遣唐使(留学生)两端。隋炀帝杨广期间,曾三

---

① 晋皇甫谧《高士传》记载:"安期生者,琅琊人也,受学河上丈人,卖药海边,老而不仕,时人谓之千岁公。到汉武帝时期,方士李少君曾对汉武帝刘彻说:"臣常游海上,见安期生。食巨枣,大如瓜。"此外,《史记·乐毅列传论》《汉书·蒯通传》等,对安期生均有记载。

征高句丽，一征琉球。其中征伐高句丽期间，水兵多从东莱出发（今山东莱州）；唐太宗征高句丽时，也曾命刑部尚书张亮由莱州出发，进击平壤[①]。山东烟威之地，此后成为我国保卫海疆，征调水兵的主要兵源地。战争虽是激烈的军事手段，但在客观上也促进了两国之间人民的相互了解。公元7世纪至10世纪，高句丽先后派出24次，百济25次，新罗178次遣唐使赴唐朝交流学习。日本共派出19次遣唐使，实际成行16次。遣唐使多从高句丽（新罗）跨海西行，在山东烟威处登陆。因此，有唐一代，山东烟台威海等地成为日本朝鲜两国人员往来最为频繁的地区。很多日韩遣唐使、商人在山东胶东地区长期定居，极大地促进了山东半岛与日韩两国政治、经济、文化的交流。齐鲁儒家文化对韩国的影响，墨家文化对日本的影响，至今仍可清晰分辨。南宋以后，至于元代，中国海上丝绸之路由北向南转移，逐步固定于广州、杭州、泉州、台州一线，但就与日韩两国的贸易通商和文化交流而言，山东沿海地区始终是重要的交通枢纽。

明成祖朱棣主导的郑和七下西洋之后，日本武士、走私商人和海盗，经常骚扰中国沿海地区，渐成倭患，危及东南沿海地区。明代统治者一方面实行海禁政策，一方面组织军队抗击倭寇。在胡宗宪、戚继光（今山东威海人）、俞大猷等抗倭将领的领导下，明嘉靖时期东南沿海的海患基本肃清。明万历年间，丰臣秀吉侵略朝鲜，明军援朝，山东半岛及其附属列岛，成为援助朝鲜军事行动的重要军事支点，战略地位日益显著。明万历中后期，努尔哈赤逐步统一女真各部，割据辽东，建立后金。萨尔浒之战后（明万历四十七年，1619年），明军已失去了对后金主动进攻的能力，明朝对后金从此转为战略防御。自此，山东烟威及其附属岛屿，进一步成为明军抵御后金的战略支点。

清朝入关后，长期实行闭关锁国的朝贡贸易体制，直至1840年鸦片战争后，国门洞开。清政府与西方诸列强先后签订诸多不平等条约。根据1958年签订的《天津条约》，烟台于1861年开埠，烟台成为山东近代工商业的重要发祥地。1868年，烟台海关设邮务办事处，兼办邮递外使文件，这是中国近代邮政的萌芽；1888年（光绪十四年）北洋水师成军，威海卫成为北洋水师的永久驻泊地，威海刘公岛设北洋海军提督署，一批近代化的码头、医院、学校、要塞

[①]《旧唐书·太宗本纪》"十九年，命刑部尚书张亮，为平壤道行军大总管，领将军常何等，率江、淮、岭、峡劲卒四万，战船五百艘，自莱州泛海去平壤。"

被建设起来。一时间，烟台威海成为中国北方近代化最早的城市。1894年中日甲午海战爆发，胶东半岛成为此次海战的主战场。甲午海战失败后，清光绪二十三年（1897年），德国以"巨野教案"为借口侵占青岛，1898年与清政府签订《胶澳租借条约》，抢占胶州湾，修筑胶济铁路。1904年，胶济铁路全线贯通，同年济南、潍县开埠，德国势力深入山东腹地。1919年，巴黎和会将德国在山东的权益转让给日本，自此，山东又成为日本的势力范围。近代山东的对外开放来自海上，也必须向海发展。自1861年始，烟青潍济相继开埠后，一大批近代化工商企业被建立起来，如1892年，华侨张弼士在烟台创办张裕酿酒公司；1912年烟台设瑞丰面粉厂；1913年设电厂；1913年建起罐头厂；1915年李东山兴建钟厂。1898年青岛设立发电厂，1906年建成屠宰厂，1901年建成自来水厂，1902年建立德华缫丝厂，1903年建成青岛啤酒厂，1905年建成中国第一座万吨级船坞等。

  新中国成立之后，特别是改革开放之后，青岛、烟台、威海重新成为山东对外开放的前沿，中日韩经济贸易区的重要组成部分。青岛、烟台已经成为山东经济发展和文化辐射的核心区。2018年，习近平考察山东，在参观刘公岛、蓬莱阁时强调"要加强国家重点文物保护，让优秀文物世代相传。"在参观青岛海洋科学与技术试点国家实验室时强调"建设海洋强国，必须进一步关心海洋、认识海洋、经略海洋，加快海洋科技创新步伐。"胶东地区经过长期（工商）海洋文化的浸润，逐步形成了具有浓郁海洋特征的区域文化，如剪纸、大鼓、秧歌、茂腔、面塑、渔家号子等自成一派，具有鲜明的地域特征。

第四节
山东道家（养生）文化主题

  道家学派与道教信仰有根本不同，前者属于哲科范畴，后者则属于宗教范畴，二者虽前后相继，但泾渭清晰。道家学派根植于华夏文明基础上，是随着华夏民族的逐步融合，而逐步发展定型的本土学说（宗教），因而，相较于其他宗教，历史更加悠久，其起点至少可追溯到伏羲创立八卦。"古者包牺氏之王天下也，仰则观象于天，俯则观法于地；观鸟兽之文与地之宜；近取诸身，远取诸物，于是始作八卦，以通神明之德，以类万物之情（《周易·系辞下》）"，周文王演《易》。春秋时期，传说老子（李耳）出函谷关时，应函谷关令尹喜所求而作《道德经》①被道家学派奉为经典，老子被道教尊为"太上老君"。相传孔子曾问道于老子，对老子"内圣外王"、以水喻德等观点非常认同；"孔子晚而喜《易》，序《彖》《系》《象》《说卦》《文言》。读《易》，韦编三绝。曰：'假我数年，若是，我于《易》则彬彬矣。'（《史记·孔子世家》）"。可见道教思想对孔子的影响。战国之后庄子（庄周）及其后学所著《南华经》②，成为道家学派的另一代表作，庄子被后世尊为"南华真人"。战国末期齐人邹衍（今济南市章丘人）将阴阳五行论与五德终始说予以系统化。秦统一中国后，"始皇推终始五德之传，以为周得火德，秦代周德，从所不胜。方今水德之始，改年始，朝贺皆自十月朔。（《史记·秦始皇本纪》）"此后"燕齐海上之方士"将长生不死、得道成仙的"方仙道"杂合与道家学说其中，逐步形成道教的基本轮廓。

  道家学派逐步从道法自然、物我同一的宇宙观，向为无为而治、顺其自然的人生观发展，并在秦汉时期，为呼应以秦皇汉武为代表的统治者对长生不死的渴求，逐步笼罩了修身养性、求仙问道、羽化飞升的玄幻色彩。《史记·封禅书》记载秦始皇于二十八年（公元前219年）巡行东方，"东巡郡县，祠驺峄山，颂秦功业。于是徵从齐鲁之儒生博士七十人，至乎泰山下……而遂除车道，上自泰山阳至巅，立石颂秦始皇帝德，明其得封也。从阴道下，禅于梁父。③"此外，秦始皇为求长生不死，听信卢生"真人者，入水不濡，入火不爇，陵云气，与天地久长"的描述，"自谓'真人'，不称'朕'"。秦始皇多次派遣方士或亲自赴东莱（今山东青岛、烟台、威海等地）求仙。"齐人徐市等上书，言海中有三神山，名曰蓬莱、方丈、瀛洲，仙人居之。请得斋戒，与

---

① "（老子）居周久之，见周之衰，乃遂去。至关，关（令）尹喜曰：子将隐矣，强为我著书，于是老子言道德五千言而去，莫知始终"《史记·老子传》。
② 庄子，姓庄，名周，战国时期宋国蒙人（一说山东曹县人）。战国中期道家学派代表人物，思想家、哲学家、文学家，庄学的创立者，与老子并称"老庄"。庄子（及其后学所著《庄子》，又称《南华经》，被后事道教推为经典。庄子故里之蒙，即西汉蒙县故城在今曹县之南；"为吏之漆园"在今菏泽城西北；终老死葬之地在今东明县庄寨村。这三地都在山东省菏泽市境内。（有争议）。
③ 《史记·封禅书》张守节《正义》"此泰山上筑土为坛以祭天，报天之功，故曰封。此泰山下小山上除地，报地之功，故曰禅"。

童男女求之。于是遣徐市发童男女数千人，入海求仙人。""始皇自以为至海上而恐不及矣，使人乃赍童男女入海求之。(《史记·秦始皇本纪》)"

至于汉代，元封元年（公元前110年）三月，汉武帝率群臣东巡，至泰山封禅，派人在岱顶立石，此后五封泰山。汉武帝与秦始皇如出一辙，也多次派遣方士或亲自赴东莱求仙，"乃益发船，令言海中神仙者数千人求蓬莱神人。(《史记·孝武本纪》)"可见，秦皇汉武的封禅求仙之路，主要围绕山东展开。

山东泰山，又名太山、岱山。传说自神农、伏羲封禅泰山以来，"三皇五帝"皆封禅泰山，因此泰山自古便被帝王视为祭祀天地、"直通帝座"的神山，素有"泰山安，四海皆安"的说法。故泰山也被视为"五岳独尊""天下第一山"。《史记·封禅书》开篇便云"自古受命帝王，曷尝不封禅？盖有无其应而用事者矣，未有睹符瑞见而不臻乎泰山者也。"又云"古者封泰山禅梁父者七十二家，而夷吾所记者十有二焉[①]"。除秦皇汉武之外，封禅泰山的帝王还有汉光武帝、唐高宗（武则天）、唐玄宗、宋真宗等13代帝王泰山封禅或祭祀，另外有24代帝王遣官祭祀72次。也正是由于泰山"上达天听"的独特地位，泰山道教神祇众多，神格很高，其中包括泰山神东岳大帝、琼台女神碧霞元君、斗母元君紫光夫人、泰山山神石敢当等。神祇宫殿包括：东岳庙（岱庙）、关帝庙、王母池、老君堂、斗母宫、三官庙、碧霞祠、后石坞庙、元始天尊庙等。

除泰山外，山东道教圣地主要集中于烟台蓬莱、青岛崂山、威海荣成等地。如烟台蓬莱阁、崂山太清宫、昆嵛山神清观等，皆是华东地区最著名的道教圣地。其中蓬莱阁相传是吕洞宾、铁拐李、张果老、汉钟离、曹国舅、何仙姑、蓝采和、韩湘子八仙过海之地。又常显现"海市蜃楼"的奇观，有三清殿、吕祖殿、苏公祠、天后宫、龙王宫、蓬莱阁、弥陀寺等祠庙殿堂建筑群。青岛崂山自春秋时期，便是方士餐霞修炼之地。崂山道教唐宋肇兴，元明达到鼎盛。全真派王重阳、邱处机（烟台栖霞人）均在此阐教修炼，遂有崂山"九宫

[①] 《史记·封禅书》原文为："秦缪公即位九年，齐桓公既霸，会诸侯于葵丘，而欲封禅。管仲曰：'古者封泰山禅梁父者七十二家，而夷吾所记者十有二焉。昔无怀氏封泰山，禅云云；虑羲封泰山，禅云云；神农封泰山，禅云云；炎帝封泰山，禅云云；黄帝封泰山，禅亭亭；颛顼封泰山，禅云云；帝俈封泰山，禅云云；尧封泰山，禅云云；舜封泰山，禅云云；禹封泰山，禅会稽；汤封泰山，禅云云；周成王封泰山，禅社首：皆受命然后得封禅。'"

八观七十二庵"之盛。崂山民间故事、崂山（泰山）道教音乐皆是国家非物质文化遗产。威海成山头，被秦始皇称之为"天之尽头"，昆嵛山被誉为"仙山之祖"，相传教全真派王重阳曾率七弟子在此修炼，留下了烟霞洞、神清观、玉虚观、东华宫、朝阳洞、东华洞、混元殿、玉皇阁、契遇庵等道教遗迹。此外，山东胶东地区还有赤山明神传说、天后妈祖信俗、秃尾巴老李传说等。除此之外，山东被道教封神的名人，还包括姜子牙（山东莒县人）、诸葛亮（山东沂南人）、安期生（山东沂南人）、鬼谷子（山东平邑人）、扁鹊（山东长清人）、鲁班（山东滕州人）、秦琼（山东济南人）等。

第五节
山东佛教文化主题

一般而言，西土佛教正式被中国官方认可，大致被框定在东汉永平十年（公元67年），汉明帝迎请迦叶摩腾、竺法兰等高僧，并在洛阳建立第一座佛教寺院——白马寺。南北朝时，西域诸民族开始在中国北方地区大量定居，各民族进一步融合，佛教开始大规模传播；隋唐之时，佛教与儒家经典、道教学说呈现相互印证之势，逐步出现本土化（汉化）状态，汉地佛教开始成熟。在汉传佛教八宗中，禅宗祖庭位于河南登封少林寺，天台宗祖庭在浙江天台山国清寺，三论宗祖庭为陕西西安户县草堂寺、法相宗祖庭在西安大慈恩寺、华严宗祖庭在西安华严寺、律宗祖庭在西安净业寺、密宗祖庭在西安大兴善寺和青龙寺、净土宗祖庭在西安香积寺。可见，就儒释道三宗而言，自东周以来，鲁国是儒家学派的发祥地，齐国是道家阴阳五行说及方仙道传播实验场。齐鲁之邦自古便有浓郁的儒道文化氛围，民众普遍持有儒道文化信仰。因此，相较于我国其他地区，佛教在山东传播信众规模相对有限。

山东目前可以考证最早的佛教道场，当数位于威海昆嵛山的无染寺。据《宁海州志》载，该地战国时期曾建有寺院，以"居之者六根清净，大得解脏"之意，得名为"无染院"。大约东汉桓帝永康年间，建无染寺。该寺现存唐昭宗光化四年（公元901年）的《无染寺碑》有"松蔓森邃，崖谷幽奇，大川激沧海之浪，极顶峭虚危之宿，院额'无染'，堂房四匝间松挂，张凤翅以翰翔；殿宇一基架梁椽，砌龙鳞而偃骞。僧延冬夏，实为养道之方，额清节庭，永晴高峰之势。"的记载。此外，山东域内千年古刹还包括临沂石窟寺及石刻、灵岩寺、宝相寺、龙华寺、定林寺、兴隆寺、兴国禅寺等。（图7-5）

图7-5 济南长清灵岩寺 罗汉造像

灵岩寺，位于济南市长清，地处泰山北麓，《长清县志·灵岩志略》载：玉符山"苻秦时改名昆仑山金舆谷，盖重其人而神其地也。"灵岩寺始建于东晋，前秦苻坚永兴年间（357年）"竺僧朗卜居于此，始建精舍数十区"。朗公于北魏孝明帝正兴元年开始重建，《神僧传》云："朗公和尚说法泰山北岩下，听者千人，石为之点头，众以告，公曰：'此山灵也'，遂名灵岩。"至唐代达到鼎盛，现存灵岩寺是唐贞观年间（公元1627—649年）僧人慧崇建造，又经宋、元、明几代修葺，已非原建（多属宋代）。灵岩寺千佛殿宋代四十尊彩塑罗汉造像，塑法精湛，栩栩如生，被梁启超誉为"海内第一名塑"。

宝相寺，位于济宁市汶上县西北隅，宝相寺始建于北魏，唐名为"昭空寺"。宋真宗大中祥符元年（公元1008年）禅封泰山，归途经曲阜、过中都时，住跸"昭空寺"，御敕改为"宝相寺"。1994年3月15日，宝相寺修葺八角十三层太子灵踪塔，意外发现塔基底部地宫入口，在塔宫内发现了金棺、银椁、隐世八百余年的佛牙、舍利等141件佛教圣物，珍贵无比。至此，汶上宝相寺再次轰动全国。

龙华寺，位于滨州博兴县，始建于北魏，后经隋、唐、清三次重建。龙华寺遗址因1927年发现龙华寺碑（隋仁寿三年，公元603年）而得名。该遗址现已出土北魏、东魏、北齐和隋代残碑断碣、金铜造像、石刻造像、白瓷素烧佛像等文物200余件。其中包括1976年出土的大宗石刻佛教造像；1978年出土的青石圆雕菩萨立像（被誉为"东方美神维纳斯"）；1983年出土的百尊金铜佛像，此外还出土过一批白瓷素烧佛像。1992年山东省人民政府公布其为省级重点文物保护单位。2006年5月25日，国务院核定其为"第六批全国重点文物保护单位"。

定林寺，位于山东日照莒县浮来山，始建于东晋。最早住持为开山祖僧竺法汰和僧远，南朝萧梁时，刘勰从南定林寺回祖籍莒地浮来山隐居校经于该寺，寺院内还有校经楼①。寺内一株银杏树距今4000多年，被誉为"天下第一银杏树"。

兴隆寺，位于济宁兖州区城内东北隅，原名"普乐寺"，隋仁寿二年（公元602年）兖州僧人法性奉安舍利于此，唐中宗神龙元年（705年）为"中兴寺"，唐神龙三年（707年）名为"龙兴寺"，宋太宗太平兴国七年（公元983年）易名为"兴隆寺"，兴隆塔因兴隆寺而得名。2008年8月，在兴隆塔地宫维修加固过程中，从地宫中出土的石函、鎏金银棺、金瓶、安葬舍利碑刻等国家一级文物。兴隆寺现有大型实景演出"菩提东渡"。

千佛山，古称历山，相传舜耕历山，因而此山又被称为"舜耕山"。隋唐之后，僧众信徒不断随山势雕刻佛教造型，渐成摩崖石像及碑刻群，因而称为"千佛山"。千佛山兴国禅寺始建于隋开皇年间，原称"千佛寺"，后唐贞观年间扩建，改称"兴国禅寺"。寺内南侧崖壁有隋代一百三十余尊佛像，散落在大小九窟中，主窟极乐洞有大小佛像87尊。千佛山应属鲁中地区，泰山北麓佛教名山，与趵突泉、大明湖并称济南三大名胜。

此外，相传曹植曾在聊城东阿演成鱼山梵呗，山东境内魏晋时期的寺院遗址和摩崖佛教造像还包括：青州驼山石窟、平度天柱山摩崖石刻、邹县铁山（岗山）摩崖石刻、淄博西天寺造像、东平洪顶山摩崖、邹城葛山和峄山摩崖、青州龙兴寺遗址、兖州金口坝石窟造像、长清莲花洞石窟造像、博兴丈八佛、新泰棘梁山石刻（石窟寺及石刻）；隋代历城四门塔、白佛山石窟造像、青州云门山石窟及石刻；唐代济宁崇觉寺铁塔、成武卧化塔、历城老庄大佛寺石刻造像；辽宋时期聊城隆兴寺铁塔、文登圣经山摩崖、巨野永丰塔、邹城重兴塔、高唐兴国寺塔、平度大泽山石刻及智藏寺墓塔林、青岛石窟寺及石刻、肥城陶山朝阳洞石刻造像等。

---

① 刘勰（约465年—约521年），字彦和，东莞郡莒县（今山东省日照市莒县东莞镇沈庄）人。南朝梁时期大臣，文学理论家、文学批评家，撰有《文心雕龙》。

第六节
山东孝亲文化主题

在中国传统二十四孝中,与山东相关的人物故事超过三分之一,其中包括:虞舜孝感动天、郯子鹿乳奉亲、仲由百里负米、曾参啮指痛心、闵损芦衣顺母、董永卖身葬父、江革行佣供母、王裒闻雷泣墓、王祥卧冰求鲤九例。除此之外,在山东的民间传说中,还有颜回孝敬、孟母教子、东海孝妇、孟姜女哭夫、孔融让梨、炉姑传说、颜文姜传说等孝亲故事,如表7-1。

表7-1 山东孝亲传说

故事名称	人物	人物籍贯	故事梗概
孝感动天	虞舜	山东诸城	舜父瞽叟顽,母嚚,弟象傲,皆欲杀舜。舜顺适不失子道,兄弟孝慈。欲杀,不可得;即求,尝在侧。舜年二十以孝闻。(《史记·五帝本纪》)
鹿乳奉亲	郯子	山东郯城	周郯子,性至孝。父母年老,俱患双眼,思食鹿乳。郯子乃衣鹿皮,去深山,入鹿群之中,取鹿乳供亲。猎者见而欲射之。郯子具以情告,乃免。
百里负米	仲由	山东泗水	周仲由,字子路。家贫,常食藜藿之食,为亲负米百里之外。亲殁,南游于楚,从车百乘,积粟万钟,累茵而坐,列鼎而食,乃叹曰:"虽欲食藜藿,为亲负米,不可得也。"
啮指痛心	曾参	山东嘉祥	周曾参,字子舆,事母至孝。参尝采薪山中,家有客至。母无措,望参不还,乃啮其指。参忽心痛,负薪以归,跪问其故。母曰:"有急客至,吾啮指以悟汝尔。"
芦衣顺母	闵损	山东济南	周闵损,字子骞,早丧母。父娶后母,生二子,衣以棉絮;闵损,以衣芦花。父令损御车,体寒,失引。父察知故,欲出后母。损曰:"母在一子寒,母去三子单。"母闻,悔改。

续表

故事名称	人物	人物籍贯	故事梗概
卖身葬父	董永	山东博兴	汉董永,家贫。父死,卖身贷钱而葬。及去偿工,途遇一妇,求为永妻。俱至主家,令织缣三百匹乃回。一月完成,归至槐阴会所,遂辞永而去。
行佣供母	江革	山东济阳	后汉江革,少失父,独与母居。遭乱,负母逃难。数遇贼,或欲劫将去,革辄泣告有老母在,贼不忍杀。转客下邳,贫穷裸跣,行佣供母。母便身之物,莫不毕给。
闻雷泣墓	王裒	山东昌乐	魏王裒,事亲至孝。母存日,性怕雷,既卒,殡葬于山林。每遇风雨,闻阿香响震之声,即奔至墓所,拜跪泣告曰:"裒在此,母亲勿惧。"
卧冰求鲤	王祥	山东临沂	晋王祥,字休征。早丧母,继母朱氏不慈。父前数谮之,由是失爱于父。母尝欲食生鱼,时天寒冰冻,祥解衣卧冰求之。冰忽自解,双鲤跃出,持归供母。
颜回孝敬	颜回	山东宁阳	颜回十三岁拜孔子为师,终生师事之,是孔子最得意的门生。孔子对其称赞最多,如"一箪食、一瓢饮,在陋巷。人不堪其忧,回也不改其乐!""有颜回者好学,不迁怒,不贰过。"颜回侍师有"颜回攫甑"等故事。
孟母教子	孟母	山东邹城	"孟母教子"传说主要包含"孟母三迁""买肉啖子""断机教子"三个小故事。
东海孝妇	周青	山东郯城	东海有孝妇,少寡,亡子,养姑甚谨。姑欲嫁之,终不肯。其后,姑自经死。姑女告吏:"妇杀我母。"吏捕孝妇。孝妇辞不杀姑,吏验治,孝妇自诬服。具狱上府,太守竟论杀孝妇。郡中枯旱三年。后太守至,卜筮其故,于公曰:"孝妇不当死,前太守强断之,咎当在是乎?"于是太守杀牛自祭孝妇冢,因表其墓,天立大雨,岁熟。郡中以此益敬重于公。

续表

故事名称	人物	人物籍贯	故事梗概
孟姜女哭夫	孟姜女	山东淄博	"齐侯归，遇杞梁之妻于郊，使吊之。辞曰：'殖之有罪，何辱命焉？若免于罪，犹有先人之敝庐在，下妾不得与郊吊。'齐侯吊诸其室。"（《左传·襄公二十三年》）"昔华周、杞梁战而死，其妻悲之，向城而哭，隅为之崩，城为之厄。"（《礼记·檀弓》）
孔融让梨	孔融	山东曲阜	《后汉书·孔融传》李贤注"《融家传》曰：'年四岁时，与诸兄共食梨，融辄引小者。'大人问其故，答曰：'我小儿，法当取小者。'由是宗族奇之。"
炉姑传说	李娥	山东淄博	《太平御览》引《纪闻》："娥父吴大帝时为铁官，冶以铸军器，一夕，炼金竭炉而金不出。时吴方草创，法令至严，诸耗折官物十万，即坐斩，倍又没入其家。而娥父所损，折数过十万。娥年十五，痛伤之，因火烈，遂自投于炉中，赫然属天，于是金液沸涌，溢于炉口。娥所蹑二履浮出于炉，身则化矣。其金汁塞炉而下，遂成沟渠，泉注二十里，入于江水。其所收金凡亿万斤，沟渠中铁至今仍存。"
颜文姜传说	颜文姜	山东淄博	齐地孝妇颜文姜，孝侍公婆，远汲山泉水，不间寒暑，感动神明，泉出于室内汇流成河。文姜为救公婆百姓，舍身堵泉眼，坐化为神。在其草庙为神，后人在此建庙，即颜文姜祠。

第七节
山东运河文化主题

中国幅员辽阔，人口众多，能够将其聚合为统一国家的因素很多，一为军事、一为政治、一为文化，但更重要的则是各区域之间的经济合作，贸易畅通。有学者认为，凡是经济贸易畅通的区域，便不会引发激烈的战争。经济统一是政治统一内在需求，而政治统一则是经济统一的根本保障。两汉之前，北方地区既是帝国的政治中心，又是帝国的经济中心，南方大部分地区人口稀少，农业相对落后，经济发展很不充分，并未引起帝国的足够重视。自东汉灵帝之后，北方地区经历了魏晋南北朝近三百年的混战割据，五胡乱华、山河破碎，民生凋敝。在此三百年间，北方世家大族与流民大量南迁，有力地推动了南方经济的发展。至于隋朝，江浙地区农业、纺织业已获得充分开发，加之温润的自然气候，南方地区已发展成为帝国粮棉赋税的稳定基地。在这种背景下，帝国迫切需要一条能够将北方政治中心与南方经济中心相互贯通的大动脉，京杭大运河正是在此背景下挖掘疏浚，成为汇通南北经济，融合文化的水路通衢。为隋唐之后，南北方持续统一奠定了坚实的交通运输基础。

华夏民族以人力开掘运河的历史，至少可以追溯到大禹时代。相传大禹采取疏浚的方式治水，以人力挖掘通渠，使各水系贯通，"禹疏九河，瀹济、漯而注诸海，决汝、汉，排淮、泗而注之江，然后中国可得而食也。（《孟子·滕文公上》）"但当时挖掘水渠的首要目的应是行洪，而不是为了运输，因此还称不上"运河"。春秋后期，吴王夫差攻楚伐越，渐成南方强国，吴国大军欲北伐齐国，争霸中原，则必须解决粮草供应问题。为此，夫差征发吴越民夫，挖掘经射阳湖到淮安入淮河的运河，因运河途经邗城，是为"邗沟"。邗沟将长江与淮河连通，成为大运河最早修建的一段。至战国时期，又先后开凿了大沟和鸿沟，从而把江、淮、河、济四水沟通起来。漕运之利逐步被流经区域所重视。

隋炀帝自长安迁都洛阳，一方面为了在政治军事上控制江南广大地区，另一方面希望长江流域粮棉供养东都。自公元603年，杨广下令开凿大运河，隋代大运河分为永济渠、通济渠、邗沟、江南河四段，南起余杭（今杭州），中接东都（今洛阳），北至涿郡（今北京），是为"之"字形河道。隋代大运河仅在永济渠的少部分河段流经山东临清，因此，山东地区当时还算不上是运河核心区。至于元代，忽必烈定都元大都（今北京），大运河便没有必要绕道洛阳。元代统治者为提高运河效率，进而达到供养京师、经略国门、控制东南的三重目的。先后开凿了三段河道，把原来以洛阳为中心的横向运河，修筑成以大都为中心，南下直达杭州的纵向大运河。至此，大运河截弯取直，变"之"为"弓"，一路向北。

元代开凿运河的重点为山东段的鲁运河，至元十八年（公元1281年）开济州河，从任城（济宁市）至须城（东平县）安山；至元二十六年（1289年）开会通河，从安山西南开渠。由寿张西北至临清；至元二十九年（1292年）开通惠河，引京西昌平诸水入大都城，东出至通州入白河。至元三十年（1293）元代大运河全线通航，漕船可由杭州直达大都，成为今京杭运河的前身。自此，京杭大运河贯通海河、黄河、淮河、长江、钱塘江五大水系，全长约1794公里。山东段鲁运河南由台儿庄入鲁，经济宁、聊城、临清、德州，沿沧州北上入大都，主要水源为南四湖（山东是微山湖、昭阳湖、独山湖、南阳湖的总称），明、清两代在维持元运河的基础上，重新疏浚元末已淤废的山东境内河段，使运河继续发挥南北通航之利。

自至元三十年大运河全线通航，鲁运河已有七百多年的历史，台儿庄、济宁、聊城、临清、德州，皆成为运河两岸经济发达、文化昌盛、市井繁华的商业城市。这些城市码头、会馆、商铺、酒肆、勾栏林立，行商坐贾、河道盐巡，南北云集。自元代以后，随着运河商业中心城市的形成，戏曲、评书话本兴盛起来，一时间"江淮之漕，浮汶泗经达临清，而商旅贸迁，游宦往来往暨闽粤、交广、邛、川蜀，航海诸番贡之入莫不由是而达。""将陵（德州）运河上南北运输商品极多，最多的是丝、香料。济宁商业手工业很发达，船只多得令人难以相信（《马可波罗游记》）"。

商业贯通，也带来了南北文化融合，一方面鲁西南地区的饮食习惯、风土人情、民间信俗、区域文化等通过漕运向南北沿岸传播；另一方面，江浙苏杭之地的风俗习惯也随船工客商带入山东。南北文化风俗通过七百年的融合交汇，浑然一体，已成为山东特有的运河文化单元。如鲁西南鼓吹乐主要沿济宁、微山、聊城、临清一带流行，艺术形式接近；山东梆子、山东琴书、山东清音、山东快书、山东花鼓、山东枣梆、鲁南花鼓柳琴戏、大平调、皮影、莺歌柳书等曲艺形式，也多聚集于运河沿岸城市，以供客商船工泊船登岸消遣娱乐。端公腔（拉魂腔）等地方戏曲，广泛流行于鲁西苏南地区；至于邹城山头花鼓、火虎、阴阳板、鱼台坠子、落子、湖滨大鼓、微山湖夯歌、跑竹马，临清架鼓、时调、高跷、跑旱船、狮子舞、抬杠官、杠箱、枣庄鼓儿词、薛城唢呐、骰牌灯、四蟹抢船、独杆轿等民俗社火活动，更是沿运河流域南北相传、艺术形式接近，兴盛一时。

第八节
山东名著与民间文学主题

小说话本与民间文学，不仅具有巨大的艺术影响力，更能够生动描述所在时代的社会习俗与市井风情，对今人研究当时的社会情状、民间习俗、生活方式等，具有重要的参照意义，因此，地方名著与民间文学向来是文创产品设计创意的重要资源。与山东密切相关的文学名著至少包括施耐庵的《水浒传》[①]、兰陵笑笑生的《金瓶梅》[②]，蒲松龄的《聊斋志异》[③]，刘鹗的《老残游记》[④]等，四部小说写作的时间跨度从元至清700多年，细致地描写了不被正史所记录的山东市井风土人情。其中《水浒传》与《金瓶梅》皆以元明两代山东运河沿线城市为故事发生地，如郓城、临清、阳谷、梁山、曹州、东昌府、微山湖等。而《聊斋志异》则以蒲松龄生活周边区域的民间故事、市井传说为蓝本，丰富提炼而成，是一幅鲁东地区的全景式的社会风情画。《老残游记》则主要以济南为故事发生地。四部小说皆脍炙人口，名扬海内，且小说描写区域，基本涵盖了山东大部分地区，成为山东旅游文化与文创产业发展的重要主题。

另一方面，东晋时期王羲之、王献之、唐代颜真卿的书法；隋代展子虔、北宋张择端、清代高凤翰的画；两宋交汇时期李清照、辛弃疾（并称"二安"）的词，都是文学艺术领域不可多得的精品力作。如何将这些文化资源，

---

① 施耐庵（1296年—约1370年），江苏兴化人，祖籍苏州，原名彦端，字肇瑞，号子安，别号耐庵。施耐庵大致生活于元代，元末明初，天下打乱，汉族起义不断，其代表作《水浒传》就是在这种背景下所创作。
② 《金瓶梅》的作者兰陵笑笑生真实身份成谜，但就此后学者考证而言，作者大致生活在明嘉靖年间，山东兰陵县和江苏武进县，古时均有"兰陵"地名，但从书中大量使用山东方言来看，作者应系山东人。《金瓶梅》以市井人物与世俗风情为描写中心，开启了文人直接取材于现实社会生活而创作长篇小说的先河。
③ 蒲松龄（1640年—1715年），字留仙，一字剑臣，别号柳泉居士，世称聊斋先生。济南府淄川（山东省淄博市淄川区洪山镇蒲家庄）人。清代杰出文学家，优秀短篇小说家。
④ 刘鹗（1857年—1909年），清末小说家。谱名震远，原名孟鹏，字云抟、公约。后更名鹗，字铁云，又字公约，号老残。署名"鸿都百炼生"。汉族，江苏丹徒（今镇江市）人，寄籍山阳（今江苏淮安区）。

通过现代设计手段予以活化创新，全新呈现，应是下一步山东文创产品设计开发所应着重关注的问题。

　　此外，山东各地丰富的民间传说，涵盖了神话传说、历史人物、地理方志等内容。民间传说虽不像正史传记那样严谨，但却也真诚地反映了普通百姓的善恶评判、理想愿望、风俗信仰，以及民众共同的价值取向。因此，在某种程度上，民间传说也是人们口头流传的"信史"，是活着的非物质文化遗产。山东民间传说主要包括：女娲神话、盐宗夙沙氏煮海成盐传说、舜耕历山、大禹治水传说、伊尹传说、孔子诞生、孔子来齐传说、颜子传说、柳下惠传说、鲁隐公观鱼处传说、闵子骞传说、樊子迟传说、宓子贱传说、鲁班传说、鬼谷子传说、孙膑传说、长勺之战传说、扁鹊传说、孟母教子传说、孟姜女传说、武帝刘彻东巡传说、东方朔民间传说、董永传说、丘处机传说、梁祝传说、麒麟传说、秃尾巴老李传说、八仙过海传说、赤山明神传说、赤鳞鱼王宝珠传说、东岳大帝与碧霞元君信俗、泰山石敢当传说、颜文姜传说、柳毅传说、东平陵城传说、锦屏山神话、李开先传说、袭勖传说、张尔岐传说、胡峄阳传说、崂山民间故事、大泽山民间传说故事、炉姑传说、章丘地方风物传说等。

第九节
山东革命红色文化

　　《周易·革卦·象传》有"天地革而四时成，汤武革命，顺乎天而应乎人。""汤武革命"指的是商汤与周武王为推翻夏桀与商纣的残暴统治而进行的武装斗争，顺应天意，合乎民心，因而被后世视为正义的反抗。山东人民受孔孟儒家文化教化，忠孝仁义观念沉浸已久，性格质朴善良，耕读传家。但山东人民亦正直勇敢，充满血性，勇于反抗外族入侵与无道统治。清代之前，山东抗击外敌入侵的名将如：秦朝抗击匈奴名将蒙恬、汉代抗击匈奴名将陈汤、南宋抗金名将辛弃疾、明朝抗倭名将戚继光等。山东义民反抗外族入侵或无道统治的起义达数十次之多，较著名的包括：西汉末的樊崇赤眉军，西晋时的刘伯根、王弥起义,北魏末的山东起义,隋末的王薄起义,唐末的王仙芝、黄巢起义,北宋的宋江起义,明初唐赛儿起义等。

自1894年中日甲午战争开始,至1945年抗日战争结束,山东人民展开了长达半个世纪的反帝反封建的斗争,其中包括1894年以威海卫为主战场的甲午海战,甲午三英之一的左宝贵(临沂平邑人)壮烈牺牲。1897年以山东"曹州教案"为导火索的清末义和团运动,山东籍大量拳民在抗击八国联军的战斗中牺牲。1919年,巴黎和会将山东胶州湾德国权益的权益转让给日本,爆发了中国人民反帝反封的"五四运动"。1920年,王尽美(山东诸城人)与邓恩铭等人,发起成立"励新学会",创办《励新》半月刊,率先在山东建立党小组,传播共产主义思想。1921年,王尽美作为代表参与中共一大会议。

1937年,抗日战争全面爆发后,国民党军队中山东籍抗战名将包括:与日军血战临沂的张自忠(山东临清人),二十九军军长宋哲元(山东省乐陵市)、秦德纯(山东沂水人)、赵登禹(山东人)诸将,领导"泰山军"抗击日寇的李玉堂(山东广饶人),参加台儿庄会战与昆仑关战役的李延年(山东广饶人),参加上海保卫战的上官云相(山东济南人),参加淞沪会战、台儿庄会战、武汉保卫战的于学忠(山东蓬莱人),参加忻口会战、徐州会战、武汉会战等12次会战的李仙洲(今德州齐河人),参加娘子关与台儿庄战役的冯安邦(山东无棣县人),莒县保卫战英勇牺牲的刘震东(山东沂水人)等。

在整个抗日战争期间,山东人民在中国共产党的领导下,先后开辟了胶东、鲁中、鲁西、清河、湖西、鲁南等抗日根据地。涌现出微山湖铁道游击队、海阳赵疃地雷战等群众抗击日寇的著名战例。从1937年11月到1938年3月,山东先后有十几个地区爆发武装起义。1939年3月初,罗荣桓与陈光率八路军115师师部和主力一部进入山东鲁西地区。1939年8月1日,山东纵队正式组建成八路军第一纵队,徐向前任司令员,朱瑞任政治委员,指挥樊坝、梁山等战斗,重创日伪军,击毙日本中将2名,少将1名。到1940年年底,山东抗日根据地面积已达3600平方公里,人口1200万,成为连接华北与华中两大敌后战场的枢纽。

山东抗日根据地人民,在解放战争中同样发挥了重要作用,涌现出拥军支前的沂蒙红嫂精神。陈毅曾深情地说:"淮海战役的胜利,是人民群众用小车推出来的。"临沂革命根据地极大的支援了淮海战役的胜利，为解放军顺利进军东北，开展辽沈战役做出了重大贡献。

山东革命文化纪念地（馆）主要包括：威海刘公岛甲午战争纪念地（纪念馆）、济南五卅惨案遗址、台儿庄大战旧址（纪念馆）、徂徕山抗日武装起义旧址、昌邑抗日殉国烈士祠、莒南八路军一一五师司令部旧址、新四军军部暨华东军区、临沂大青山突围战遗址、海阳地雷战纪念馆、微山湖铁道游击队纪念园、鲁西南战役纪念系列景区、金乡羊山战斗纪念地、华东野战军诞生地旧址、胶东革命纪念馆、沂蒙革命根据地、沂蒙红嫂纪念馆、孟良崮战役纪念馆、莱芜战役指挥所旧址、广饶刘集共产党宣言纪念馆、王尽美故居（纪念馆）、杨子荣纪念馆、王杰纪念馆等。下一步将整合红色资源，打造山东革命文化旅游品牌，推动等爱国主义教育基地与红色旅游深度融合。

第十节
山东民俗社火文化

"社"字最早出现于战国《中山王鼎》铭文，文字左面的"示"，表示神主；右下一横，代表大地；右上"木"，代表在土上生长的万物。其本义就是土地之神。"社"字由此引申指祭祀土神的日子或地方。周代以二十五家为"社"，故"社"也引申为一种基层行政单位，或某种从事共同活动的集体组织。古人认为，"火"具有烹饪食物、祛寒驱兽、烧制陶器、冶炼金属的重要作用，因而，火神被视为驱邪避凶的化身。"社火"活动，本质上华夏农耕民族祭祀土地神与火神，祈求风调雨顺、五谷丰登、国泰民安的集体娱神活动，后来逐步发展成为民间大型节日娱乐活动。目前可以考证的"社火"一词，最早见于宋代《东京梦华录》《武林旧事》等书，宋代民间市井在"街坊杂场"演出，被称为"社伙"，本意为"一群人搭伙演出"，后来谓之"社火"，也指"一哄而散"之意。宋代社火活动主要由祭祀、巫术、傩仪、百戏、乐舞、参军戏、民间杂耍等组成。

目前，我国的社火表演主要集中于陕西、山西，并广泛流传于河南、山东、河北、东北等北方地区，应无异议。就目前山东社火表演形式而言，大致可以推断与元末明初山西河南移民进入山东有关。目前山东社火表演项目，基本涵盖了全国其他地区社火表演的艺术形式，如抬阁、芯子、铁枝、飘色（济南、淄博、临沂等地）；鼓子秧歌、德平大秧歌、花鞭鼓舞、胶东大秧歌（山东大部分地区）；舞龙灯扛阁、泰安高跷、独杆跷、逛荡灯、上杠高跷、山东大鼓、花鼓锣子、跑旱船、玩狮狍、耍龙灯、打花棍（平阴）、宁津杂技、弹鼓舞、哈哈腔、西河大鼓、邹城竹马、邹城平派鼓吹乐、山头花鼓、火虎、山东渔鼓、聊城杂技等。但就具体的艺术形式而言，又与其他省份有所区别，各地独具特色。

另外，社火表演作为综合的艺术表现形式，又与山东各地的民间小戏、杂技、民间传说信俗、地方手工艺相互融合，呈现出鲜明的地域特色。因此，我们也可以将此看成社火文化的重要组成部分，如：山东各地剪纸、泥人、面塑、纸扎、武术、曲艺、小戏、庙会等。

第八章

十六地市视域下的文创
产品设计主题分析

如前所述，山东省文创产品的设计开发，其主要针对省外、国外的消费人群，因此在主题设定、题材选择、产品开发过程中，则主要以"讲述山东故事，代表山东形象"为目的，此类文创产品的题材撷选，应立足山东，面向全国，将全省文化资源予以概括组合，形成代表山东特色的"文化媒介"。

与之类似，如果我们站在山东省十六地市某个城市的视域上去开发文创产品，那么，此类文创产品的文化诉说范围则应限于被开发地市，而不能超越其历史和地理的既定范围。我们并不是说某一地市的文创产品，断然无法代表山东，去"诉说"山东文化；我们只是认为，如果简单地将区域文创产品上升为省级文创产品，其叙述的文化特征可能过于狭窄，无法反映山东的文化全貌。因此，在很多情况下，局部就是局部，无法指代整体。因而，事实上，山东十六地市的文创产品设计开发，其文化（主题）的提炼概括，应更多的是立足地市，面向全省。

今天，山东十六地市的行政区划，有其地理、历史、文化的因素，但更多则是出于经济发展均衡的考量。因此，同一地市内部的文化差异有时会大于不同地市的相邻地区，这种情况普遍存在于全国各地。因此，山东除有十六地市的行政区划外，还有像鲁东、鲁西、鲁中这样相对模糊的分区方式。此种划分方式，有其经济因素的考量，但更多则是受地理环境与文化因素影响较大。

山东地理特征为中部多山脉，四周多平原。泰沂山脉恰好处在山东中部，并将山东分割为西部平原、中部高地与东部丘陵。春秋时期，齐国修建长城，便沿泰沂山脉展开，西起济南平阴，经泰安肥城、济南、淄博博山、潍坊临朐县、临沂沂水、安丘、莒县、五莲，至青岛西海岸新区入海，全长达1200余里。齐长城将山东分为东西两域，西部平原为鲁国势力范围，因而在历史上被称为鲁地；东部地区是齐国势力范围，因而被称为齐地。齐鲁两地的核心区，其文化特征区别明显。而中部泰沂山脉周边地区，恰是两个文化单元的交汇区，今天，我们将这一地区称之为"鲁中"。鲁中地区主要包括济南、淄博、泰安、潍坊西部（主要指寿光、昌乐、安丘一带）、滨州（邹平）等区域。

"鲁中"的地理位置一旦确定，鲁南、鲁西、鲁东便相应而生。鲁南地区主要指济宁、枣庄、临沂、日照等地区。在鲁南地区中，济宁是儒家文化的核心区，而临沂、枣庄、日照等地区，东周时期受吴楚文化影响较大，此后又受苏北淮河流域的文化影响，因而，其文化形态已与典型的齐鲁文化有所区别，其文化内涵更显丰富多元。

菏泽、聊城两地，东周时期始终处于"四战之地"，菏泽地区，春秋时期中部属曹国，东部属鲁国，西北部属卫国，南部属宋国；战国前期分属宋、鲁、卫国，后期分属齐、魏、楚国；今聊城地区，春秋时期阳谷、东阿、茌平、高唐属齐国，莘县、临清属卫国，冠县属晋国；战国时阳谷、东阿、茌平、高唐属齐国，临清、冠县属赵国，莘县属魏国。北宋时期，菏泽全部，聊城大部属京东西路，地理位置距开封（东京）较近，方言习俗更接近于中州文化区。今天，我们将菏泽、聊城称为鲁西地区。在大多文化语境下，我们往往会将鲁西与鲁南地区，并称"鲁西南"地区。

鲁东地区，在某种程度上也可以称为"胶东地区"，主要指烟台、威海、青岛、潍坊（高密、诸城）等地。这一地区在西周时代为莱夷之地，是齐国重点怀柔同化的古方国，东周时期则是齐国的大后方。秦统一后，以胶水为界，其东部广大区域设"胶东郡"，始有"胶东"的说法。在清末之前，胶东地区自海上而来的移民数量有限，因此，长期以来，胶东地区较少受到外来文化的激烈碰撞，这一地区方言相似，生活方式与文化特征相近，是山东文化特征相对典型的区域。

至于山东德州武城、宁津、乐陵，滨州无棣，东营河口等地区，它们与河北省接壤，在地理位置之上在山东北部，但在文化分区上却很少使用"鲁北"这一称谓，其原因为：该地区自东周以来，始终处于燕赵齐三国相互争夺的区域，又非是燕赵齐的文化核心区；西晋永嘉之乱后，该区域最早为北方少数民族所统治，战火纷飞，人口离散；至于北宋时期又是宋与契丹军事对峙的主战场；至南宋时期，则完全被金人占据，元代又为蒙古所统治；因而，这一区域文化特征相对模糊。因而，本章我们将这一地区一并划入鲁中范围进行分析。

自此，我们简要划分了鲁西、鲁南、鲁中、鲁东四个文化区域，便可以在此基础上，逐一框定山东十六地市的文化主题。

第一节
鲁西地区文创产品设计主题分析

鲁西地区，主要包括菏泽、聊城两个地级市。菏泽位于山东西南部，东部与济宁相邻；东南与江苏徐州的丰、沛二县，安徽砀山县接壤；南与河南省商丘相连；西与河南开封、新乡毗邻；北接河南濮阳；可谓苏鲁豫皖四省通达之地。聊城位于山东西部，西隔漳卫河与河北邢台清河、临西县，邯郸馆陶、魏县相望；南部隔金堤河与河南濮阳的南乐、台前、范县接壤；东南隔黄河与泰安、济南为邻；北部和东部与德州接壤。从这两个地区地理位置来分析，它们是山东与江苏、安徽、河南、河北四省连接的西南门户，也是山东十六地市中与邻省接壤最多的地区，人员流动大，文化类型较为多样。

一、菏泽——黄河（济水）之滨的始祖文化

"浮于淮泗，达于菏（《禹贡》）"，"下而有水曰泽（《释名·释地》）"。菏泽地区上古连通济、泗两大水系[1]，济水所汇，菏水所出，原系天然古泽。后黄河或夺淮水入黄海，或夺济水入渤海，但均在菏泽地区西部摇摆。因此，该地古时被称为"大野泽""雷泽""巨野泽"等。今天的考古发现表明，早在四五千年前的新石器时代，先民就在菏泽境内繁衍生息。黄河的频繁改道，客观上促进了居住于菏泽及其周边地区上古先民，氏族部落之间团结协作、治理水患、逐步融合，因此，该区域成为华夏文明的重要发祥地。目前菏泽地区包括牡丹区、定陶区、曹县、单县、成武县、巨野县、郓城县、鄄城县、东明县等九个次级文化单元。

《太平御览》卷七八引《诗含神雾》有："大迹出雷泽，华胥履之，生伏羲"。《汉书人表考》卷二引《春秋世谱》曰："华胥生男子为伏羲，女子为女娲"。《太平寰宇记》载："濮州，今治鄄城县。古昆吾旧壤，颛顼遗墟"。尧生于山东鄄城濮州[2]，辅佐其兄帝挚，封于陶地（今菏泽定陶），相传单父（今菏泽单县人）为尧的老师[3]，尧死后葬于菏泽鄄城谷林。《史记》中有"舜耕历山[4]，渔雷泽[5]，陶河滨[6]"其大体位置应在菏泽境内；《尚书·禹贡》记载大禹

---

[1] 我国古时将长江、济水、黄河、淮河并称"四渎"，《史记·殷本纪》"东为江，北为济，西为河，南为淮，四渎已修，万民乃有居"。古时淮河、济水也独流入海，故得与江河并列。后淮水、济水先后被黄河改道所夺，淮河下游淤塞后改注入长江，而济水故道即今之黄河下游。
[2] 原治今山东省菏泽市鄄城县旧城镇，后因黄河水患徙州治至黄河北岸，治今河南省濮阳市范县濮城镇。
[3] 单卷（善卷），今菏泽单县人，相传尧听单卷而得道，就面朝北来侍奉他。尧把天下让给虞舜以后，舜又去亲近他，要把天下让给他。《慎子·逸文》有"尧让许由，舜让善卷，皆辞为天子，而退为匹夫"。
[4] 舜耕历山，一说指今济南市千佛山，一说为鄄城县历山。
[5] 渔雷泽，一说为今泗水县雷泽湖，一说为鄄城县濮州雷泽湖。
[6] 陶河滨，黄河之滨鄄城段。

"导沇（兖）水，东流为济，入于河，溢为荥；东出于陶丘北，又东至于菏，又东北会于汶，又北东于海。"《史记·夏本纪》记载，大禹重点治理了九条河流，称为九川，济水为其一。《孟子·滕文公上》有"禹疏九河，瀹济、漯而注诸海，决汝、汉，排淮、泗而注之江，然后中国可得而食也。"可见，相传伏羲女娲生于菏泽；尧封于鄄城，葬于鄄城；舜于菏泽成就贤名、禹在此地治理洪水。

菏泽鄄城的"三皇舞"（图8-1）"商羊舞"，皆是古华夏舞蹈的"活化石"。三皇舞相传起源于伏羲、女娲、黄帝时代，因而称之为"三皇舞"，其舞步简单、节奏平稳、气氛凝重、风格古朴。舞蹈内容主要表现早期人类，穿着兽皮、战胜怪兽"夔"，剥皮啖肉、以其皮蒙鼓，手持夔臀骨敲打庆祝的故事。此情节与《山海经·大荒东经》中所记述的"黄帝获夔"的情节相似[1]，可见三皇舞并非毫无历史依据。

"商羊舞"，即为模仿"商羊鸟"而成的舞蹈形式。相传起自商周以来，古代先民祈雨时，便自扮商羊鸟，戴面具，拿响板，结彩铃，模仿商羊鸟的动作，舞蹈祭祀。这种模仿商羊鸟求雨的动作，与传统的祭祀仪式逐渐融合，经过鄄城先民们不断升华完善，逐渐成为鄄城所特有的民间舞蹈"商羊舞"。蒲

图8-1 山东鄄城三皇舞

---

[1]《山海经·大荒东经》有"东海中有流波山，入海七千里，其上有兽，状如牛，苍身而无角，一足。出入水则必风雨，其光如日月，其声如雷，其名为夔，黄帝得之，以其皮为鼓，橛以雷兽之骨，声闻五百里，以威天下。"

松龄《聊斋志异·跳神篇》中有"妇束短幅裙,屈一足,作商羊舞"①。商羊舞全国仅此一例,被誉为华夏舞蹈的活化石。2008年,商羊舞列入第二批国家级非物质文化遗产名录。

武王伐纣后,将其弟曹叔振铎封于曹(公元前1122年),都陶丘(今菏泽市定陶),曹国之域西接周地,东连齐鲁,北临河济,南控江淮,"襟带河济,扼控鲁宋",居于要冲,诸侯四通,是诸侯各国往来必经之地。陶丘是春秋战国时期的"天下之中"的膏腴之地。此后菏泽的曹州、曹县等地名皆由此来。

春秋末期"西狩获麟"的故事发生在鲁国西境大野泽(菏泽巨野)。《左传·卷十二》载:"哀公十四年春,西狩于大野,叔孙氏之车子钥商获麟,以为不祥,以赐虞人。仲尼观之曰:'麟也'。"《史记·孔子世家》亦有同样的记载,并在《集解》和《正义》中又注:"大野,薮名,鲁田围之常处,盖今巨野是也。"《兖州府志·圣里志》载:"周敬王三十九年春(哀公十四年),西狩于大野。叔孙氏家臣钥商获麟。……折其左足,载以归。叔孙氏以为不祥,弃之郭外,使人告孔子曰:有麇而角者何也?孔子往观之曰:麟也,胡为乎来哉!反袂拭面,涕泣沾衿。叔孙氏闻之,然后取之。子贡问曰:夫子何泣也!孔子曰:麟之至为明王也,出非其时而见害,吾是以伤之。"麒麟②,是姬氏(周天子脉)的祖先神,源自黄帝祖神应龙,是应龙血脉的主要分支之一,有诗云:"麒麟踏祥云,人间百难消。"因而,巨野麒麟传说(现为国家非物质文化遗产),再次印证了菏泽地区上古时期为伏羲、女娲、黄帝的主要活动区域。

菏泽距河南开封直线距离不足120公里,因而生活方式与民间风俗上,受中州宋文化影响较深,如斗羊、斗鸡、灯会、杂技等,皆有北宋古汴京之遗

---

① "商羊鸟"相传为古代神话中的单足鸟,每当大雨将至时,便会翩翩起舞,因为商羊鸟的出现是一种水祥吉兆。《孔子家语.辨证》中有"齐有一足之鸟,飞集于公朝,下止于殿前,舒翅而跳,齐侯大怪之。使聘鲁向孔子,孔子曰:此鸟名曰商羊,水样也。……天将大雨,商羊鼓舞,今齐有之,其应至矣,急告民……趋治沟渠,修堤防,将有大水为灾,顷之大雨,水溢汪诸国,伤害民人,唯齐有备,不败。"东汉王充《论衡·变动》云:"商羊者,知雨之物也,天且雨,曲其一足起舞矣。"
② 麒麟,中国传统瑞兽。《礼记·礼运第九》:"麟、凤、龟、龙,谓之四灵。"古人认为麒麟出没处,必有祥瑞。有时用来比喻才能杰出、德才兼备的人。

风。此外,菏泽定陶的"陶朱公传说①"、曹州面人(菏泽花供)、鄄城砖塑、曹县柳编、鲁锦织造技艺等,皆为国家非物质文化遗产。因而,《山东省文化创意产业发展规划》将菏泽定位为"民俗文化产业区"(表8-1)。

表8-1　　　　　　　　菏泽文创产品设计开发路径

文化主题	题材(表现意象)	体裁(表现媒介)	艺术风格
黄河(济水)之滨的始祖文化	伏羲、女娲、黄帝、尧、舜、禹	曹州面塑、曹县柳编、鲁锦等	汉画像石
	三皇舞(夔)、商羊舞(商羊)、麒麟		

二、聊城——运河之上的江北繁华都会

今聊城地区,春秋时期位于齐晋两国交界地,战国时则是齐、赵、魏三国边界。聊城之地名最早应始于"聊"邑。"聊"字其意,应与齐国在边境建立的"聂"邑有关。"聂"字由三耳组成,意为"附耳私小语也"。可见,齐国起初筑"聂"邑,主要目的是为打探西部邻国消息。"聊"字从"耳","卯"韵。《说文解字》有"耳鸣"之意,即警钟长鸣。可以推测,聊城最初的功能,应是齐国边境上守备国境,打探敌情的军事基地,后逐步发展为城邑。"聊"邑的记载最早见于《春秋左传》鲁昭公二十年(公元前522年),晏子谏齐景公减轻苛征杂税时说:"聊、摄以东(杜注:聊、摄、齐西界也)姑尤以西,其为人也多矣"②。《史记·鲁仲连邹阳列传》有"鲁仲连射书救聊城"的记载③。

春秋时期,今聊城地区,见于文献的城邑有冠氏、黄、棠、清、聊、摄、

---

① 《史记·越王勾践世家》有载:"范蠡浮海出齐,变姓名,自谓鸱夷子皮,耕于海畔,苦身戮力,父子治产。居无几何,致产数十万。齐人闻其贤,以为相。范蠡喟然叹曰:'居家则致千金,居官则至卿相,此布衣之极也。久受尊名,不祥。'乃归相印,尽散其财,以分与知友乡党,而怀其重宝,间行以去,止于陶(定陶),以为此天下之中,交易有无之路通,为生可以致富矣。于是自谓陶朱公。"
② 杨伯峻:《春秋左传注》,中华书局,1981年版,第1417—1418页。
③ 《史记·鲁仲连邹阳列传》有"其后二十余年,燕将攻下聊城,聊城人或谗之燕,燕将惧诛,因保守聊城,不敢归。齐田单攻聊城岁余,士卒多死而聊城不下。仲鲁连乃为书,约之矢以射城中,遗燕将。"

夷仪、高唐、辕、牡丘、重丘、柯、留舒等。今天仍在使用的地名仍有聊（城）、阿（城）、冠（县）、高唐（县）四处。目前，聊城下辖东昌府区、茌平区、临清市、冠县、莘县、阳谷县、东阿县、高唐县8个行政区县。

相较于菏泽而言，聊城的文化资源丰富而分散，不易聚焦。相传伏羲曾在阳谷"观日阳，种五谷"，阳谷今有蚩尤冢①；东阿相传为仓颉的故乡，有仓颉墓②；整个聊城地区，大汶口文化遗址18处，龙山文化遗址45处，龙山古城址9座，由此可知商周之前，该区域为上古先民主要聚集区。元代之后，京杭大运河自南向北经阳谷、聊城、临清入德州。聊城古运河与京杭大运河水道相连，因此，明清两代，聊城被誉为"漕挽之咽喉，天都之肘腋"，"江北水城"，聊城与临清并称"江北都会"。随着商业文化的兴盛，元代之后，元曲杂剧、小说话本逐步流行起来，《水浒传》《金瓶梅》《聊斋志异》《老残游记》等古典小说，其故事发生地也多集中于聊城。

"光岳楼"（图8-2）与"山陕会馆"（图8-3）是聊城地区标志性古建筑。"光岳楼"始建于明洪武二年（1369年），初为平山卫指挥佥事陈镛，为防备元代残余势力侵袭，将原筑土城改为砖城，以"严更漏而窥敌望远"，又用修城余木，建造了一座高达百尺的更鼓楼，初名"余木楼"，也称之为"鼓楼"（今天聊城居民仍称为鼓楼）；明成化二十二年（1486年），知府杨能维修该楼时，因地而名，改称为"东昌楼"。明弘治九年（1496），吏部考功员外郎李赞登此楼，赞曰："因叹斯楼，天下所无。虽黄鹤、岳阳亦当望拜。乃今百年矣，尚寞落无名称，不亦屈乎？因与天锡评命之曰'光岳楼'，取其近鲁有光于岱岳也。"此后，"光岳楼"的称谓逐步固定下来。清康乾时期，康熙四次登楼，并题"神光锺瑛"匾；乾隆九过东昌，六登光岳楼，将光岳楼列为南巡三十六行宫之一。

聊城山陕会馆，俗称关帝庙，位于聊城古运河西岸，为山陕商人供奉武圣

---

① 相远古时代九黎族首领蚩尤居住在冀鲁交界处，后来黄帝及其部族从中国西北部游牧至此，与蚩尤部族发生冲突，一场大规模的战争在涿鹿爆发（鲁豫交界黄河两岸地区），黄帝擒杀蚩尤后分尸而葬，身葬于此，首级葬于寿张阚乡，肩髀葬于巨野（菏泽巨野县）重聚，部分尸骨葬于台前（原属寿张县，今属濮阳）境内。现存阳谷县蚩尤冢位于东平郡寿张县（今为阳谷县寿张镇）阚乡，汶上县蚩尤冢在汶上县南旺镇。

② 仓颉，原姓侯冈，名颉，俗称仓颉先师，又史皇氏，又曰苍王、仓圣。《说文解字》《世本》《淮南子》皆记载仓颉是黄帝时期造字的左史官。明于慎行主编的《兖州府志》记载："仓颉故居在城（东阿县旧治，即今平阴县东阿镇）西北三十里。有墓、有寺。"有争议。

图8-2
图8-3

图8-2 山东聊城光岳楼

图8-3 山东聊城山陕会馆

关羽的庙宇，亦作为商业会馆。山陕会馆始建于乾隆八年（1743年），至嘉庆十四年（1809年）方具现今规模。该建筑群包括山门、过楼、戏楼、左右夹楼、钟鼓二楼、南北看楼、关帝大殿、春秋阁等，亭台楼阁160多间，石雕木作极为精细。山陕会馆是清代聊城商业繁荣的缩影和见证，1988年被列为第三批全国重点文物保护单位。

此外，聊城地区的著名古建筑（遗址）还包括临清舍利宝塔、清代四大藏书楼之一的海源阁、阳谷狮子楼、东阿曹植墓等。聊城较有代表性的非物质文化遗产包括：东阿阿胶制作技艺、临清贡砖制作技艺、东昌（张秋）木版年画、聊城葫芦雕刻等（表8-2）。

表8-2　　　　　　　　　　　聊城文创产品设计开发路径

文化主题	题材（表现意象）	体裁（表现媒介）	艺术风格
运河之上的江北繁华都会	江北水城、光岳楼、山陕会馆	东昌（张秋）木版年画、临清贡砖、葫芦雕刻	不限
	凤凰、仓颉、曹植		

第二节
鲁南地区文创产品设计主题分析

鲁南地区主要包括济宁、枣庄、临沂、日照四个地级市。济宁位于山东西南部，北临泰安，东邻临沂，西与菏泽接壤，南面与枣庄、江苏徐州搭界；枣庄东接临沂、南邻江苏徐州、西连济宁、北临微山湖；临沂东连日照，西接枣庄、济宁、泰安，北靠淄博、潍坊，南邻江苏东海、新沂等县；日照东隔黄海与日本、韩国相望，西靠临沂，北接青岛、潍坊，南临江苏连云港。这几个地市皆与江苏接壤，是山东的南大门。

一、济宁——以孔子为代表的鲁国儒家文化

济宁西南部靠近古济水，地处南四湖、北五湖的分水岭上，因地势较高，临济水而无水患之忧，故为"济宁"。元世祖至元八年，济州由州改府，定名

为"济宁府",这是济宁之名出现的最早时间。济宁地区现下辖任城区、兖州区、微山县、鱼台县、金乡县、嘉祥县、汶上县、泗水县、梁山县,代管曲阜、邹城市两个县级市。

其中"任城"为古"任国",为伏羲、太暤(昊)风姓任氏后裔建立的古方国;"兖州"之名出自于大禹治水后划九州的古地名;"微山"因殷帝乙长子,纣王庶兄微子启而得名;"鱼台"因"鲁隐公观鱼"而得名;"金乡"以汉武帝葬子昌邑王于高平山,凿墓得金,而改为"金乡山"而得名;"嘉祥"相传为鲁哀公西狩获麟,因获麟在嘉祥内,故以"祥瑞"之意取"嘉祥";"汶上"因汶水而得名,"泗水"因"四渎八流之一"的泗水而得名;"梁山"因汉文帝子(汉武帝弟)梁孝王刘武而得名;"曲阜"之名最早见于《礼记》,东汉应劭解释道:"鲁城中有阜(平顶土山),委曲长七八里,故名曲阜"。"邹城"源于西周邾国,至穆公时(公元前480年前后)改"邾"为"驺",秦始皇统一六国后,实行郡县制,始设"驺县",至唐时,"驺"为"邹"。仅从济宁两区、两市、八县的地名来看,便可知这一区域悠久的历史与丰富的文化资源。

如前章所述,相传炎帝聚于"大庭氏之墟"(今曲阜),黄帝生于寿丘(今曲阜),少昊都于曲阜,葬于曲阜。周武王灭商之后,将殷商后裔微子启封于宋[①];武王姬发为防范弹压殷商遗民,又将其弟周公旦封于鲁,其弟曹叔振铎封于曹;周公旦之子伯禽,在鲁立国之初便采取了"变其俗,革其礼"的文化方针,全力推行周礼,为此后以孔子为代表的儒家文化的兴起,奠定了坚实的文化土壤。孔子大开私学,鲁国人才辈出,其中包括述圣孔伋(曲阜),宗圣曾子(嘉祥人)、亚圣孟子(邹城人);左丘明(曲阜)、卞庄子、仲子(泗水人)、冉求、冉雍(嘉祥人)、荣子(汶上人)、樊子迟、宓子贱(鱼台人)等。即以孔子为代表的儒家(圣人)文化,成为济宁最重要的文化特色。

山东境内两大湖泊东平湖与微山湖皆在济宁境内,京杭大运河横贯南北,分别形成了以东平湖为核心的"水泊梁山风景区",以微山湖为核心的"微山风景区"。水泊梁山是《水浒传》所描述的英雄好汉的聚义地,与周边的郓城、阳谷、东平等地,共同构成了《水浒传》的主要故事发生地;微山湖景区除殷周微子墓外,还包括春秋目夷墓、仲子路庙、汉张良墓、郗公墓、伏羲陵

---

① 《汉书·地理志》云:"宋地,房、心之分野也。今之沛、梁、楚、山阳、济阴、东平及东郡之须昌、寿张,皆宋分也。"大体位于今河南东部、江苏西北部和山东西南部之间,面积约有十万平方公里,皆膏腴之地,国都商丘。

（庙）等历史文化景观，也是刘知侠长篇小说《铁道游击队》主要取材地。

济宁地区非物质文化遗产项目主要包括：梁祝传说、曲阜尼山砚、桑皮纸制作技艺、弓箭制作技艺、楷木雕刻、大庄绢花、拓片制作技艺、扶兴和毛笔制作技艺；邹城竹马、平派鼓吹乐、山头花鼓、火虎、阴阳板；梁山（微山）渔家虎头服饰、鱼台绺结葫芦、鲁柘砚制作技艺、柘沟土陶等（表8-3）。

表8-3　　　　　　　　　济宁文创产品设计开发路径

文化主题	题材（表现意象）	体裁（表现媒介）	艺术风格
以孔子为代表的古鲁国儒家文化	孔子、孟子等儒家诸贤、三孔景区	基于曲阜非物质文化遗产基础上的文房四宝	古典素雅
	炎帝、黄帝、少昊、微子启		
	水泊梁山、微山铁道游击队	梁山（微山）渔家虎头服饰	民俗风格

二、枣庄——墨鲁文化，运河古城

相传今枣庄地区南部，为夏代少康次子曲烈的封国，曰为鄫国；北部滕州为周武王弟姬叔绣的封地，曰为滕国；滕州之北，殷商之前便有黄帝后裔建立的邾娄部落，武王灭商后，邾娄被封为邾国，又称小邾国；今枣庄薛城区，古为薛国，相传为帝喾后裔（一说为黄帝系颛顼后裔）建立的任姓古国，战国时为齐相田婴、孟尝君田文父子的封地，孟尝君又被称为"薛公"；枣庄山亭区古为蒇国，《史记·五帝本纪》有"彭祖自尧时举用，历夏、殷，封于大彭"，相传为颛顼高阳氏之后，彭祖后裔的封国；今台儿庄，古为逼阳国，相传是祝融之孙求言后裔的妘姓封国。鄫、滕、邾、薛、蒇、逼阳等方国，可将枣庄的历史追述至夏商周三代。枣庄之地名，相传因唐宋时多枣树而得名，现下辖市中区、薛城区、峄城区、台儿庄区、山亭区、滕州市（县级市）等五区一市。枣庄代表性的历史文化资源中，最有代表性的包括：东周时期思想家墨子与圣匠鲁班，京杭大运河上的台儿庄古城，抗日战争期间的台儿庄大战。

滕州自古便多能工巧匠，相传帝喾后裔奚仲，大禹时代便发明了两轮马车。墨子与鲁班均是古滕国的思想巨匠。墨子，名翟，为宋国贵族目夷后代，与孔子均为殷商微子启的后裔。墨子曾担任宋国大夫,是墨家学派创始人,墨家学派提倡的"兼爱""非攻""尚贤""尚同""天志""明鬼""非命""非乐""节葬""节用"等观点,代表了东周时期社会工商业者的政治主张,墨家学派在先秦时期影响很大,与儒家并称"显学",在当时有"非儒即墨"之说。此外,墨子还是一位务实的科学家,他对军事学、工程学、力学、几何学、物理学、光学都有突出贡献。

鲁班,姬姓,公输氏,名般。春秋时期鲁国人,大约生活在春秋末期到战国初期,《事物绀珠》《物原》《古史考》中记载,曲尺、墨斗、刨子、钻子、锯子等皆为鲁班所发明,因而,他被后世奉为木匠的"祖师"。相传由鲁班设计的"鲁班锁",2014年曾由李克强总理作为礼物送给德国总理默克尔。

《墨子》中有较多对二人记载,如《墨子·公输》便有墨子与鲁班围绕楚对宋的进攻,而展开攻防推演的故事:"(墨子)于是见公输盘。子墨子解带为城,以牒为械,公输盘九设攻城之机变,子墨子九距之。公输盘之攻械尽,子墨子之守圉有余,公输盘屈,而曰:'吾知所以距子矣,吾不言。'子墨子亦曰:'吾知子之所以距我,吾不言。'楚王问其故,子墨子曰:'公输子之意,不过欲杀臣,杀臣,宋莫能守,可攻也。然臣之弟子禽滑厘等三百人,已持臣守圉之器,在宋城上而待楚寇矣。虽杀臣,不能绝也。'楚王曰:'善哉!吾请无攻宋矣。'"

台儿庄名称的由来,一说为"台(邰)"氏家族聚集,初为"台家庄",后为"台儿庄";一说此地"诸处皆山岗高阜",虽四周水道纵横交错,地势低洼。每逢汛期,一片汪洋,唯有台庄可免水患,因而以"台地"名村,谓之"台儿庄"。今台儿庄大致于唐中后期开始兴建,京杭大运河在元代去"之"取"直"后,开始流经此处。台儿庄位于京杭大运河的中心点,处于鲁苏豫皖四省交界地带,成为运河上重要的交通枢纽。此后,官船商贾纷纷云集于此,定居经商,至清代"台(儿)庄跨漕渠,当南北孔道,商旅所萃,居民饶给,村镇之大,甲于一邑(《峄县志》)",呈现出"商贾迤逦,一河渔火,歌声十里,夜不罢市"的繁荣景象。乾隆南巡至此,题书为"天下第一庄"。台儿庄古城现为国内规模最大的古城,国家5A级景区。

1938年的抗战期间的"台儿庄大捷",更使台儿庄名扬天下。台儿庄保卫战,历经月余,中国军队毙伤日寇11984人,俘虏719人,缴获大炮31门,装甲车11辆,大小战车8辆,轻重机枪1000余挺,步枪10000余支。沉重地打击了日寇嚣张气焰,坚定了全国军民抗战信心。这次战役鼓舞了全民族的士气,是中华民族全面抗战以来，继长城战役、平型关大捷后，中国人民取得的又一次重大胜利。周恩来曾评价台儿庄大捷为："这次战役，虽然在一个地方，但它的意义却在影响战斗全局、影响全国、影响敌人、影响世界！"目前，该地台儿庄大战纪念馆为国家4A级景区。

此外，枣庄著名景区还包括：铁道游击队纪念公园、滕州汉画像石馆、冠世榴园等；典型非物质文化遗产包括：运河糖画、民间缝绣工艺、伏里土陶、洛房泥玩具、滕县松枝鸟等（表8-4）。

表8-4　　　　　　　　　枣庄文创产品设计开发路径

文化主题	题材（表现意象）	体裁（表现媒介）
墨子鲁班的造物智慧与运河上的台儿庄古城	墨子、鲁班、奚仲的造物智慧	体现墨子思想、鲁班造物智慧的木质产品
	古运河与台儿庄古城	
	台儿庄大捷	以台儿庄大捷史实为依据的抗战纪念品

三、临沂——琅琊名士，沂蒙精神

临沂，因临"沂水"而得名，是山东省区域面积最大、人口最多的地级市，下辖兰山、罗庄、河东3区，郯城、兰陵、沂水、沂南、平邑、费县、蒙阴、莒南、临沭9县。沂水、沭河是中华文明的重要发祥地之一。考古发现早在50万年以前，人类的祖先就在临沂北部的鲁中山区生存繁衍。夏代大禹后裔少康中兴夏朝，封次子曲烈于临沂域内的缯衍之地，谓之"鄫国"；约在公元前11世纪，商王武丁封其子于郯城一带建立"炎国"，春秋前后，炎国演化为郯国。周灭商后，临沂境内见还有颛、阳、费、向、根牟、鄅、杞等封国。战国时期，临沂域内诸封国被齐、楚兼并，至战国末期，南部属楚，北部属齐。

楚国占领今临沂南部区域后，初置兰陵邑，春申君委派荀子为兰陵令，此后，荀子在兰陵讲学著说，直至去世。荀子"承儒启法"，对重新整理儒家典籍，发展儒家思想有重要贡献。荀子提倡性恶论，否认天赋的道德观念，强调后天环境和教育对人的影响，《荀子·劝学》句句名言，影响深远。荀子亲传弟子如韩非、李斯、张苍等，对秦汉国家政策的制定均产生过重要影响。

秦统一天下后，在此地置琅琊郡和郯郡。东汉末年至西晋末年，中原战乱，琅琊士族避乱江东，逐步南迁。其中就包括琅琊王氏、诸葛氏，兰陵萧氏等。琅琊王氏祖上王翦、王贲父子是秦灭六国的重要将领，王览（王羲之曾祖）、王祥"卧冰求鲤"为二十四孝之一，王导、王敦兄弟协助司马睿建立东晋，时有"王与马，共天下"之说，王戎（竹林七贤之一）、王羲之、王献之父子达到中国书法艺术的高峰；诸葛氏如诸葛亮、诸葛瑾等。

抗日战争时期，临沂是山东党政军华东地区的指挥中心，以临沂地区为核心的沂蒙革命根据地，与井冈山根据地、延安根据地，成为中国革命战争时期最重要的三大革命根据地。1940年，由驻沂蒙山区抗大文工团李林、阮若珊等人采集创作的抗日主题歌曲《反对黄沙会》，成为此后《沂蒙山小调》的基础。《沂蒙山小调》脍炙人口，蜚声海内外，是代表山东形象的主题曲目，与《茉莉花》被联合国教科文组织认定为中国最具代表性的两首民歌。

解放战争时期，沂蒙山区涌现出以"沂蒙红嫂"为代表的"水乳交融、生死与共"沂蒙精神。陈毅曾深情地说："淮海战役的胜利，是人民群众用小车推出来的。"临沂革命根据地极大的支援了淮海战役的胜利，为罗荣桓、陈毅所指挥解放军顺利挺进东北、直下江南做出重要贡献。2013年11月，习近平总书记视察临沂时，特别强调"沂蒙精神与延安精神、井冈山精神、西柏坡精神一样，是党和国家的宝贵精神财富，要不断结合新的时代条件发扬光大。"临沂现有红色文化主题馆址包括：华东革命烈士陵园、山东省政府暨八路军115师司令部旧址、临沂大青山突围战遗址、沂蒙革命根据地、沂蒙红嫂纪念馆、孟良崮战役纪念馆等。

临沂地区主要历史名人还包括：季文子、仲子、澹台灭明、匡衡、蒙武、蒙恬、蒙毅、司马睿、颜之推、颜师古、颜真卿、鲍照、萧望之、萧道成、萧衍、匡衡、兰陵笑笑生等；临沂传统手工艺有：临沂蓝印花布、草柳编、苍山泥塑、郯城挂门笺、郯城木旋玩具、郯城木版年画等（表8-5）。

表8-5　　　　　　　　　　临沂文创产品设计开发路径

文化主题	题材（表现意象）	体裁（表现媒介）
琅琊名士，沂蒙精神	荀子、诸葛亮、王羲之、王献之、蒙恬、颜真卿	文房四宝类产品
	以沂蒙红嫂为代表的沂蒙精神	手工服饰类产品

四、日照——曙光先照，古莒文化

三皇五帝时期，日照相传为少昊、颛顼的主要活动区域，《帝王世纪》有载"少昊帝，名挚，字青阳，姬姓也。母曰女节，黄帝时有大星如虹，下流华渚，女节梦接意感，生少昊，是为玄嚣。邑于穷桑（山东省日照市），以登帝位，都曲阜，故或谓之穷桑帝。"少昊之侄子颛，虽生于若水，但前期主要活动区域是在穷桑（日照市）辅佐少昊，后被封于高阳，号"高阳氏"。

今日照区域的建城史，至少可追溯至周代之前的古莒国，莒国为东夷方国，传说为少昊后裔己姓所建方国，据出土的甲骨文来看，商代已有莒国。相传姜太公为炎帝后裔，日照人（有争议），《史记·齐太公世家第二》载："太公望吕尚者，东海上人。其先祖尝为四岳，佐禹平水土甚有功。虞夏之际封于吕，或封于申，姓姜氏①。夏商之时，申、吕或封枝庶子孙，或为庶人，尚其后苗裔也。本姓姜氏，从其封姓，故曰吕尚。"据《春秋·正义》载，"谱云：莒嬴姓，少昊之后。周武王封兹舆期于莒②。初都计，后徙莒。"吕尚之"吕"与莒国之"莒"，二字当时是否通假，目前不得而知。但联系同一时期与莒国南部接壤的古郯国而言③，莒、郯二国皆是炎帝（少昊）后裔所建立的方国。因此，吕尚作为炎帝后裔，居于东海之滨，也应在情理之中。

陵阳河遗址位于今日照莒县东南，最初1957年被偶然发现，此后经过1962年、1977年、1979年的持续发掘，现已在墓葬群中发现石器、陶器、玉质砭石、大口尊、瓮、高领罐、盆、鼎、豆、壶、单耳杯、滤酒漏缸、鬶形壶、薄胎高柄杯、猪下颌骨等酒食器物。这一发现充分证明，早在5000年之前，该地就已出现成熟的农业、畜牧业、酿酒业，且能以砭石进行医疗活动。此外，在陵阳河遗址中，共发现7种类型的13个单字，远早于殷墟甲骨文，陵阳河文字是我国汉字的雏形。（图8-4）

日照地区先民自古既有"太阳崇拜"的习俗，《后汉书·方术列传·赵彦》

---

① 《国语·晋语》载："昔少典娶于有蟜氏，生黄帝、炎帝。黄帝以姬水成，炎帝以姜水成。成而异德，故黄帝为姬，炎帝为姜。"《通志·氏族略》载："吕氏，姜姓，侯爵，炎帝之后也，虞、夏之际，受封为诸侯，或言伯夷，佐禹有功，封于吕。"因此，姜尚为炎帝后裔。
② 己兹舆期，己姓，莒国始祖。三皇五帝中的少昊之后裔。
③ 郯国是我国古代一个小国，在今山东省临沂市郯城一带。公元前十一世纪，少昊后裔中的炎族首领就封于炎地。

记载：莒有五阳之地（即城阳，南武阳，开阳，阳都，安阳），陵阳河遗址出土的"日火山"和"日火"陶文，以及陶器上出现的大量太阳纹，都是古莒国太阳崇拜的直接证据。今天，日照市东港区涛雒镇天台山，仍留有太阳神石、太阳神陵、大羿陵、老祖象、东方神龙、老母庙、石

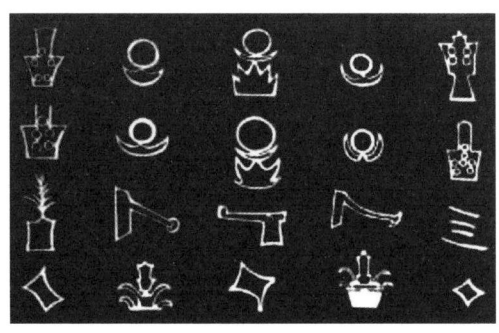

图8-4 日照莒县陵阳河遗址古文字

鸡、石椅、石磨、日晷等与太阳崇拜有关的遗迹。宋元祐二年（1087年）置日照镇，属莒县，日照之名始于此（表8-6）。

表8-6　　　　　　　　　　日照文创产品设计开发路径

文化主题	题材（表现意象）	体裁（表现媒介）
古莒文化，曙光先照	姜太公、古莒国、陵阳河遗址、太阳崇拜	附以"太阳文化"的东夷风格器物设计

第三节
鲁东地区文创产品设计主题分析

"鲁东"为地理概念，若以文化而论，该区域也可称为"胶东地区"，主要包括烟台、威海、青岛、潍坊东南部等区域。本章为了方便讲述，我们将整个潍坊地区一并纳入鲁东地区。目前，胶东地区，先秦之前史料可考的较大方国为"古莱国"。莱国，又称莱子国、莱夷，是中国先秦时期九夷之一所建的方国。《山海经·大荒东经》有"颛顼（黄帝之孙）有子为服，服至东海外，自立颛顼国。""服"为颛顼与女禄所生的长子，因此也称为"伯服"。此后，伯

服生黎（莱），黎生重黎（莱）及吴回①，吴回第四子莱言，为莱国始祖。据此推测，古莱各国为颛顼五世玄孙莱言所立。

西周初年，姜尚被封与齐，初都营丘（今临淄），因营丘距离莱国统治核心区太近，以至于"莱侯来伐，与之争营丘（《史记·齐世家》）"，姜太公被迫迁都博兴。春秋初年，古莱国的疆域大体与今"胶东地区"重合，西起今临朐，东至胶东半岛，北至渤海，南至今诸城、胶州。今天胶东地区诸地名中，还多有"莱"字，如莱州、莱阳、莱山、莱西、蓬莱等。春秋以后，齐国逐渐崛起，逐步蚕食侵占莱国领土，莱国被迫迁都黄县（今龙口），春秋末期，东莱被齐国灭亡（前567年）。秦时这里大体为齐郡、胶东郡所管辖。胶东郡为"胶水以东"，郡治在即墨城，这应是"胶东地区"称谓的最早来历。

一、潍坊——风筝之都，工艺之乡

今天的潍坊市下辖奎文、潍城、寒亭、坊子4区，青州、诸城、寿光、安丘、高密、昌邑6市，以及昌乐、临朐2县。潍坊地区自古便是东夷部族的主要活动区域，相传大舜出生于诸城②，舜生于高密；"密，今密之高密，禹之初封。（《路史·夏后氏》）"《史记·夏本纪》司马贞引《系本》有"鲧娶有辛氏女，谓之女志，是生高密"；夏后仲康子治浑曾在安丘建"斟鄩国"；夏朝寒浞曾在潍坊寒亭区建"寒国"③；今临朐县，商朝为炎帝裔孙逄伯陵的封地，建立"逄国"；周初，武王将斟鄩国分封给淳于公，建立了"淳于国"。周代以前，古莱国的统治中心位于潍坊昌乐、临朐一带，正处于目前胶东地区的最西端的中心位置。姜太公封于齐后，最初定都地营丘，因与莱国统治核心区过于接近，因而不得不北迁至博兴（今淄博以北）。春秋时期，杞、莒等国尚存，战国时期，潍坊境大部属齐，五莲、诸城等地属鲁。可见，潍坊地区自古便是

---

① 吴回是远古时代中国神话传说中的火神。当时吴地有一个杰出的半人半神的人物。他是颛顼高阳氏的曾孙，老童之子。到高辛氏（帝喾）时代，吴因迁居吴地而称吴回。后来成为中国民间信仰，寄托了中国劳动人民一种祛邪、避灾、祈福的美好愿望。
② 《孟子·离娄下》有"舜生于诸冯（今山东诸城），迁于负夏（今山东兖州），卒于鸣条；东夷之人也"的记载。
③ 寒浞，妘姓，初为有穷氏首领后羿的相，后羿"因夏民以代夏政"夺得了夏朝政权，史称太康失国。后寒浞杀后羿，夺取有穷氏大权。并在寒水（今潍坊寒亭区）边建寒国，寒浞晚年骄奢淫逸，死于少康复国之战中。寒浞因是夏朝时期的篡位君主，以儒家思想体系将他排斥在正史帝王之外。

各诸侯国必争之地。

潍坊地区有丰富的传统工艺美术资源，其中潍坊寒亭杨家埠年画（风筝）、高密扑灰年画（图8-5）、高密剪纸熏样和拓样、高密聂家庄泥塑、潍坊核雕等，皆为国家级非物质文化遗产。此外，较有代表性传统手工艺还包括：潍坊红木嵌银漆器、潍坊铜印铸造技艺、青州（临朐）红丝砚制作技艺、临朐奇石、临朐桑皮纸制作技艺、昌乐金银细工制作技艺、昌邑土陶烧制技艺、诸城黑陶等。《山东省文化创意产业发展规划》中，将潍坊定位为"工艺美术聚集区"。

图8-5 潍坊高密扑灰年画局部

潍坊，又被称为鸢都，世界风筝之都，《韩非子·外储说》有墨翟制"木鹞"的记载：墨翟居鲁山（今山东青州一带）"斫木为鹞，三年而成，飞一日而败。"《鸿书》记载："公输班制木鸢以窥宋城，……上天三日而不下。"自墨翟于鲁山制"木鹞"，潍坊就与风筝结下了不解之缘。旧时潍县白浪河沿岸艺人所制作的风筝，扎制轻盈，裱糊精致，绘制精美，放飞高稳，远近闻名。因此，许多外地的风筝商贩慕名而来，白浪河逐渐形成全国的风筝市场。潍坊风筝形式多样，大致可分为串式、桶式、硬翅、软翅、板式、动态六大类。

潍坊也是我国年画重要产地，明代洪武年间，杨家埠木版年画已初具工艺基础。明代隆庆二年（公元1568年），杨家埠有恒顺、同顺堂、万曾城、天和永等专营年画店，此后不断发展；至清代乾隆年间，潍坊寒亭地区已成为规模巨大的年画集散地，与天津杨柳青、苏州桃花坞年画三足鼎立，成为名噪一时的中国民间三大画市之一。清咸丰年间，杨家埠年画店百家，画种上千，产品行销大半个中国。杨家埠年画生产分绘画、雕刻、印刷、装裱等几道工序；题材丰富多样，有祈福迎祥、美女娃娃、人情世事、男耕女织、小说戏曲、神话传说、山水花卉、飞禽走兽、时事新闻等。其艺术风格造型夸张、粗犷朴实、饱满匀称，半印半画，使其更加自然生动。

潍坊高密民间艺术有"高密三绝",分别为扑灰年画、剪纸和聂家庄泥塑。扑灰年画,是在文人画和庙宇壁画的风格上形成的年画形式,它以柳枝烧灰,手绘补色,一次复印多张,半印半画的年画。因而,相较于其他年画流派,扑灰年画以色代墨,线条流畅,淡写飘逸、浓笔浮沉、画风典雅、格调明快、绘画感强,更加自然生动。从现有的资料看,扑灰年画仅存高密一地,题材多为仕女、胖娃、戏曲人物、神话故事、山水花卉等。聂

图8-6 潍坊高密"泥叫虎"玩具

家庄泥塑是一种传统泥玩具,相传始于明代隆庆、万历年间,具有声、型、动、趣的独特风格,题材多为泥娃娃、麒麟送子、武松打虎、禽、兽、虫、鱼、骑马人等,其中以"高密泥叫虎"(图8-6)最为著名。

此外,与潍坊相关的历史名人还包括:晏婴、贾思勰、韩熙载、张择端、范仲淹、公孙弘、徐干、王猛、郑玄、刘统勋、郑板桥、刘墉、臧克家等。其他非物质文化遗产项目还包括:诸城派古琴、青州挫琴、月宫图、闹海、百鸟朝凤、周姑戏等(表8-7)。

表8-7　　　　　　　　潍坊文创产品设计开发路径

文化主题	题材(表现意象)	体裁(表现媒介)
潍坊工艺美术叙述语境下的新潍坊、新山东	以潍坊传统手工艺为媒介,表述现代文化、审美与功能需求	以潍坊寒亭杨家埠年画(风筝)、高密扑灰年画、高密剪纸熏样和拓样、高密聂家庄泥塑、潍坊核雕等传统手工艺

二、烟台——蓬莱圣境,仙境海岸

烟台地处山东半岛东北部,东连威海,西接潍坊、青岛,南邻黄海,北濒

渤海，与辽东半岛隔海相望。烟台下辖芝罘区、福山区、牟平区、莱山区、蓬莱区、龙口市、莱阳市、莱州市、招远市、栖霞市、海阳市等五区六市。春秋后期，古莱国都黄县（今龙口），成为莱夷民族的核心区。战国时代，莱国为齐所灭，齐国疆域直抵大海。齐威（宣）之时，便有方士出海寻仙。"自威、宣、燕昭使人入海求蓬莱、方丈、瀛洲。此三神山者，其傅在勃海中，去人不远；患且至，则船风引而去。盖尝有至者，诸仙人及不死之药皆在焉。（《史记·封禅书》）"。

秦始皇统一六国后，三次东巡至烟台。"齐人徐市等上书，言海中有三神山，名曰蓬莱、方丈、瀛洲，仙人居之。请得斋戒，与童男女求之。于是遣徐市发童男女数千人，入海求仙人。（《史记·秦始皇本纪》）"徐福（烟台龙口人）的航海事业，标志着当时山东沿海地区的造船与航海技术，已经发展到很高水平，对促进中日韩科技文化交流，产生了巨大的推动作用。至于汉代，武帝亲自赴东莱求仙，"乃益发船，令言海中神仙者数千人求蓬莱神人（《史记·孝武本纪》）"。武帝寻蓬莱不得，便在临海筑台，命名"蓬莱"，聊以自慰。秦皇汉武虽在烟台求仙不得，但烟台却成为道人修身养性的圣地。

北魏崔鸿《十六国春秋》中称昆嵛山为"海上仙山之祖"，传说蓬莱、方丈、瀛洲三仙岛，皆为昆嵛山所衍生。因此，昆嵛山成为王重阳、丘处机等道教真人修真练道之地。丘处机（1148—1227年），字通密，道号长春子，登州栖霞人（烟台栖霞），全真道掌教。丘处机以74岁高龄远赴西域劝成吉思汗止杀爱民，而被广为传颂。丘处机为南宋、金朝、蒙古帝国统治者所共同敬重。元世祖时，追尊丘处机为"长春演道主教真人"。

明代之后，以吕洞宾、铁拐李、张果老、汉钟离、曹国舅、何仙姑、蓝采和、韩湘子为主的"八仙过海传说"被逐渐固定下来。相传这八位仙人从蓬莱出海前往仙山，因而，蓬莱也是八仙过海之地。蓬莱阁旅游景区，现为国家5A级景区。（图8-7）

隋唐之时，山东东部沿海地区与朝鲜、日本联系日益频繁，隋炀帝杨广期间，曾三征高句丽，水兵多从东莱出发（今山东莱州）；唐太宗征高句丽时，也曾命刑部尚书张亮由莱州出发，进击平壤[①]。公元7世纪至10世纪，高丽、日

---

① 《旧唐书·太宗本纪》"十九年，命刑部尚书张亮，为平壤道行军大总管，领将军常何等，率江、淮、岭、峡劲卒四万，战船五百艘，自莱州泛海趣平壤。"

图8-7 烟台蓬莱阁

本多次派出遣唐使,遣唐使多从高句丽(新罗)跨海西行,在烟威处登陆。因此,有唐一代,烟台地区成为日本、朝鲜两国人员往来最为频繁的地区。唐代之后,登州(治所蓬莱)是北方通向海外的主要口岸,同广州、交州、扬州并称为四大通商口岸。

烟台是中国近代工业发祥地之一,1858年《天津条约》签订后,烟台于1861年开埠。1868年,烟台海关设邮务办事处,兼办邮递外使文件,这是中国近代邮政的萌芽;1892年,华侨张弼士在烟台创办张裕酿酒公司;1912年烟台设瑞丰面粉厂;1913年设电厂;1913年建起罐头厂;1915年李东山兴建钟厂。至今,烟台仍然是生产红酒、钟表的中心区域,也是山东省经济文化发展的"三核"之一。

此外,烟台拥有14项国家级"非遗"项目,主要包括:海阳大秧歌、蓝关戏、胶东大鼓、八仙传说、长岛渔号、胶东全真道教音乐、八卦鼓舞、螳螂拳、莱州草辫、掖县滑石雕刻、黄金溜槽堆石砌灶冶炼技艺、渔灯节、烟台剪纸、龙口粉丝传统制作技艺(表8-8)。

表8-8　　　　　　　　　烟台文创产品设计开发路径

文化主题	题材（表现意象）	体裁（表现媒介）
蓬莱仙境，真人故里	蓬莱阁、昆嵛山、秦皇汉武、徐福、丘处机	烟台剪纸、莱州草辫、胶东大鼓蓝牙音响、掖县滑石雕刻摆件等
	烟台近代工业遗址与现代经济发展	

三、青岛——即崂文化，向海发展

青岛位于山东东部沿海，北临烟台，西接潍坊，西南与日照交界，东南濒黄海。下辖市南、市北、黄岛、崂山、李沧、城阳、即墨七区、胶州、平度、莱西三市。周武王时，即墨有纪国，春秋时"齐侯灭莱"，"莱共公奔棠"，"棠邑"之古城遗址即在今即墨境内。周显王二十一年（前348年），齐灭莱后，即墨属齐，齐威王以万家加封即墨大夫。秦统一全国后，即墨始定为县，属胶东郡。

今崂山区因"崂山"得名，崂山，早为"劳山"，据清初顾炎武考证，秦始皇多次登临此山，劳民伤财，因此称为"劳山"。明末黄宗昌在《崂山志》中，将"劳"易"崂"，"崂山"一名后被逐步采用。崂山是中国海岸线第一高山，有海上"第一名山"之称。其最高峰"巨峰"海拔1132.7米。登崂山，眺黄海，千里海疆，再无遮挡。因此，春秋之后，方士道人就多在此餐霞饮露，修真悟道。唐宋之后，崂山道教建筑逐步增多，元明王重阳、丘处机在此聚徒修炼后，达到鼎盛，遂有崂山"九宫八观七十二庵"之盛，崂山道教音乐也逐渐定型。此外，崂山民间故事在民间广为流传。据《山东省志·蒲松龄传》载，康熙十一年（1672年），蒲松龄随本邑缙绅高珩、唐梦赉游崂山，受当时崂山民间传说故事的启发，以崂山耐冬、牡丹、崂山道士为题材，写成了短篇小说《香玉》和《崂山道士》，这也是最早记载崂山民间故事的文字。目前，崂山道教音乐与崂山民间故事皆为国家非物质文化遗产。

清光绪二十三年（1897年），德国以"巨野教案"为借口侵占青岛，1898年与清政府签订《胶澳租借条约》，抢占胶州湾，青岛被迫开放。一批近代工业被建设起来，如1902年建立德华缫丝厂、1903年，青岛啤酒厂建成、1905年建成中国第一座万吨级船坞等。1919年，巴黎和会将山东胶州湾德国权益的权益转让给日本，中国以收回青岛主权为导火索，爆发了"五四运动"，这是中国近、现代历史的分水岭。经过一百多年的发展，青岛已成为山东经济发展的翘楚，国家历史文化名城、奥帆之都、世界啤酒之城、联合国"电影之都"。2018年，上海合作组织峰会在青岛举办，青岛向世界展示了包容开放，积极进取的形象。

目前，青岛的非物质文化项目还主要包括：木质渔船制造技艺、胶州剪纸、泊里红席编织技艺、虎头帽服饰、虎头鞋、葛村榼子、大欧鸟笼制作技艺、即墨柳腔、即墨老酒酿造工艺、田横祭海民俗文化节等（表8-9）。

表8-9　　　　　　　　　青岛文创产品设计开发路径

文化主题	题材（表现意象）	体裁（表现媒介）
即崂文化，向海发展	即墨古城、崂山、近代工业遗址、海岸风光	不限

四、威海——礼日成山，威戍海疆

威海位于山东半岛东端，北、东、南三面滨临黄海，西与山东烟台接壤，北与辽东半岛相对，东与朝鲜半岛隔海相望，是中国大陆距离日本东京、韩国首尔最近的城市。威海下辖环翠区、文登区两区，荣成、乳山两市。

威海荣成成山头，为我国海岸线的最东端，古人认为是华夏大地的日出之始，《史记·封禅书》有：齐地有八神"一曰天主，祠天齐……七曰日主，祠成山，成山斗入海，最居齐东北隅，以迎日出云"。古人认为成山头为日神所居之地。《汉书·地理志》载有"古有日夜出见于东莱，故莱子立此城，以不夜为名。"又云"不夜，有成山日祠"。殷商时期，古莱国在此筑"不夜城"。周代以来，祭日活动成为天子祭祀的重要内容。据清道光《荣成县志》所记不夜城"遗址尚可识"。（图8-8）

秦始皇于二十八年（公元前219年）、始皇三十七年（公元前210年），两次驾临此地，拜祭日神，留下了"秦桥遗迹""秦代立石""射鲛台"等遗迹。始皇认为这里是"天之尽头",李斯手书"天尽头"。汉太始三年（公元前94年），汉武帝刘彻率领百官东巡至此，在成山头又修拜日台、拓日主祠、以感恩泽，作"象载瑜"志之①。

自隋唐以来，威海便因其重要的地理位置，而成为我国卫戍海疆，经营东亚的重要战略支点。唐初文登地置"登

图8-8 威海成山头"天尽头"

州"，成为太宗用兵高句丽的军事基地。公元818年，新罗人张保皋入唐从军，后被擢升为武宁军小将②。此后，张保皋弃军从商，成为东亚地区富甲一方的"海上贸易王"。赤山成为中日韩三国商贸互通，文化交流的桥头堡。张保皋对"赤山明神"深信不疑，自信是在赤山明神的保佑下，才取得海上事业的成功。因此，张保皋于公元824年创建赤山法华寺，香火盛极一时。大批日韩僧人随海上商路来到法华寺，成就了该寺"一寺连三国"的独特文化现象。荣成赤山明神相传能震山护海，保佑风调雨顺，深为当地民众所信仰，其影响在中日韩三国广为流传。

"明洪武十三年（1380）年置成山卫，明洪武三十一年（1398）创建石城，设置四门，东曰永泰、西曰天顺、南曰文兴、北曰武宁。（道光《荣成县志》）"。抗倭名将戚继光为威海人，威海也成为历代海军的重要兵源地。成山卫是明代海防体系的重要组成部分，对防范清军绕过山海关，从辽东半岛侵入明境，发挥了重要的战略意义。

1888年（光绪十四年）北洋水师成军，威海卫成为北洋水师的永久驻泊地，刘公岛位于威海湾湾口，是威海的天然屏障。岛上设有工程局、机器厂、屯煤所，兴建了北洋海军提督署、海军学校，海军官邸、营房、铁码头、炮台等一大批军事设施。1894年中日甲午海战爆发，威海成为此次海战的主战

---

① 《象载瑜》原文为："象载瑜，白集西，食甘露，饮荣泉。赤雁集，六纷员，殊翁杂，五采文。神所见，施祉福，登蓬莱，结无极。"
② 杜牧《樊川文集张保皋、郑年传》记载："张保皋、郑年者，自其国（新罗）来徐州，为军中小将。保皋年三十，郑年少十岁，兄呼保皋，俱善斗战，骑而挥枪，其本国与徐州无有能敌者。"

场。1992年，"威海北洋海军提督署文物管理所"更名为"中国甲午战争博物馆"。2018年，习近平总书记视察胶东（威海）党性教育基地刘公岛教学区时，深情地说："我一直想来这里，感受一下，受受教育。要警钟长鸣，铭记历史教训，13亿多中国人要发愤图强。"

图8-9 威海荣成海草房

目前，威海非物质文化项目主要包括：威海渔民号子、渔家大鼓、胶东花饽饽习俗、"串黄河"风俗、威海锡镶技艺、威海草房建造工艺、威海剪纸、文登草编、桅篷制造技艺、乳山镂绣等（图8-9、表8-10）。

表8-10　　　　　　　　　威海文创产品设计开发路径

文化主题	题材（表现意象）	体裁（表现媒介）
成山礼日，威卫海疆	秦皇汉武、海山日出、成山头、海草房	威海锡镶技艺
	赤山明神、法华寺、威海卫、刘公岛	渔家大鼓

第四节
鲁中地区文创产品设计主题分析

所谓鲁中地区，是指泰鲁沂山脉周边地区，大致包括泰山山脉南麓的泰安、北麓的济南、东麓的淄博三地，但鉴于德州、滨州两地风土人情，民众的风俗习惯等，与传统的鲁中地区较为接近，因而，也将其纳入鲁中地区一并叙述。东营因胜利油田而兴，是典型的移民城市，与周边的区域文化差异较大，因而不宜将其纳入鲁东地区（胶东地区）讲述，在此也将其纳入本节一并讲述。

一、济南——泉荷柳韵，文脉悠悠

　　济南，山东省省会，因在"济水之南"而得名。历史上，黄河南北摆动，曾多次改道，入山东境内后夺济水入海，济水河道被黄河所侵占。黄河流经豫东鲁西时，流速放缓，泥沙淤积，河床不断升高，河堤随之抬高，因而变成了高于周边地势的"悬河"。济南地处黄河南岸，泰山山脉北麓，因此形成了南北高，中间低的地势。泰山北麓雨水山泉皆向北流入济南，沉积于地下，再以地下泉水喷薄而出。曾巩评："齐多甘泉，冠于天下。"《老残游记》中描述济南"家家泉水，户户垂杨"，因此，济南被誉为"泉城"。目前，济南下辖10区2县，莱芜区、钢城区、章丘区、历城区、历下区、天桥区、市中区、槐荫区、长清区、平阴县分别沿泰山东北麓C形分布，以及黄河北岸的济阳区、商河县。济阳、商河与滨州、德州接壤。济南以东为淄博，淄博是齐文化的核心区；以西为聊城，南部为泰安。因而，济南是齐鲁文化的主要交汇区，将鲁国的重仁重礼、齐地的尚贤尚功、聊城的商业经济、滨州的兵家文化熔于一炉，不偏不倚，成为融合山东文化的典型代表。

　　济南地区，有史可考的方国为周穆王时期少昊氏后裔所建的"谭国"，谭国遗址大体在济南市章丘区一带，该区域城子崖、西河、焦家等地，出土了距今7000年的"北辛文化"遗址，以及此后的"龙山文化"遗址、"岳石文化"遗址等，可以将济南的文明史追溯至夏代之前。相传大舜曾亲耕于历山（今千佛山）。商末帝乙、帝辛（纣）克东夷时，甲骨文卜辞中有"泺"，即指今天的趵突泉。（图8-10）《水经注》载："（趵突）泉源上奋水涌若轮，突出雪涛数尺。声如隐雷。"乾隆皇帝南巡时，因趵突泉水味醇甘美，曾册封趵突泉为"天下第一泉"。趵突泉与大明湖、千佛山并称济南三大名胜，现为国家5A级景区。除趵突泉外，济南地区名泉还有百脉泉、黑虎泉、珍珠泉等众多泉水群落，被称为"七十二名泉"。此外，济南八景包括：锦屏春晓、趵突泉涌、佛山赏菊、鹊华烟雨、汇波晚照、明湖泛舟、白云雪霁、历下秋风。元地理学家于钦亦赞："济南山水甲齐鲁，泉甲天下。"清嘉庆九年（1804年）夏，山东提督学政刘凤诰赞济南"四面荷花三面柳，一城山色半城湖。"

图8-10 济南趵突泉

春秋时期，济南地区纳入齐国版图，齐国在此置泺邑，后改为历下（历山之下）；秦统一全国后，济南称历下邑，汉初设置济南郡，此为"济南"一名出现之始。汉文帝十六年（公元前164年）以济南郡置济南国，所辖区域大致与今济南相当。汉灵帝时，曹操任济南相，大力整饬贪赃枉法，"政教大行，一郡清平"，为此后他在山东起兵奠定了必要基础。晋永嘉（307—312年）年间，济南郡治由东平陵（今章丘）移至历城。自此，历城便成为济南地区的政治中心。

济南自古人才辈出，如章丘的邹衍、房玄龄、李清照；历城的秦琼、辛弃疾；长清的扁鹊、娄敬等。李白访问济南时，曾写下《陪从祖济南太守泛鹊山湖三首》，如"湖阔数千里，湖光摇碧山。湖西正有月，独送李膺还。"唐天宝四年夏（公元745年），杜甫来到济南，在大明湖历下亭参加由官员和名流组织的宴会。此宴名士雅集，宴会游赏，有北海郡太守李邕陪同，杜甫赋诗《陪李北海宴历下亭》赞曰："海右此亭古，济南名士多。"

1840年鸦片战争后，帝国主义列强纷纷涌入中国宰割掠夺，由德国人主持修建的1904年胶济铁路建成通车。北洋大臣袁世凯会同山东巡抚周馥，奏请清政府在济南自开商埠,济南成为中国近代史上第一个自开商埠的内陆城市。20世纪20年代初,济南的纺织印染业户数达60余家,商埠区的道路皆为纺织品"经纬线"加以命名,如经一路、经七路、经十路、纬六路等,可见,当时济南纺织业之盛。1933年,济南工业资本和产值分别占到全省的20.5%和29.7%,成为全省的工业重心。

济南地区典型的非物质文化资源包括:章丘黑陶烧制技艺、章丘铁匠习俗、西关村王家锡雕、吕家泥塑、鼓子秧歌等(表8-11)。

表8-11　　　　　　　　　济南文创产品设计开发路径

文化主题	题材(表现意象)	体裁(表现媒介)
泉荷柳韵,文脉悠悠	千佛山、趵突泉、大明湖、黄河、明府城、辛弃疾、李清照	黑陶、泥塑、鼓子秧歌等

二、淄博——齐国故都,北方瓷都

淄博,东临济南、西接潍坊,北连滨州、东营,南近临沂,为齐国故都,是齐鲁东西交通要冲。"淄博"因"淄水"与"博山"而得名;淄川区、临淄区皆因淄水得名;博山区,一说因全域皆山,故称"博";一说其境东南有山名"博"。沂水源头谓之"沂源",有牛郎织女传说;桓台县因"齐桓公以此筑台戏马(《新城县志》)"而得名;高青县是高苑、青城二县的合成;张店区,古称黄桑店,该地是济南、潍坊、滨州、莱芜的交通枢纽,旧时旅店客栈林立,其中张氏客栈宾客如云,闻名遐迩,后"黄桑店"渐被"张家店"取代,至元代,称之为张店。周村之名今已不可考,现今称为"天下第一村"。

淄博上古时期是东夷爽鸠氏诸部落主要活动区域,殷商时期,有姜姓逄伯陵氏、蒲姑氏居住。周武王将姜尚分封于此,齐献公时,将都城由薄姑迁回营丘,并改名为淄川。姜太公立国之初便采取了"尊贤尚功"用人政策,在经济上,太公认为"大农、大工、大商谓之三宝。(《六韬·六守》)",大力发展农工商业;至齐桓公时,任用管仲、鲍叔牙等贤臣名相,实行"通轻重之权,徼山海之业(《史记·平准书》)"的经济政策。晏子出使楚国时,曾描述"齐之临淄三百间，张袂成阴，挥汗成雨，比肩继踵而在，(《晏子使楚》)"。齐国成为当时"天下之商贾归齐若流水"，"齐冠带衣履天下"，鱼盐流通列国的东方大国。齐桓公凭借雄厚的经济实力，得以尊王攘夷，九合诸侯，一匡天下，成为春秋首霸。田齐之时，"齐桓公（田午）立稷下之宫，设大夫之号，招致贤人尊宠之"(《中论·亡国》)。齐国稷下学宫成为战国时代"百家争鸣"的中心。

《史记·孔子世家》有："子与齐太师语乐，闻《韶》音，学之，三月不知肉味，齐人称之。"《论语·述而》又载："子在齐闻《韶》，三月不知肉味。曰：'不图为乐之至于斯也。'"可见，临淄当时文化艺术之兴盛。经济的富足，促进了齐国市井文化娱乐的兴盛。《战国策·齐策》记载："临淄之中七万户……甚富而实，其民无不吹竽、鼓瑟、击筑、弹琴、斗鸡、走犬、六博、蹋鞠者。"这段文字除记录当时齐国都城百姓殷商，文化娱乐活动丰富。还透露出"蹴鞠"在当时的临淄，已成为民间盛行的体育活动。在《山东省文化创意产业发展规划》中，齐文化传承创新示范区建设、蹴鞠文化与世界足球起源地两个项目，被列入山东省文创产业发展规划重点项目。

淄博正是凭借悠久的历史，孕育出生动感人的民间传说，以及丰富多样的传统手工艺术。淄博民间传说主要包括：孟姜女传说、牛郎织女传说、颜文姜传说、孔子来齐传说，以及经蒲松龄提炼的民间神异故事集大成之作《聊斋志异》。《聊斋志异》所塑造的鬼怪妖仙，各色人物广为流传。郭沫若誉《聊斋志异》"写鬼写妖高人一等，刺贪刺虐入骨三分。"蒲松龄被后世誉为"中国短篇小说之王"[①]。

此外，博山琉璃烧制技艺、博山鲁派内画、周村丝绸织染技艺、周村锦灰堆等，皆为全国著名的非物质文化遗产。琉璃又可称为"五色石"，古法琉璃是在1400多摄氏度高温下，将水晶琉璃母石熔化后烧制而成，经过十多道手工工艺的精修细磨，整个过程为纯手工制作。其流云漓彩、美轮美奂、晶莹剔透、光彩夺目。淄博博山，元代之后开始成规模地烧制琉璃，明景泰年间，博山西冶街有大炉4座用于生产琉璃；至嘉靖、万历年间，博山琉璃生产已成为我国琉璃烧制生产的中心。2008年6月，博山琉璃烧制技艺入选第二批国家级

---

① 蒲松龄（1640—1715年），字留仙，一字剑臣，别号柳泉居士，世称聊斋先生，自称异史氏。济南府淄川（山东省淄博市淄川区洪山镇蒲家庄）人。清代杰出文学家，优秀短篇小说家。

非物质文化遗产名录。

"齐纨"自商代於陵侯国始,於陵也是中国桑蚕丝绸业重要发源地之一,称迄今已有两千多年的历史。周代齐地出产的白细绢(齐纨)闻名全国,成为名贵丝织品的代名词。《列子·周穆王》有:"衣阿锡,曳齐纨。"张湛注:"齐,名纨所出也。"汉皇室在齐郡临淄设服官三所,称为"三服官",汉初丝织物每年不超过十箱,汉元帝时,三服官扩充到各有织工数千人,每年费钱数万万。从汉至唐代,周村一直是海陆丝绸之路的重要源头。从於陵、临淄通过芝罘、蓬莱等港口通往朝鲜、日本、俄罗斯,甚至美洲大陆的贸易航线有数千年的历史。直到近代,"周村丝织业之盛,所织绢、绉、绸、绫之属,称山东第一。(1936年《现代本国地图》)"目前,周村丝绸织染技艺为山东省级非物质文化遗产(表8-12)。

表8-12　　　　　　　　淄博文创产品设计开发路径

文化主题	题材(表现意象)	体裁(表现媒介)
齐国故都,北方瓷都	齐故都、齐文化、蹴鞠、聊斋志异	陶瓷、琉璃、齐纨、鲁派内画

三、泰安——巍巍东岳,国泰民安

泰安依泰山而兴,因泰山而名。"泰"为极大、通泰、安宁之意。《易·说卦》"履而泰,然后安",因而有"泰山安,四海皆安"的说法。泰安市下辖泰山区、岱岳区、新泰市、肥城市、宁阳县、东平县。其中泰山、岱岳二区位于泰山主峰南麓;肥城、东平位于泰山山脉西侧;宁阳县在泰山以南,已临曲阜;新泰在泰山山脉东侧,已临临沂蒙阴。

泰山,又名太山、岱山、东岳等。山脉盘卧面积达426平方千米,主峰玉皇顶海拔1545米。泰山四周皆平原,是华北平原唯一的大山,陡然卓立,踞高临下,成为万里平原上的"东天一柱",因而显得格外雄伟壮观、气势磅礴。泰山东眺大海,西靠黄河,南有汶、泗、淮之水,距曲阜不足百公里。目前,泰山是世界文化与自然双重遗产、世界地质公园、国家5A级旅游景区,是最负盛名的东方大山。

泰山自古便被帝王视为祭祀天地、"直通帝座"神山，《史记集解》有"天高不可及，于泰山上立封禅而祭之，冀近神灵也。"东方朔赞"泰山吞西华，压南衡，驾中嵩，轶北恒，为五岳之长"，是为"五岳独尊""天下第一山"。传说自神农、伏羲封禅泰山以来，"三皇五帝"皆封禅泰山[①]。《史记·封禅书》云"自古受命帝王，曷尝不封禅？盖有无其应而用事者矣，未有睹符瑞见而不臻乎泰山者也。"又云"古者封泰山禅梁父者七十二家，而夷吾所记者十有二焉。昔无怀氏封泰山，禅云云；虙羲封泰山，禅云云；神农封泰山，禅云云；炎帝封泰山，禅云云；黄帝封泰山，禅亭亭；颛顼封泰山，禅云云；帝俈封泰山，禅云云；尧封泰山，禅云云；舜封泰山，禅云云；禹封泰山，禅会稽；汤封泰山，禅云云；周成王封泰山，禅社首：皆受命然后得封禅。"

除秦皇汉武之外，封禅泰山的帝王还有汉光武帝、唐高宗（武则天）、唐玄宗、宋真宗等13代帝王泰山封禅或祭祀，另外有24代帝王遣官祭祀72次。也正是由于泰山"上达天听"的独特地位，泰山道教神祇众多，神格很高，其中包括泰山神东岳大帝、琼台女神碧霞元君、斗母元君紫光夫人、泰山山神石敢当等。

东岳神，又称东岳泰山神，东岳大帝。据《三教源流搜神大全》记载，东岳神为弥轮仙女之子金虹氏；另一种说法则是东夷祖先，东方青帝太昊；不过民间流传最广的说法是东岳神是黄飞虎，被姜子牙封神，执掌幽冥地府。因东岳大帝地位尊崇，为五岳山神之首，终年香火不断。

碧霞元君全称为"天仙圣母碧霞元君"，是中国北方影响最大的女神。传说她法力非凡，能保佑信徒的农耕、经商、旅行、婚姻、生育。碧霞元君祖庙位于泰山顶上的碧霞祠，山东境内各地也多建有她的行宫。民间传说农历三月十五是碧霞元君诞辰，也有认为是四月十八日。泰山碧霞祠三月十五会举行庙会，届时大量香客不辞劳苦，前往泰山进香许愿。若愿望实现，还要去还愿。各地行宫往往会在四月十八组织庙会，妇女多会求子祈孙，非常热闹。

[①] 《史记·封禅书》张守节《正义》"此泰山上筑土为坛以祭天，报天之功，故曰封。此泰山下小山上除地，报地之功，故曰禅"。

"泰山石敢当"（图8-11）则是山东"灵石崇拜"的典型代表。西汉《急就章》中有"师猛虎，石敢当；所不侵，龙未央"提法；唐代镇宅石上明确出现"石敢当，镇百鬼，压灾殃，官吏福，百姓康"的铭文。明清之际，"石敢当"三个字前又加上"泰山"二字，变成今天的泰山石敢当。泰山石敢当具有驱邪镇鬼，除疾驱疫的法力，因而被百姓用来镇宅。刻有"泰山石敢当"五字的泰山石，一般会被镶嵌在正对路口的墙体之上，或制成半埋半露的小石碑，发挥镇宅辟邪的作用。除石敢当外，灵石崇拜几乎遍布山东各地，只是形式略有不同。

泰山道教神祇宫殿包括：东岳庙（岱庙）、关帝庙、王母池、老君堂、斗母宫、三官庙、碧霞祠、后石坞庙、元始天尊庙等。泰山日出、云海玉盘、晚霞夕照、黄河金带为泰山四景，历代文人名士纷至泰山，题诗作赋，留下数以千计的诗文刻石，书法名篇，蔚为大观。

泰安岱庙，始建于汉代，为泰山信仰的祖庭，有"秦即作畤""汉亦起宫"之载。汉武帝时期，汉廷建泰山庙；元封二年（前109年），武帝巡东莱，过祀泰山，于泰山庙植柏千株，夹庙之两阶；北魏、隋唐均有增建。宋太祖开宝三年（970年），重修岳渎祠庙，至真宗封禅泰山，创建天贶殿；诏封泰山神为"仁圣天齐王"。大中祥符六年（1013年）封泰山神帝号；宋徽宗嗣位后，屡降诏命，增葺岳庙，至是竣工，称"凡为殿、寝、堂、阁、门、亭、库、馆、楼、观、廊、庑，合八百一十有三楹。"其中天贶殿内绘有宋代巨幅壁画《泰山神启跸回銮图》（图8-12），该壁画以真宗封禅为蓝本，生动地描绘了东岳

图8-11 墙壁上的泰山石敢当

图8-12 泰安岱庙天贶殿《泰山神启跸回銮图》局部

大帝出巡和返回的壮观场面，壁画长62米，高3.30米，该题材的绘画全国仅此一幅。泰安岱庙，在元、明、清三代，均有不同程度的修缮扩建，与北京故宫、曲阜三孔、承德外八庙，并称中国四大古建筑群。北宋之后，围绕岱庙而举行的泰山庙会逐渐形成，尤以三月二十八日之东岳庙会为盛。

此外，泰山玉、泰山石、泰山赤灵芝、泰山松、泰山赤鳞鱼、肥城仙桃与桃木雕刻、宁阳蟋蟀、宁阳木偶等，均是泰安地区重要的特产（表8-13）。

表8-13　　　　　　　　泰山文创产品设计开发路径

文化主题	题材（表现意象）	体裁（表现媒介）
巍巍东岳，国泰民安	泰山、日出云海、岱庙、东岳神、碧霞元君、泰山石敢当、泰山松等	泰山玉、泰山石、桃木雕刻

四、德州——九达天衢，陶珍埙润

德州位于山东西北部、北接河北沧州，南接济南、聊城，西邻河北衡水市，东连滨州市。德州，源于"德水"[①]，西汉时，在今德州东境、古黄河边置"安德县"，取"德水安澜"之意，意喻"太平祥和之州"。京杭大运河故道，明朝定都北京后，德州成为九省（冀、鲁、豫、苏、皖、浙、湘、鄂、赣）通往北京的漕运通道。因此，又有"九达天衢""神京门户"之称。明朝永乐年间（1417年），苏禄国王曾率眷属及侍从，远渡重洋访问中国，受到明朝永乐皇帝盛情款待。后沿京杭大运河回程途中，东王巴都葛叭答剌在德州病逝，永乐皇帝派礼部官员赴德州，以藩王之礼安葬东王，还赐谥"恭定"，并亲撰碑文。目前，德州尚存苏禄国东王墓，见证大明王朝七下西洋，影响东南亚的历史。德州市辖德城区、陵城区、禹城市、乐陵市、临邑县、平原县、夏津县、武城县、庆云县、宁津县、齐河县等2个区、7个县、2个县级市。

德州的建城史至少可追述至西周之前。武王伐纣建周后，将黄帝后裔分封

---

① 秦因周为火德，能灭火者是水，故自称得水德之瑞，所以秦能灭周。因此，秦改古黄河名曰"德水"（《史记·秦本纪》）。

到祝（现禹城、齐河、长清一带），名曰"祝国"，此后郡称"祝柯"；汉高祖五年（前202年）改称祝阿县；唐天宝元年（742年），玄宗取"城南禹息故城"之意，改祝阿为"禹城"。夏津为"齐晋会盟之要津"。德州人才辈出，如德城董仲舒（有争议）、陵城东方朔、乐陵祢衡、临邑孟郊等。

德州目前传统手工技艺品类虽多，其中最为著名的应数"德州黑陶"。黑陶本是"龙山文化"的代表性器物。"龙山文化"因首次发现于山东省济南市章丘区龙山镇而得名。1928年，考古学家吴金鼎在龙山镇城子崖处，发掘出了与石器、骨器共存的薄胎黑色陶片。之后，考古学家先后对城子崖遗址进行多次发掘，发现了一批以精美的磨光黑陶为特征的文化遗存。此后，考古学家把这些以黑陶为主要特征的文化遗存命名为"龙山文化"。龙山文化遗址主要分布在山东半岛，此外，河南、河北、陕西、山西、江苏等地区也有类似遗址的发现。经放射性碳素断代并校正，龙山文化年代大体为公元前2500年左右。

山东龙山黑陶（图8-13）以黄河滩泥为主要原料，具有黑、薄、光、纽的四大特点，尤其是蛋壳黑陶薄胎黑陶，漆黑乌亮，薄如蛋壳，称蛋壳陶，代表此类陶器的最高成就。所以，龙山文化也被称为"黑陶文化"。城子崖出土的蛋壳陶杯，其杯壁只有0.5毫米厚，重量只有50克左右，是黑陶中的极品。进入汉代之后，黑陶器物已很少出土，制作工艺逐渐失传。20世纪80年代，德州工艺美陶研究所的工作人员，将黑陶烧制工艺挖掘整理，再现了龙山文化的风采。德州（齐河）黑陶选用京杭大运河两岸特有的红胶泥为原料，烧制的陶器黑中透莹，望之如金，坚实凝重，扣之如磬，给人以"乌金墨玉"之感。

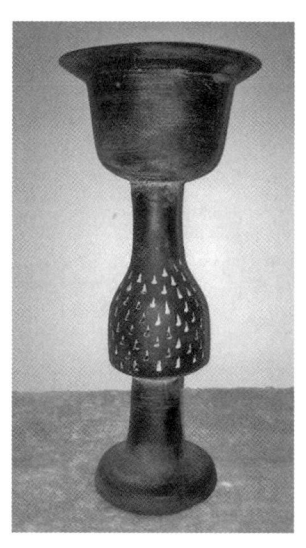

图8-13 章丘龙山文化黑陶

陶埙，为古代气鸣乐器，起初主要为诱捕猎物所用，是我国最古老的吹奏乐器。《诗经》有"伯氏吹埙，仲氏吹篪"，《尔雅》有："埙，烧土为之，大如鹅子，锐上平底，形如秤锤，六孔，小者如鸡子。"陶埙在八音中是属土音，在周代已相当流行，秦汉以后用于历代宫廷雅乐。孔子于齐地问《韶》乐，"三月不知肉味"。据学者推测，演奏韶乐的主要乐器很可能是"埙"。德州黑陶埙将黑陶的材质与埙功能进行结合,既表现了龙山文化的传统工艺之美,又活化了商周雅乐的音韵之妙(表8-14)。

表8-14　　　　　　　　　　德州文创产品设计开发路径

文化主题	题材(表现意象)	体裁(表现媒介)
九达天衢,陶珍埙润	黄河、运河、龙山文化	黑陶器物、陶埙

五、滨州——兵圣故里,曲艺之乡

滨州位于山东北部,西连德州、济南,南接淄博,东临东营,北望河北沧州,下辖滨城区、沾化区、邹平市、博兴县、惠民县、阳信县、无棣县。其中沾化区与无棣县东临渤海。

滨州是武圣孙武故里。孙武,字长卿,春秋末期齐国乐安(今惠民县,一说东营广饶)。春秋时期著名的军事家、政治家,著有《孙子兵法》十三篇,对古代中国的战争形式产生巨大影响,因而被后世尊为"兵圣""百世兵家之师""东方兵学的鼻祖"。《尉缭子》评孙武有:"有提十万之众而天下莫当者谁?曰桓公也。有提七万之众而天下莫当者谁?曰吴起也。有提三万之众而天下莫当者谁?曰武子也。"目前,惠民县建有孙子故里、孙子兵法城、孙子故里森林公园等相关景区。

据《汉书·景武昭宣元成功臣表》载,汉宣帝封董忠(董永曾祖)为高昌壮侯,此后董忠子董宏、其孙董武相继承侯。西汉末年,董武为王莽所废,东汉光武帝复封被莽所废的西汉故侯,建武二年(公元26年),高昌侯第四代(玄孙)董永再度封侯,《汉书》明确记载董永为"千乘"人。山东嘉祥县出土的武祠墓汉画像石上,有描绘董永"鹿车载父""肆力田亩""象耕鸟耘"等故事的图画,并刻有"董永千乘人也"六字。据考证,"千乘"即为今滨州博兴。可见,董永确有其人。

董永被神话化,大致源自东晋干宝《搜神记·卷一》,其中描写董永文字为"少偏孤,与父居肆,力田亩,鹿车载自随。父亡,无以葬,乃自卖为奴,以供丧事。主人知其贤,与钱一万,遣之。永行,三年丧毕,欲还主人,供其奴职。道逢一妇人曰："愿为子妻。"遂与之俱。主人谓永曰："以钱与君矣。"永曰："蒙君之惠，父丧收藏，永虽小人，必欲服勤致力，以报厚德。"主曰："妇人何能？"永曰："能织。"主曰："必尔者，但令君妇为我织缣百匹。"于是永妻为主人家织，十日而毕。女出门，谓永曰："我，天之织女也。缘君至孝，天帝令我助君偿债耳。"语毕，凌空而去，不知所在。"在这个故事中，董永由"二十四孝"的人物，逐步演化为孝感天地，人仙相恋的爱情传说。"董永传说"为国家第二批非物质文化遗产。

惠民胡集书会（图8-14），是流行于滨州惠民县的民俗活动。据民间传说，至今已有三百多年的历史。根据《惠民县志》记载，旧时每年农历正月十二为胡集书会的"偏节"，十五为"正节"。每逢书会，晋冀鲁豫等地的艺人们便提前赶到胡集，借宿在村民家，集体进行"望空""报门"等联谊活动。次日上午聚集在胡集镇东南的干沟附近，择地表演。书会有西河大鼓、木板大鼓、毛竹板书、评书、渤海大鼓、山东快书、山东琴书、渔鼓书等曲艺形式。附近群众及各村的"请书"代表轮番前来观看，选定艺人及节目后，拿走艺人的乐器以表示成交。从当日晚至正月十六，艺人在约请演出地连演4天，所得报酬颇为丰厚。书会兴盛时，节目三百余档，观众十多万人。目前，胡集书会是国家级非物质文化遗产之一。此外，滨州国家级非物质文化遗产还包括滨州剪纸、惠民泥塑、博兴柳编等（表8-15）。

图8-14 滨州惠民胡集书会

表8-15　　　　　　　　　滨州文创产品设计开发路径

文化主题	题材（表现意象）	体裁（表现媒介）
兵圣故里，曲艺之乡	黄河、渤海、孙武、董永	滨州剪纸、惠民泥塑

六、东营——黄蓝交汇，石油之城

东营居于山东北部，北临渤海，西与滨州毗邻，南与淄博、潍坊接壤。黄河流经九个省份，5464公里后，由东营垦利县注入渤海，形成"海河交汇，黄蓝交融"的自然景观。西汉高祖六年（前201年）首置广饶县，属齐郡。东汉明帝永元七年（公元95年）改千乘国为乐安国。南部置利、益、博昌3县。东营现辖东营区、河口区、垦利区、广饶县、利津县等三区两县。

东营是名副其实的石油之城，移民城市。1955年，国家为了尽快发现大油田支持社会主义建设，摘掉"贫油国"帽子，开始对华北平原展开区域性的石油普查。1961年4月16日，勘探团队在东营村附近打下的"华8井"，首见工业油流，日产原油8.1吨，标志着胜利油田正式发现。1962年9月23日，勘探团队新打下的"营2井"日产555吨，成为当时全国日产原油最高的一口油井。1964年1月25日，中共中央正式批准组织华北石油勘探会战。从大庆、玉门、青海、四川、北京调集石油会战队伍和技术人员一万多人，会师在渤海之滨、黄河两岸，将东营地区作为重点区域，形成了继大庆石油会战之后的又一场石油勘探油田开发建设会战。自此，来自全国各地的石油大军涌入东营，东营以"油"而兴，实现跨越式发展。

1964至1966年，以东营为中心，华北石油勘探队伍，共打探井345口，相继发现30多个油气田。1965年1月25日，在胜利村构造上，32120钻井队打的"坨11井"，发现85米的巨厚油层，石油日产1134吨，"胜利油田"始得名。1966年，朱德委员长视察胜利油田，写下诗篇《参观胜利油田》。到1978年，全油田原油产量上到1946万吨，跃居全国第二位，成为继大庆油田之后，我国第二个大油田。1985年，彭真委员长在油田干部会议上说："你们艰苦奋斗的结果，创建了一个胜利油田，是继大庆之后的又一个大油田，是油田战线，为国家又立下一大功！"截至2013年底，胜利油田共有员工17.98万人，工作区域主要分布在山东、新疆、内蒙古等5个省（自治区）。

东营也是我国重要地方戏种"吕剧"的发祥地。吕剧由山东琴书发展而来，风格质朴清新，体现华北农民的朴素特点，是山东最具代表性的地方剧种，与京剧、豫剧、越剧、评剧、黄梅戏、秦腔、川剧并称为"中国八大戏曲剧种"。山东琴书最早产生于鲁西南一带，距今已有二百余年的历史，后迅速传播至山东各地。由于山东各地语言文化、风俗人情状况差异较大，山东琴书在传播过程中逐步形成了南路、东路、北路三大艺术流派。东路琴书则以广饶、博兴、昌潍和胶东一带为主。在1884年以前，广饶、利津等黄河入海口地区经常泛滥成灾，这一带的穷苦农民不得不背井离乡，以演唱当时民间流行"小曲"形式进行乞讨。光绪初年，广饶北部一带的农民，为躲避灾荒，常随身携带坠琴、节子板等乐器，外出卖艺，东路琴书逐步向吕剧过渡。1900年，广饶县时殿元、崔心悦、谭明伦等人，糅合京剧、五音戏的表演形式，第一次将琴书中的《王小赶脚》改为化妆剧演出，受到群众的广泛欢迎，因起初称之为"驴戏"，后谐音称为"吕剧"。吕剧现广泛流行于山东、江苏、安徽、东北等地区，为国家级非物质文化遗产（图8-15、表8-16）。

图8-15 吕剧题材"王小赶脚"年画

表8-16　　　　　　　　　　东营文创产品设计开发路径

文化主题	题材（表现意象）	体裁（表现媒介）
黄蓝交汇，石油之城	黄河入海，蓝黄交汇、钻井油田、芦花飞雪、万鸟翔集	广饶齐笔制作工艺为代表的文房四宝

第九章

山东文创产品设计案例研究

山东文创产品设计开发，应重视其开发过程的文化资源梳理、设计路径分析，组织策略推导，但更应重视文创产品的实践案例研究。只有在对大量设计实践比较总结的基础上，才能够更好地对设计路径与组织策略进行提炼总结，进而将个别案例上升为文创产品设计的一般规律。本章以笔者近年来所主持的文创产品实际设计项目入手，通过对设计过程的记录回述，既体现设计细节，又总结一般方法，进而形成文创产品设计过程中可以借鉴的普遍方法。

本章所分析的设计案例包括：曲阜"尼山圣境"文创产品设计开发、泰安"复圣文化"文创产品设计开发、济南商河文创产品设计开发、济南轨道交通文创产品设计开发、临沂兰陵文创产品设计开发、烟台"瀑拉谷"葡萄酒品牌文创产品设计开发等六个实际项目案例。在这些案例中，既体现出本书"儒风望岳"的文化主题；又基本涵盖了对鲁中（如济南、泰安），鲁东（如烟台）、鲁西南（如济宁、临沂）等地区的典型文化特征的设计应用。既包括了山东层面的文创产品；又包括了市、县两级文创产品的设计开发；其中济南轨道交通集团与烟台瀑拉谷葡萄酒品牌，具有鲜明的企业文创产品设计开发特征。

第一节
曲阜尼山圣境文创产品设计开发

一、本项目前期文化调研

本项目为曲阜市旅游局委托项目，以下为项目前期调研与文化主体确定的基本过程。

曲阜，古为鲁国国都，被誉为"东方圣城""东方耶路撒冷"，东连泗水，西抵兖州，南临邹城，北望泰山，名闻古今，蜚声中外，是我省乃至全国重要的历史文化名片。2013年，习近平总书记在视察山东曲阜时强调："中华民族伟大复兴需要以中华文化发展繁荣为条件"。并在很多场合多次强调"文化自信，是更基础、更广泛、更深厚的自信"。

孔子，是中国古代伟大的思想家、教育家、儒家学派创始人。曲阜作为孔子故里，1982年，被评为首批国家历史文化名城；1991年，被国家旅游局评为中国旅游胜地40佳；1994年，孔庙、孔府、孔林列入联合国《世界遗产名录》；1997年，国家旅游局又把曲阜确定为中国35个王牌旅游城市之一。曲阜域内有鲁国故城、孔庙、孔府、孔林、汉鲁王墓群、颜庙、尼山孔庙及书院、西夏侯遗址、防山墓群、孟母林墓群、景灵宫碑、周公庙等11处国家级重点文物保护单位；另外还有少昊陵遗址、仙源县故城、少昊陵、梁公林等17处山东省重点文物保护单位。曲阜楷雕、尼山砚、扶兴和毛笔、姚村凉席等手工艺产品，均是具有悠久工艺传承的非物质文化遗产。2018年，曲阜"三孔"景区接待中外游客583.2万人次，全市文物景区共接待中外游客595万人次。

"尼山圣境"文化旅游度假区项目总投资为100亿元，核心区占地面积154.8公顷，规划建设规模25.8万平方米。项目由曲阜市与无锡灵山实业有限责任公司等联合开发。总体定位为"文化休闲度假胜地"，将打造成集文化体验、休闲旅游、生态旅游、休闲度假于一体的复合性文化度假产业综合体。

2018年9月，山东省委书记刘家义与中国前外经贸部副部长龙永图，在参加2018中国（曲阜）国际孔子文化节暨第五届尼山世界文明论坛时表示：将积极推动形成南"博鳌"，北"尼山"的世界级经济文化论坛。2018年9月5日，"尼山圣境"成为"2018年中央广播电视总台中秋晚会"主会场。2018年"尼山圣境"游客接待量突破30万人次，预计2020年游客接待量突破100万人次。在《山东省文化创意产业发展规划（2018—2022）》中，"尼山世界文明论坛"在山东省文创产业发展规划重点项目中，排名第一。

山东曲阜作为古鲁国的治所，具有悠久历史文化底蕴，文化信息庞杂丰富。我们如何通过对前期调研资料汇总与梳理，逐步确定其文化主题，进而形成本案文创产品设计开发方向，是"山东曲阜尼山圣境文创产品设计开发"的首要任务（表9-1）。

表9-1　　曲阜区域历史文化资源调研与产业资源、旅游类型

	曲阜区域历史文化资源调研	
1	自然景观	曲阜位于山东省西南部，北、东、南三面环山，域内有凤凰山、九仙山、石门山、防山、尼山等山分布其中，中西部是泗河、沂河冲积平原，是鲁中南山地丘陵区向华北平原区的过渡地带，构成了东北高、西南低的基本地势

续表

		曲阜区域历史文化资源调研
2	时令节气	北方汉族地区典型传统时令节气
3	区域历史	"曲阜"之名最早见于《礼记》，东汉应劭解释道："鲁城中有阜，委曲长七八里，故名曲阜"。大约公元前2700年，中华民族的人文初祖轩辕黄帝诞生于曲阜寿丘。继黄帝之后，少昊曾在曲阜营建都城。相传少昊在位84岁，寿百岁，崩葬曲阜城东北寿丘云阳山，与二帝三王（尧、舜、禹、汤、文、武）、周公、孔子并称万世享祀。公元前2100年前后，曲阜属上古尧舜时代九州之一的徐州。公元前十六世纪后的商代，曲阜为奄国国都，并一度成为商王朝的都城。公元前1066年，西周武王伐纣灭商，武王将其胞弟、王国宰辅周公旦封于故奄地曲阜，立国为"鲁"。公元前249年楚国灭鲁，始设鲁县，公元596年定县名为曲阜
4	民间传说	孔子诞生传说、孔子周游列国、颜子传说、孟母教子传说、鲁班传说
5	历史名人	黄帝、少昊、柳下惠、孔、颜子、鲁班、谷梁赤、申培、孔安国、孔融、孔伋、左丘明、孔孚、孔继涑、孔尚任、贾应宠、桂馥等
6	民间习俗	曲阜方言隶属于北方方言系统的中原官话区，每年进行祭孔大典
7	民间技艺	尼山砚、桑皮纸制作技艺、弓箭制作技艺、曲阜楷木雕刻、曲阜大庄绢花、拓片制作技艺、曲阜扶兴和毛笔制作技艺
8	民间艺术	曲阜碑帖、孔门礼乐、萧韶乐舞
9	文化遗迹	鲁国故城、周公庙、孔庙、孔府、孔林、汉鲁王墓群、颜庙、尼山孔庙及书院、西夏侯遗址、防山墓群、孟母林墓群、景灵宫碑等国家级重点文物保护单位11处；少昊陵遗址、仙源县故城、少昊陵、梁公林、东颜林、林放墓、姜村古墓、韦家墓、安丘王墓群、九龙山摩崖造像石刻、曲阜明故城城楼、洙泗书院、石门寺建筑群、九仙山建筑群、四基山观音庙、曲师礼堂及教学楼、朱总司令召开军事会议会址等山东省文物保护单位17处；以及济宁市文物保护单位5处，曲阜市文物保护单位152处等
		曲阜区域产业资源
1	自然矿产资源	曲阜兰花为"市花"、桧柏为"市树"、鹭鸶为"市鸟"；截至2012年，曲阜境内矿产主要有煤炭、石灰岩、耐火黏土、磷、混合花岗岩、花岗石、磷矿、地热、矿泉水、河沙等。已探明的煤炭储量约为10亿吨，石灰岩储量16.6亿吨

续表

曲阜区域产业资源			
2	农副土特产品	孔府宴、孔府糕点、曲阜香稻，香稻、果旦杏、矿泉水被誉为"曲阜三宝"；孔府家酒、楷雕如意、全毛地毯、龙头手杖和尼山石被誉为"鲁中五绝"。孔府煎饼、熏豆腐也是曲阜的特色美味和馈赠佳品
3	手工艺产品	曲阜楷雕、尼山砚、扶兴和毛笔、姚村凉席、孔府菜烹饪技艺、曲阜大庄绢花制作技等
4	民用产品生产	孔府家酒、菱花味精、燕京啤酒、华龙方便面、小松山推、裕隆生物、如意毛纺集团等
曲阜区域旅游类型		
知识学习与过程体验的复合型旅游类型		

上表列出了曲阜主要历史文化资源与产业资源，并基本框定了该区域的旅游类型。通过分析，我们可以明确，曲阜虽不具备独特的自然景观，但曲阜是周代礼法的重要传承地，是孔子故里，更是儒家文化的发祥地与传播中心，这些文化资源在全国，乃至世界都是独一无二的。因此，曲阜的文化主题可以确定为："以孔子生平为线，以儒家文化发展特征为面，以优秀传统文化传承与发展为体"的独特文化主题。

二、基于设计主题所进行的题材选择

如前所述，在艺术创作中，任何抽象的"主题"都必须以适合的题材为表现基础，并通过相应的艺术语言予以转译诉说，文创产品设计有其相似之处。孔子本人便是"以物言志""观物比德"的大师，其后世流传记录孔子言行的著作中，大量出现孔子观山、见水、抚琴、佩兰、敬柏、爱玉、善射、好鲤的故事。我们通过对孔子生平史迹的梳理，并结合儒家中庸、仁恕、礼义、精进、包容的思想内核，撷选与孔子相关的竹简、古琴、蝉、赑屃、松柏、兰花、白鹭、山水等题材，赋予其象征意义，作为文创产品设计开发的符号表征。

（一）竹简

竹简，古代用来写字的竹片，是我国造纸术发明普及之前主要的书写材料。竹简也是我国古代使用时间最长的书籍形式，是祖先经过反复比较和艰难选择之后，确定的文化保存传播载体。因此，竹简对中国文化传承起到了至关重要的作用，也正是它的出现，才得以形成春秋时期百家争鸣的文化盛况，同时也使孔子、老子、荀子等思想巨匠文化成果得以流传至今。

"韦编三绝"是孔子勤读《易》书的一则典故。《史记·孔子世家》载："孔子晚而喜《易》……读《易》，韦编三绝。曰：假我数年，若是，我于《易》则彬彬矣"。韦，熟牛皮，古代竹简用牛皮条编缀成册。三，指多次。绝，断。孔子晚年喜《易》，花了很大的精力，反复把《周易》读了许多遍，又附注了许多内容，孔子这样"反复阅读"，把串连竹简的牛皮带子也给磨断了几次，不得不多次换上新的再使用。以此比喻读书勤奋用功。《论语·述而》载："子曰：加我数年，五十以学《易》，可以无大过矣。"

鲁壁藏书，史书记载，秦始皇焚书时，孔子九代孙孔鲋将《论语》《孝经》《尚书》等儒家经典简册砌于孔子故宅墙壁中，得以幸免。汉武帝时，鲁共王刘余扩建宫室苑囿，拆毁孔子故宅，始发现这批简册。为纪念此事，后人于孔子故宅（现孔庙）院内另砌一壁，称"鲁壁"并勒石以志。

可见，竹简是孔子时期最为重要的书写材料，也是我国包含儒家思想在内的传统文化记录传播的重要物质载体，可以作为曲阜尼山圣境文创产品设计开发的设计题材之一。

图9-1 孔府鲁壁

（二）古琴

古琴，又称瑶琴、玉琴、七弦琴，是中国传统拨弦乐器，有三千年以上历史。古籍记载琴的创制与中华文明之初的帝王有关，《琴操》载："伏羲作琴"，《琴当序》中记载："伏羲之琴，一弦，长七尺二寸。"《礼记》记载"舜作五弦之琴，以歌南风"。汉代桓谭《新论》中有："神农之琴，以纯丝做弦，刻桐木为琴。至五帝时，始改为八尺六寸。虞舜改为五弦，文王武王改为七弦。"古琴音域宽广，音色深沉，余音悠远。2003年，联合国教科文组织世界遗产委员会宣布，中国古琴被选为世界文化遗产。2006年被列入中国非物质文化遗产名录。

《史记·孔子世家》记载孔子学琴于师襄子，十日不进。"师襄子曰：'可以益矣。'孔子曰：'丘已习其曲矣，未得其数也。'有间，曰：'已习其数，可以益矣。'孔子曰：'丘未得其志也。'有间，曰：'已习其志，可以益矣。'孔子曰：'丘未得其为人也。'有间，有所穆然深思焉，有所怡然高望而远志焉。曰：'丘得其为人，黯然而黑，几然而长，眼如望羊，如王四国，非文王其谁能为此也！'师襄子辟席再拜，曰：'师盖云《文王操》也。'"①

《论语·述而》中有"子在齐闻《韶》，三月不知肉味。"即当孔子在齐国听到迎接贵宾的韶乐后，精力集中，废寝忘食，三个月吃肉都不知其美味，并评价韶乐"尽美矣，又尽善也"。可见，孔子一生痴迷于礼乐，本人精通琴道，现在仍然有以孔子名字命名的"仲尼式"古琴。在中国古代社会漫长的历史阶段中，"琴、棋、书、画"历来被视为文人雅士修身养性的必由之径。古琴因其清、和、淡、雅的音乐品格寄寓了文人风凌傲骨、超凡脱俗的处世心态，而在文人艺术中居于首位。因此，我们可以将"古琴"作为山东曲阜尼山圣境文创产品设计开发的设计题材之一。

（三）蝉

《庄子·外篇·达生》记载了孔子与蝉的小故事："仲尼适楚，出于林

---

① 孔子在学习方面是很虚心，尤为刻苦。有一次孔子随师襄学鼓琴。曲名是《文王操》。孔子苦苦地练了很多日子，师襄子说："可以了。"孔子说："我已经掌握了这个曲子的弹法，但未得其数。"又练了很多日子，师襄子又说："可以了，你已于其数。"可是孔子仍说："不可以，未得其志。"又过了相当的时间，师襄子认为这回真的可以了，可是孔子仍然认为自己没有弹好这首乐曲。最后，孔子通过反复钻研，体会琴曲的内涵，直到他看到文王的形象在乐曲中表现出来了，才罢休。

中，见佝偻者承蜩，犹掇之也。仲尼曰："子巧乎，有道邪？"曰："我有道也。五六月累丸二而不坠，则失者锱铢；累三而不坠，则失者十一；累五而不坠，犹掇之也。吾处身也，若厥株拘；吾执臂也，若槁木之枝。虽天地之大，万物之多，而唯蜩翼之知。吾不反不侧，不以万物易蜩之翼，何为而不得！"孔子顾谓弟子曰："用志不分，乃凝于神。其佝偻丈人之谓乎！①"

"蝉"又名"知了"。在古人的眼中，蝉是一种神圣的灵物，有着很高的地位，寓意着纯洁、清高、通灵。蝉在古人的生活当中是一种不可或缺的物品，被人们推崇着。从汉代开始，人们都以蝉的羽化来喻之重生。若是身上有蝉的佩饰，则表示其人清高、高洁。《史记·屈原贾生列传》中有"蝉蜕于浊秽，以浮游尘埃之外"。指的是蝉在脱壳蜕变之前，一直生活在污泥中，脱壳化蝉后，飞到树上，喝风饮露，可谓出污泥而不染，故古人认为蝉性高洁。唐虞世南更以蝉德比喻清官的德行，咏有"垂绥饮清露，流响出疏桐。居高声自远，非是藉秋风"的名句。

（四）松柏

公元前489年，63岁的孔子被围困与陈国与蔡国交界处，断粮七日，他与学生只得以野菜充饥。身处困境的孔子心地坦然，无所畏惧，依旧抚琴放歌，坐而论道。并以寒冬松柏劝导学生"内省而不穷于道，临难而不失其德，天寒既至，霜雪既降，吾是以知松柏之茂也。陈蔡之隘，于丘其幸乎！②"越是困难，才越能磨炼自身的意志，升华自己的德行。子路、子贡等学生深受激励，胸中如有松柏挺然，豪情陡生，怨气尽消。

孔子以树比德，对松柏寄情尤深，并赞松柏"岁寒，然后知松柏之后凋

---

① 孔子率学生来楚国，蝉声盈耳。孔子坐在林间，看见一位驼背老人走来，一手提竹篮，一手持竹竿，竿头涂着粘胶，正在粘蝉。驼背老人在树下看准了树梢的鸣蝉，举竿粘捕，就像随手拾物那样容易。孔子说："你手艺真巧哟。有道吗？"老人说："我有道呢。年年五六月间，蝉季到了，我每天练习竿顶累小球。这类杂技，先生该看过吧。如果这天只累二球仍然不掉，我出门去粘蝉，有失手，不多。如果累了三球不掉，把握就更大了，十蝉九捕。如果累到五球仍然不掉，例如今天，那我保证十蝉十捕，就像随手拾物那样容易。我操作时，我立定身子，犹如临近地面的断木，我举竿的手臂，就像枯木的树枝；天地虽大，品类虽多，我一心只注意蝉的翅膀，不左顾右盼，绝不因纷繁的万物而改变对蝉翼的注意，为什么不能成功呢！"驼背老人继续粘蝉去了。孔子回头对学生说："心志不散，聚精会神，恐怕说的就是这位驼背的老人吧！"

② 出自《庄子·让王》，原句为：故内省而不穷于道，临难而不失其德，天寒既至，霜雪既降，吾是以知松柏之茂也。陈蔡之隘，于丘其幸乎！"孔子削然反琴而弦歌，子路扢然执干而舞。子贡曰："吾不知天之高也，地之下也。"

也①",更赞"受命于地,唯松柏独也正,在冬夏青青;受命于天,唯尧舜独也正,在万物之首②"。松柏无论季节变换、冷暖更替,始终如一的固守着长青本色。孔子从松柏常青看到了坚毅执着、恒常不变、好德守正的高贵品质。孔子把松柏与远古圣君尧舜类比,并赞颂其与尧舜一样独得天地之正气,是做人处事的楷模。

松柏被后世比作坚贞、坚韧不拔、常青的象征。荀子《大略》中言道:"岁不寒,无以知松柏。事不难,无以知君子",刘禹锡"后来富贵以凋谢,岁寒松柏犹依然。③"因此,今天孔府孔庙孔林中遍植松柏,其中不乏千年古树。桧柏也是曲阜的市树。

(五)赑屃

赑屃,又名霸下、龟趺、填下、龙龟等,是中国古代传说中的神兽,似为玄武的变体,为鳞虫之长瑞兽龙之九子第六子。上古传说中,赑屃常背起三山五岳来兴风作浪。后被夏禹收服,为夏禹立下不少汗马功劳。治水成功后,夏禹就把它的功绩,让它自己背起,故中国的石碑多由它背起的。《坚瓠集》云:"一曰赑屃。形似龟。好负重。今石碑下龟趺是也。"赑屃是长寿和吉祥的象征,它总是奋力地向前昂着头,四只脚顽强地撑着,努力地向前走,并且总是不停步。寓意其负重致远、自强不息的精神品质。

赑屃的形象其原形可能为斑鳖,赑屃和龟十分相似,但细看却有差异,赑屃有一排牙齿,而龟类却没有,赑屃和龟类在背甲上甲片

图9-2 孔庙中的成化碑

---

① 出自《论语·子罕篇》。
② 出自《庄子·内篇》。
③ 出自唐刘禹锡《将赴汝州,途出浚下,留辞李相公》。

的数目和形状也有差异。曲阜孔庙碑林是我国四大碑林之一，赑屃驮碑形象随处可见。孔庙碑林中矗立着198块碑刻，很多是我国古代不可多得的碑刻精品。其中洪武、永乐、成化、弘治四通御制碑形态巨大，其下赑屃形象尤为生动。

（六）兰花

在我国传统文化中，知识阶层往往将兰花视为淡泊朴实，高雅纯洁，坚贞不屈的象征。孔子观物比德，赞颂兰花有君子之道，王者之气。孔子在其所做的《幽兰操》中有"夫兰当为王者香，今乃独茂，与众草为伍，譬犹贤者不逢时，与鄙夫为伦也"的名句；又言"芷兰生幽谷，不以无人而不芳，君子修道立德，不为穷困而改节[①]"；"君子之道，或出或处，或默或语。二人同心，其利断金，同心之言，其臭如兰[②]"；"与善人居，如入芷兰之室，久而不闻其香，即与之化矣[③]"等。

自孔子在精神层面为兰花定调之后，历代文人墨客就偏爱种兰、赏兰、咏兰和"写兰"，有着挥之不去的兰花情结。唐韩语曾模仿孔子《幽兰操》作歌"兰之猗猗，扬扬其香。不采而佩，于兰何伤。今天之旋，其曷为然。我行四方，以日以年。雪霜贸贸，荠麦之茂。子如不伤，我不尔觏。荠麦之茂，荠麦之有。君子之伤，君子之守。"兰花也是曲阜的市花。

（七）鹭鸶

鹭，因其头顶、胸、肩、背部皆生长毛如丝，故称鸶。在古代白鹭象征着自由、高贵和纯洁。而且白鹭在飞翔时群而有序，旧时就以鹭序寓百官班次，在明清的官服补子纹样中，白鹭是六品文官的补子纹样。

"鹭"与"禄"谐音，白鹭也喻官德。白鹭与青莲花，寓意"鹭禄清廉"，用以祝颂为官清正廉明。白鹭与芙蓉花在一起寓意"一路

[①] 出自《孔子家语》。
[②] 出自《周易·系辞上》。
[③] 出自《孔子家语》。

荣华";白鹭与牡丹一起表达"一路富贵"等。因此,古代文人多以鹭鸶为题吟咏,如唐李绅《姑苏台杂句》:"江浦迴看鸥鸟没,碧峰斜见鹭鸶飞。"宋文同《蓼屿》诗:"时有双鹭鸶,飞来作佳景。"诗唐代杜牧有"雪衣雪发青玉嘴,群捕鱼儿溪影中。惊飞远映碧山去,一树梨花落晚风。"宋代欧阳修有"风格孤高尘外物,性情闲暇水边身。尽日独行溪浅处,青苔白石见纤鳞。"鹭鸶为曲阜市的市鸟。

(八)山水

山水,是一种自然形态,也是一种文化符号,在中国文化与哲学中,山水具有了一种象征意义,包容着儒释道三重智慧。孔子诞生与尼山,临洙泗二水。孔子一生多次以"山水"喻德,用水的特性比喻智慧,用山的特征比喻仁义,因而《论语·雍也篇》中有:子曰:"知者乐水,仁者乐山;知者动,仁者静;知者乐,仁者寿。"《孟子·尽心上》有"孔子登东山而小鲁,登泰山而小天下"的记载。孔子在沂水河畔曾有"逝者如斯夫,不舍昼夜①"的名句。

另一方面,孔子与老子均认为"水"所具备的特征是处世的最高智慧。老子曾对孔子说:"上善若水。水善利万物而不争,处众人之所恶,故几于道。居,善地;心,善渊;与,善仁;言,善信;正,善治;事,善能;动,善时。夫唯不争,故无尤。②"孔子深受启发,并认为"夫水者,启子比德焉。遍予而无私,似德;所及者生,似仁;其流卑下,句倨皆循其理,似义;浅者流行,深者不测,似智;其赴百仞之谷不疑,似勇;绵弱而微达,似察;受恶不让,似包;蒙不清以入,鲜洁以出,似善化;至量必平,似正;盈不求概,似度;其万折必东,似意。是以君子见大水必观焉尔也。③"

"山水含清晖,清晖能娱人",自孔子寄情于山水之后,在中国传统文化中,"山水"成为文艺作品创作最重要、最常见的题材之一。"山水"为诗,"山水"入画成为中国文人创作的思维传统。"登山则情满于山,观海则意溢于海"道出了中国文人特有的"山水"情怀。

文创产品设计开发与普通产品设计开发不同,必须面对"文化符号语义"向"功能形态语义"的转化问题;换而言之,具体的功能产品必须结合特定为

---

① 出自《论语·子罕篇》。
② 出自《道德经 第八章》。
③ 出自《大戴礼记·劝学》。

文化语义，使其在满足使用功能的同时，具备深层文化象征意义。因此，文创产品设计开发所依托的文化资源不同、品牌定位不同、服务人群不同、表现主题不同，因而其最终所指向的产品使用功能也会呈现差异。

文创产品设计开发，往往呈现出两种相向而行的开发次序：一种是首先确定功能载体，然后赋予文化特征。例如，我们首先确定开发"折扇"类产品，然后确定折扇之上所附着的文化信息；另一种则是首先确定文化特征与符号语义，然后再根据文化特征与符号语义，确定其产品的使用功能。例如首先确定以"赑屃"这一具体符号表现"负重致远、自强不息"主题，然后以此为题材，寻求与此形态语言相匹配的产品功能。前者的开发次序大多针对特定功能产品生产企业；而后者则多针对特定文化区域、文化单元的文创产品设计开发。

三、尼山圣境系列文创产品设计开发

如前所述，同一文化主题，可以使用不同题材予以表述；同一题材亦可以表述为不同文化主题。我们以"山东曲阜尼山圣境文创产品设计开发"为例。此例中，我们通过对孔子生平史迹的梳理，并结合儒家中庸、仁恕、礼义、精进、包容的思想内核，撷选与孔子生平相关的竹简、古琴、蝉、赑屃、松柏、兰花、白鹭、山水等文化符号，赋予其象征意义，综合表现曲阜国际慢城文创产品所应具备的以物传情，以物达意，观物比德，以物映心的精神特质。

（一）"竹简"与"竹简铅笔"形态语义的功能转化

竹简是古代用来写字的竹片，是我国魏晋之前特有的书写材料，富于浓郁的东方文化神韵。另一方面，我们可以通过"韦编三绝""鲁壁藏书"等典故，将"竹简"与孔子本人及儒家文化进行连接。以"竹简"为符号语言进行功能转化，首先要考虑将其"书写"语义予以延续，另外还应结合当前生活需要，对位生活中常用的使用功能。因此，我们将"竹简"的形态语义向"铅笔"的功能语义转化。本设计以竹简的形态特征为基础，结合铅笔的使用功能，以麻线连接二十四支铅笔。铅笔的一侧为儒家经典《论语》中文选句，另一侧为名句的英文翻译。设计寓意为"一卷竹简，一部论语；一支铅笔，一句智慧"（图9-3）。

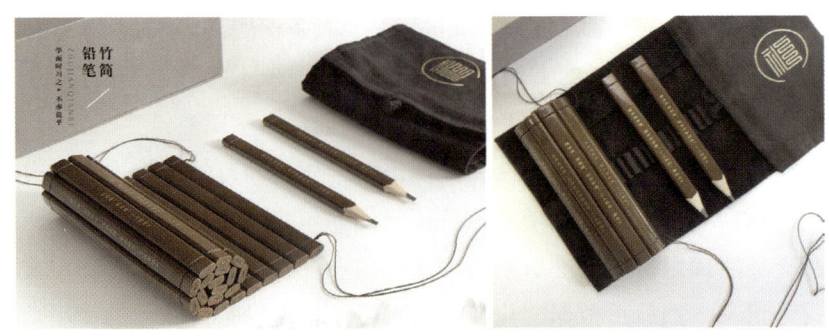

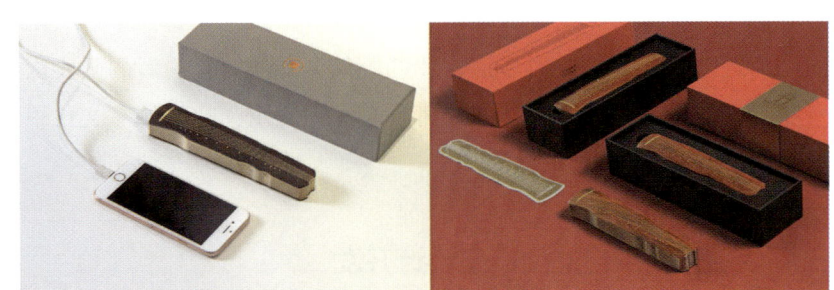

图9-3 文创产品《竹简铅笔》，设计：张焱

图9-4 文创产品《古琴充电宝》，设计：张焱

（二）"古琴"与"古琴移动电源"形态语义的功能转化

古琴是中国传统拨弦乐器，有三千年以上历史。在中国古代社会漫长的历史阶段，"抚琴"被文人雅士视为修身养性的必由之径。古琴因其清、和、淡、雅的音乐品格寄寓了文人超凡世外的心态。并且，我们可以通过"孔子闻韶""孔子抚琴"等典故，将"古琴"与孔子生平进行连接，表现儒家思想独特的文化特征。

以"古琴"为符号语言进行功能转化，首先要将其特有的形态语义予以延续，并结合当前生活的现实需要，对位常用的使用功能。因此，我们将"竹简"的形态语义向"移动电源"功能语义转化。本设计以仲尼式古琴为形态特征，结合移动电源的使用功能，采用红木镶银传统工艺，对木、银、铜等材质进行组合，形成既具备现代使用功能，又具备东方传统审美特征的文创产品设计。本设计为2019年山东省文化和旅游商品创新设计大赛概念组金奖作品，2019年山东省国际友城合作发展大会官方纪念品（图9-4）。

（三）"蝉"与"USB闪存盘"形态语义的功能转化

"蝉"在古人的眼中是一种神圣的灵物，有着很高的地位，寓意着纯洁、清高、通灵。从汉代开始，人们将"蝉"作为重要配饰，象征其高洁的精神品质。《史记·屈原贾生列传》中有"蝉蜕于浊秽，以浮游尘埃之外"。唐虞世南更以蝉德比喻清官的德行，咏有"垂緌饮清露，流响出疏桐。居高声自远，非是藉秋风"的名句。《庄子·外篇·达生》中亦有孔子"观蝉悟道"的典故。

因此，以"蝉"作为文化符号语义进行现代产品的功能转化，不但可以与孔子生平典故进行连接，还可以充分延展其丰富的象征意义，以喻君子品质，清官之德。另一方面，蝉本身的形态尺度较小，适宜向小体量的功能产品进行转化。因此，我们将"蝉"的形态语义向"USB闪存盘"功能语义转化。本设计以汉代玉蝉为设计原型，结合USB闪存盘的使用功能，采用黄铜为壳体主要材质，形成既具备现代电子产品使用功能，又体现独特东方气质与文化内涵的文创产品。本设计为山东省首届"泰山设计杯"文化创意设计大赛铜奖（图9-5）。

（四）"赑屃"与"无线鼠标"形态语义的功能转化

赑屃是中国古代传说中的神兽，似为玄武的变体，为鳞虫之长瑞兽龙之九子第六子。上古传说中，赑屃常背起三山五岳来兴风作浪。后被夏禹收服，为夏禹立下不少汗马功劳。治水成功后，夏禹就把它的功绩，让它自己背起，故中国的石碑多由它背起的。曲阜孔庙碑林是我国四大碑林之一，赑屃驮碑形象随处可见。同时，赑屃也是长寿和吉祥的象征，它总是奋力地向前昂着头，四只脚顽强地撑着，努力地向前走，

图9-5 文创产品《金蝉U盘》，设计：张焱

图9-6 文创产品《龙龟鼠标》，设计：张焱

寓意其"负重致远、自强不惜"的精神品质。本设计将"赑屃"的形态语义向"无线鼠标"进行转化，采用铜木材质结合创新，既满足鼠标的使用功能，又体现赑屃吉祥长寿、负重致远的美好寓意（图9-6）。

（五）"兰花、松柏、鹭鸶"与"书签"形态语义的功能转化

兰花、松柏、鹭鸶分别是曲阜的市花、市树和市鸟。兰花、松柏频繁被孔子观物比德，后经历代文人的生发丰富，兰花与松柏已成为坚韧不拔、忠贞不屈，淡泊朴实，高雅纯洁的君子之德的象征；白鹭象征着自由、高贵和纯洁，因"鹭"与"禄"谐音，古时白鹭也喻官德，白鹭与青莲花，寓意"鹭禄清廉"。儒家经典《大学》中所倡导的"格物""致知""诚意""正心""修身""齐家""治国""平天下"[①]，均是以自我充盈为其出发点，重在立志、重在知识、重在施行。因此，我们可以将兰花、松柏、鹭鸶三个文化符号向"书签"功能转化，既满足使用者在阅读过程中的"锚定"作用，又可观物比德，以物映心。

书签图案是对兰花、松柏、鹭鸶形象进行提炼概括，并与孔子时代所使用的计算工具"算筹"功能相结合，体现孔子所倡导的"六艺"教育中的"数"，本书签采用黄铜片材镂空而成（图9-7）。

---

① 大学之道，在明明德，在亲民，在止于至善。知止而后有定；定而后能静；静而后能安；安而后能虑；虑而后能得。物有本末；事有终始。知所先后，则近道矣。古之欲明明德于天下者，先治其国；欲治其国者先齐其家；欲齐其家者先修其身；欲修其身者，先正其心；欲正其心者，先诚其意；欲诚其意者；先致其知；致知在格物。物格而后至，知至而后意诚，意诚而后心正，心正而后身修，身修而后家齐，家齐而后国治，国治而后天下平。自天子以至於庶人，一是皆以修身为本。其本乱而末治者，否矣；其所厚者薄，而其所薄者厚，未之有也。此谓知本，此谓知之至也。

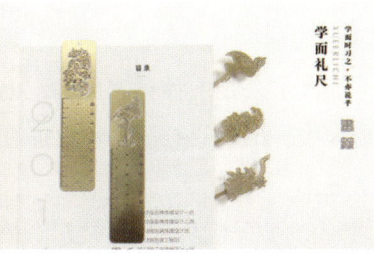
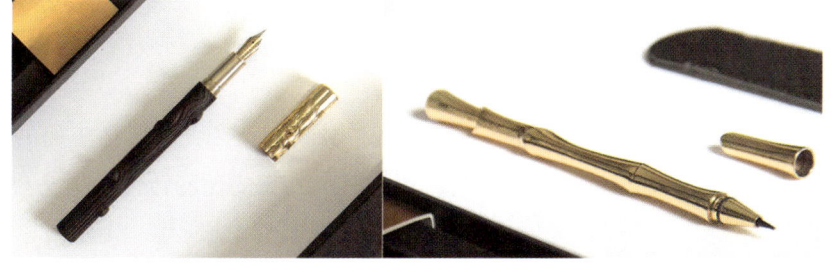

图9-7
图9-8

图9-7 文创产品《兰柏鹭书签》，设计：张焱

图9-8 文创产品《高风亮节钢笔、签字笔》，设计：张焱

（六）"松柏、修竹"与"签字笔、钢笔"形态语义的功能转化

松柏是坚韧不拔、松柏常青的象征。孔子对松柏寄情尤深，并赞"岁寒，然后知松柏之后凋也[①]"，"受命于地，唯松柏独也正，在冬夏青青；受命于天，唯尧舜独也正，在万物之首[②]"。修竹因其直节挺立，四季常青，犹君子之风，在我国传统文化中象征虚怀若谷、高风亮节、宁折不屈的品质。孔子曾经以"竹"劝学子路[③]；苏轼曾言"宁可食无肉，不可居无竹"；明代王阳明也曾七日观竹"格物致知"；郑燮曾在《竹石》中赞竹子"咬定青山不放松，立根原在破岩中。千磨万击还坚劲，任尔东南西北风。"

因此，松柏与修竹，在我国传统文化中，既喻君子之德，又喻清官之德。本设计将劲松与修竹的外在特征向钢笔、签字笔的功能形态转化，以钢笔借助劲松形态喻坚贞不屈；签字笔借助修竹形态喻高风亮节（图9-8）。

[①] 出自《论语·子罕》篇。
[②] 出自《庄子·内篇》。
[③] 子路见孔子，子曰："汝何好乐？"对曰："好长剑。"孔子曰："吾非此之问也。徒谓以子之所能，而加之以学问，岂可及乎？"子路曰："南山有竹，不揉自直，斩而射之，通于犀革。以此言之，何学之有？"孔子曰："括而羽之，镞而砺之，其入不亦深乎？"子路拜曰："敬受教。"

（七）"山水"情怀与"文房四宝"形态语义的功能转化

山水，是一种自然形态，也是一种文化符号，在中国文化与哲学精神中，山水具有了一种象征意义，包容着儒释道三重智慧。孔子生于尼山，临洙泗二水。他一生喜欢登山望水，并多次以"山水"喻德。自孔子寄情于山水之后，在中国传统文化中，"山水"成为文艺作品创作最重要、最常见的题材之一。"山水"为诗，"山水"入画。"登山则情满于山，观海则意溢于海"道出了中国文人特有的"山水"情怀。

"山水"虽为具象形态，但须表现抽象精神。因此，具体事物的精神生发、具象形态的抽象提炼，以及具体物态的功能转化，此三者始终是文创产品设计开发中必须面对的问题。如前所述，山水可以"为诗"、可以"成画"，便同样可以"入器"。我们可以将经过概括的"山水"意向，与"文房四宝"进行结合，借助山东澄泥砚传统加工工艺，以现代创新设计思维，重构兼具"山水"形式语言与精神特征，连接传统加工工艺，富有现代审美体验的"文房四宝"文创产品（图9-9）。

图9-9 文创产品《儒风岱览文房四宝》，设计：张焱

第二节
泰安"复圣文化"文创产品设计开发

一、本项目前期文化调研

本项目为宁阳县旅游局委托项目，以下为该项目前期调研与文化主体确定的基本过程。

山东省泰安市宁阳县，位于鲁中偏西，泰安市南部，东邻新泰市，西连汶上县，南与兖州市交界，东南与曲阜市、泗水县接壤，北以大汶河为界与岱岳区、肥城市相望。县城距泰山56千米、曲阜25千米、水泊梁山40千米，处于泰山、曲阜、水泊梁山旅游三角中心位置。总面积1125平方千米（图9-10）。

宁阳县历史悠久，西汉高祖刘邦时，于宁山（今伏山村南）之南置县，因山南为阳，故名宁阳。境内地势东高西低，东部多为低山、丘陵，西部多为平原。宁阳县主要地貌类型有低山、丘陵、平原和水

图9-10 宁阳县区位示意图

面。宁阳县属暖温带湿润季节性气候区，四季分明。

2018年，宁阳县常住人口77.38万人，实现地区生产总值443.6亿元，其中，第一产业增加值52.5亿元，第二产业增加值189.3亿元，第三产业增加值201.8亿元，三次产业比例调整为11.8：42.7：45.5，人均生产总值57304元。

宁阳是孔子爱徒复圣颜回的故里，是当地最重要的历史文化名片。宁阳蟋蟀历史悠久，古代被誉为"江北第一虫"，因此，宁阳也被称为蟋蟀之乡。同时，拉魂腔、伏山剪纸、弦子戏、朱氏唢呐演奏、木偶戏、彩粽及送粽习俗等，均是宁阳重要的非物质文化遗产（表9-2）。

表9-2　　　　　　　　　宁阳县区域历史文化资源

宁阳县区域历史文化资源		
1	自然景观	神童山省级森林公园
2	时令节气	北方汉族地区典型传统时令节气
3	区域历史	宁阳县域春秋之前属鲁国，秦时县境属薛郡，西汉高祖时置县。隋开皇十六年（596年），县名改为龚丘，属鲁郡。金大定二十九年（1189年）复名宁阳，属山东西路兖州，此后县名沿用至今
4	民间传说	复圣颜回传说、宁阳"鲁义姑"传说、王永宁妙手回春的传说、宁阳彩山传说、大禹治水的传说
5	历史名人	颜回、王章、羊鸭仁、于禁、夏侯胜、夏侯建、刘桢
6	民间习俗	神童山梨花会、"四八"宴席及酒礼、彩粽及送粽习俗
7	民间技艺	伏山剪纸、宁阳斗蟋
8	民间艺术	拉魂腔、弦子戏、木偶戏、渔鼓、朱氏唢呐演奏
9	文化遗迹	禹王庙、彩山、颜庙、文庙、鹤山、神童山省级森林公园、复圣广场
宁阳县区域产业资源		
1	自然矿产资源	境内探明的金属和非金属矿藏有30多种，主要有煤、铁、金、石英石、钾长石、水晶石、云田、铝土、硅石、石膏、花岗岩、石灰岩、硫黄、陶土、耐火土、砂子等。其中优质煤储量达5亿吨以上，花岗岩储量5000万立方米以上、钾长石储量860万吨以上
2	农副土特产品	乡饮粉皮、宁阳蟋蟀、宁阳木偶

续表

	宁阳县区域产业资源	
3	手工艺产品	彩粽制作技艺
4	民用产品生产	无代表性企业

宁阳县区域旅游类型
以"复圣颜回"为代表的知识学习与民俗体验复合旅游类型

根据对宁阳县历史文化及产业资源的前期调研,可以发现:宁阳县虽不具备典型的自然景观风貌与自然矿产资源,但宁阳是"复圣颜回"故里,处于泰山、曲阜、水泊梁山旅游三角中心位置,具有明显的区位优势。该县宁阳斗蟋、伏山剪纸、拉魂腔、弦子戏、木偶戏、朱氏唢呐演奏、"四八"宴席及酒礼、彩粽及送粽习俗等,均为较为独特的非物质文化遗产,在山东省内及周边区域具有较强代表性。因此,我们可以将宁阳县定位为以"复圣颜回"为代表的知识学习与民俗体验的旅游类型。

二、基于设计主题所进行的题材选择

(一)复圣颜回

颜回(公元前521年—公元前481年),曹姓,颜氏,名回,字子渊,鲁国人(相传今宁阳鹤山镇泗皋村人),居陋巷(今山东省曲阜市旧城内的陋巷街,颜庙所在之地),春秋末期鲁国思想家,孔门七十二贤之首(图9-11)。十三岁拜孔子为师,为人谦逊好学,终生师事之,是孔子最得意的门生。孔子称赞颜回:"用之则行,舍之则藏;惟我与尔有是夫!""一箪食,一瓢饮,在陋巷,人不堪其忧,回也不改其乐……"。"回也如愚;退而省其私,亦足以发,

图9-11 传统颜子像

回也不愚。""不迁怒，不贰过"。"回也，其心三月不违仁"。"贤哉，回也"。

颜回的一生，大多为追随孔子奔走于六国，归鲁后亦未入仕，而是穷居陋巷。他生活于天下大乱、礼崩乐坏的社会，儒家的仁义之志、王者之政常被斥为愚儒、讥为矫饰的社会环境中，丝毫不愿改其志，仍"尚三教"，期于"承衰救弊，欲民反正道"。王符称赞他："困馑于郊野，守志笃固，秉节不亏。宠禄不能固，威武不能屈。虽有南面之尊、公侯之位，德义有殆，礼义不班，挠志如芷，负心若芬，固弗为也。"若征之《史记·孔子世家》所记颜回语："夫道之不修也，是吾之丑也；道即已大修而不用，是有国者之丑也"，可知王氏所言非虚。颜回终生不仕，惟以"愿贫如富、贱如贵，无勇而威，与士交通，终身无患难"自勉自慰。颜回这种注重志气、追求真理并以之为乐的精神，与孔子本人"饭疏食饮水，曲肱而枕之，乐亦在其中"实同一旨趣。鲁哀公十四年（公元前481年），颜回先孔子而去世，葬于鲁城东防山前。孔子对他的早逝感到极为悲痛，不禁哀叹说："噫！天丧予！天丧予！"

自汉代起，颜渊因为较易查考的关系，被列为七十二贤之首，有时祭孔时独以颜渊配享。此后历代统治者不断追加谥号：唐太宗尊之为"先师"，唐玄宗尊之为"兖公"，宋真宗加封为"兖国公"，元文宗又尊为"兖国复圣公"。明嘉靖九年改称"复圣"。

（二）宁阳蟋蟀

宁阳蟋蟀历史悠久，宁阳斗蟋蟀始于秦汉，兴于唐宋，盛于明清。宁阳斗蟋以个头大、性情烈、弹跳力强、善斗凶狠，以泗店镇产蟋蟀最为著名。宁阳蟋蟀品种繁多，有青、黄、紫、红、黑、白等6大类260多个品种，历代被奉为皇宫贡品。《功虫录》中曾有宁阳斗蟋黄麻头战败上海梅花翅而获得"赐宫花披红巡各殿"且献蟋者朱钲抚获赐赤金百两的记载。《斗蟋随笔》更是如数家珍：自光绪廿一年至1940年，全国蟋蟀悍将26个，山东占17个，其中宁阳就有9个。因此宁阳蟋蟀被誉为"江北第一虫""天下斗蟋第一虫"。港澳报章称宁阳为"蟋蟀王国""蟋蟀之乡"，英国《独立报》则誉为"斗蟋圣地"（图9-12）。

图9-12 宁阳蟋蟀

近年来，宁阳对蟋蟀资源的开发、利用与保护高度重视，把斗蟋作为新的经济增长点，将"宁阳蟋蟀"申请注册国家地理标志，引导开发蟋蟀市场。使蟋蟀市场由原来的泗店镇土城，辐射到县城、乡饮、磁窑、伏山、鹤山等10多个乡镇100多平方公里。斗蟋远销到港澳台、韩国、日本、马来西亚等国家和地区。

（三）四八宴席

宁阳四八宴席做工讲究，风味独特，是鲁菜的代表菜系之一。四八宴最初是四个盘子，八个碗，以荤菜为主，每席以八个为限，以用餐具三十二件而得名四八。四八席还有四红四喜，八方来财，四平八稳之说。据《高桥村志》记载，逢男婚女嫁等重大事件，宴席主要有"四八两大件"，即全席由4个菜碟、8个果碟、4个小碗、8个大碗、1盘烧卖、1盘米饭、1盘点心、1碗汤和两个大件组成。大件常用整鸡、整鱼。"重八两大件"，即在"四八两大件"基础上，加4个菜碟、4个小碗和烧卖、米饭、点心、汤各1个，菜式和前菜重复。"重八四大件"，即在"重八两大件"的基础上，再加两个大件，是规格最高的宴。

"四八"宴席形式高雅，席面丰盛，接待有礼，上菜有序，集鲜明性、艺术性、典雅性、礼仪性于一体。"四八"宴席与鲁菜发展一脉相承，具有浓厚的历史文化底蕴。

三、"复圣文化"品牌视觉识别系统设计

宁阳作为"复圣颜回"故里，对打造"复圣文化"品牌高度重视。为纪念颜回，凸显城市文化特征，打造城市文化名片，促进区域经济发展。宁阳在城东专门兴建复圣文化景区。复圣景观区占地面具606亩，北靠汶水，东邻泰沂山脉，以孔子和颜回代表的中国传统儒家文化为主线，体现了"尊"和"敬"两个文化主题和一个中心文化区。其中西侧为"尊"文化区域，东侧为"敬"文化区域，中间为"尊悟"区。西侧"尊"文化区域划分由南至北依次为"尊本区""尊融区""尊和区"，对应的景观依次为"君子之泽""融昭园""尊和坊"；东侧"敬"文化区域划分由南至北依次为"敬雅区""敬乐区""敬趣区"，对应的景观依次为"敬贤林听雅轩""藏乐湾""童趣园"；中心文化区"尊悟区"景观为"通慧桥""慧明楼"，与中央湖区"明心湖"相互呼应。宁

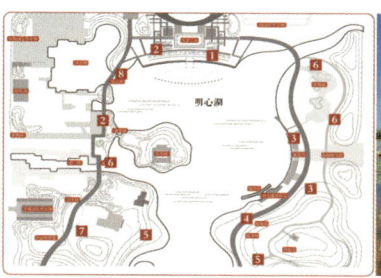

图9-13
图9-14

图9-13 复圣文化公园平面图及园区一角

图9-14 复圣文化标志设计方案，设计：张焱

阳统筹城乡发展集团以复圣风景区为基础，对"复圣文化"品牌进行全面开发（图9-13）。

"复圣文化"品牌标志设计分别将"仪""智""礼"等三个关键词作为设计切入点。主要是从儒家所推崇的容貌仪表、智慧德行、礼仪举止等三个方面入手，提取典型形象，进行标志设计（图9-14）。

（一）标志设计方案一

远在西周以前，仪容就被理解为人格德行的外在表征，故所谓"质于内而形于外"。"仪"代指儒家文化中的仪容、仪态特点。儒家仪容观有无貌不敬、沉雅自然、威而不猛等特点。

"不饰无貌、无貌不敬"见诸《尚书大传略说》《大戴礼记劝学》《孔子集语劝学》等儒家著作中。主要是指：君子见人不可以不饰，不饰则无貌，无貌则不敬，不敬则无礼，无礼便不立的逻辑关系。其中包括两层含义：一是儒士待人接物时必须重视仪表的修饰，人的仪表是其内在道德修养的外在表现形式。不饰仪容，内在德行得不到表达，这就不是待人接物应有的态度，就失去了尊重他人的姿态。因此，仪容不饰，放浪形骸，是对他人的不恭和轻视，也是对自己德行的辱没。

"沉雅自然、容止可观"是指人的仪容要符合审美，赏心悦目。董仲舒说："衣服容貌者，所以悦目也，故君子衣服中而容貌恭，则目说矣；行思可乐，容止可观，此之谓也。①"沉雅自然、容止可观的特征，就是沉稳不浮躁，优雅不俗套、自然不造作。容貌气质宽容恭良、温文尔雅、若钟山之玉的程度。儒家仪容观反对文过饰非、哗众取宠、诡诞轻佻。因为谓之"沉雅自然、容止可观"。

"不重则不威，威而不猛"则是指儒家主张人要有威仪。所谓"威仪"，贾谊曾说："在小不宝、在大不佻，狎而不能犯，习而不能顺，姚不，卒不妄，饶裕不赢，迫不自丧，明是审非，查中居宜，此之谓威仪②"。简单地说，儒家说倡导的"威仪"主要是指不拘谨、不放肆、不被狎侮，宽容有度、从容镇定，明察是非，行为恰到好处等。

因此，"复圣文化"品牌标志第一个设计方案，便从颜回像入手，通过重新修正颜回像，来显示复圣颜回所具备的"沉雅自然、容止可观、威而不猛"仪容形象。历史上流传较为广泛的颜回像大致有三幅，通过对画像服装配饰细节的研判，大致可分为春秋服饰特征颜回像，汉代服饰特征颜回像，以及宋代服饰特征颜回像。目前，流传较广的为春秋服饰特征的颜回像。因此，也可以将其称之为颜回的"标准像"。但此幅画像中的颜回过于"平民化"，似乎缺少了一些优雅雍容、容止可观的气质，与"兖国公""复圣"的尊号似有差距。因此，新绘制的颜回像在保持春秋服饰特征颜回像五官特征的同时，借鉴元代永乐宫壁画的艺术风格③，形成"沉雅自然、容止可观、威而不猛"仪容特征（图9-15~图9-18）。

---

① 出自《春秋繁露五行对》。
② 出自《新书容经》。
③ 永乐宫壁画是我国古代绘画艺术的瑰宝，其绘制时间略早于欧洲文艺复兴，几乎和元代共始终。现存壁画面积1005.68平方米。壁画位于山西省芮城的永乐宫（又名大纯阳万寿宫），它不仅是我国绘画史上的重要杰作，在世界绘画史上也是罕见的巨制。永乐宫壁画分别画在无极殿、三清殿、纯阳殿和重阳殿里。其中三清殿是座主殿，殿内壁画共计403.34平方米。画面高4.26米，全长94.68米。

图9-15
图9-16
图9-17
图9-18

图9-15 历代颜回像

图9-16 长乐宫壁画道教神祇形象

图9-17 标志设计方案一"复圣颜回像",设计:张焱

图9-18 标准字选用现存于曲阜孔庙中的《史晨碑》中的"复圣文化"拓印字体①

---

① 汉《史晨碑》全称《汉鲁相史晨奏祀孔子庙碑》。隶书,两面刻,前碑刻于东汉建宁二年(169年)三月。17行,行36字。后碑刻于建宁元年(168年)四月。14行,行36字。现存山东曲阜孔庙。后碑全称《汉鲁相史晨飨孔庙碑》,记载孔庙祀孔之事。文后有武周正书题记四行。

（二）标志设计方案二

"复圣文化"品牌标志设计方案二，主要从儒家智慧哲理中寻求创意点。山水，是一种自然形态，也是一种文化符号，在中国文化与哲学中，山水具有了特殊的象征意义。《论语·雍也篇》中有：子曰："知者乐水，仁者乐山；知者动，仁者静；知者乐，仁者寿。"孔子在沂水河畔曾有"逝者如斯夫，不舍昼夜[①]"的名句。因而，以山水为表征的仁智文化，成为儒家最具代表性的哲学思考之一。"山水含清晖，清晖能娱人"，自孔子寄情于山水之后，在中国传统文化中，"山水"成为文艺作品创作最重要、最常见的题材之一。"山水"为诗，"山水"入画成为中国文人创作的思维传统。

本设计以"山"与"水"为基本形态意向，通过"复圣"篆体字构成山形，也似丰碑。其下为"水"篆体字所代表的"智慧"，"山水"元素综合表现儒家的动静观、仁智观、自然观。此外，本标志由主标志与副标志构成，方便委托方选择。主标志打破方正刻板的印章形式，采用中国"文人印"形式，自然洒脱，别具一格。同时，标志的机理呈现出碑刻拓印感。副标志融入了宋代之后山水画卷的机理与着色风格。"山水颜回标志"象征着复圣颜回所为后世彰显的道德高峰（图9-19）。

图9-19 标志设计方案二"山水复圣"，设计：张焱

---

① 出自《论语·子罕篇》。

（三）标志设计方案三

"复圣文化"品牌标志设计方案三，主要从儒家礼仪行为特征中获取创意思路，提取视觉符号。在儒家众多的礼仪规范中，人与人见面时相互致意的"揖手礼"，是克己复礼，崇尚周礼的孔子形象"标志性动作"，也成为此后圣人造像的标准动作。"揖手礼"是传统社会汉族士人使用最为频繁，流传最为广泛，时间跨度最长的礼节性动作。揖礼其历史非常悠久，相传源于西周初年周公开创的"周礼"。《左传·文公十八年》记载"先君周公制周礼"，而周公所作之"礼"涵盖了社会的各个方面，细致入微。周代礼乐文化的主要内容大多保存在到《周礼》《仪礼》和《礼记》这三本书中，即通常所说的"三礼"。其中《仪礼》一书对两周时期贵族所要遵守的日常礼仪细则记载的十分详细。在《仪礼》中，规定士与士之间的交际礼仪的这一部分叫"相见礼"，而揖礼就是相见礼之一。《论语·微子》也曾记载"子路拱而立。"这里子路对孔子所行的就是揖礼。此外，春秋时期，东周传统服饰往往为交领右衽、褒衣广袖，俗语中的"宽袍大袖"。这是东周贵族礼服的典型特征，也成为本方案重要的视觉符号创意点。

本设计以"穿着春秋时期贵族礼服行揖手礼的士人形象"为视觉要素提取点。标志省略了人物头部、胸部、腰部及腿部形态。仅选取士人在行揖手礼过程中，微风轻拂，袖子迎风摆动的瞬间姿态。以局部代整体，信息集中，特点明确（图9-20）。

图9-20 标志设计方案三"揖礼当风"，设计：张焱

四、"复圣文化"系列文创产品设计开发

(一)"台榭"蓝牙香器套装设计

颜回生活于春秋时期,春秋时期的宫殿建筑,其典型风格为"台榭式"建筑。所谓"台榭"即"先台后榭"。各诸侯国在营建宫殿时,首先修建阶梯状夯土台基,夯土台基根据各诸侯国的国力不同,可修建高数米至十几米不等。然后,在夯土台上分层建造木构宫室明堂等建筑。春秋时期各诸侯国所修建的台榭式建筑位置高敞,外观宏伟。有效地保证了宫殿防洪、排涝、守备等目的。如侯马晋故都新田遗址中的夯土台,面积为75米见方,高7米多,高台上的木架建筑已不存在。随着诸侯日益追求宫室华丽,建筑装饰与色彩也更为发展,如《论语》描述的"山节藻"(斗上画山,梁上短柱画藻文),《左传》记载鲁庄公丹楹(柱)刻(方橡)。

"阙"是东周时期重要的建筑样式,在我国古代建筑体系中占有重要地位。阙源于门,在中国古代建筑中,门之设立,最早始源于一种防卫上的需要,而阙则属于"宫门"的形制,即建在宫门等建筑群前的左右对称的建筑物。两阙间空缺的地段为通向阙后建筑物的道路。其构造是中央无门扇,"阙"与"缺"相通,两阙之间为一通道,"阙然为道"也是其名称的由来(图9-21)。

图9-21 "台榭"蓝牙香器套装设计效果图,设计:张焱、冯珊珊

图9-22 "台榭"蓝牙香器套装设计实物拍摄,设计:张焱、冯姗姗

"台榭"香器套装设计以春秋时期"台榭"与"阙"的建筑风格为形态切入点,结合花器、香器、音响等功能。整体采用汉代漆器红,局部花纹嵌铜。中间主建筑为储香盒,双阙下部分别为蓝牙音响与插花器皿,双阙上层可放置盘香(图9-22)。

(二)"复圣尊酒"瓶形与包装设计

我国有着悠久的酿造粮食酒的历史,以及丰富的"酒"文化。西周时期,按照礼仪规范,古人无"事"并不饮酒,即便饮酒也要符合礼法规矩。现存商周古文字记载中多有关于"酒"的记载,很多出土的同时期青铜器也多为酒具。罗振玉的《殷墟文字类编》中有"酒,像酒由尊中挹出之状。""殷墟所载之酒字为祭品,考古者酒熟而荐祖庙,然后天子与群臣饮之于朝。"可见,古人饮酒首先是为了"飨神",然后才是"愉人"。《周礼·天官冢宰第一》有"酒正掌酒之政令,以式法授酒材。"可见当时酿酒完全是政府行为,并专门设置"酒正"为负责酿酒、监酒、宫廷飨宴饮酒等事务。

"复圣尊酒"为宁阳当地特色地方酒,酒瓶使用玻璃与陶瓷两种材质,瓶形采用大口设计,方便用作杂粮容器或花器使用。外包装改变传统酒盒开启方式,采用酒盒中部开启。待酒盒开启后,盒内有折扇状机构连接,用于固定酒盒,呈现产品相关文化主题(图9-23)。

第九章 山东文创产品设计案例研究

图9-23 复圣尊酒瓶形与包装，设计：张焱

（三）"涧花入景"煮茶壶设计

唐代温庭筠《西陵道士茶歌》中有"涧花入井水味香，山月当人松影直"之句，描绘饮茶的意境。本设计从"涧花入井"中获取"涧花入景"的设计灵感，将煮茶品茗与观山悟景相融合。壶身被设计成圆形，加热控温底座为方形，取"天似穹庐，笼罩四野"之意。壶盖是由泰山玉材质构成的玉璧状形态，中国传统文化中有"苍璧礼天，玉琮礼地"之说，因而，圆形的玉璧也象征"天"，这样，圆形茶壶与下部方形底座便共同构成了"天地"寓意。

宁阳隶属泰安市，距泰山仅五十公里。因此，宁阳文创产品设计开发过程中，可适当体现泰山文化特征。壶身采用透明玻璃材质，加热装置形态由泰山山形概括提炼获得。茶叶在冲泡保温过程中，与山脉状加热装置共同构成泰山微观景致。在加热装置的山形语义暗示下，茶壶冲泡不同种类的茶叶，所形成不同色泽的茶汤，进而会形成不同的意境。如冲泡绿茶或花茶时，茶叶嫩芽与茉莉花或沉于壶底，或浮与茶汤之上，与山形共同组成"春满泰山"意境；而如果冲泡红茶，则会形成类似于"泰山朝晖"的意境（图9-24）。

311

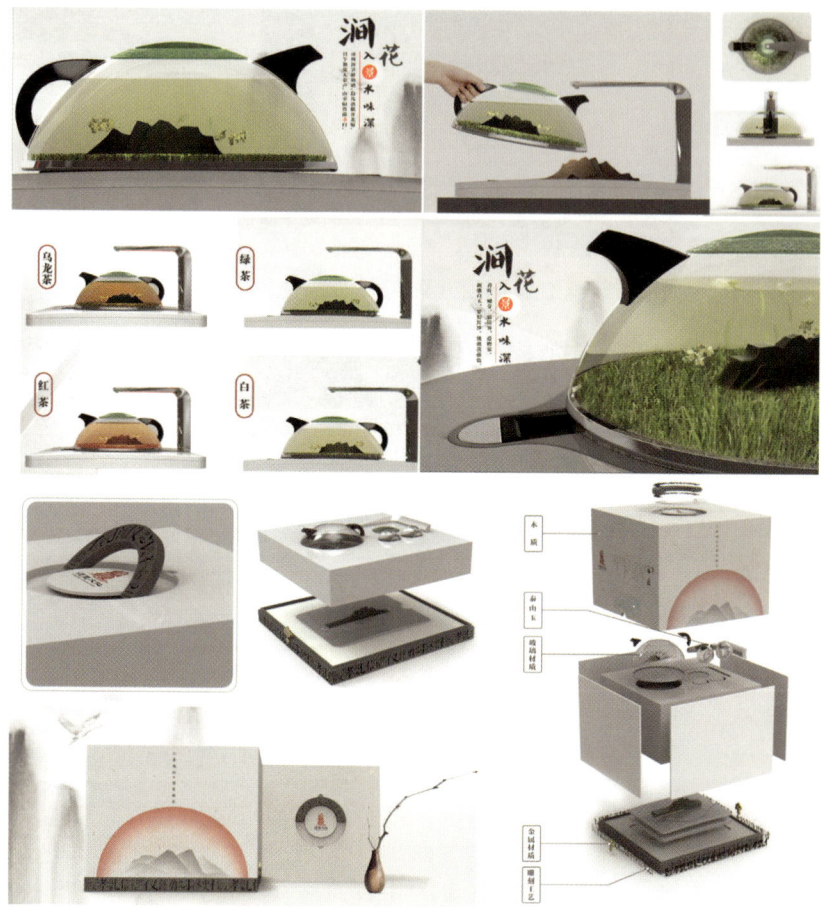

图9-24 "涧花入景"煮茶壶，设计：张焱、隋秀秀、冯珊珊

（四）"彩梳云簪"礼盒套装设计

宁阳隶属泰安市，距泰山仅五十公里。因而宁阳文创产品设计过程中，适当体现泰山文化特征是必要的。本设计以泰山"云海日出"为设计意向，以云纹构成梳、簪、镜的主要形态特征，采用泰安盛产的枣木为主要材质，取多子多福、早生贵子之意。礼盒使用正圆形态，象征团圆与圆满之意（图9-25）。

（五）云月提灯与泰山云日办公摆件设计

"云月提灯"与"泰山云日办公摆件"设计均采用泰山"云海日出"设计意向，以云纹构成文创产品主要形态特征。其中云月提灯的

第九章 山东文创产品设计案例研究

图9-25
图9-26

图9-25 "彩梳云簪"礼盒套装，设计：张焱

图9-26 "云月提灯"设计：张焱

提梁由两部分组成，前半部为灯头，后半部为灯杆。当提灯在家中使用时，可将前部灯头直接与电源插座连接，兼做室内壁灯使用。泰山云日办公摆件包括日历、便签盒、签字笔与笔插、手机支架与名片盒、书立与档案盒组成（图9-26、图9-27）。

313

图9-27 "泰山云日办公摆件"设计：张焱

五、"复圣文化"公共设施设计开发

（一）"复圣文脉"公共洗漱饮水亭设计

"井"可以视为中国古代社会的公共饮水设施，人们因为取水需要，往往会在井边等待、洗漱、浆洗、闲坐。久而久之，"井"的周围往往会产生人群聚集效应，带动商品买卖与交换，"市井"由此逐渐形成。人们为了保持井水的清洁，并方便取水人纳凉、小憩、聚集、交流、送别等活动，开始在井上修建"亭"，亭逐步成为井的"配套设施"。许慎在《说文解字》解释"亭，停也，人所停集也"。因此，"市井""井亭"也逐步代指人群聚集的场所。传统的"井亭"首要任务是取水，但也兼具了洗漱、小憩、聚集、交流的功能。

本设计以传统的"井亭"功能需求出发，结合现代公共饮水机、洗漱池的功能，亭子中间饮水机上半部分为饮水口，下半部分为洗漱池，方便游客饮水与洗漱需要。亭子造型风格倾向于春秋时期样式，

图9-28 "复圣文脉"公共洗漱饮水亭，设计：张焱

自亭子顶部向下悬挂石磬形态的不锈钢镜子，方便游客洗漱后正妆（图9-28）。

（二）"复圣文脉"公共座椅设计

山水，是一种自然形态，也是一种文化符号，在中国文化与哲学精神中，山水具有了一种象征意义。孔子有"逝者如斯夫，不舍昼夜[①]"的感慨。《论语·雍也篇》中孔子有"知者乐水，仁者乐山；知者动，仁者静；知者乐，仁者寿"的思考。"复圣文脉"公共座椅设计提取"山水"意象，虚实结合；将座椅靠背设计成山形剪影，靠背向下支撑线条，如瀑布飞流；坐面被设计成两个高低两个层次，一是方便不同身高的人使用，二是进一步强化山水意向（图9-29）。

---

① 出自《论语·子罕篇》。

图9-29 "复圣文脉"公共座椅,设计:张焱

(三)"复圣文脉"景观廊架设计

在公共设施设计中,公共座椅较宜置于树荫、檐架之下,避免使用者被阳光曝晒,提高公共座椅的使用效率。本景观廊架采用"冠"与"竹"为设计意象形态。明代之前,男人普遍束发。人们把系在头上的装饰物称为"头衣",主要有冠、冕、弁、帻四种,其中"冠"是专门供贵族戴的帽子。两周时期,男子至二十岁要举行加冠礼,表示已经成年,可以承担其相应的社会责任。因此,"冠"在我国往往具有鲜明的文化特征。玉碎不改其白,竹焚不毁其节。"竹"因其坚韧挺拔、高风亮节的特征,在我国传统文化中与梅兰菊一起,被喻为君子之德。本设计将"冠"的形态转化为景观廊架遮阳板,下部由"竹"形态进行支撑。支撑形态中部镂空雕刻与颜回相关的儒家经典,体现文化特征。镂空文字在阳光的照射下,会在座椅前面的地面上形成斑驳的文字投影,进一步放大景观廊架的文化张力(图9-30)。

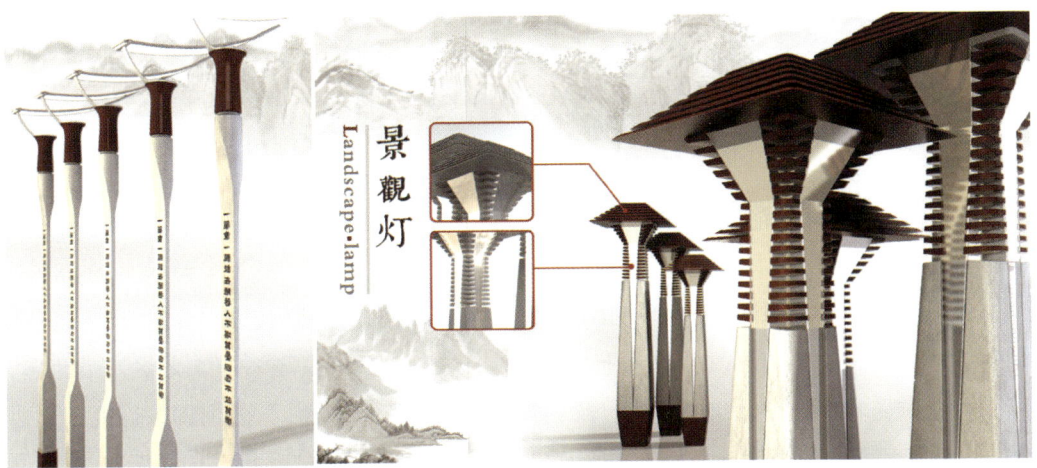

(四)"复圣文脉"公共景观灯设计

高杆景观路灯继续使用"冠"与"竹"为设计意象形态,与景观廊架设计类似。上部遮阳板转化为反光板,向地面折射照明。庭院景观灯为三个一组,采用错落有致的"阙"的建筑形态语义,突出颜回所生活的时代特征(图9-31)。

图9-30
图9-31

图9-30 "复圣文脉"景观廊架,设计:张焱

图9-31 "复圣文脉"公共景观灯,设计:张焱

（五）"复圣文脉"信息看板与垃圾桶设计（图9-32）

图9-32 "复圣文脉"公共垃圾桶与信息看板，设计：张焱

第三节
济南商河文创产品设计开发

一、本项目前期文化调研

本项目为商河县旅游局委托项目，以下为项目前期调研与文化主体确定的基本过程。

济南市商河县，春秋战国时属齐国麦丘邑，因境内有商河而得名。《元和郡县志》："滴河，县北一十五里。汉成帝鸿嘉四年（前17年）河水泛溢为害，河堤都尉许商凿此河通海，故以商为名。后人加水焉。"滴河即以许商命名为"商河"。隋开皇十六年（596年）置滴河县，北宋元祐元年（1086年），滴河县改为商河县。①

---

① 许商，字长伯，西汉长安人。曾任博士、将作大匠、河堤都尉。汉成帝鸿嘉四年（公元前17年），黄河在渤海、清河、信都三郡泛滥成灾，31座县城被淹，毁坏官亭民舍四万余所。许商多次到黄河下游治水，遗泽后世，民颂至今。据《九域志》记载，棣州西南80里处的滴河县，正是因为"汉都尉许商凿此河近海，故以商为名，后人加水焉"。许商以詹事累迁少府，侍中光禄大夫、大司农、光禄勋。王莽时其弟子唐林、王吉也官至九卿。许商死后，为大夫、博士、郎、吏的弟子各带门人去祭奠，车达数百辆，读书人把这看成是很荣耀的事（载《中国人名大辞典》）。

商河县地处山东省西北部，是济南北大门，东靠滨州惠民、阳信二县，西与德州临邑毗邻，南临济南市济阳区，北与德州乐陵接壤，总面积1162平方千米。2018年，商河常住人口58.06万人，实现地区生产总值180.8亿元。其中，第一产业增加值43.4亿元；第二产业增加值69.8亿元；第三产业增加值67.6亿元，三次产业结构为24.0：38.6：37.4，人均生产总值31176元。

商河具备丰富的地热资源，是我国著名温泉生态城市；同时也是我国北方最大的红掌与蝴蝶兰的种植基地，故亦被称为"温泉花乡"；商河县特有的"鼓子秧歌"，是我国北方四大男性集体舞蹈之一，2006年被列入第一批国家级非物质文化遗产名录，因此商河也有"中国民间文化艺术之乡"的美誉。目前，商河县还有国家级出口产品质量安全示范区、国家农产品质量安全县、国家级生态县、山东最佳投资城市等地方名片（表9-3）。

表9-3　　　　商河县区域历史文化资源、产业资源、旅游类型

商河县区域历史文化资源		
1	自然景观	温泉
2	时令节气	北方汉族地区典型传统时令节气
3	区域历史	现存原明、清及民国时期《商河县志》记载，尧、舜、夏、商属古兖州域。周属齐国麦邱邑，秦属齐郡，西汉为平原郡之扐县、千乘郡之湿沃县，东汉为平原郡之般县，三国、魏晋、南北朝为乐陵郡湿沃县。隋开皇十六年（596年）置滴河县，北宋元祐元年（1086年），滴河县改为商河县
4	民间传说	许商治水传说、鼓子秧歌传说
5	历史名人	许商、孟简、马胤孙、卢亨
6	民间习俗	鼓子秧歌、花鞭鼓舞
7	民间技艺	商河老粗布、商河老豆腐
8	民间艺术	鼓子秧歌、花鞭鼓舞
9	文化遗迹	卢坊遗址、东信遗址、鲁北相府遗址、汉墓群、战国故城、梁王冢遗址、刘祯墓志铭等

续表

	商河县区域产业资源	
1	自然矿产资源	截至2016年年末,商河县勘测石油储量5000万吨,年产40万吨。石油伴生天然气储量达14亿立方米。西气东输管道天然气日供气量40万立方米。商河地热资源地下储量256亿立方米,可开采量179亿立方米,井口出水温度58~62℃,埋藏浅、温度高、水质优,属于医疗型地热温泉
2	农副土特产品	红掌、蝴蝶兰、多肉、水培栽植为代表的四大特色花卉产业集群、白桥大蒜、商河魁王小枣、李桂芬梨
3	手工艺产品	纯锡制品、商河铁编、草柳编工艺品
4	民用产品生产	无
	商河县区域旅游类型	
	温泉养生与传统民俗体验为主的旅游类型	

根据对商河县历史文化及产业资源的前期调研,可以发现,商河县虽不具备全国有影响的历史文化资源及自然景观,但其以"鼓子秧歌"为代表的传统民俗非物质文化遗产;以"地热温泉"为代表的自然资源;以"红掌、蝴蝶兰"为代表的花卉种植基地;以商河老豆腐、魁王小枣、李桂芬梨为主的土特产品;以手工锡制品、商河老粗布等为代表的民间技艺,仍在山东省内及周边区域具有很强的代表性。因此,我们可以将商河旅游的基本类型框定为以温泉休息养生为线索的传统民俗体验游,文化主题设定为"爱与水的天堂"。

二、基于设计主题所进行的题材选择

(一)鼓子秧歌

秧歌在中国已有千年的历史,我国民间重要的社火活动,明清之际达到了鼎盛期,广泛流行于今陕北、山东、河南、河北、辽宁等地。清代吴锡麟《新年杂咏抄》载:"秧歌,南宋灯宵之村田乐也。所扮有耍和尚、耍公子、打花鼓、拉花姊、田公、渔婆、装态货郎、杂沓灯术,以博观者之笑"。"秧歌"起源的说法，大致可分为两种：一是认为古时农民在插秧、拔秧等农事劳作中，以歌声为"号子"协调劳动节奏，减轻劳作之苦；另一种说法认为"秧歌"起源于抗洪斗争，古代黄河岸边百姓成功抵御洪灾后，大家以抗洪工具为道具，载歌载舞，相互庆祝。后来逐步将舞蹈动作与组合形式格式化，形成今天的秧歌。今天，比较著名的地域秧歌风格包括河北昌黎地秧歌，山东鼓子秧歌、胶州秧歌、海阳大秧歌，陕北秧歌及辽宁抚顺地秧歌等，可见，山东秧歌类型最为丰富，是我国民间秧歌舞的重要传承地（图9-33）。

鼓子秧歌艺术形式最初发源于济南商河县，相传具有两千多年的历史，汉鸿嘉四年（公元前17年）河堤都尉许商开凿商河，祝贺竣工民众自发以"鼓""伞"齐舞以示庆贺。与其他地区的秧歌相比，商河鼓子秧歌作为大型群体舞蹈，具有明显的民间乐武、军事操演的特征。参与表演的角色主要包括伞、鼓、棒、花等四类角色：持伞而舞的男性舞者被称为"头伞"，在表演中具有军事指挥者的意味；摇鼓或持鼓而舞的男性舞者动作整齐划一，具有规范舞蹈动作，激励士气的意味，持双短棒而舞的男性舞者在舞蹈过程中，多有相互搏击的武术动作，

图9-33 鼓子秧歌中的头伞、大鼓、小鼓、短棒及花角

图9-34 鼓子秧歌的"跑场"

持手帕而舞的女性"花角"舞者百媚千红,其舞蹈动作像是欢迎德胜凯旋的战士。表演期间有负责勘察演出场地的"探马",有负责引导秧歌队伍行进的"炮手",亦有穿插队伍之中诙谐滑稽的"丑角",以及演绎民间故事的"外角"等。完整的鼓子秧歌表演宛如军队出征、战斗、得胜、庆祝的军事行动,鼓武呐喊,气势恢宏(图9-34)。

鼓子秧歌的各种角色在人数搭配上没有统一规定,大型秧歌表演参与人数往往超过百人以上,并依照约定俗成的"场图①"统一行进表演,动作整齐划一,气势雄壮。舞蹈单元以4为基数,增加角色必须是偶数和它的倍数。为了保持鼓在秧歌中的主导地位,鼓必须多于伞的两倍以上。如伞的基数为4,鼓的基数往往为8,棒可能为16,其他角色依次类推。鼓子秧歌是商河当地民间庆祝丰收,展示实力、载歌载舞的一种民间艺术形式。每年元宵节,鼓子秧歌演出最为集中。秧歌队伍庞大,人数众多,角色各异,锣鼓齐鸣,热闹非常。

(二)鼓

在远古时期,鼓被尊奉为通天的神器,主要是作为祭祀的器具。在狩猎征战活动中,鼓是军事指挥的重要信号源。按《礼记·明堂位》记载,"伊耆氏"之时就已有"土鼓",即陶土做成的鼓。由于鼓有良好的共鸣作用,声音激越雄壮而传声很远,所以很早就被华夏祖

---

① 鼓子秧歌的"场图"用于规范众多舞者表演行进的位置秩序,图形主要借鉴以传统古代战阵、仪仗、建筑、图案、动植物等形象布局,经过世代演练,现有一百多种舞蹈阵图。

先作为军队指挥战争的重要器具。在我国古代战争中，往往"闻鼓声而进，闻金声而退"。相传黄帝征服蚩尤的涿鹿之战中，"黄帝杀夔，以其皮为鼓，声闻五百①"。《左传》里面的经典文章《曹刿论战》曾记载了："夫战，勇气也。一鼓作气，再而衰，三而竭。彼竭我盈，故克之，夫大国，难测也，惧有伏焉。吾视其辙乱，望其旗靡，故逐之。"因此，我国古代城墙两侧往往设置钟楼与鼓楼，作为军事指挥设施，有暮鼓晨钟之说。鼓的延展意义已经深入我国传统语言体系，与"鼓"相关的成语如一鼓作气、欢欣鼓舞、大张旗鼓、鼓舞人心、锣鼓喧天、金鼓齐鸣、紧锣密鼓、重整旗鼓等。

商河鼓子秧歌以"鼓"为灵魂，表演中一般使用大鼓与手鼓两种。

（三）华盖

商河鼓子秧歌中的"头伞"所持之伞的样式，类似于我国传统"华盖"。"华盖"即为丝绸平顶伞形顶盖，原是帝王或贵族所乘马车上的车盖。南北朝之前，"华"与"花"为通假字，花盖即为华盖，《宋史·仪卫志》中记载，盖，本黄帝时有云气为花葩之象，因而作也。由此可知，华盖最初是花的形象，并与天象有关。因此，至今所保留的华盖图案仍多为花形，或以花瓣形状进行侧面装饰，且以莲花为最多（图9-35）。

晋崔豹《古今注·舆服》"华盖，黄帝所作也，与蚩尤战于涿

图9-35 汉画像石拓片中的《车马出行图》与明陈洪绶《出巡图》中的华盖形象

---

① 《太平御览》卷五八二引《帝王世纪》。

鹿之野，常有五色云气，金枝玉叶，止于帝上，有花葩之象，故因而作华盖也。"《三明通会·论将星华盖》"华盖、喻如宝盖，天有此星，其形如盖，常覆于大帝之座，故以三合处得库，谓之华盖"。章炳麟《訄书·订礼俗》"今秋冬精明之昼，不暴露人，然尚虚张华盖，以覆步辇，语有所谓无鱼而作罟者邪。"华盖在佛教与道教中都具有很强的象征意义。因此，华盖作为文化符号，也成为历代文人诗词歌赋中反复吟咏的意向，唐李白《上云乐》有"如华盖垂下睫，嵩岳临上唇。"白居易《新秋病起》有"华盖何曾惜，金丹不致功。"杜甫《赠翰林张四学士》有"翰林逼华盖，鲸力破沧溟。"北宋王安石《次韵祖择之登紫微阁二首》中有"华盖北瞻天帝座，蓬莱东想道家山。"

（四）商河温泉

温泉是泉水的一种，是从地下自然涌出的，泉口温度显著地高于当地年平均气温的地下天然泉水，并含有对人体健康有益的微量元素的矿物质泉水。温泉一般含有多种活性作用的微量元素，有一定的矿化度，泉水温度常高于30℃以上。温矿泉可对肥胖症、运动系统疾病、神经系统疾病，早期轻度心血管系统疾病、痛风、皮肤病等具有辅助治疗的作用。

早在先秦的《山海经》里就有了"温泉"的记载。1000年前的《山经注》记有："寇水出代群灵丘县高压山……，又东合温泉水，水出西北喧谷，其水温热若汤，能愈白芨百疾，故世谓之温泉焉。"《水经注》中提到了温泉沐浴对身体某些疾病的治疗作用，如"鲁山皇女汤，可以熟米，饮之愈百病，道士清身沐浴，一日三次，四十日后，身中百病愈"。唐太宗晚年写《汤泉赋》："每濯患于斯源，不移时而获损"。

商河地热资源地下储量256亿立方米，可开采量179亿立方米，井口出水温度58～62℃，埋藏浅、温度高、水质优，是我国最大的热水存储地，温泉水中含有大量的锂、碘、锶、溴、偏硼酸等多种矿物质和微量元素，属于医疗型地热温泉。

（五）商河老粗布

粗布又称"土布"，在中国已有数千年历史，它以纯棉为原料，用原始的纺车，木织布机一梭一梭编织而成。在西方纺织技术传入中国之前，中国普通百姓的衣服，床铺都是手工纺织而成，由于这种布纺出的衣服线条简单，色彩单调，质感也较为粗糙，因而被称为"粗布"。近百年来，随着纺织工业的现代化，粗布逐步淡出了人们的生活。近年来，随着人们消费观念的改变，"绿色，环保，自然"的老粗布经过现代工艺的创新和改变，成为适合现代人群需求新型家纺用品。

商河老粗布传统纺织技艺有上千年的历史，明清民国时期制度达到了繁荣。商河老粗布制作工艺包括：选棉花、轧棉花、挫布绩、纺线、染线、络线、牵机、织布等14道工序。粗布的花样繁多，大都有十余种设计花样，具有鲜明特色，主要有：翻花、雪花、雏鸡花、野鸡铃等十余种花样。新中国成立前，商河民间女子14岁便开始纺线，16岁织布。每人每年可手织500余尺粗布，旧时商河姑娘出嫁之时，女方多会陪嫁40余床的粗布，摆在新娘新房中引众人观看，这种习俗一直保留下来。

（六）花烛与蝴蝶兰

花烛，又被称为红掌、火鹤花、原产于南美洲热带雨林潮湿、半阴的沟谷地带。茎节短；叶自基部生出，绿色，革质，全缘，长圆状心形或卵心形。叶柄细长，佛焰苞平出，革质并有蜡质光泽，橙红色或猩红色；肉穗花序黄色，可常年开花不断。花烛目前在欧洲、亚洲、非洲都有广泛栽培，商河是我国北方地区大棚栽培花烛规模最大的基地之一。

花烛颜色红火，看上去非常喜庆，一般将花烛摆放在吉庆的场所，花烛也有"洞房花烛夜，金榜题名时"之意。红色花烛代表热情豪放、地久天长，宜赠热情豪放的友人，双枝寓意心心相印，此花有"大展宏图"之意。

蝴蝶兰，为兰科蝴蝶兰属，原产于亚热带雨林地区，为附生性兰花。蝴蝶兰的学名按希腊文的原意为"好似蝴蝶般的兰花"。它能吸收空气中的养分而生存，归入气生兰范畴，可说是热带兰花中的一个大族。新春时节，分布在东南亚及我国台湾蝴蝶兰植株，从叶腋中抽出长长的花梗，并且开出形如蝴蝶飞舞般的花朵，深受花迷们的青睐，素有"洋兰王后"之称。商河是我国北方地区大棚栽培蝴蝶兰规模最大的基地之一。

蝴蝶兰姿如蝴蝶飞舞，象征着高洁、清雅，白花蝴蝶兰象征爱情纯洁，友谊珍贵；红心蝴蝶兰象征鸿运当头，永结同心等。

三、商河系列文创产品设计开发

如前所述,通过前期调研,商河县的区域历史文化特征可以分为区域历史文化资源、区域自然资源,及区域荣誉称号等三类。商河区域文化资源主要以国家级非物质文化遗产"鼓子秧歌"为代表;区域自然资源禀赋主要以"商河温泉",以及"红掌、蝴蝶兰"等花卉产业集群较为著名;区域荣誉称号主要包括:鼓子秧歌之乡、中国民间文化艺术之乡、温泉花香、温泉生态城市、国家级出口产品质量安全示范区、山东最佳投资城市、国家农产品质量安全县、国家绿化模范县、生态农业基地、国家级生态县等。按照以上文化资源,我们以"香茗鼓韵"与"鼓舞声威"为主要主题,进行文创产品设计开发。

(一)"香茗鼓韵"茶具设计

商河鼓子秧歌舞蹈演员,以持伞而舞"头伞"形象最具特征,典型的"头伞"装扮为白衣红裳,着黑履,扎黄(红)头巾,挂红绒球,戴白髯。左手持红杆黄红相间平顶伞,右手持牛胯骨。舞蹈过程腾空跳跃,迅猛有力,多夹杂大幅度武术动作。因而,"头伞"的扮相与我国其他地区秧歌舞者形象迥异,极具代表性。其次,"大鼓"与"手鼓"是鼓子秧歌的重要乐器及道具,擂鼓或持鼓而舞的男性舞者动作整齐划一,具有规范舞蹈动作,激励士气的意味。因此,我们将"头伞"的形象作为文创产品设计主要视觉符号,并结合快客杯的使用特点,通过对形象的"卡通萌宠"化提炼概括,满足其使用功能(图9-36)。

"香茗鼓韵"茶具设计分为茶壶、公道杯、茶杯、茶盘与香插等几部分组成。茶壶与公道杯共同构成"头伞"的卡通形象,饱满圆润、憨态可掬;"头伞"的头部为茶壶,头顶结总发髻为杯盖钮;身体部位为公道杯,公道杯服饰花纹由"红掌、蝴蝶兰"提炼组成卷曲适合纹样;配四盏由"红鼓"形态变形而来的茶杯;茶盘形态以"花角"演员手持的方巾为形态原型,茶盘上部印鼓子秧歌场图,下部印"中国商河"篆印,当茶盘反向使用时,亦可盛放茶点;平顶伞正向放置时,可与公道杯侧面"手形"双耳插接,形成完整的"头伞"形象,反向放置时可以作香插使用。

通过对"香茗鼓韵"茶具使用功能的设计安排,我们将"鼓子秧歌"中的典型形象、主要道具,以及商河县"红掌、蝴蝶兰"花卉产业集群融会其中。

图9-36 文创产品《香茗鼓韵茶具》,设计:张焱

图9-37 文创产品《鼓舞生威盘香蓝牙音响摆件》,设计:张焱

在使用者饮茶过程中,香气与茶气相互交融,似商河温泉雾气缭绕,雨露蒸华。

(二)"鼓舞声威"盘香蓝牙音响摆件

如前所述,相同的文化题材可以表现不同精神内涵;同样,相同主题的视觉符号,通过不同方向的概括提炼,再次组合,亦可以适应完全不同的功能产品。我们再以商河鼓子秧歌、温泉、特色种植产业等区域特征为例,通过对此三者文化要素的重新组合,可以将其形式语言向"盘香盒+蓝牙音响"的使用功能转化(图9-37)。

327

图9-38 文创产品《鼓舞生威倒流香摆件》，设计：张焱

"鼓舞声威"盘香蓝牙音响摆件，设计要素的提炼仍使用鼓子秧歌"头伞"角色为主要形象。不过，与上例不同，此处的"头伞"呈现出较为写实的表现手法。舞者呈现出踏鼓而舞、蹈厉之态。平顶伞随舞者的快速转动中向上翻飞；白髯、头巾、上衣下摆在激烈迅猛的动作中向同一方向飘然蹁跹。"头伞"角色其下的"红鼓"比例经过放大，更加呈现出欢欣鼓舞的气势（图9-38）。

圆鼓内部分为两层，上层为盘香盒，下层内置蓝牙音响。盘香点燃后，烟雾升腾，一是象征"伞头"舞者孔武有力，踏地生风；二是象征商河温泉雾气缭绕，雨露蒸华。此外，红鼓表面为水波状环形涟漪图案，其上镌刻"鼓子秧歌之乡、中国民间文化艺术之乡、温泉花香"等地域荣誉称号。鼓的侧面为由红掌、蝴蝶兰、白桥大蒜、商河魁王小枣、李桂芬梨等商河特产组成的扇状适合纹样；两侧中间位置分别为"温泉生态之城、鼓子秧歌之乡""爱与水的天堂"等铭文，点名主题；底座下部形态为山水形态抽象概括的图形，象征商河"绿水青山就是金山银山"发展主题。蓝牙音响中播放"鼓子秧歌"表演过程中的高亢鼓乐，形成综合表现"鼓舞声威"艺术主题的文创产品。

（三）"锦上添花"商务纪念品套装设计

"锦上添花"商务纪念品套装设计包含记事本、USB闪存盘、USB分线器、签字笔、手机架、充电宝、鼠标垫等七个产品组成。文创产品的系列化设计，虽然可以赋予其更多的文化内涵，但也带来了产品之间风格化统一的新问题。本设计综合表现商河县鼓子秧歌"伞、鼓、棒、花"等四类角色的典型特征或道具；并通过纹样设计，表现商河红掌、蝴蝶兰、商河魁王小枣、李桂芬梨等特色种植业与区域特产；部分产品表面材质选用商河传统老粗布，质朴生动，浓郁鲜艳。

本设计使用红黄两色将各产品予以统一，喜庆热烈。记事本封面材质采用商河老粗布，配以综合表现当地特色种植业与区域特产的圆形适合纹样，记事本封扣为鼓子秧歌场图图形；USB闪存盘为"头伞"形象变形；分线器为鼓子秧歌重要道具"大鼓"形态变形而来，鼓面赋予"场图"图案，签字笔为"伞鼓棒花丑"角色中的持棒演员使用的道具变形，真实道具为两根长约60厘米左右的圆木棍，两端绑有花布；签字笔与笔插底座相结合，可以作为手机架使用；鼠标垫正面为商河老粗布材质，表现特色种植业的花纹图样，反面商河主要旅游景区地图；移动手机充电宝表面材质仍为商河老粗布，正面中段为"爱与水的天堂"图案文字点名主题（图9-39、图9-40）。

图9-39 文创产品《锦上添花商务纪念品套装》，设计：张焱

图9-40 文创产品《鼓子秧歌商务纪念品套装》，设计：张焱

第四节 济南轨道交通文创产品设计开发

一、济南轨道交通视觉识别系统设计

济南轨道交通集团视觉识别系统包括标志、标准字、标准色、辅助插图、吉祥物等基础要素系统，以及票卡、名片、办公用品等应用要素系统。2014年7月，济南轨道交通集团向全球征集标志设计方案，先后共收到来自全国各地1000余件设计投稿作品。济南轨道交通集团邀请艺术设计领域知名专家进行多轮评审，并广泛征求集团员工与市民意见建议。经过综合权衡，最终选定刘东波先生设

计的标志为中选方案。2017年7月，集团委托山东工艺美术学院设计团队对其方案进行优化修正，并在此基础上完成该集团公司的整套视觉识别系统设计。

（一）济南轨道交通集团标志、标准字与标志色设计

济南轨道交通标志设计由"泉"字的篆书文字变形而来，图形整体形态犹如疾驰而来的列车，又如喷薄向上的泉水，象征"济南轨道交通"服务泉城市民，带动城市发展的美好愿景。标志的中间部分"T"字母，是英文Transit的首字母，代表"交通"。

本标志下半部分为JINAN Rail Transit（济南轨道交通）的英文首字母缩写共形。"泉城蓝"醒目直观，富有现代感，象征安全便捷，"科技灰"沉稳安定，象征可信与坚定（图9–41）。

（二）济南轨道交通集团辅助插图设计

辅助插图画面从左至右，即"从西到东"分别撷取了山东省会大剧院、大明湖牌坊、超然楼、解放阁、泉标、绿地普利中心、轨道集团总部大楼、奥体中心、龙奥大厦、山东博物馆、山东美术馆等典型

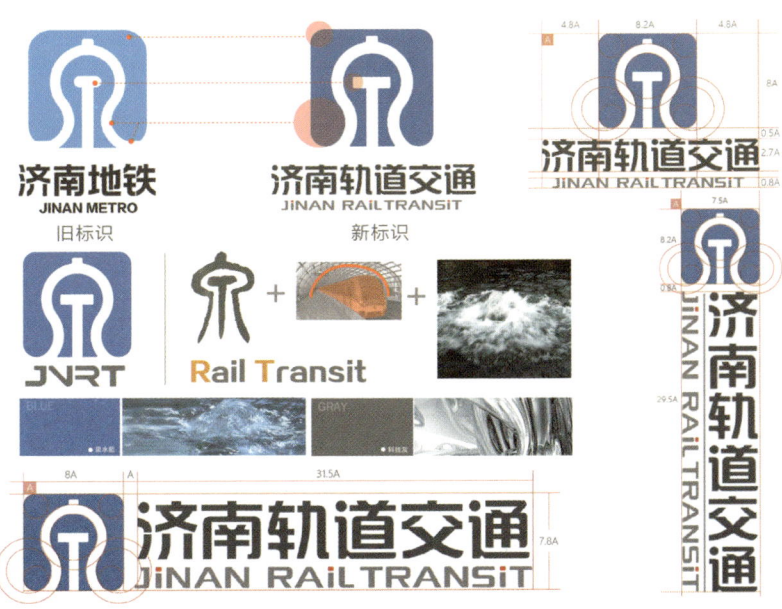

图9–41 济南轨道交通集团标志与标志色

图9-42 济南轨道交通集团辅助插画设计，设计：张焱

地标；建筑物背景为千佛山；画面下部水纹象征济南七十二泉与大明湖。插图中部为济南轨道交通高架站，一组列车飞驰而过、贯穿东西，象征新时代、新动能、新交通，引领济南城市新发展。轨道交通为城市带来巨大出行便利的同时，也极大地促进了城市经济文化的发展，是城市的交通线、财富线，文化线（图9-42）。

（三）济南轨道交通集团吉祥物设计

"泉速"简而言之就是"泉城的速度"；他的英文名字叫"the Spring Dotey"，"Spring"除了有泉水的意思，还有春天的、欢快跳跃的意思，"Dotey"这个词是"宝贝""掌上明珠"的意思，"the Spring Dotey"直译就有"泉水宝贝""春天宝贝"，或者是"活泼的宝贝"等意思，一语双关，便有联想解读。

"泉速"采用拟人化的设计手法，将济南轨道交通与泉城地域特征紧密地结合在一起，生动展示济南轨道交通集团的企业性格；将"泉速"设计成一个活泼可爱孩子，体态圆润，充满速度与科技感。吉祥物头部是对济南地铁车头的概括提炼，红色象征喜庆热烈，绿色象征生机勃勃，耳部是车门形态；颈部嵌入济南市花"荷花"元素，胳膊侧面体现市树柳树的叶子元素，腰带为济南地铁标志，脚踝处为济南泉水的概括提炼。"泉速"就成了头顶地铁车头，项上荷花盛开，腰系企业标志，臂嵌泉城柳叶，脚踏泉水而歌的吉祥宝贝（图9-43）。

（四）济南轨道交通集团应用要素设计（图9-44、图9-45）

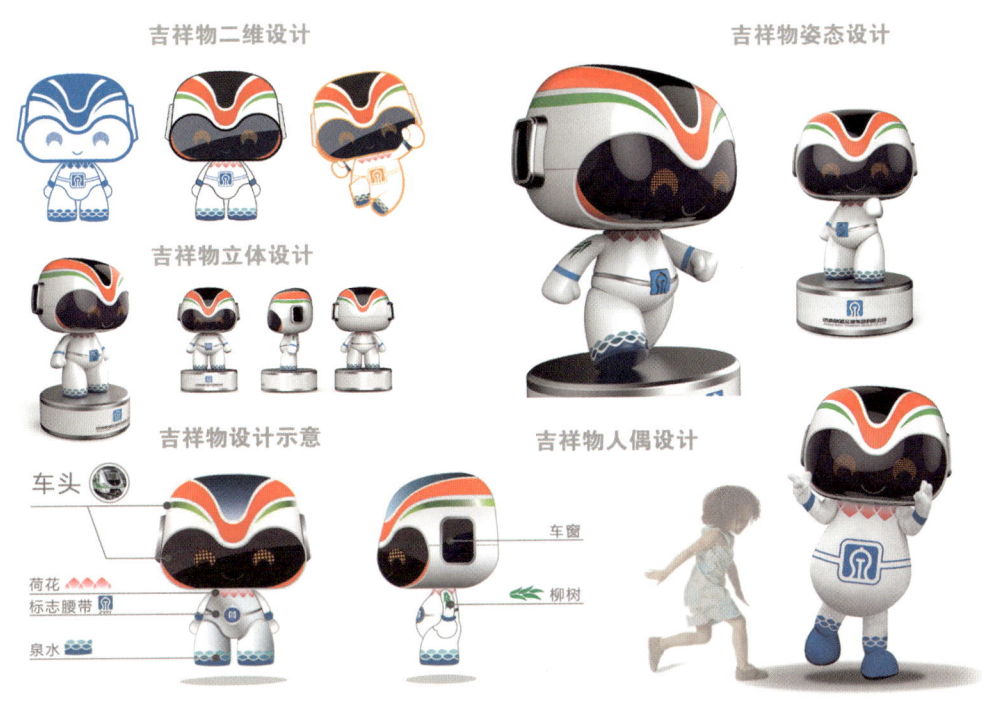

图9-43 济南轨道交通集团吉祥物，设计：张焱

图9-44 济南轨道交通集团应用系统展示1，设计：张焱

图9-45 济南轨道交通集团应用系统展示2,设计:张焱

二、济南轨道交通附属设施设计

（一）济南轨道交通附属设施设计总体思路

济南轨道交通R1线，在前期高架站设计与地下换乘空间环境设计中，所前期预置的主要设计风格为"儒风素语"，即强调以清水混凝土的质朴风格，去体现建筑结构之美。济南市轨道交通附属设施设计，其目的是为了改善城市面貌与市民出行条件，有效发挥公共设施效能的同时，着力将其打造成为继承历史文脉、体现城市文化特征，反映城市经济科技发展水平的城市名片。

济南轨道交通附属设施设计主要包括：特色站出入口设计、标准站出入口设计、风亭设计、配套公共设施设计等几大部分。设计方案遵循整体规划，分步实施的原则。依托济南市历史文化特征，以"五纵四横一环"十条线路为线索，在设计过程中体现主次得当、线线有主题、站站有特点；层级明确、综合呈现城市的整体特征的基本思路。济南城市轨道交通附属设计的文化营建，在突出功能性与文化性的同时，兼顾其实施成本，根据门户站、换乘与特色站、标准站等三个级别，在赋予其各异的文化特征的同时，尽可能体现标准化、批量化的实施方式。

在实际设计过程中，整套附属设施设计可沿以下三个方向思路展开：

设计方案展开思路1：标准站设计全网通用；突出以换乘站与旅游景点站为中心的特色站设计；重点打造门户站；公共设施与导识系统设计全网通用。优点：标准化、批量化设计实施，成本低；缺点，标准站设计完全相同，缺少辨识性与文化丰富度，无法充分表现细腻的济南文化特色，市民或游客不宜识别不同站点。

设计方案展开思路2：标准站基础设计与形态全网通用，但在局部区域附着差异化特色文化点；换乘站与旅游景点的特色站单独设计；重点打造门户站；公共设施与导识系统设计全网通用，局部色彩根据线路色予以变化。优点：标准化、批量化设计实施，成本适中；标准站局部附加相应文化点，提高了辨识特征与文化丰富度。

设计方案展开思路3：标准站及其附属设施根据线路的文化定位与色彩特征不同，采用差异化设计，一线一设计；换乘站与旅游景点等特色站单独设计；重点打造门户站。优点：线路之间风格特征明确，文化丰富度高，线路建设前后关系明确。缺点：实施成本相对较高，全网整体特征相对较弱。

经过综合权衡，济南轨道交通附属设施设计沿第二种思路展开，既考虑到门户站、特色站的独特性，又尽可能通个标准化设计，降低标准站的实施成本。

（二）标准站出入口设计方案

济南轨道交通标准站出入口设计，继续延续了济南轨道交通整体环境"儒风素语"的设计风格，以"清水混凝土+玻璃幕墙+金属构建"为主要材质；设计以"基础形态+特色文化元素"的思路，以济南市市花"荷花"，市树"柳树"为典型符号，归纳概括出入口的基础单元造型特征，并在玻璃幕墙侧面添加相关站点的特色文化信息，使其在保持标准站出入口造型统一的基础上，兼顾不同站点的文化差异性。

1. R1线相关站点出入口与风亭设计方案[①]

R1线是济南最先建成并最早通车的线路，它连接济南西客站——长清大学城——世界园艺博览会主园区——高新区创新谷等重点区域。R1线经停区域目前主要是高校云集、青年创业最为密集的区域。因此，本条线路的文化特征定义为"科教创新线"，标准色设定为"丁香紫"，主要以科学、技术、教育、创新等元素予以综合表现。鉴于该线路的上述文化定位，以本条线路大杨庄站、王府庄站、演马庄西站3个站点的出入口设计为例，其出入口及风亭设计分别加入了文化规划中的"计算机程序语言源代码""电子集成线路板"，以及"曹操演马[②]"三个文化元素，使三个站点既风格统一，又相互区别。

大杨庄站出入口基本构造为"出入口+高风亭"形式，其尺寸构造在前期建筑结构设计中已被框定。本设计是在原结构设计的基础上进行深化，因此，不能改变其结构预留尺寸。本设计的前端为向后伸展的荷花花瓣形态变形；后部为金属框架+玻璃幕墙，从而保证出入口内部的最大程度的采光；出入口顶部为柳树枝条形态的金属框架，在加固顶部玻璃的同时，也丰富了出入口内部空间的光影变化；出入口侧面玻璃幕墙根据具体站点的文化特征，设置不同文化内涵的铝单板雕刻件。如大杨庄站为"01"组成的计算机语言图案；而王府庄站侧面玻璃幕墙上的铝单板图案则为电子集成线路板图案；演马庄西站是对

---

① 风亭是地铁车站或其他地下建筑的通风设施，对地下环境起到通风、换气、净化的功能。风亭按使用功能的不同分为：新风亭、排风亭和活塞。
② 东汉末年，曹操因镇压黄巾军有功，被封为济南国相。据传，他曾经在今天的济南市槐荫区演马庄训练骑兵，演戏马战，因此此地被称为"演马庄"。

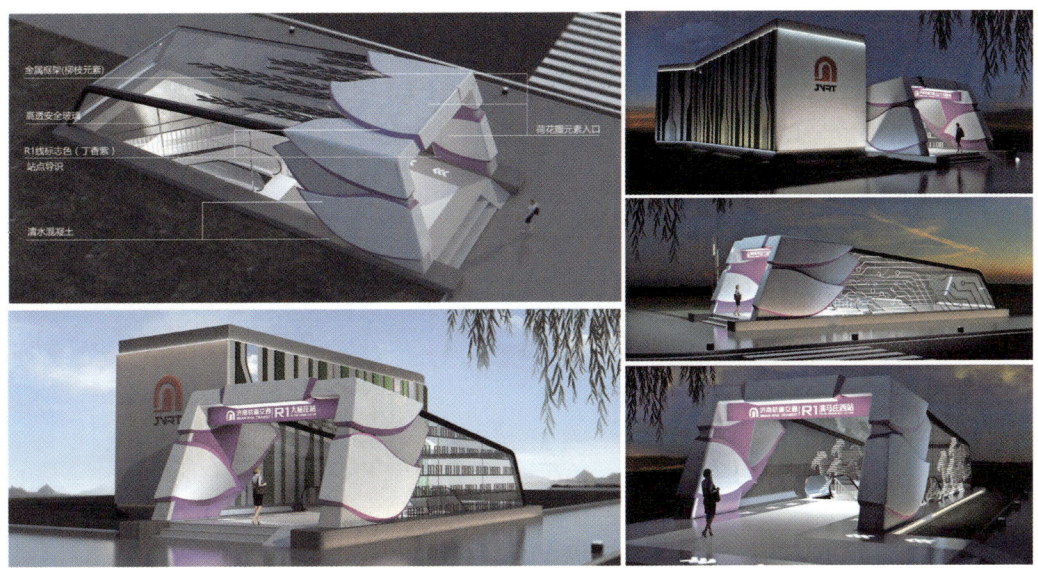

图9-46 济南轨道交通R1线标准出入口设计方案，设计：张焱

济南籍艺术家韩美林所绘画的"马"的进一步提炼。高风亭同样以清水混凝土为主要材质，侧面为书脊穿插形态，绿色铝单板为柳枝形态的抽象变形（图9-46）。

2. M1线相关站点出入口与风亭设计方案

M1线串联济南西站、济南站、济南新东站三大铁路客运枢纽，途经西部新城行政与文化区，中部城市核心区与新东站发展区。线路连接山东省人民政府驻地、山东省委旧址、大明湖、趵突泉、泉城路、泉城广场、山东大学等重要的历史文化景观。是横穿济南核心区、贯通东西的中心线路。因此，本条线途经区域，最能代表泉城济南独特的人文历史风貌。本条线路的文化特征为"行政轴心线"，线路标志色选用"复兴红"。鉴于该线路上述文化定位，本案以商埠西区站、经一纬六站、官扎营站等3个站点的出入口为例，设计M1线标准出入口。出入口仍以清水混凝土+玻璃幕墙为主要材质，间或使用实木线条，在视觉感受上更加亲切温暖。整体形象是对传统北方建筑的重构变形，以对"屋脊"与"房檐"形态的提炼，呈现老济南民居的错落穿插之感；屋脊形态通过提炼，也似垂柳；出入口侧面荷花形态通过概括，由铝单板雕刻成型（图9-47）。

图9-47 济南轨道交通M1线标准出入口设计方案，设计：张焱

（三）特色旅游站点的出入口设计方案

1. 大明湖站

大明湖站为M1线重要站点，其前后为济安街站与县西巷站，是济南核心景区站。济南以"泉城"著称，素有"四面荷花三面柳，一城山色半城湖"之誉。因而，大明湖、趵突泉、与千佛山并称济南三大名胜，是游客必去的旅游景点之一。按照本案济南轨道交通附属设施设计的总体思路，大明湖站作为核心景区的旅游特色站，可以与标准站相区别，在外形结构上进行特色化设计。本方案文化主题撷取济南典型城市景观"佛山倒影"，即以大明湖为"镜"，映千佛山于湖水之中，并将现代城市融入其中，湖光山色，山水相接。本设计选取济南民居典型的"如意门"为主要造型符号，通过线形铝单板进行概括提炼；出入口侧面玻璃幕墙设置经线条抽象提炼的千佛山剪影，与出入口两侧水池形成倒影关系；两侧水池遍植荷花，进一步体现济南特色。大明湖站出入口设计风格，可向该景区周边的县西县站、历山北路站、花园路西站等经停站点延展，形成明湖景区周边独特的地铁出入口景观特色（图9-48）。

2. 洪山路站

洪山路站是M3线重要站点，M3线经趵突泉、千佛山等风景名胜区，线路经停多个大型商圈，与M1线基本成并行走向。该条线路被

图9-48
图9-49

图9-48 济南轨道交通特色旅游站出入口设计方案，设计：张焱

图9-49 济南轨道交通洪山站出入口设计方案，设计：王健、单大鹏

定义为"魅力旅游线"，以橙色体现泉城活力。洪山路站附近为济南东部新城文化中心，有山东省博物馆、山东美术馆等文化单位。因此，洪山路站可延续周边建筑主要特征。山东省博物馆、山东美术馆建筑外立面采用清水混凝土及素面大理石材质，山东美术馆外立面以斜切面造型为主，建筑风格非常独特。洪山路站出入口基本造型风格延续山东美术馆斜线切割的造型风格，外立面以清水混凝土为主要材质，与周边环境建筑风格保持一致（图9-49）。

3. 龙奥站

龙奥站、奥体中心西站，奥体中心东站三站，共同环绕济南奥林匹克体育中心。济南奥林匹克体育中心是济南规模最大的体育场馆建筑群，北起济南市经十东路，南至龙奥北路，东起奥体东路，西至奥体西路，项目总占地约81公顷，总建筑面积约35.7万平方米，是我国第十一届全国运动会的主场馆。济南奥体中心总体呈"三足鼎立""东荷西柳"布局，功能上满足全国运动会和世界单项体育赛事的要求，设计上成为具有浓郁地方文化特色的标志性建筑。龙奥站出入口外立面使用清水混凝土挂板，外形提取荷花与柳叶形态，与奥体中心"东荷西柳"的设计风格保持一致，并体现简洁现代的审美特征（图9-50）。

4. 会展中心站

会展中心站是M1线经停站点，其站点附近有山东国际会展中心、泉城大剧院、济南美术馆，是济南西部文化中心。山东国际会展中心东至二环西路、西至滨州路、南至日照路、北至威海路。总建设面积约55.5万平方米，其中地上建筑面积约37.5万平方米，地下建筑面积约18万平方米，目前是济南规模最大的会展单体建筑。会展中心站出入口设计延续清水混凝土与玻璃幕墙为主要材质；造型简洁利落，与西部新城区的整体风格保持统一。高风亭与出入口在造型上相互映照，错落交互。也与其旁边的山东国际会展中心，在建筑风格上保持一致（图9-51）。

图9-50 济南轨道交通龙奥站出入口设计方案，设计：王健、单大鹏

图9-51 济南轨道交通会展中心站出入口设计方案，设计：王健、单大鹏

（四）济南轨道交通公共设施设计

本案所涉及的济南轨道交通配套公共设施设计，主要与R1与M1两条线路相匹配。R1线强调现代、时尚、科技的设计风格，M1线着重体现传统城市文脉特征。因此，与之相匹配的公共设施设计，就形成了两种截然不同的风格。公共设施设计设计方案分别包括：站外路灯、站外指示牌、站内指示牌、公共座椅与分类垃圾桶等五类单体。

1. 设计方案A

本方案"信息指示牌"的造型元素主要借鉴电子集成线路板的转折角度，以及记事本侧签元素；表面机理呈现出集成线路板的像素感，以及细胞单元的节奏感。公共座椅采用不锈钢管材闭合阵列成面。坐面分为高低两级，以配合不同身高的市民使用；高层的凸起部分象征"山"，周边线条象征"水"；矮坐面以木材质为主，使用更加温暖（图9-52）。

2. 设计方案B

本方案文化主题提取于济南典型城市景观"佛山倒映"，即以大明湖"镜"，映照千佛山于湖水形成倒影，湖光山色，山水相接。指示牌侧面形态是对"山"形的概括提炼，正面下部是嵌有济南市花"荷花"线型形态。公共座椅仍使用不锈钢管材横向陈列，并与木质荷叶形态相结合。座椅中段线条，在造型上出现错落起伏突

图9-52
图9-53

图9-52 济南轨道交通R1线公共设施设计方案，设计：张焱

图9-53 济南轨道交通R2线公共设施设计方案，设计：张焱

变，与周边线条共同表现"山水"景致。从使用角度考虑，也保证了使用者不能平躺在座椅之上，防止公共设施使用过程中的不文明现象（图9-53）。

3. 设计方案C

本方案造型元素主要提取传统北方建筑中的"飞檐"与"角花"形态，根据公共设施功能形态的需要，进行重构；下部配合使用荷叶造型元素，体现城市特征。公共座椅的设计更加体现中式风格，以石木结合为主要材质（图9-54）。

图9-54 济南轨道交通M1线公共设施设计方案，设计：张焱

三、济南轨道交通文创产品设计开发

本案济南轨道交通文创产品设计主要包括：首通纪念封设计、磁卡与纸质纪念票设计、邀请函设计、鼠标、鼠标垫、U盘、充电宝、口杯、签字笔、笔记本、胸徽、手机壳、钥匙扣、冰箱贴、日历、抱枕、手提袋、书签、纪念品礼盒套装等类别（图9-55、图9-56）。

图9-55 济南轨道交通纪念品设计方案1，设计：张焱

图9-56 济南轨道交通纪念品设计方案2,设计:张焱

第五节
兰陵文创产品设计开发

一、兰陵前期重要文化点梳理

兰陵县隶属于山东省临沂市，地处山东省南部，东接山东省郯城县，西连枣庄市，南部与江苏省邳州市接壤。兰陵历史悠久，名人辈出，有2200多年的置县史，是全国为数不多超过2000年的历史古县。相传夏朝第七代王"杼"[①]五年（公元前2053年），封姒少康[②]次子曲烈于鄫、有向、次室诸邑，其封地大致在今天兰陵境内。

公元前567年，鄫国为莒国所灭，后莒国又被鲁国灭，鄫地为鲁国所辖，鲁国设有向、次室、鄫（今车辋）诸邑。吴越争霸时，兰陵先后为吴越属地。后楚灭越国与鲁国。公元前261年，楚国占领兰陵，置兰陵县。楚国春申君曾委任荀子为兰陵令，荀子后半生在兰陵生活，死后葬于兰陵。

此外，兰陵萧氏、王氏是魏晋时期著名的士家大族，其中西汉关内侯萧望之，南北朝时期的南齐开国皇帝萧道成，皆是兰陵萧氏一脉。而汉魏之际经学家王朗、东晋时期帮助司马睿建国的王导、王敦兄弟，则皆出自兰王氏一脉，琅琊王氏与东晋皇室势均力敌，甚有"王与马，共天下"之说，琅琊王氏进入极盛时期。与兰陵相关的名人还包括北齐"兰陵王"高长恭，《金瓶梅》作者兰陵笑笑生等（图9-57）。

兰陵境内有文峰山、荀子陵、后圣庙、兰陵文化广场、兰花雕塑、博物馆、大蒜塔等地标性建筑。2018年，兰陵县实现地区生产总值407.43亿元。

[①] 夏王杼，一作予，或称季杼，少康子。相传他是甲的发明人。曾率兵灭寒泥之子豷于戈，彻底肃清了寒泥的残余势力。又出兵征伐东夷，兵锋直抵东海，使夏王朝的势力达到鼎盛阶段。后人认为他是和禹并称的人。

[②] 姒少康（公元前1972年—公元前1912年），又名杜康，姒相之子，夏朝君主，复夏国，在他治理下，天下安定，文化大盛，各部落都拥戴他，夏朝再度兴盛，史称"少康中兴"。相传少康发明了酒。

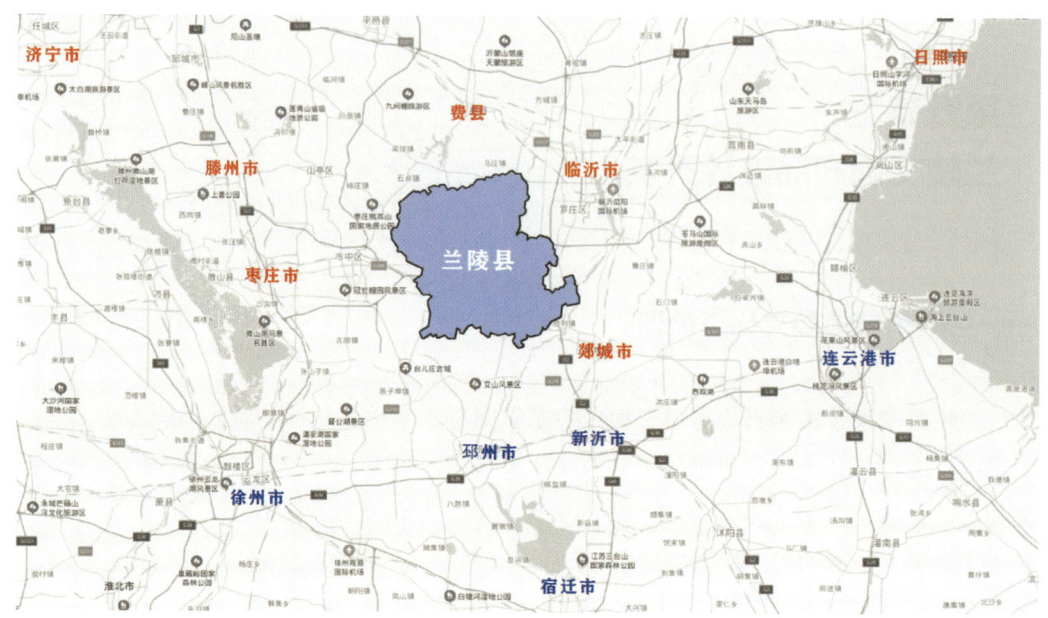

图9-57 兰陵县在鲁苏两省的位置

(一)兰陵之"美"

"高陵沃土,水甲一方,兰草繁茂,郁金飘香"十六字道出兰陵之美。兰陵之美,可谓"人杰、地灵、酒香"。

人杰之中脍炙人口的莫过于北齐"兰陵王"高长恭,高长恭(541—573年),本名高肃,字长恭。北齐神武帝高欢之孙,文襄帝高澄第四子,是中国古代四大美男之一。高长恭出身高贵、才貌俱佳、文武双全。邙山之战时,敌人因高长恭美貌而不惧,高长恭头戴面目狰狞的面具掩其美貌,率领五百骑兵突破北周军包围圈,成功解围金墉城。从此威名大振,为歌颂兰陵王的战功和美德,士兵做《兰陵王入阵曲》[①]。初唐时唐太宗李世民《秦王破阵曲》即根据《兰陵王入阵曲》改编,后逐步东创日本,成为日本今天的雅乐(图9-58)。

相传楚国大夫屈原在途经兰陵时,见兰陵土地丰饶富足,山野遍布兰花,将此地取名为"兰陵",可见兰陵盛产兰花之美。在我国传

---

① 《北齐书·卷十一》列传三中记载:"突厥入晋阳,长恭尽力击之。邙山之战,长恭为中军,率五百骑再入周军,遂至金墉下,被围甚急,城上人弗识,长恭免胄示之面,乃下弩手救之,于是大捷。武士共歌谣之,为兰陵王入阵曲是也。"

图9-58 上图为2013年《兰陵王》电视剧、日本雅乐《兰陵王入阵曲》,以及邯郸市磁县兰陵王高肃墓的兰陵王形象

统文化中,知识阶层往往将兰花视为淡泊朴实,高雅纯洁,坚贞不屈的象征。孔子观物比德,赞颂兰花有君子之道,王者之气。孔子在其所做的《幽兰操》中有"夫兰当为王者香,今乃独茂,与众草为伍,譬犹贤者不逢时,与鄙夫为伦也"的名句;又言"芷兰生幽谷,不以无人而不芳,君子修道立德,不为穷困而改节";"与善人居,如入芷兰之室,久而不闻其香,即与之化矣"等。自孔子在精神层面为兰花定调之后,历代文人墨客就偏爱种兰、赏兰、咏兰和"写兰",有着挥之不去的兰花情结。

诗仙李白一生好酒,曾在《客中行》中写道"兰陵美酒郁金香,玉碗盛来琥珀光。但使主人能醉客,不知何处是他乡",道尽兰陵酒香。李时珍在他《本草纲目》中评价兰陵酒为:"兰陵美酒,清香远达,色复金黄,饮之至醉,不头痛,不口干,不作泻。共水秤之重于他水,邻邑所造俱不然,皆水土之美也,常饮入药俱良"。事实上,兰陵的确盛产美酒,相传曲烈的父亲杜康便是酒的发明人,一说"曲烈"二字也与酒有关。兰陵酒的酿造史同中国的青铜器一样古老,古卜辞中"鬯其酒"便是兰陵酒的最早记载,迄今已有3000多年的历史。1995年秋,江苏徐州狮子山西汉楚王墓发掘中出土了具有2148年历史的兰陵酒。出土的陶制球形坛内,泥封上印有"兰陵贡酒""兰陵丞印""兰陵之印"戳记,保存完整无缺,进一步印证了兰陵3000年的酿造历史(图9-59)。

(二)兰陵之"文"

在兰陵文化名人之中,最著名者莫过于荀子。荀子,名况,字卿,战国末期赵国人(今邯郸人),承儒启法,是思想家、文学家、政治家,

图9-59 兰陵博物馆保存的"兰陵之印"戳记

图9-60 荀子像

时人尊称"荀卿"（图9-60）。荀子主要学习子弓之儒，相传师从宋钘[①]，后半生长期在齐鲁两国游历居住，曾三次出任齐国稷下学宫的祭酒，后为楚兰陵令，逝世葬于兰陵。因此，今天兰陵建有后圣庙，供后人瞻仰凭吊。荀子虽师从儒家，但对儒家思想有所发展。荀子及其学生著有《荀子》三十二篇，其中《劝学篇》成为耳熟能详的教育名篇，深刻的形象着中国传统知识分子对于学习的态度。在人性问题上，提倡性恶论，主张人性有恶，否认天赋的道德观念，强调后天环境和教育对人的影响。战国末期法家代表人物韩非子、秦丞相李斯、汉初丞相张苍等，均是其门下弟子。荀子通过其学生积极入世、政治改革，对秦汉时期的历史文化走向产生重要影响，被后世尊为"后圣荀子"。

（三）兰陵之"俗"

兰陵地处山东省南部，属临沂市，其东接郯城县，西连枣庄市，南部与江苏省邳州市接壤。自夏商周以来，便是华夏文明的核心区，引起独特的地理位置，又是古代兵家必争之地。东周时期（公元前770年—公元前256年），中国进入五百多年的诸侯列国攻伐兼并时期，兰陵先后隶属莒、鲁、吴、越、楚等诸侯国，因而在文化习俗上既有周鲁底蕴，亦有吴楚特征。自西晋"八王之乱"后，司马氏在北方统

---

① 宋钘（约公元前370年—公元前291年），又称宋子（庄子作宋钘，孟子作宋牼，非子作宋荣子），宋国人。中国战国时期著名哲学家，宋尹学派创始人及代表人物。

治解体，北方士族开始随东晋皇族南迁，兰陵之地风俗随之发生改变。至魏晋南北朝之后，隋唐以来，兰陵民俗风情又再次呈现大一统的中原文化特征。就今天而言，兰陵风土民俗处于"鲁""苏"之间，既有鲁南文化风貌，又有苏北文化特征。

1. 兰陵猴呱哒鞭舞

兰陵猴呱哒鞭舞，亦称为"兰陵猴舞"。起源于明末清初，是兰陵县兰陵镇一带特有的民间传统舞蹈。明清两代时，今兰陵县治域被沂州府兰山、费县、郯城三县分割，经济形式以农业生产为主。当遇到灾年，农民为了糊口，往往全家外出乞讨，猴呱哒鞭舞便是在这种情况下逐步兴起。"兰陵猴舞"一般为两名表演着，男性演员猴子扮相，手拿打花棍，也就是所谓的鞭，鞭是用竹子特制的，里面的竹节全部打通，串上铜钱，打起来会发出哗啦哗啦的声响。女性演员手拿竹板敲打节奏，并吟唱民间小调。"兰陵猴舞"是旧社会荒年间农民不得已的乞讨谋生手段，逐步加入舞蹈、戏曲、武术等元素，成为地方独特的非物质文化遗产（图9-61）。

2. 小郭泥塑

"小郭泥塑"是因以兰陵县兴明乡小郭村而得名，兰陵县以前曾为"苍山县"，因而，"小郭泥塑"也被称为"苍山泥塑"。"小郭泥塑"相传起源于清代咸丰年间，距今已有近200年历史，其泥塑人物生动夸张、色彩鲜艳、生动传神，是具有深厚乡土文化的民间非物质文化遗产。新中国成立前，"小郭泥塑"销售区域遍及枣庄、临沂、

图9-61 兰陵县猴呱嗒舞

图9-62 兰陵县小郭泥塑

徐州、连云港等地，在冬闲季节，群众也带上制作工具到天津、南京、丹阳、开封、洛阳、河北等地就地取材捏制销售。"小郭泥塑"雕塑题材多取自戏曲故事、小说话本及民间传说，如"杨家将""孙悟空与猪八戒""白蛇传""牛郎织女""梁祝""七品芝麻官""三国演义""财神""观音菩萨""罗汉""寿星"等；也有仕女、娃娃；娃娃又有多种多样，如髻娃娃、抱鸡娃娃、抱鱼娃娃、响娃娃（带哨音的）等；动物多以如老虎、猴子、鸡、狗、牛、马、羊为主；也有人和动物在一起的，如骑马人、武松打虎、麒麟送子等。这些题材家喻户晓、老幼皆知、吉祥生动，概括夸张，深受庄户百姓的喜爱。其彩绘多以泥模涂白作底，再根据形象需要，涂以胶水调出的大红、桃红、翠绿、黄、紫等品色颜料，最后用墨来"提神"，体现了我国民间彩绘艺术张力（图9-62）。

（四）兰陵之"产"

1. 苍山牛蒡

牛蒡，又名大力子、东洋参，为桔梗目菊科牛蒡属植物。隋唐时期，日本从中国引进牛蒡并经过改良，已成为日本广受欢迎的健康食品之一。牛蒡药用价值极高，含有丰富的菊糖、纤维素、蛋白质、钙、磷、铁等多种维生素及矿物质，其中胡萝卜素含量比胡萝卜高150倍，蛋白质与钙的含量为根茎类之首。牛蒡根含有菊糖、挥发油、牛蒡酸、纤维素、氨基酸、多种多酚物质及醛类，具有提高人体免疫力等功效，控制糖尿病、高血压、高血脂、癌症等疾病的作用（图9-63）。

1980年，牛蒡开始商品化种植，由兰陵县农企与日本合作，在庄

图9-63 牛蒡

坞镇种植，因该地是野生牛蒡的产地，环境和土质极为适宜牛蒡的生长，品质和产量均超越日本。2010年，苍山牛蒡生产面积1670公顷，年总产量2亿千克，逐步形成以牛蒡速冻保鲜、腌制、脱水、制茶、酿酒等八大系列20多个产品。2010年4月2日，中华人民共和国农业部批准对"苍山牛蒡"实施农产品地理标志登记保护。

2. 苍山大蒜

大蒜，为百合科葱属植物的地下鳞茎。起源于中亚和地中海地区，汉代被引种到中国，9世纪传入日本和南亚地区。大蒜鳞茎中含有丰富的蛋白质、低聚糖和多糖类等成分，因而营养成分相当丰富。另外，大蒜中的大蒜素具有杀菌、抑菌、抗癌、抗衰老等医疗保健功能，具有很好的食疗以及药用价值。

据《古今注》和《农政全书》考证，汉武帝元狩四年（前119年），张骞第二次出使西域，从西域引进一种"胡蒜"。东汉崔实著《东观汉记》载："李恂，为兖州刺史，所种园小麦、胡蒜，悉付从事，无所留"。据《郯城县志》载，明朝万历年间，神山镇和庄一带，就已形成了大蒜集中产区。由此可知，苍山大蒜起源于西域，并由东汉李恂从中原引于山东兖州，进而推广到苍山，逐步形成蒜区。在兰陵特定的生态环境条件下，经过长期自然选择和人工培育，逐渐形成了"苍山大蒜"蒜为白皮，头大瓣齐，皮薄如纸，清白似玉，黏辣清香的特点，兰陵逐步成为我国的大蒜之乡。截止到2011年，兰陵县大蒜种植面积31万亩，产量350万吨，产值达到35亿元。2007年10月12日，原国家质检总局批准对"苍山大蒜"实施地理标志产品保护。

二、兰陵系列文创产品设计开发

通过对兰陵县前期调研与重要文化点梳理，我们逐步将本案文创产品开发题材聚焦与于以文峰山、荀子陵、后圣庙、兰陵文化广场为代表的典型地标建筑；以季文子、荀子、兰陵王等为代表的历史文化名人；以兰陵美酒、牛蒡、大蒜等为代表的兰陵特产；以猴呱哒鞭舞、小郭泥塑等为代表的兰陵典型民俗文化等要素上。并以"人"为礼，以"文"为礼、以"名"为礼、以"俗"为礼，以"器"为礼为基本思路，开发如下五个系列，共十个类别的文创产品。

（一）以"文"为礼的系列文创产品

兰陵文创产品设计开发中的以"文"为礼，可指以历史文化遗产中的典型符号转化而为功能产品的"礼"；也可指将典型的文化用品、文具等，赋予当地独特文化信息而为"礼"。本例即是上述两个开发思路的综合呈现。

荀子作为中国古典时期重要的思想家、文学家及教育家，在我国思想文化史上占有重要位置。另一方面，如何将荀子的形象与兰陵相关的文化符号更为紧密地结合在一起，进而使相关文化产品融合古今，呈现出浓郁的兰陵特色。以"文"为礼系列文创产品包括：兰陵全景插画设计、移动电子设备壳套设计、"古风"折扇设计、"规矩"学习用品套装设计、"劝学"铅笔套装设计等4个类别产品。

我国自古即有以高度概括提炼手法，在意象上反映"国家与城市"为主题的绘画，如宋代王希孟的《千里江山图》，张择端的《清明上河图》。前者构建了意念上的北宋帝国秀丽风雅的千里江山，后者则描绘了北宋东京汴河两岸的市井民俗与京都繁华，它们均是国宝级的十大传世名画。

在今天的媒体传播样式中，反映一个城市的整体特征，希望着墨不多，却能达到使人一目了然，过目不忘的效果，仅凭VI设计中的辅助图形显然过于单薄。而力图使用一个城市的旅游地图或景点宣传册则又显太过直接繁复。因此，以自然风光与典型建筑为主题的全景画，最容易全面充分地表现城市整体风貌与独特气派。构思巧妙、高度浓缩，绘制精美的全景插画，既可广泛运用于各类纸质与电子媒体，亦可以作为丝织品、印刷品、包装品的插画底纹，形象统一，且具有丰富的拓展性（图9-64）。

第九章 山东文创产品设计案例研究

图9-64 沂蒙地区岱崮地貌

兰陵全景插画的背景为层峦交错的蒙山山脉，蒙山山脉所特有的"方山地貌"，是中国所独有的特异地貌景观，中国地理学会依据山东省临沂市蒙阴县岱崮镇全国最集中的崮形地貌现象，将其定名为"岱崮地貌"，这是中国第五大岩石造型地貌。

兰陵文峰山正是处于蒙山山脉，是典型的"岱崮地貌"。文峰山原名"神峰山"，因春秋时期鲁国执政大臣季文子设兰陵为次室邑[①]，在此执政期间，清正廉洁，勤政为民，去世后葬于此山，后世为纪念他，把"神峰山"改为"文峰山"，山上有"季文子墓""季文子庙"等遗址。此山非彼山，以"岱崮地貌"特征所绘制的文峰山，不注自明，清晰的表明了兰陵的地理位置。

兰陵也是伟大思想家荀子后半生治学为政的生逝之地，兰陵荀子陵与后圣庙则是纪念荀子的丰碑，更是兰陵重要地标。大蒜塔是全国为数不多的，以地方特产命名建造的标志性建筑，形制虽古，立意弥新。兰陵文化广场中的大剧院与兰花雕塑，则是现代兰陵的城市地标，与兰陵博物馆、复兴号动车、C919国产大飞机一起，共同构成了一副跨越千年，历久弥新，传统与现在包容并蓄，相应生辉的兰陵全景画卷（图9-65、图9-66）。

[①] 季文子，即季孙行父，姬姓，季氏，谥文，史称"季文子"，春秋时期鲁国的正卿。公元前601至568年执政，季文子先后辅佐鲁国宣公、成公、襄公三代国君，卒于鲁襄公五年（前568年）。据《史记·鲁世家》记载，季文子当政时"家无衣帛之妾，厩无食粟之马，府无金玉"。季氏虽长期执政，但他大权在握，仍能克勤近邦，高风亮节，季文子死后葬于文峰山。

图9-65
图9-66

图9-65 兰陵标志建筑插画，设计：张焱

图9-66 兰陵全景插画，设计：张焱

    兰陵全景插画左侧的阴文篆刻图章，为兰陵博物馆馆藏西汉楚王墓发掘出土的酒坛上的"兰陵之印"泥封印记，可谓历史悠久，古朴可爱。

    将"兰陵全景插画"进行相应的构图调整，元素增减，可广泛应用于手机、平板电脑壳套，木质学习用品的表面印刷，以及绢帛折扇的扇面图案。如本例中的兰陵折扇，其正面设计了两种风格的插画，一者为荀子抚琴于兰陵山水之间，远处为文峰山，近处为兰花，充满了东方绘画的空灵清寂。而另一副扇面插图则直接在"兰陵全景插画"的标准版中添加了荀子的形象元素。折扇背面以荀子《劝学》篇名句为内容的书法作品，在发挥教化作用的同时，也使人感受中国书法艺术之美。

    "竹简铅笔"是曲阜文创产品设计案例的深化，竹简是古代用来写字的竹片，是我国魏晋之前特有的书写材料，富于浓郁的东方文化神韵。本案的竹简铅笔与曲阜文创案例中的相关设计有所不同：铅笔支数由24支调整为32支，对应《荀子》三十二篇；每只铅笔对应一句《荀子》中英文名句，并将麻线的连接方式调整为兰陵独特的兰花粗布套装方式，可成套销售，亦可单独使用，使其更具兰陵特征（图9-67）。

第九章 山东文创产品设计案例研究

图9-67 兰陵文创产品设计开发，设计：张焱

(二)以"名"为礼的系列文创产品

"兰陵"之名,得之于"兰";兰陵之美,美之于"兰",兰花为兰陵注入了独特的气质。因而,兰陵总是给人以"兰之猗猗,扬扬其香。不采而佩,于兰何伤"之感,是文人的风雅家园,君子的精神乐土。所以,"兰"是表现兰陵最为重要的超级符号,典型意象。本案中,以兰花文原型,设计了两套"文房四宝",及一套梳妆礼盒。以此兼顾不同性别、不同爱好的使用者。传统文房四宝包括徐公砚、朱砂盒、震纸、笔搁、裁纸刀等系列产品;而另一组则是记事本、签字笔、U盘、壁纸刀为主的现代办公用品套装(图9-68)。

图9-68 "兰"文房四宝文创产品,设计:张焱

第九章　山东文创产品设计案例研究

"兰"文房四宝套装皆采用"临沂徐公砚"的传统技艺。徐公砚是鲁砚中的重要品种，与端砚齐名。早在唐宋时期即负盛名，唐代颜真卿、柳公权，宋代欧阳修、苏轼、米芾等文人巨子，在其有关著述中皆有很高评价。徐公砚的材料徐公石主要产自沂南县青驼镇徐公店村，是独有的武岩层岩石。其石质坚硬，密度极高。叩之清脆，其声如磬，着手生润，滴水不干，下墨如挫，磨墨无声，发墨如油，色泽鲜润，且不损笔毫，堪称砚石材中之上品。

本案文房四宝设计中，采取了金石结合的材质搭配方式，以铜材与墨石结合。采用抽象提炼，高度概括的方式，表现兰草与兰花，盖之于山，畔之与水。如砚台的形态即是对山水的高度概括；而笔搁的形态，则是采用对文峰山岱崮地貌的抽象提炼。使之形成既温润含蓄、生动流畅，又简洁规整，坚实饱满的视觉特征（图9-69）。

在现代办公用品系列套装设计，则呈现出更加现代的视觉感受。记事本封套采用兰陵大仲村蓝印花布。大仲村蓝印花布肇始于清嘉庆年间，是相氏家族世代相传之工艺，至今五代。制作工艺主要包括选布、脱脂、裱纸、画样、雕版、上油、刮色、调彩、着色、下缸、刮灰等工序。大仲村蓝印花布的制作技艺精细，工序严格，尤其在染色阶段特别讲究，染第一遍为"月白"，第二遍为"二蓝"，三遍为"鸦青"，每一匹布都要反复10多次，故有"三分印七分染""青出于蓝而

图9-69 "兰"现代办公用品套装，设计：秦文艺

图9-70 "兰"淑装礼盒套装设计，设计：张焱

胜于蓝"之说。签字笔、U盘、壁纸刀则采用铜材质，其典型形态是对兰陵文化广场的兰花雕塑进一步提炼变形（图9-70）。

梳妆礼盒包括梳、镜、簪三件，皆选用檀香木，檀香木呈黄褐色或深褐色，时间长则颜色稍深，光泽好，香气醇厚，经久不散，因此作梳妆用品材质较为适合。梳、镜、簪三件的典型符号仍是对兰花的提炼概括，其中发簪为兰花盛开，兰草舒展的形态所构成。

（三）以"人"为礼的系列文创产品

2013年8月，由上影英皇和上海耀客传媒等多家影视制作公司，联合制作的古装青春偶像剧《兰陵王》在全国各大卫视热播。保持该剧的包括东方卫视、浙江卫视、深圳卫视、云南卫视、山东卫视、香港TVB频道、日本BS富士、新加坡星和娱家戏剧台、韩国Asian N、美国KTSF26频道等。《兰陵王》电视剧因主要演员俊美的外形、紧凑的剧情、道精的舞美设计等，一时间掀起了收视热潮，"兰陵王"成为当年最重要的流行文化符号之一。

事实上，与宋玉、潘安、卫玠的风雅相比，兰陵王高长恭更多地呈现出男性应有的阳刚之美。历史记载他出身高贵、外形俊美、骁勇善战、勇敢果断、文武双全，因此成为中国古代"超级偶像"。《兰陵王入阵曲》是有史以来记载的第一部"舞剧"，并极大地影响了此后

第九章 山东文创产品设计案例研究

图9-71 "兰陵王"面具设计，设计：张焱、秦文艺

东亚地区戏剧的发展样式。源光在《大日本史》记载"本朝所传乐制，五音六律，盖始受之于隋唐"，为唐时传入日本的《兰陵王入阵曲》保留了几份真实面貌。日本人将其视为正统的雅乐，格外珍视，对其保留和传承有着一套十分严格的"袭名"与"秘传"制度，使得我们有幸在千年之后，还能欣赏到原汁原味、壮怀激烈的兰陵舞曲。

因而，风华绝代，却又隐藏于面具之后的兰陵王究竟有多美，则是一个完全无法考证的问题。因此，我们可以通过"以局部代整体"的设计方式，以表现"兰陵王面具"的形式，去表现兰陵王本身，并增强其产品的交互性。

"兰陵王面具"分青铜与黄铜两种材质，其基本形态特征主要来源于三星堆遗址青铜人面像及商周青铜器上的饕餮纹形态。但面具并非只是将二者的形态语言进行简单的拼合，而是力图使用与现代流行文化与审美特征接轨的形式语言。面具的整体造型语言趋于简洁化、规则化，其形态虽头部长角、口露獠牙，但尽量避免狰狞恐怖之感，给人以均衡、稳定、安全、现代的视觉感受（图9-71）。

（四）以"俗"为礼的系列文创产品

如前所述，在兰陵较多的非物质文化遗产中，猴呱哒鞭舞与小郭泥塑最为典型，充满了浓郁的乡土气息。文化主题的多重赋意，

图9-72 兰陵猴舞泥塑玩具套装，设计：张焱

文化特征的鲜明浓缩，是文创产品设计构思的重要原则。因此，本设计将猴呱哒鞭舞与小郭泥塑予以组合。猴呱哒鞭舞是"主题"，而小郭泥塑则是表现这个主题的艺术"形式"。另一方面，传统民间泥塑面临生产加工与包装方式现代化、标准化的问题，本设计通过现代设计语言，对兰陵猴舞的人物形象进行再设计，既遵照小郭泥塑的形式语言风格，又重点提炼猴舞人物的典型形象及标志动作。并通过改进生产加工方式及包装形式，使小郭泥塑更加精致，也更有现代感（图9-72）。

（五）以"器"为礼的系列文创产品

兰陵是全国著名的大蒜之乡，截止到2011年，兰陵县大蒜种植面积31万亩，产量350万吨，产值达到35亿元。2007年，原国家质检总局批准对"苍山大蒜"实施地理标志产品保护。而"蒜"作为中国北方民众餐桌上不可或缺的调味食材，是北方饺子、面条等面食的最佳"伴侣"。蒜可成瓣生吃、也可腌制糖蒜、腊八蒜、制作蒜蓉辣酱、熬制蒜油等。

本设计以北方饺子食用过程为设计线索，一般情况下，北方人吃饺子时，多会准备蒜、醋作为蘸料。蒜可以"一口饺子一口蒜"整瓣

图9-73 兰陵陶瓷餐具套装，设计：秦文艺

生吃，也可以使用蒜臼子用蒜锤将其捣成蒜泥，与醋搭配成蘸料食用。因此，兰陵大蒜餐具套装真是结合以上食用特征，以兰陵八瓣大蒜为造型语言，与北方饺子常用的食器功能结合，设计出蒜臼子（捣蒜罐）、蒜罐、醋瓶、饺子盘、汤碗、醋碟、筷枕等食器（图9-73）。

第六节 "瀑拉谷"葡萄酒系列文创产品设计开发

一、我国红酒历史与现状调研

葡萄酒在我国的酿造与饮用，至今已有两千多年的历史；她起于汉魏，灿于盛唐，盛于元代，渐微于明清，再次复兴于清末民初。在中国，与其将葡萄酒定位成一种酒精饮料，倒不如说是一种文化媒介；与其说是一种文化媒介，倒不如说是一种生活方式。时代越开放包容，葡萄酒的饮用愈兴盛。她在我国的历史，亦是我国与西方文化对撞交流、融合发展的历史。

汉武帝封疆扩土，张骞出使西域，打通丝绸之路，向西域学习葡萄栽培与葡萄酒酿造技术。一时间，"天子始种苜蓿，蒲陶肥饶地。及天马多，外国使来众，则离宫别馆旁尽种蒲陶，苜蓿极望（《史记·大宛列传》)"。

至于魏晋,是我国民族大融合的重要时期。魏文帝曹丕,更是钟情于葡萄酒,赞葡萄酒"甘于鞠蘗,善醉而易醒。道之固已流涎咽唾,况亲食之邪。他方之果,宁有匹之者《诏群医》";西晋陆机更赞葡萄酒"蒲萄四时芳醇,瑠璃千钟旧宾"。

唐太宗用兵高昌国,设置西域都护府,再次获得西域马乳葡萄种和葡萄酒酿造法;唐太宗不仅在皇宫御苑里大种葡萄,还亲自参与葡萄酒的酿制,曾赞魏征所酿的葡萄酒"千日醉不醒,十年味不败"。诗仙李白有"蒲萄酒,金叵罗,吴姬十五细马驮"之句;鲍防曾作"天马常衔苜蓿花,胡人岁献葡萄酒";王翰更有"葡萄美酒夜光杯,欲饮琵琶马上催。醉卧沙场君莫笑,古来征战几人回"的绝唱。

元代是我国又一次民族大融合重要时期,葡萄酒在元代非常普及,可谓"银瓮葡萄尽日倾"。元代统治者鼓励葡萄酒酿造,元政府对粮食酒征税四分之一,而对葡萄酒则只征百分之六的税负。元政府每年农历八月还将各地官酿的葡萄酒进行取样检测,"至太行山辨其真伪。真者下水即流,伪者得水即冰冻矣。"

清末民初,西学东渐,国门洞开。西方诸国带来坚船利炮的同时,也带来了与东方迥异的政治、科技、经济、文化与生活方式。葡萄酒的饮用再次以"洋派"的背影在我国精英社会中流行起来,成为东西文化社交的重要媒介。1892年,爱国华侨张弼士投资300万两白银,创办了张裕公司,成为中国近代最早采用西法酿造葡萄酒的企业。今天,张裕集团仍是我国第一红酒品牌。经过一百多年的发展,截止到2016年,全国规模以上葡萄酒生产企业219家,全年总产量11.4亿升,我国葡萄酒总产量居于世界第七位。

综上所述,葡萄酒在我国具备"开放包容"的文化气质。无论在汉武唐宗,或亦在盛元晚清;无论是汉地文化通过路上丝绸之路向西传播,还是西方文明通过海上贸易之路向东扩展;东西文明越交融,葡萄酒的酿造与饮用便越兴盛。它具备浓郁的西方色彩,同样也承载着鲜明的东方特质。

党的十九大后,国务院正式批复山东建设新旧动能转换综合试验区,这是首个区域性国家发展战略,也是中国第一个以新旧动能转换为主题的区域发展战略。2018年是山东省全面展开新旧动能转换重大工程的开局之年,新旧动能转换的关键在于培育"十强"优势产业集群,其中"文化创意"与"精品旅游"成为"十强"产业中的两大产业集群。

"文化创意"与"精品旅游"两大支柱产业，本质上是一个硬币的两个方面。一方面，旅游产业精品化发展策略必将带动客源增加与潜在购买力的提升，对文创产品设计开发产生更多消费预期；另一方面，文化创意产业的优化发展，也必将深化旅游内涵，提高旅游收益，深层次的推动产业升级，促进区域经济发展。如何以葡萄酒为载体，以文创品牌设计开发为杠杆，撬动我省文创产业发展，更深层次地推动产业升级，促进区域经济发展，是我省葡萄酒企业此后所必须关注的重要问题。

今天，中华民族以前所未有的复兴姿态、文化自信、开放胸怀，世界格局，推动"一带一路"国家战略。在此背景下，中国的葡萄酒所应承载的不仅仅是健康的生活方式，更应该是浓郁的"中国味道"，成为国家对外交流的重要媒介。因此，瀑拉谷品牌定位应呈现出齐鲁文脉、中国气派、国礼水平、国际标准的基本样貌。

目前，我国重要的葡萄酒生产企业主要包括张裕、威龙、通化、莫高、中信国安酒业、王朝、龙徽、丰收、紫轩、贺兰山、中粮酒业、皇台等。其中全国A股上市的五家葡萄酒企业中，山东独占两家。山东胶东半岛是全国最重要的葡萄酒产区之一，胶东半岛产区主要集中在烟青地区。这里山丘基本由火成岩组成，坡缓谷宽、土层较厚、气候温和、四季分明；由于受海洋影响，与同纬度的内陆相比，空气湿润，夏无酷暑。主要葡萄品种为霞多丽、贵人香、赤霞珠、品丽珠、蛇龙珠、梅鹿辄、佳丽酿、白玉霓等。

应当看到，从我国主要葡萄酒企业的品牌定位、质量品质与产品包装整体情况来看，仍在延续西法酿造、西式评级、通用包装的做法。这种做法虽能较好地与国际接轨；并与我国传统白酒、黄酒的文化调性相区别。但也造成我国葡萄酒产业长期以"西方面孔"的"追随式"策略。无益于我国葡萄酒企业形成自身的文化属性与品牌调性；无益于我国葡萄酒企业在国内国外两个市场上与海外葡萄酒企业正态竞争。

另一方面，国内葡萄酒企业之间的竞争，更多地纠结于其品质、规模、价格、渠道、包装，生产历史等因素，而从整体上忽略了葡萄酒在我国特有的历史渊源及文化价值，缺乏本土化、差异化的文化解读。以至于企业从品牌定位之初便以"顺从"的姿态，彻底的放弃了中国葡萄酒应有的"历史积淀"与"文化属性"。这就造成长期以来，国内葡萄酒市场进一步被外国葡萄酒企业瓜分，而国际葡萄酒市场中国企业却举步维艰的现状。我国的葡萄酒产业希望取得长足发展，必须聚焦历史、聚焦文化、聚焦中国传统生活方式，重新架构"葡萄酒"与我国"历史文脉"之间若即若离的相互关系。

二、瀑拉谷酒庄发展现状分析

瀑拉谷酒庄以"葡萄酒"为线索，集品酒教学、艺术展览、度假休闲、山地运动为一体；一、二、三产业融合；旅游文化产业协调发展的企业，致力于打造多产业融合的平台，形成"葡萄酒+"生活方式。

概括起来，瀑拉谷酒庄发展优势主要集中于以下几个方面：

其一，烟台是山东半岛的中心城市之一，环渤海地区重要的港口城市，也是我省新旧动能转换"三核"城市之一，国家"一带一路"战略重点建设港口城市。是国家历史文化名城，全国文明城市。2018年，烟台全域旅游示范区创建向纵深推进，全年接待游客7000万人次，旅游消费总额940亿元，增长12%。

其二，烟台是我国葡萄酒最重要产区之一，是亚洲唯一的国际葡萄·葡萄酒城；张裕、威龙两大葡萄酒品牌均地处于此，张裕集团更是有127年的历史，全国闻名。烟台具备完成的葡萄酒产业链，产业集群优势明显。

其三，瀑拉谷酒庄建设时间较短，品牌固化负担少，有更为广阔的成长空间与后发优势。品牌定位与建设可在更高起点上，依托国家发展战略，结合我省新旧动能转换重大工程发展思路，充分发挥区位优势，打造一条以"葡萄酒"产业为核心的特色发展之路。

瀑拉谷酒庄目前发展的不利因素主要集中在以下几个方面：

其一，截至2015年，全市已建成酒庄61个，其中包括"烟台产区六大名庄""十大休闲葡萄酒庄"等一批国内知名的优秀葡萄酒庄，比如苏各兰酒堡、国宾酒庄、西夫拉姆酒堡、瑞枫奥塞斯酒庄等已成为当地的旅游热点，相同业态竞争激烈。

其二，张裕、威龙两大葡萄酒品牌均地处于烟台，且均已A股上市，张裕集团更是有127年的历史。两大葡萄酒品牌国内知名度高，产品研发生产实力强、销售渠道广、资金雄厚。因此，单就目前而言，瀑拉谷品牌红酒系列产品在品质上仍无法与之竞争。

其三，现有瀑拉谷品牌性格模糊，文化内涵单薄，传播特征不明显，品牌认知度不高。

三、"瀑拉谷"品牌文化对位与文创产品设计

"瀑拉谷"葡萄酒作为新生品牌，没有张裕、威龙、通化、莫高等品牌的文化形象固化负担，完全可以在新的文化定位上跳出烟台一域局限，发挥后发优势，依托我省，乃至我国丰富的历史文化资源，重新定义葡萄酒文化，讲好中国的"葡萄酒文化故事"。以葡萄酒产品为媒介，"以酒承文""以酒载道""以酒为礼"。成为我省，乃至国家与"一带一路"沿线国家对外交流的重要礼品，呈现出齐鲁文脉、中国气派、国礼水平、国际标准的品牌样貌。

"瀑拉谷"葡萄酒系列产品分别选取"儒风""齐韵""岱揽""海晏""河清"五组关键词，分别提取黄琮、苍璧、编钟、铜铙、泰山、昆嵛山、崂山、海水江崖纹、运河荷花、黄河鲤鱼等文化意象，赋予酒瓶、酒杯、醒酒器、酒刀、酒塞等酒具类产品，表现我省周鲁文化、齐国文化、泰山文化、海洋文化、黄河文化等五个主题。全方位，多视角，立体化展示地我省资源。以葡萄酒为介质，深度挖掘齐鲁文脉，塑造中国气派，形成中国葡萄酒文脉塑造的典型品牌形象（图9-74）。

图9-74 "瀑拉谷"葡萄酒系列产品文化点，设计：张焱

（一）"儒风"文化点提炼

文字特征描述：儒家雍容典雅，中正平和的气质风貌；产品味觉体验描述：醇馥幽郁，回味悠长；产品包装色彩描述：海岱蓝+沃土黄；文创产品形态符号：黄琮形态转化为酒瓶，苍璧形态转化为醒酒器。

《左传·成公·成公十三年》："国之大事，在祀与戎"。《周礼·春官·大宗伯》载："以玉作六器，以礼天地四方，以苍璧礼天，以黄琮礼地，以青圭礼东方，以赤璋礼南方，以白琥礼西方，以玄璜礼北方。"古代以玉作瑞信之物，用于朝聘，故名"六瑞"。玉有六德，即细、洁、润、腻、温、凝。孔子以"君子于玉比德"，"温润而泽比于仁；缜密以栗比于智；廉而不刿比于义；垂之如坠比于礼；扣之其声清越以长，比于乐；瑕瑜不掩比于忠；孚尹旁达比于信"，因而"君子无故，玉不去身（《礼记玉藻》）"。

玉璧是我国传统的玉礼器之一，其用途一为祭器，用作祭天、祭神、祭山、祭海、祭河、祭星等；二为礼器，用作礼天或作为身份的标志（《周礼春官宗伯·典瑞》所云："子执穀璧，男执蒲璧"；三为佩饰；四作砝码用的衡；五作辟邪和防腐。其形制可根据玉璧边缘与中孔的比例关系，将其分为璧、瑗、环三种。《尔雅·释器》载："肉倍好谓之璧，好倍肉谓之瑗，肉好若一谓之环。"因此，宽边而小孔的谓之璧，窄边而大孔的谓之环，边与孔相当的谓之瑗。玉璧纹样虽多，但常见的为涡纹（水涡）、蒲纹（蒲席纹）、勾连雷纹（方折回旋纹）、谷纹（蝌蚪纹）等。而琮是一种内圆外方的筒形玉器，"琮八方，象地"，外八角而内圆，八角取义八方象地之形，中虚圆以应无穷象地之德，故以祭地（图9-75）。

（二）"齐韵"文化点提炼

文字特征描述：齐国钟鸣鼎食，时合岁丰，齐韶纯正优雅、尽善尽美；产品味觉体验描述：百转千回，纯正优雅；产品包装色彩描述：海岱蓝+钟鼎红；文创产品形态符号：以编钟、铜铙形态转化为酒杯。

第九章　山东文创产品设计案例研究

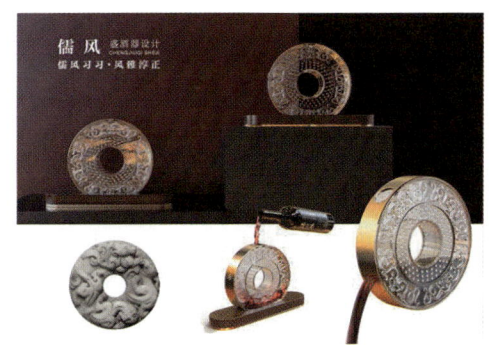

图9-75
图9-76

图9-75 "儒风"酒瓶、醒酒器，设计：张焱

图9-76 "齐韵"酒杯，设计：张焱

《论语》中有"孔子在齐闻《韶》，三月不知肉味"，可见齐国的韶乐达到了"尽善"与"尽美"的程度。《诗经·齐风》共十一篇，是先秦时代齐国地方民歌。

编钟，华夏民族古代的打击乐器，是钟的一种。编钟兴起于周朝，盛于春秋战国直至秦汉，主要可用于宫廷祭祀和宴乐。铙，又称钲，执钟，古代使用的青铜打击乐器之一，最初用于军中传播号令。铜铙流行于商代晚期，周初沿用。商周的铙不单用于军旅，且可用于祭祀和宴乐。本设计以编钟、铜铙为酒杯的内部形态文化符号（图9-76）。

（三）"岱揽"文化点提炼

文字特征描述：岱宗夫如何？齐鲁青未了。产品味觉体验描述：气韵生动，流光溢彩。产品包装色彩描述：海岱蓝+碧霞青。文创产品形态符号以泰山、昆嵛山、崂山等意象符号转化为酒刀设计（图9-77）。

图9-77 "岱揽"酒刀，设计：张焱

泰山，又名太山、岱山、东岳等，自古便被帝王视为祭祀天地、"直通帝座"神山，《史记集解》有"天高不可及，于泰山上立封禅而祭之，冀近神灵也。"东方朔赞"泰山吞西华，压南衡，驾中嵩，轶北恒，为五岳之长"，是为"五岳独尊""天下第一山"。传说自神农、伏羲封禅泰山以来，"三皇五帝"皆封禅泰山[①]。北魏崔鸿《十六国春秋》中称昆嵛山为"海上仙山之祖"，传说蓬莱、方丈、瀛洲三仙岛，皆为昆嵛山所衍生，因此，昆嵛山我省重要的道教大山。崂山，是中国海岸线第一高山，有海上"第一名山"。唐宋之后，崂山道教建筑逐步增多，元明王重阳、邱处机在此聚徒修炼后，达到鼎盛，遂有崂山"九宫八观七十二庵"之盛之称。本设计以泰山、昆嵛山、崂山等山东重要山脉为视觉意象，向酒刀形态转化。

（四）"海晏"文化点提炼

文字特征描述：海纳百川，气象万千。"河清海晏"一词出自唐·郑锡《日中有王子赋》，比喻沧海波平，黄河水清，天下太平；产品包装色彩描述：海纳蓝；文创产品形态符号：以"海水江崖纹"

[①]《史记·封禅书》张守节《正义》"此泰山上筑土为坛以祭天，报天之功，故曰封。此泰山下小山上除地，报地之功，故曰禅"。

图9-78 "海晏"
酒托,设计:张焱

转化向酒架形态转化。

山东省是海洋大省,海岸线长3000多公里,占全国的1/10。拥有海湾200余处。山东半岛蓝色经济区,是中国第一个以海洋经济为主题的区域发展战略,是中国区域发展从陆域经济延伸到海洋经济、积极推进陆海统筹的重大战略举措。规划主体区范围包括山东全部海域和青岛、烟台、威海,潍坊、淄博、东营,日照等八市及滨州的无棣、沾化2个沿海县所属陆域,海域面积15.95万平方公里,陆域面积6.4万平方公里。观沧海,起宏图。2018年6月,习近平总书记在山东考察时说"建设海洋强国,我一直有这样一个信念,必须进一步关心海洋、认识海洋、经略海洋"。

海水江崖纹是中国的一种传统纹样(图案),俗称"江牙海水""海水江牙",常饰于古代服装下摆的吉祥纹样。图案下端,斜向地排列着弯曲线条,名谓水脚,水脚之上有许多波涛翻滚的水浪,水中立一山石,并有祥云点缀。它寓意福山寿海,江山一统(图9-78)。

(五)"河清"文化点提炼

文字特征描述:生生不息,岁月静好;产品包装色彩描述:海岱蓝+澄澈绿；文创产品形态符号：以运河荷花与黄河鲤鱼，作为形态意象，向酒（瓶）塞设计转化。

  流经山东的两条主要河流，一为黄河，她是华夏民族的母亲河，文化之河；一为京杭大运河，她是连接南北的运输河，是经济之河。山东境内由运河所贯通的微山湖、东平湖多荷花，荷花有"出淤泥而不染，濯清涟而不妖（《爱莲说》）"的高尚品质。有"接天莲叶无穷碧，映日荷花别样红（《晓出净慈寺送林子方》）"的动人气质，历来为诗人墨客歌咏绘画的题材之一。鲤鱼，是我国流传最广的吉祥物。孔子二十岁时得子，鲁昭公派人送来一条大鲤鱼，表示祝贺。孔子因此给自己的儿子取名为孔鲤，字伯鱼。《诗经·陈风·衡门》有"岂其取妻，必齐之姜；岂其食鱼，必河之鲤"，将鲤鱼与婚姻相联系，后世因以"鱼水合欢"祝福美满姻缘。"鲤鱼跃龙门"还予以了"望子成龙、化鱼为龙"的美好祝福。"四孔鲤鱼"为黄河特产，亦有美好传说。（图9-79）

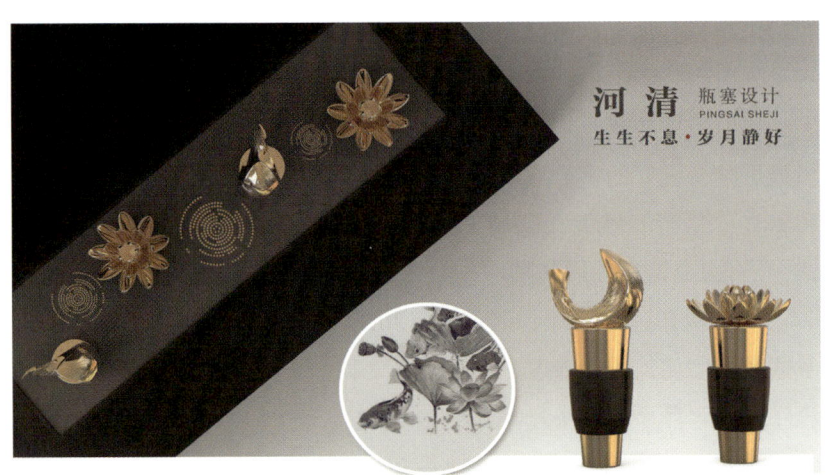

图9-79 "河清"瓶塞，设计：张焱

第十章

山东文创产品设计策略推导

文化创意产品设计，本质上就是将既有的自然历史文化资源，以当前政治、经济、文化、科技、艺术、伦理等视角，进行再次编码，重新转述的过程。这一过程需要根据时代精神、消费者的情感需求，为其赋予产品功能，匹配技术工艺，体现审美特征，将传统文化以全新的姿态再次融入日常生活的过程。

文化创意产品设计，有其"产品"的功能特征，更有其鲜明的"文化"特质，因而，不能将其等同于传统的产品开发。文创产品设计开发除具有明确的经济导向外，更须承担正确的文化导向。因此，它不是完全以实现"经济效益最大化"为目标的商业运作；另一方面，文化创意产品设计开发，虽具有鲜明的文化特质，但又与诗词曲赋、小说戏剧、雕塑书画等文化作品有很大区别，文创产品设计不是艺术家的个人创作行为，而是有计划、有步骤、有结果、有效益的团队协作过程。因而，这一过程实施的主体是"团队"，服务的对象是"群体"，资金投入与收益分配是"组织"，整个过程具有明确的文化指向，又有严密的商业逻辑。因此，这一过程是由政府部门主导（监管），投资（生产）主体提供资金（加工）支持，设计团队专项开发，销售渠道持续推广、消费（受赠）者认可购买的系统过程，具有多重目标、多方参与、多方收益，兼具文化效益与经济效益的多重特质。

文化创意产品设计开发，具有明确的文化资源取材范围，以及文化特征的叙述层次。在这一过程中，可分为省、市、县、乡村等层级，四者之间所扮演的角色与发挥的作用既有区别，又有联系。因而，四个层级之间的设计策略既有相类似的成分，又有的各自运行方式。因而，本章将山东省文创产品设计策略分为省、市、县、乡村等层次分步述说。

第一节
省域视角下的文创产品设计策略

一、文创产业与文创产品设计所承担的社会作用

改革开放以来，以"经济建设为中心"的发展路线，使我国经济突飞猛

进，人民生活水平显著提高。长期以来，各级政府以经济增长指标，作为考察区域发展水平的方式，已成惯性思维。这种"唯经济论"的思维方式，在党的十八大以来，已得到了很大修正。但就目前而言，仍有较多地方政府的决策者，在思维上仍固守着"唯经济论"的社会发展观。农业是否发展，看经济增长指标；工业是否发展，看经济发展指标；金融业是否发展，看经济发展指标；服务业是否发展，看经济发展指标。这种单一的经济发展观，势必向文化产业产生涟漪，进而使地方政府决策者，将促进区域经济发展作为文化创意产业所应承担的首要任务。

应当承认，文化、教育、医疗、艺术、体育事业的健康发展，在提高人民群众文化素养、增强人民群众身体素质与健康水平上，确实起到了促进社会经济持续发展的作用；但更应当明确：文化、教育、医疗、艺术、体育等是"事业"，而不是"产业"，衡量其发展的标准，决不能禁锢于单一的经济发展指标之上，更不能将其视为经济发展的重要手段。如果是这样，必将极大的干扰文化、教育、医疗、艺术、体育等领域的健康发展，进而使这些领域从业者变得短视而功利，从长远来看，也必将损害经济发展的基础与后劲。

"设计"作为服务业的重要组成部分，当然有其促进区域经济发展的目标，但更承担着"引领人民生活方式，提高民众生活品位"的任务。如果将衡量工农业发展的经济指标，生硬地套用于艺术设计领域，则显得过于简单粗暴；另一方面，"文化创意产业"所承担的社会价值，也无法使用单一的经济指标进行准确量化。"艺术设计"与其他产业之间的关系，犹如"油盐酱醋茶"与"粮食"之间的关系。

"油盐酱醋茶"并不是食物，只是调味品，不能解决温饱问题。它关注的不是"吃好"的问题，而是"好吃"的问题。它的作用是在于改善餐食中的味觉体验，味觉体验的提升，也必然会带来农产品消费的增长。调味行业对农业产生巨大的撬动作用，这当然是不争的事实。譬如：2018年，我国粮食产量13277亿斤，以同期原粮收购价计算，粮食总产值为1.3万亿元人民币；当年我国食用油产量约为2963万吨，产值为592.6亿元；调味品总产量为2500万吨，产值为3345.9亿元。以此计算，2018年，我国粮、油、调料的产值比为"1：0.04：0.25"。观察这组数据，我们仍然无法准确计算调味品对餐饮业的贡献度，更无法准确衡量其对农业经济增长的贡献度。

同样，"设计"本身并不像工农业领域那样，去直接生产销售可见的物质成果，亦无法准确量化其在促进工农业、服务业等相关产业发展过程中的准确价值。毋庸置疑，设计的确在向其他产业赋能，例如："产品设计"向"使用"赋能；"环境设计"向"居住"赋能；"服装设计"向"穿着"赋能。现在没有哪个生产企业能忽略设计的价值。毋庸置疑，艺术设计提高了商品的议价能力，但我们不能去量化一个产品、一栋房子、一套服装之中，设计所包含的准确货币价值。因此，我们无法使用"产业增加值""经济增长率"等这样的经济指标，去衡量"设计领域"的发展水平。如果地方政府决策者，仅从经济贡献率去评价哪些产业重要，哪些产业不重要，进而影响其政策的制定，资金的投入，经济增长的预期，则会严重干扰到该领域的发展。

文创产品设计与文化创意产业，本身是介于"经济基础"与"上层建筑"之间的行业，是"一半文化一半经济"的连接性行业，其重点是对"文化精神的重塑"，而不是对"产业资本的增值"。"文化"无法以工业化管理思维与经济量化指标进行评价，我们无法量化"文化""艺术"对国民生产总值的经济贡献率，更无法确切评价"文化""艺术"对经济的实际推动作用。因此，要求"文化创意"去承担促进经济发展的完全责任，或者以量化的经济考评指标去衡量文创产业的发展水平，其方法既不合理，其导向更不正确。对人的教育投入无法准确量化为经济指标，对人的艺术教养不能量化为经济指标，对人的健康保障不能量化为经济指标，那么，"文化创意"本身能量化为经济指标吗？当然不能。

本质上，"文化创意"无法像工业、农业、金融业那样，进行明确的产业性划分。因此，它并不是独立的"经济产业"，用"行业"、"专业"称呼更为合适。它的主要作用是向各种"产业"赋能，赋予其文化的、艺术的、精神的价值，进而提高这些产业或者行业的文化内涵，使其具有更高的议价能力。但是，文化本身不能被"经济化"，被经济化了的"文化"就无法保证其正确方向与独立价值。因为，我们与其将"文化创意"产业化，倒不如将现有产业"文化"化，使文创产业与文创产品设计承担起"引领人民生活方式，提高民众生活品位，为其他产业赋能，增加其他产业文化（情感）附加值的作用。"

二、各级文化旅游主管部门之间的结构性矛盾

如前所述，目前，山东省文化创意产业发展的主管部门为山东省文化和旅

游厅；十六地市下设文化旅游局；137个县（市区）再设文化旅游局；1824个乡镇（街道办）设有文化站。但就目前而言，各级文化旅游部门的人事任免，均由该区域政府提名，人大通过，并报上一级领导机关备案。换而言之，山东省文化和旅游厅的人事任免权在山东省委（省政府），而不在国家文化和旅游部；同样，各地市文化和旅游局的人事任免权在各地市人民政府，而不在山东省文化和旅游厅。文化旅游系统看似上下承接的管理系统，却呈现出"并非上下隶属，而是平行负责"的条块分割状态。各级文化旅游部门主要对与之对应的各级政府、人大负责，上级文旅部门无法参与决策下级部门的人事任免，对下级部门仅是"指导"关系，而非"领导"关系。

应当承认，目前在各级政府经济发展中，凡涉及文旅产业实际项目及文创产品设计开发实际工作的，往往是由所在地人民政府集体决策，缺乏上级业务主管部门领导参与。这种情况有可能导致省市县各级文化旅游系统无法形成合力；市县乡文旅产业规划决策水平不高；文创产品设计开发薄弱；相邻区域对重要文化旅游资源相互争夺、重复建设、过度开发；以非专业领导团队，决策影响重大专业旅游文创项目开发等问题。

鉴于此，山东应尽快建立省级层面的文化旅游决策管理机构，直接对省委、省政府、省人大负责。提高山东省文化和旅游厅中"旅游"工作的比重，增加上级文旅部门对下级文旅部门人员任免、规划制定、项目审批等的权力。全省一盘棋，将原先全省文旅发展规划的制定以"各地市既有文化旅游资源进行整合的编制顺序"转变为"以首先明确省市县三级所直接隶属的文化旅游资源，整体规划、分级管理、分步实施的规划制定方式"。应该省一级文旅机构直接管理的文化旅游资源，必须由省一级直接管理。如以曲阜为地理单元的"儒家圣人文化圈"、以泰山为地理单元的"平安祈福文化圈"、以沂蒙山为地理单元的"红色革命文化圈"、以临淄为地理单元的"齐文化圈"、以蓬莱阁、昆嵛山、崂山为地理单元的"道家海洋文化圈"、以鲁运河为地理单元的"运河水浒文化圈"等，应尽快跳出所在地市的行政管理，政策（资金）限制，上升为由省政府统一领导、省级主管部门直接人事任免、直接规划、直接管理的山东典型文化资源，动用省级资源着力打造，聚力宣传，将其上升为全国著名、世界知名的文化旅游品牌。

从文创产品设计开发的角度而言，省一级文旅主管部门应区分明确省市县三级主体的文化特征，进而明确山东省鲜明的文化形象，提前规划既能够代表山东形象，又能体现不同使用需求的文创产品设计开发主题，由全省"文化历史旅游专家委员会"形成文创产品文字策划需求与设计描述，将其置于全省文创产品设计开发的前端。切实落实"泰山设计杯"文化创意设计大赛、山东旅游产品大赛等相关赛事的赛前命题指导工作，将此类比赛的工作重心由过去的"赛后奖项认定"向"赛前命题引导"转变，有的放矢，形成设计合力，发挥最大效能。

三、加快山东文创产品"一品牌三平台"建设

加快山东文创产品"一品牌三平台"建设，"一品牌"主要是指于文旅厅指导的"好客山东"与经信委指导的"好品山东"相平行的"好礼山东"品牌。"三平台"主要是指：以我省十六地市、137个县市区既有历史文化资源与非物质文化遗产为基础的"文化资源平台"；以非遗传承人、设计师、生产加工企业密切联系的"人才资源平台"；以及集中展示销售我省各地市文创产品的"品牌销售平台"。具体而言：

首先，进一步强化山东省委宣传部、文旅厅的主管作用。在行业协会内部形成由政策引导、文化研究、设计开发、加工生产、推广销售为主体的人员构成机制。委托相关院校及科研院所，对我省十六地市、137个县市区既有文化资源进行梳理汇编，进一步摸清家底，做好基础研究工作。将研究成果以文献、图片、视频、实物等方式固定下来，形成我省文创产品设计开发的"文化资源平台"，有效避免文创产品设计开发团队针对特定文化区域，特定文化主题，以及特定文化现象的重复调研，加快优秀文化资源的高效利用与创造性转化。

其次，依托行业协会的力量，尽快建立以非遗传承人（传统手工艺）、文创品牌企业（独立设计师）、生产加工企业（设计需求企业）、投融资主体、知识产权保护、销售渠道为主要参与者的文创产品设计开发"人才资源平台"。使非遗传承人、现代设计师、投资方、加工企业、销售渠道等多方相互联结、相互依托。非遗传承人可以第一时间找到负责设计转化的现代设计师；现代设计师可以第一时间发现设计落地的非遗传承人与加工企业；投资方第一时间找到好的"文创产品设计开发项目"；销售渠道可以第一时间发现好产品、好货源。打通设计开发、专利保护、融资众筹、加工生产、推

广销售之间的行业边界。

再次，尽快建立我省统一的"好礼山东"文创产品品牌，及其产品销售门户网站。区分省、市、县三级文创产品展示目录；以"文化主题"与"地域分布"作为展示线索；以"好礼山东"品牌，统一制定产品质量标准；形成集专利查询、产品展示、线上销售、线下体验等相互衔接的文创产品销售展示平台；避免不同设计者因信息区隔，而进行的重复设计开发；将平台打造成为各级政府、各企事业单位、各旅游消费者选购文创产品的门户网站；尽快促进形成我省头部文创设计品牌，发挥头部集聚效应。

最后，建立文创产品设计成果多元化的评价与发布机制。将加工企业、销售渠道、消费主体等引入评价体系；避免设计大赛评奖环节以"同行评议"为主的评价形式；将文创产品设计的主要评价标准由"前端设计评价"向"后端消费评价"过渡；通过"好礼山东"产品平台的设置，将"消费者评价"前置；以产品众筹、预约销售等方式，在产品设计开发阶段就对设计成果进行有效甄别。从而达成"好设计"就是消费者欢迎，且能够取得可观经济效益的设计评价目标。

综上所述，山东省的文创产品设计开发，必须走以社会公众需求为导向，以文化旅游主管部门深度切入为主导，以我省典型文化资源为基础，以文创设计人才培养为依托，文化创意产品设计研发为支撑，以文创产品质量可靠为前提，以现代设计思维及加工手段为引领，以品牌化营销与知识产权环境改善为保障，以弘扬山东优秀传统文化及生活方式为目的协调发展道路。

第二节
市域视角下的文创产品设计策略

如果说省一级文旅主管部门的主要职责是制定发展规划，扶持管理重点项目。那么，市一级的文旅部门，其主要责任则是对接省县，运行管理地文旅资源，培育新的文旅增长点。市一级的文旅资源有其各自特点，各个地市也需要在整合各自身文旅资源的基础上，形成自己独特的文化面貌。概括起来，市一级针对文创产品设计开发的主要任务包括：确定城市文化特征，开发代表性文创产品；合理规划旅游线路，培养新的文旅增长点；吸收引进文旅人才，推动文旅企业发展等三个方面的工作。

一、确定城市文化特征，开发代表性文创产品

本质上，省一级的文旅资源在市，市一级的文旅资源在区县。因而，省一级的文化特征是对十六地市文化资源的概况提炼，市一级的文化特征是对下辖县（区）文化资源的概况提炼。省一级文化特征的形成，应放眼世界，对标全国其他省（市区）的既有文化特征，进而形成自身独特的文化特征，文创产品设计风格及其叙述语境；同样，市一级文化特征的形成，应放眼全国，对标全省十六地市既有文化特征，进而形成自身独特的文化特征、文创产品设计风格及其叙述语境。

目前，山东十六地市的文创产品设计开发，多数呈现出"求全责备"的开发状态。这种状况主要表现在：各地市的文创产品设计，不顾本区域历史文化资源开发现状，盲目对标省级，甚至国家级特定景区的文创产品设计开发销售标准，动辄以北京故宫博物院文创产品设计开发、台北故宫博物院文创产品设计开发为发展目标；所主导开发的文创产品，既要表现当地的历史文化，又要表现当地的自然景观，还有表现当地的历史名人，信息冗长，种类杂多，但却又无法形成推广焦点，文化特征诉说混乱，不利于宣传推广与传播记忆。

因此，就目前而言，十六地市的文创产品设计开发，应先从明确城市文化特征入手，例如：省会济南所应具备的城市文化特征究竟是什么？如果将其定位为"泉荷柳韵，文脉悠悠"，那么，这个"泉"又应该如何巧妙地体现在文创产品设计开发之中，而并非仅是视觉符号的转述；另一方面，这个"泉"除了具备自然景观特征外，又如何顺理成章，自然而然地引出济南其他的历史文化风貌，形成"泉韵与文脉"的紧密结合，相得益彰的效果。

再如，我们说泰安的文化主题为"巍巍东岳，国泰民安"，"泰山"作为泰安文创产品设计开发的主体形象，又应如何与"国泰民安"这一抽象意象相结合；如何将泰山玉、泰山石、肥城桃木等材质，融入于文创产品设计开发之中；使泰安的典型文创产品，达到既能讲述泰山故事，又能体现在地工艺，还能利用当地特产的目的。当然，泰安的文化特征还应与省一级的泰山文化讲述

语境相互区别，分层对待。

又如：相较于济南、泰安、烟台等地，聊城的文化资源较为分散，文化特征也更不明显，面对这一情况，我们如果仅强调其"运河文化"，则会与济宁、枣庄相重复；如果仅强调其光岳楼、山陕会馆、海源阁等古建筑，则文化点显得过于单薄。因此，本书所定义的文化主题为"运河之上的江北繁华都会"，以此勾画了一派山东宋城"清明上河图"的繁华景象。这个特征的营造，虽与开封的城市特征有所重叠，但在山东省内却仍然是独一无二，首屈一指的。因此，聊城的城市特征应是"江北水城，市井繁华"。而反观枣庄，枣庄虽然也因运河而生，但枣庄却有"墨子与鲁班"这两位家喻户晓的历史名人，又有台儿庄这一历史文化名城。因此，枣庄所营造的城市特征则应当是基于明清文化背景的运河古城，以及基于"墨子鲁班"造物智慧之上的巧思精制的文创产品，它所体现的不应是"河与城的市井繁华"，而应是"河与人的精妙组合"。

二、合理规划旅游线路，培育新的文旅增长点

如前所述，按照本章假设，山东除因历史原因而已然形成的全国著名的历史文化资源，以及地理区域横跨多市的历史文化资源等，由省一级的文旅主管部门直接管理之外，山东绝大多数文旅资源均由市一级的文旅主管单位负责具体运行管理。这就要求市一级的主管部门在省级文化创意产业发展规划的基础上，建立市一级的发展规划与实施方案，区分哪些历史文化自然资源可以通过旅游线路的合理规划、重点培育，进而成长为省一级的重点历史文化资源。而哪些文旅资源尚不具备上升为省级文旅资源的禀赋，而仅需要适度开发。

再以济南为例，济南以泉城著称，境内有"七十二名泉"，趵突泉景区现已是国家5A级景区。但除趵突泉外，济南市章丘区的百脉泉，是趵突泉的"姊妹泉"，其二者距离车程不足一小时，且百脉泉系规模并不逊于趵突泉，仅因泉系地理位置不在济南城市中心而缺乏客源。长期以来，章丘百脉泉景区无法从趵突泉景区成功引流客源，因而，进一步影响了该景区的建设开发，百脉泉景区的影响力实际仅为章丘区周边，而缺乏与趵突泉景区的连接关系。又如，济南灵岩寺，地处泰山北麓，寺院历史悠久，罗汉造型传神，现为国家4A级景区，明代文学家王世贞有"灵岩是泰山背最幽绝处，游泰山不至灵岩不成游也"之说。灵岩寺虽隶属于济南市长清区，但其距离泰山核心景区的距

离更近,仅为不足30分钟车程,而距济南核心旅游区的车程却超过1小时。因此,该景区的管辖权在济南,而景区的自然历史逻辑关系却在泰安。就目前而言,无论是济南的游客,还是泰安的游客,均很少被引流至灵岩寺,灵岩寺的文化旅游价值被严重低估。

再如,武圣孙子是齐文化的典型代表人物,位于滨州惠民县的孙子故里、孙子兵法城占地面积达7200亩,建筑面积1100亩,是齐文化的重要历史文化组成部分,其景区距齐文化核心区不足1个小时的车程。但长期以来,因滨州"兵圣孙子"文化点过于单薄,不足以产生大批游客;另一方面,被齐文化所吸引的游客又未被引流至惠民县。因而,孙子兵法城游客日渐稀少,严重影响该景区的修缮维护,以及滨州市文创产品设计开发与销售可能。

鉴于此,山东省十六地市的很多文化旅游资源并非质量不高,而是缺乏合理的旅游线路规划,导致其文化价值被严重低估,品牌知名度大打折扣。因此,打破地市之间的行政藩篱,以文化主题为中心,合理规划旅游路线,是培养新的文旅增长点的关键一招。

三、吸收引进文创人才,推动文创企业发展

吸收引进高级专门文化创意产业人才,培育适合文化创意企业发展的营商环境,关键在地市。这是因为,无论省一级主管部门制定何种人才引进计划,发布何种促进产业发展规划,最终,引进人才工作生活的地点在城市、设计企业业务开展的范围在城市。建设园区、引进人才、制定优惠扶持政策,本质上是一个城市对当前经济发展指标与长远发展目标之间的平衡关系,是考验一个城市决策者智慧的关键一环。在《山东省文化创意产业发展规划(2018—2022)》第五部分"保障措施"中,明确从加强组织领导、完善产业政策、强化科技支撑、培育引进人才、优化营商环境、加强督导实施等六个方面,对引进文创人才,推动文创企业发展做出了具体安排:

在"加强组织领导"中强调:"发挥文化创意产业工作专班的牵头作用,大力开展招商引资招才引智,协调推进规划实施。建立"1+N"规划体系,分别制定文化旅游、影视、演艺、出版、传媒、创意设计、会展贸易、文化制造等领域的实施方案,细化制定各项配套政策。建立联席会议机制,共商研究解决产业促进中的重大问题,推动重大项目建设、产业政策落地。成立山东文化

创意产业专家智库和产业协会联盟，为规划实施提供决策咨询、调查研究、统计分析、监测预警、项目评估等服务。"

在"完善产业政策"中强调："强化财政投资引导。加大省级文化产业发展专项资金支持力度，每年遴选一定数量投资额5000万元以上、先期有资金实际投入的文化产业项目，优先给予支持。对我省已完成规范化公司制改造，申请在主板、中小板、创业板、境外资本市场首次公开发行股票（IPO），经具有批准权限的部门或机构正式受理的文化企业，按照不超过申请募集规模的2‰的比例给予一次性补助，上限为200万元；对在新三板挂牌融资的文化企业，按照不超过股权融资规模2‰的比例给予一次性补助，奖励资金不低于10万元，上限为100万元。分期设立100亿元的文化创意产业投资母基金，通过股权投资的方式，保障重点产业项目落地实施。推动银行机构将符合条件的重点文化企业纳入信贷优先支持范围，依托人民银行推广运行的"山东省融资服务网络平台"，建立常态化融资对接机制，引导金融机构加大对文化企业的信贷投放，合理确定贷款利率和期限。优化土地利用政策。在土地利用年度供应计划中优先支持重点文化产业项目用地。在工业园区内建设的生产性文化产业项目，参照执行工业用地政策。落实税收扶持政策。符合条件的高新技术文化企业和技术先进型服务企业减按15%的税率征收企业所得税；实际发生的职工教育经费支出，不超过工资薪金总额8%的部分，准予在计算应纳税所得额时扣除，超过部分予以在以后纳税年度结转扣除。落实国家鼓励文化产品服务出口的税收优惠政策。经营性事业单位转制为企业，自转制注册之日起按规定免征企业所得税。"

在"强化科技支撑"中强调："推动文化与科技深度融合，积极构建政产学研金服用"北斗七星"创业创新共同体，建立完善以企业为主体、以市场为导向、产学研深度融合的文化科技创新体系。重点培育一批特色鲜明、创新能力强的文化科技企业，建设一批国家级、省级重点文化科技实验室和技术研究中心。对新升级为国家级的企业技术中心，重点实验室，择优一次性给予不超过500万元的资金奖励。支持文化企业成长为高新技术企业。引导支持骨干文化企业与科研单位组建技术创新战略联盟。围绕影视演艺、传媒出版、创意设计、文化大数据、版权经济等重点产业链发展的共性和关键需求，建立一批以共性技术研发、中试测试、设备共享、技术支撑等为核心的公共技术服务平台，加强文化领域核心技术、共性技术、关键技术攻关研发，支持制定国家和国际文化行业技术标准。加快文化科技创新成果在文化领域的推广运用和产业化，大力发展新兴业态，培育文创独角兽企业。"

在"培育引进人才"中强调："深入推进产业'人才+'行动，根据文化创意产业发展规划编制专项人才规划、绘制文化创意产业人才地图，建立文化创意产业人才数据库，定期发布文化创意产业高层次人才需求，组织有关方面开展精准招才引智，努力建设一支数量充足、素质优良、结构合理、支撑发展的文化创意产业人才队伍。推动全国文化名家暨'四个一批'人才、'泰山产业领军人才''齐鲁文化名家''齐鲁文化英才'及'齐鲁文化之星'等人才工程向文化创意产业倾斜，培养一批文化产业管理人才和业务骨干。完善文化领军人才的股权、期权及分红激励机制，允许文化领军人才自主聘用'柔性流动'人员和兼职科研人员，自主组建科研团队。试点组建文化领军人才研发工作室，采取'一事一议'方式引进国际国内一流的文化产业科技创新人才团队。"

在"优化营商环境"中强调："深入推进放管服改革，进一步明确落实定时定量、宽放善管的要求，细化放管服改革内容，理顺行政审批体制机制，完善文化市场'一次办好'：全程网办事项清单，降低企业办事成本。加快推进文化市场审批事项全部进驻政务大厅，确保实现'一窗式受理、一站式审批'。按照'非禁即入'原则，实施负面清单管理，放宽文化市场准入。继续深化文化市场综合执法改革，加强执法信息化建设，推动执法重心下移，完善'双随机—公共'监管制度，提升文化市场综合执法能力。鼓励社会资本通过独资、合资、合作等多种形式，投资重大文化创意产业项目、文化产业园区、历史文化街区和文化旅游景区建设。允许社会资本以控股形式参与国有影视制作机构、文艺院团改制经营。大力支持'专、精、新、特、活'民营文化创意企业发展，打通'瞪羚—独角兽'通道，催生成长性好、引领性强的民营文化创意企业。对国有文化企业从事文化出口业务的编创、演职、营销人员等，不设出国（境）指标，简化因公出国（境）审批手续；对企业经常赴特定国家、开展特定项目的业务人员，实行一次审批、一年内多次出国有效的审批办法。"

在"加强督导实施"中强调："认真做好文化产业单位清查核实认定工作，完善全省文化产业单位名录库和统计数据库，及时准确跟踪监测和分析文化创意产业发展状况。重点策划和督导文化产业'五十百千工程'、文化产业园区转型升级工程、文化消费促进工程、重点文化产业集聚区培育工程、文化领军企业培育工程、文化金融融合发展工程、文化旅游深度融合工程、版权交易体系建设推进工程、宽带广电建设工程及重点文物科技示范工程。文化创意产业专班会同有关部门定期对产业规划落实以及重大事项、重大项目、重点企业进行动态追踪调度，对规划目标实施情况开展监测分析，适时对规划实施情况进行中期评估，协同解决重大问题。对文化创意产业专班将相关情况汇总后，适时向省委、省政府报告文化创意产业发展情况。各相关主管部门、各市、县（市、区）要抓好文化创意产业规划任务落实，确保规划务实高效推进。"

《山东省文化创意产业发展规划（2018—2022）》第五部分，是山东十六地市文创产业发展服务的风向标，是各市制定文创产业人才引进计划，推动文创企业发展的政策依据。

第三节
县域视角下的文创产品设计策略

自秦汉以来，我国逐渐形成了中央集权的垂直治理体系，"县"作为中央行政系统的地方派驻机构，发挥着维护中央权威、保持政令统一、管理区域文化、进行经济治理的重要作用，成为相对独立的治理单元。在我国目前行政治理体系中，"县"依然是地方政治经济文化治理的基本单元。县级治理具有承上启下的关键作用，是经济发展、文化进步、保障民生、维护稳定、促进国家长治久安的重要基础，"县域经济"持续健康发展是维持我国总体经济生态的基础。

截止到2018年，我国共有2851个县级行政区划，其中966个市辖区、367个县级市、1518个县（含1464个县、49个旗、3个自治旗、1个特区、1个林区）。全国5.64亿农业人口主要分布在这1518个县。因此，县域经济是否健康有序的发展，直接关系到我国全面建成小康社会的广度与深度。

山东是经济大省，国民生产总值居于全国第三，占我国GDP总量的1/9。山东是农业大省，全省常住人口10047.24万人，其中农业人口约3900万，农业增加值位居全国第一。目前，山东省共有137个县级行政区划，其中57个市辖区、27个县级市、53个县。整体经济格局呈现出"东高西低、北高南低"的特征，东北沿海区县经济相对发达，西南内陆区县经济总体滞后。这种发展格局与我国经济发展格局非常类似。因此，新时期山东县域经济发展中遇到的主要问题与挑战，以及对解决这些问题的可行性探索，对全国其他省份处理类似问题也具有普遍的参照意义。

应当看到，随着我国经济高速发展，第三产业在GDP的比重不断提高，2017年第三产业占GDP的比重为51.6%；2018年为52.2%，对经济增长的贡献率达到59.7%。"文化创意"与"精品旅游"作为第三产业的重要组成部分，势必成为县域经济发展的新动能。文创产品设计开发作为县域旅游经济的重要组成部分，发挥着传播当地文化形象，促进当地就业，推动当地经济发展重要作用。因此，细致描述县域经济单元的文创产品开发一般方法，构建与县域经济发展相匹配的文创产品设计开发模型，不仅对山东一省文化旅游产业具有积极意义，也对我国其他地区县域经济下的文化旅游产业合理开发，具有普遍的借鉴价值。

一、县域文创产品设计开发可依托的背景资源

改革开放四十多年的实践证明，发展是解决我国一切问题的基础和关键。进入新时代，县域经济的发展成为全面建成小康社会的关键基础。2018年1月2日，中央一号文件《中共中央国务院关于实施乡村振兴战略的意见》中提出："大力开发农业多种功能，构建农村一二三产业融合发展体系"，为农业产业升级、美丽乡村建设、农民多渠道增收等工作指明了发展方向。县域经济不同于城市下辖区经济，它是以县城为"点"、乡镇为"线"、农村为"面"的区域经济，经济运行连接三大产业，涉及生产、流通、消费、分配各环节，是较为完整的经济生态单元。在我省大力倡导发展文化创意产业、精品旅游产业的背景下，县域经济的决策者已经充分意识到挖掘当地自然历史文化资源，开发县域特色文创产品，带动就业、促进增收，推动当地旅游产业发展的重要性。因此，文创产品设计开发需求在县一层级区域经济中获得较大增长。

二、县域文创产品设计开发所应关注的主要问题

山东现有的自然历史文化资源可概括为具有世界影响力、具有国内知名

度、具有区域代表性的三个层次。具有世界影响力的历史文化资源主要包括：以曲阜为中心的儒家传统文化传承发展示范区、以泰山为代表的封禅祈福自然历史文化景观等；具有国内知名度的历史文化资源主要包括以：临淄为中心的齐文化传承创新示范区，以沂水、蒙阴、平邑、沂南四县分布的沂蒙红色文化区，以梁山、微山、阳谷等县分布的水浒文化区等。但需要特别指出的是，这些历史文化资源并非均匀分布。如济宁曲阜市，泰安泰山区、岱岳区，济南历下区，青岛崂山区、淄博临淄区等，都是具备丰富历史文化资源的区县；但反观平阴、高青、昌乐、费县、沂水、莒南、夏津等接近山东四分之一的区县，则严重缺乏地域影响力的文化资源，以至于这些区县形象特征模糊，严重影响了当地经济的新一轮发展。

目前，就山东而言，省、市一级文化旅游产业获得较大发展，但在县的文化旅游资源开发很不充分，文旅经济对县域经济发展影响薄弱。以2018年全国百强县为例，山东共有15个县（县级市）入围百强县。但观察上述县域经济发展统计数据，不难发现，这15个经济相对发达的县中，仅有4个县将旅游业产值纳入统计范围。其中招远市旅游收入刚刚超过10%，而其他上榜山东百强县生产总值中的旅游贡献率不足十分之一。上述情况至少暴露出如下几个方面的问题：山东县域治理对文化旅游创意产业重视程度明显不足，文化旅游部门相对处于弱势地位；而由弱势部门牵头组织的县域文化旅游开发经济实体，势必更加缺乏统筹整合文化旅游资源的手段；县级文化旅游主管部门行政主官多数缺少文创专业相关教育背景，又缺少引进高质量旅游文创人才的激励机制，业务人员对相关数据统计方法不够专业，不能为当地文化旅游产业的发展提供必要的决策依据。

目前，山东省级旅游强乡镇527个，省级旅游特色村1180个[①]。137个县级行政区域都有A级旅游景区与省级旅游特色村，但文化旅游资源仍是碎片化布局，旅游文化产业仍在低端运行，为什么会出现这种情况？应当承认，县域文化旅游主管部门在县级治理系统中本身就处于弱势，而由弱势部门牵头组织的县域文化旅游开发经济实体，势必更加缺乏统筹整合文化旅游资源的手段，无法完成文创产品设计开发过程的整体规划、资金投入、品牌运作、渠道管理、风险管控、收益分配等一系列实际工作；另一方面，在实际的文创产品开发过

---

① 《2016年山东省国民经济和社会发展统计公报》，山东省统计局，2017年2月28日。

程中，部分政府主要决策者，将文创产品设计开发仅视为促进当地GDP增长的工具；以工业化管理思维与单一经济成长指标来引导、评价、决策文创产品开发的方向，极大地限制干扰了文创产品设计开发工作。

三、县域文创产品设计开发所应遵循的基本原则

其一，突出地域文化特征，形成文化诉说典型形象。毋庸置疑，县域文创产品设计开发应关注其作为旅游商品的经济属性，但绝不能仅关注其经济属性。在重视文创产品对经济贡献的同时，亦不能忽略其对文化软实力的赋能价值。山东是孔孟之乡，礼仪之邦，交往过程中讲礼仪、重情义、崇礼尚往来。因此，各级政府、企事业单位、个人对外交往与公务会议中存在大量文化纪念品实际需求，成为文创产品设计开发的重要动力。文化特征突出，诉说内涵丰富的文化馈赠品，可以成为馈赠方介绍本地特征，讲好本地故事的重要媒介，以物传情，以物达意，达到强化受赠方对该地区文化认同的目的。因此，县域文创产品设计的主要任务是：把握正确主题，向功能产品综合赋意，突出其地域性、独特性及文化性。文创产品文化素材的选择，既可立足于该区域典型自然风貌、历史文化遗迹；又可表现其具有代表性的非物质文化资源、区域代表性产业与荣誉等。在区域文创产品设计中，其产品功能是媒介，文化主题是灵魂，多角度的综合文化符号赋意是重要手段。文创产品设计应具备品牌调性鲜明、使用功能合理、文化属性突出、设计综合赋意、包装层层递进的特点。

其二，立足当地产业特色，促进"文创+产业"融合的发展格局。县域文创产品设计开发重要目的是推动当地产业升级、促进就业、推进当地经济有序健康发展。不能将文创产品设计方向仅仅局限于对文化礼品、旅游纪念品的狭窄范围，更应将其视为促进当地产业升级，特别是"三产"融合发展的重要手段。形成文创设计向农副产品、手工艺产品、轻工业产品、日用消费品、区域旅游产品赋能的态势，推动普通消费品的"文创化"转化，促进"文创+产业"的发展格局。具体可以从两个维度开展工作：一是从文化产品设计开发角度看，首先应考察当地既有产业、人力资源、工艺水平和生产加工能力特点。优先向当地具有比较优势的手工艺产品、农副产品、日用消费品生产企业赋能，帮助他们开发既具备使用功能，又具备当地文化属性的文旅快消品，同步

实现群众增收、企业发展和产业升级。二是从县域经济治理角度看，不能将文创产品设计开发当成文化旅游部门的主要工作，而应打破部门界限，将其作为全县通盘统筹考虑的工作方向，对当地历史文化资源如何与优势产业结合，要预先谋划、通盘考虑、整体设计、专家论证、分步实施。要因势利导、因地制宜、多种渠道、显隐并重的拓展经济发展渠道。

其三，找准文旅特色，立足游客实际需求设计开发。县域文创产品设计开发，首先要立足当地资源，向上融入省市文旅发展的整体布局，抓住机遇，找准特色；向下深度辐射乡村相关旅游资源，深化省市文化旅游规划的整体布局，创造性的丰富上级规划的具体内容与落实方式。具体而言，文化旅游产业的价值在于为游客提供根植于不同自然历史文化资源的差异化旅游产品；在于提供独特丰富、原汁原味的情感体验。而文创产品设计开发的重点在于将游客所获得的文化记忆与情感体验予以固定化、标志化。因此，对于旅游纪念品类型的文创产品开发，应依据区域旅游的不同类型（如风光游、文化游、农家游、民俗游、研学游等），以旅游路径线索，为游客设计符合其旅游预期的文创产品。

其四，引入文创头部企业，推动县域文创产品高水平开发。文创产品设计开发最终成果虽然聚焦于"产品"本身，但整个设计开发流程涉及文化资源梳理定位、资金投入、品牌定位、设计开发、专利保护、加工生产、产品展示、推广销售、风险管控、收益分配等一系列环节。但就目前而言，由于受相关政策与体制机制限制，县域经济大多无法承担上述工作所需要的资金投入与智力支持，无法搭建全链条运营团队，无法承担文创产品整体开发运行成本，致使绝大多数文创产品设计成果仅停留在方案阶段，无法实现产品批量化生产并产生经济效益。县域经济系统应具备更加开放姿态，不能仅以投资额为标准评价招商部门的工作成效，要像对待大企业一样引入经验丰富的头部文创产品设计开发企业，借助他们丰富的开发经验与成熟的设计方法，激活产业发展。明确彼此责权利，共同制定符合县域经济的文创产品开放计划，资源共享、风险公担、效益共同分配，促进优秀文化创意人才在县域经济发展中引得来、留得住、干得好，实现县域文化创意产品设计开发在高水平上运行。

第四节
乡村视角下的文创产品设计策略

一、现阶段我国乡村振兴战略的历史必然及现实意义

截至2019年1月,山东省下辖1824个乡镇级行政单位(街道办事处660个、镇1094个、乡70个),以及107387个自然村落。2018年末,全省农业人口约占总人口数的38.82%。

1953年,我国第一个五年计划开始实施,自此之后的半个世纪,我国确立了集中力量优先工业化的发展道路。长期以来,农业为我国工业发展提供原材料资源,农民为工业发展提供充足的劳动力资源,农村为工业产品提供广阔的市场,农业对推动我国工业化进程发挥了巨大作用。另一方面,由于我国长期形成的城乡二元结构、工农业剪刀差等因素,导致城市飞速现代化,二、三产业不断发展,城市居民不断殷实;而农村的进步、农业的发展、农民的富裕相对滞后。当前我国全面建设小康社会的重点难点在农村,"三农问题"成为关系到全面建设小康社会,真正实现"共同富裕"的重要问题。农业丰则基础强,农民富则国家盛,农村稳则社会安;没有农业的现代化,就没有国家的现代化;没有农民的小康,就没有全社会的小康;没有美丽乡村,就没有美丽中国。进入新世纪,党中央、国务院对"三农"问题的认识不断深化,先后制定出台一系列政策,正在彻底扭转这一局面。

2004年9月,党的十六届四中全会明确指出:"在工业化初始阶段,农业支持工业、为工业提供积累是带有普遍性的趋向;但在工业化达到相当程度以后,工业反哺农业、城市支持农村,实现工业与农业、城市与农村协调发展,也是带有普遍性的趋向。"这一论断,十分鲜明地提出和确立了我国今后一个历史时期"工业反哺农业、城市反哺农村"的政策取向。

2005年10月,党的十六届五中全会通过《十一五规划纲要》正式提出要按照"生产发展、生活富裕、乡风文明、村容整洁、管理民主"的要求,扎实推进社会主义新农村建设。同年12月,十届全国人大常委会第十九次会议审议通

过废止《农业税条例》，从2006年1月1日起，征收了2600多年的农业税从此退出历史舞台。这是具有划时代意义的重大变革，标志着国家与农民之间的传统分配关系格局发生了根本性变化。

2011年4月，第十一届全国人民代表大会通过《十二五规划纲要》，指出全面建设小康社会，走"共同富裕"道路，让民众富裕起来。"民富"的一个基础是农村要繁荣起来，农业要发展起来，农民要富裕起来。没有农民的富裕，就不可能实现"共同富裕"。

2018年1月2日，中央一号文件《中共中央国务院关于实施乡村振兴战略的意见》对实施乡村振兴战略进行了重大部署，要求"把乡村建设成为幸福美丽新家园"。习近平总书记强调指出："中国要强，农业必须强；中国要美，农村必须美；中国要富，农民必须富。"将农村美与农业强、农民富联系起来，充分显示出以习近平同志为核心的党中央对建设美丽乡村的坚定信念，对造福全体农民的坚强决心。

2018年3月，习近平总书记参加十三届全国人大一次会议山东代表团审议时，就实施乡村振兴战略做出重要指示，要求山东充分发挥农业大省优势，打造乡村振兴的齐鲁样板。2018年5月，山东省委、省政府印发《山东省乡村振兴战略规划（2018—2022年）》和《山东省推动乡村产业振兴工作方案》，按照产业兴旺、生态宜居、乡风文明、治理有效、生活富裕的总要求，咬定"走在前列"目标定位不动摇不放松，以实际行动打造齐鲁样板，奋力谱写新时代乡村全面振兴山东篇章。

二、文创产业在乡村振兴战略中的作用与实施途径

村落是传统农耕文化的发生器，也是非物质文化遗产存放传承的重要场所。长久以来，村落内部的文化认同、村落与村落之间的文化交流稳定生态，在保障上一级行政机构的稳定性的同时，也使得县一级行政区域具备了独特的文化样貌。换而言之，我国自秦汉以来形成的行政治理体系，决定了"县"成为相对完整独立的最小政治经济治理单元，同时也是文化定型管理保护的独立单元，这种现象直到今天仍未发生根本改变。应当看到，这种文化现象留存延续的空间在乡村，而文化遗产管理保护的权限在区县的格局，必将影响非物质文化遗产在我国新农村建设中发挥作用的具体方式，以及产生影响的具体途径。

然而，目前大部分农村人口老龄化、村庄"空心化"严重，留住人、留住年轻人的机制尚未建立起来，村庄普遍缺人气、缺活力、缺生机。客观分析，农村留守人员无法有效组织整合域内非物质文化资源，撬动乡村振兴战略，促进新农村建设。在此种情况下，文创产品设计开发机构，需要深刻领会消化国家乡村振兴战略的总体布局，贯彻省、市、县对新农村建设的实施方略，审时度势，因地制宜，差异发展。具体作用可概括为以下几个方面：

文化创意产业与文创产品设计是推动"乡村记忆工程"向纵深发展的重要基础。目前，非物质文化遗产保护与活化，具有描绘"乡村集体记忆"，再现传统生活方式的重要作用。然而，某些县级决策机构对非物质文化遗产的保护态度，大多仍以"拿上来""围起来""冷展示""商业化"为主。具体分析，县级决策机构往往将非物质文化遗产项目从农村收集整理上来，放在博物馆、文化馆中围起来，静态冰冷集中展示，或直接将其"手艺化"，而并非"文化化"的商业开发。缺乏以文创设计为手段，去撬动乡村既有的生活方式与非物质文化技艺之间的生态关系，势必割裂文化遗产与生成地之间的血脉联系，无益于促进文化遗产生成地的文化建设与经济发展。山东自2014年起实施"乡村记忆工程"，通过引入文化创意产业发展思路，以文创产品设计为手段，因地制宜建设民俗生态博物馆、社区博物馆、乡村博物馆，针对非物质文化技艺开发文创产品，活化文化特色和群体记忆的文化遗产，对文化遗产的整体性和真实性保护进行了有益探索。

文化创意产业与文创产品设计是保护乡村生态环境，发展乡村绿色产业的重要手段。乡村振兴战略重大命题的关键在于实现农业强、农民富、农村美。农业强与农民富是一个事物的两个方面，它们共同指向"农村美"这样一个终极目标。"农村美"一方面指农村环境生态宜居优美，另一方面也是指农民精神文化丰富高尚。应当看到，很多乡村的落后不仅仅表现为经济上的贫穷，更表现为精神文化上的贫瘠。精神文化匮乏的农民，建设不了美丽乡村，也不可能长久地维持乡村的繁荣富裕。农民的增收离不开加快改造传统农业，促进农村社会化服务化，发展现代特色农业，推动文创产业向传统农业赋能。乡村振兴更离不开传承活化乡村非物质文化资源，变非物质文化遗产为非物质文化生态，将乡村作为综合立体展示非物质文化生态的平台，在乡村观光旅游中加入文化创意因素，促进非物质文化遗产保护传承与旅游相结合，发挥旅游对文化消费的促进作用，是形成促进美丽乡村建设、增加农民收入的重要手段。

文化创意产业与文创产品设计是培育文明乡风，推动美丽乡村特色发展的重要文化基石。非物质文化遗产传承是以优秀传统文化深入挖掘为基础的，是摒弃农村不良风气和陈规陋习的手段；同时，文创产品设计开发也是区别不同乡村的特色，走差异化发展道路，打造特色村的重要文化基石。打造特色村，就要优先发展那些具备特色资源、产业基础好，尤其是文化底蕴深厚、历史悠久、风貌独特的村庄。特色资源类村庄，不仅包括历史文化古村、传统村落、自然风光独特村及民族村寨等，更包括那些非物质文化资源丰富，民风民俗质朴自然的乡村。统筹非物质文化遗产保护、利用与发展关系，传承民风民俗和生产生活方式，探索设立村庄建设保护红线，推动特色资源保护与村庄发展良性互促，是我省乡村振兴战略的必由之路。

后记

2018年底，我以"儒风望岳——曲阜、泰安两地系列文创产品设计创作"为题，申请了一项国家艺术基金青年资助项目，2019年初，该项目顺利获批立项，本书是该项目设计实践的理论总结，是其重要组成部分。

明年，就是我在山东工艺美术学院从教整二十年了。作为工业设计学院的一名教师，产品设计领域的一名设计师，近年来，由我亲自设计或主持设计的文创产品设计项目主要包括：2018年外交部山东全球推荐活动整体设计、山东省国际友城合作发展大会官方纪念品、山东省政府访问日韩外交礼品设计、曲阜尼山圣境文创产品设计开发、济南轨道交通文创产品设计开发、济南商河文创产品设计开发、泰安"复圣文化"文创产品设计开发、临沂兰陵文创产品设计开发、"瀑拉谷"品牌系列文创产品设计开发、山东新汶矿业集团文创产品设计开发等。就在这个月，我又完成了一项由山东省政府主办的"黄河入海——大型系列文化活动"官方纪念品的设计。

在传统产品设计领域，根植于特定区域历史文脉、文化资源及生活方式的文创产品开发，并不是一件易做的事情。设计过程需要在功能化、批量化、标准化的基础上，去关照特定区域历史渊源及文化特征，并以当下的审美语境去重构、活化它们；以物传情，以物达意；观物比德、以物映心。大量的设计实践，使我不断加深了围绕"山东省文创产品设计方法与策略"撰写专著的想法；或者说以文创产品设计开发的实践视角，去重新审视山东既有的历史文化资源、传统生活方式，以及非物质文化遗产，并讨论如何以"文创产品设计开发"为途径，对它们进行创造性转化与创新性发展。进而使文创产品设计，能如镐似犁，深耕厚植山东文化沃土，将藏于过往的文化眷恋之"根"，唤醒于当今文化自信之时，让深藏于过去的文化基因，再次伸枝散叶，开花结果。

本书从开篇起笔至今，大约两年有余。一方面，自我担任工业设计学院副院长以来，行政工作日巨；另一方面，先父自去年七月确诊癌变以来，身体日疴，精神日衰。我为独子，整日在单位、医院之间穿梭，于工作之余、病榻之侧梳理资料，编撰文字。原希望此书尽快出版，捧于先父病榻前以慰之，未料就在定稿前夕，先父不幸辞世，肝肠绝断，疼煞我心；谨以此书纪念先父，告慰他四十二载对我的殷殷之情，切切之爱。

此为记

焱庚子年甲申月于济南

主要参考文献

1. 潘鲁生著. 民间文化生态调查 [M]. 济南：山东美术出版社，2005.
2. 韩寓群、安作璋主编. 山东通史 [M]. 济南：山东人民出版社，2009.
3. 刘德增著. 山东移民史 [M]. 济南：山东人民出版社，2011.
4. 李国琳主编. 山东省级非物质文化遗产普及读本民俗卷 [M]. 济南：济南出版社，2018.
5. 山东省地方史志编纂委员会. 山东省志·民俗志 [M]. 济南：山东人民出版社，2016.
6. 徐中孟著. 文化创意：中国文化创意产业研究 [M]. 台北：秀威出版社，2009.
7. 李季主编. 中国文化创意产业年鉴 [M]. 北京：中国建筑工业出版社，2018.
8. 范周著. 数字经济下的文化创意革命 [M]. 北京：商务印书馆，2019.
9. 百远. 中国文化创意产业发展与产品内外需求 [M]. 北京：经济管理出版社，2019.
10. 钱穆著. 中国文化史导论 [M]. 北京：商务印书馆，1994.
11. 冯天瑜著. 文化守望 [M]. 武汉：武汉大学出版社，2006.
12. 冯骥才著. 文化批判 [M]. 郑州：中州出版社，2005.
13. 徐旭生著. 中国古史的传说时代 [M]. 南宁：广西师范大学出版社，2003.
14. 杨伯峻编著. 春秋左传注 [M]. 北京：中华书局，1981.
15. 丁俊杰、李怀亮、闫玉刚著. 创意学概论 [M]. 北京：首都经济贸易大学出版社，2011.
16. 单霁翔著. 留住城市文化的"根"与"魂" [M]. 北京：科学出版社，2010.
17. 刘泓、袁勇麟主编. 文化创意产业十五讲 [M]. 成都：四川大学出版社，2012.
18. 欧阳友权主编. 文化产业通论 [M]. 长沙：湖南人民出版社，2006.
19. 汪广松著. 非物质文化遗产的创意价值 [M]. 北京：中国社会科学出版社，2015.
20. 王文章主编. 非物质文化遗产概论 [M]. 北京：教育科学出版社，2006.
21. 乔晓光主编. 中国民间美术 [M]. 长沙：湖南美术出版社，2011.
22. 林明华、杨永忠著. 创意产品开发模式——以文化创意助推中国创造 [M]. 北京：经济管理出版社，2014.
23. 傅才武主编. 文化创新蓝皮书：中国文化创新报告 [M]. 北京：社会科学文献出版社，2011.
24. ［美］苏珊·朗格著，刘大基、傅志强译. 情感与形式 [M]. 北京：中国社会科学出版社，1986.
25. ［美］约翰·霍金斯著、林海译. 创意生态：思考在这里是真正的职业 [M]. 北京：

北京联合出版公司，2011.

26. 联合国教科文组织主编. 创意经济报告——拓展本土发展途径［M］. 北京：社会科学文献出版社，2014.
27. ［巴西］埃德娜·多斯桑托斯著. 2008创意经济报告［M］. 北京：三辰影库音像出版社，2008.
28. ［美］埃德加·沙因著. 组织文化与领导［M］. 北京：中国人民大学出版社，2011.
29. ［美］曼纽尔·卡斯特著、夏铸九等译. 网络社会的崛起［M］. 北京：社会科学文献出版社，2006.
30. ［美］约翰·R·麦克尼尔等著、王晋新等译. 人类之网：鸟瞰世界历史［M］. 北京：北京大学出版社，2011.
31. ［英］曼纽尔·卡斯特著、周凯译. 网络社会：跨文化的视角［M］. 北京：社会科学文献出版社，2009.
32. ［法］格雷马斯著、徐伟民译. 符号学与社会科学［M］. 北京：百花文艺出版社，2009.
33. ［美］克利福德·格尔茨著、韩莉译. 文化的解释［M］. 北京：译林出版社，2014.
34. ［英］约翰·唐尼. 英国支持数字文化产业发展的政策与实践［R］. 北京：社会科学出版社，2013.
35. ［英］乔治·拉伦著、戴从容译. 意识形态与文化身份：现代性和第三世界的在场［M］. 上海：上海教育出版社，2016.
36. 潘鲁生，传统文化资源的设计价值与转化路径［J］. 南京艺术学院学报（美术与设计），2014（1）
37. 卫军英、吴倩，"互联网+"与文化创意产业集群转型升级［J］. 西南民族大学学报（人文社会科学版），2019（4）
38. 顾江、车树林，资源错配、产业集聚与中国文化产业发展——基于供给侧改革视角［J］. 福建论坛（人文社会科学版），2017（2）
39. 何人可、曹媛、张军，边缘地区的可持续设计方法研究——以雅安为例［J］. 生态经济，2016，32（11）
40. 孙敬水、黄秋虹，文化产业核心竞争力最新研究进展［J］. 工业技术经济，2012（12）
41. 祁述裕、殷国俊，中国文化产业国际竞争力评价和若干建议［J］. 国家行政学院学报，2005（2）

42. 李宜春，省域文化产业竞争力评价指标体系初探——以安徽省为例［J］. 经济社会体制比较，2006（2）
43. ［澳大利亚］贾斯汀·奥康纳，任明译，"创意产业之后——兼论为什么我们需要一种文化经济"［J］. 上海文化，2018（2）
44. 孙颖鹿、宋凤轩、段杰仁，促进河北省文化创意产业发展的财税政策［J］. 经济研究参考，2015（63）
45. 李慧，论促进我国文化创意产业发展的税收政策［J］. 税务研究，2013（12）
46. 郝畅，博物馆文化创意产业的现状分析［J］. 北京印刷学院学报，2018，26（1）
47. 陈桂秋、马猛、温春阳，等，特色小镇特在哪［J］. 城市规划，2017，41（2）
48. 宋岩、鲍诗度，中国特色小镇环境设计方法初探［J］. 艺术科技，2017，30（9）
49. 褚晓琳，我国文化创意产业存在的问题及对策研究［C］. 中国商论
50. 蔡承彬、蔡雪雄，我国的文化创意产业发展现状及对策研究［J］. 经济问题，2011（12）
51. 张书，我国文化创意产业园区的发展现状及存在问题［J］. 河海大学学报（哲学社会科学版），2011（2）
52. 中国文化产业集聚效应的动态研究课题组，蒋萍，我国文化产业集聚效应研究［J］. 调研世界，2015（11）
53. 程曦、蔡秀云，优化促进文化创意产业发展的税收政策建议［J］. 经济研究参考，2017（36）
54. 刘晓春，文化本真性：从本质论到建构论——"遗产主义"时代的观念启蒙［J］. 民俗研究，2013（4）
55. 周锦、熊佳丽，产业融合视角下农业与文化创意产业的创新发展研究［J］. 农业经济，2017（5）
56. 冯根尧、祝晓卉，"一带一路"背景下中韩文化创意产品贸易关系的实证研究［J］. 绍兴文理学院学报，2017，37（2）
57. 方英，中国与"一带一路"沿线国家文化创意产品贸易状况及发展策略［J］. 国际贸易，2017（11）
58. RICHARDs G, RAYMOND C. *Creative tourism*［J／OI,］. ATLAS News, 2000（23）：1.
59. Department of Culture, Media and Sport. *Key Findings 2015*［E B/OL］.（2016-01-26）［2017-12-20］.
60. International Intellectual Property Alliance. *Copyright Industries in the U.S. Economy：The 2016 Report*［EB/OL］.（2016-11-18）［2017-12-10］.
61. Santagata W. *Cultural districts, property rights and sustainable economic growth*［J］. International Journal of Urban&Regional Research, 2010, 26（1）：9-23.
62. ICAEW：Corporate Finance Faculty. *Creative industries routes to finance：A guide to sources of funding and investment for arts*. Cultural and Creative Organisations, 2015.